L'ODYSSÉE

La traduction de *l'Odyssée* repose sur le texte grec établi
par P. Von der Mühll (Teubner).

La première édition de cette traduction ici entièrement revue
et corrigée est parue aux éditions de La Différence en 1991.

© ACTES SUD, 1995
pour la présente édition
ISBN 978-2-7427-0579-5

Illustration de couverture :
Villa des Papyri à Herculanum, *Buste d'homme*
conservé au Musée d'archéologie de Naples

HOMÈRE

L'ODYSSÉE

Traduit du grec
par Frédéric Mugler

BABEL

à mes amis de Grèce

CHANT I

Muse, dis-moi l'homme inventif, qui erra si longtemps,
Lorsqu'il eut renversé les murs de la sainte Ilion, ← Troie
Qui visita bien des cités, connut bien des usages,
Et eut à endurer bien des souffrances sur les mers,
Tandis qu'il luttait pour sa vie et le retour des siens.   5
Mais malgré son désir, il ne parvint à les sauver,
Car de leur propre aveuglement ils furent les victimes :
Ces fous avaient mangé les bœufs du fils d'Hypérion, ←
Si bien que le Soleil leur ravit l'heure du retour.
A nous aussi, fille de Zeus, conte un peu ces exploits.   10
    Tous les autres héros qui avaient fui la mort funeste
Etaient rentrés chez eux, sauvés de la guerre et des flots.
Lui seul restait à désirer son retour et sa femme,
Car la divine nymphe Calypso le retenait ←
Dans ses antres profonds, brûlant de l'avoir comme époux.   15
Mais lorsque le décours des ans amena le moment
Que les dieux lui avaient filé pour rentrer dans Ithaque,
Plus d'une épreuve l'attendit dans sa propre demeure
Et jusque dans les bras des siens. Tous les dieux le plaignaient,
Excepté Poséidon, qui poursuivait de sa rancune   Poséidon   20
Cet Ulysse divin jusqu'à son retour au pays.   = absent
Le dieu s'était rendu chez les lointains Ethiopiens,
Peuple divisé en deux parts, aux limites du monde,
Les uns tournés vers le couchant, les autres vers l'aurore.
Comblé d'une hécatombe de taureaux et de béliers,   25

9

Il assistait, ravi, à leur festin. Pendant ce temps,
Les autres dieux siégeaient auprès de Zeus Olympien.
Le père des dieux et des hommes parla le premier.
Il avait en son cœur le souvenir du noble Egisthe,
30 Qu'avait tué l'illustre fils d'Agamemnon, Oreste.
Tout entier à ce souvenir, il dit aux Immortels :
    "Ah ! voyez comme les humains mettent les dieux en cause !
C'est de nous que viendraient tous leurs malheurs, quand ce sont eux
Qui aggravent leur sort du fait de leur propre sottise.
35 Tel encor cet Egisthe, qui, pour aggraver son sort,
Prit sa femme à l'Atride et le tua à son retour,
Bien qu'il sût qu'il allait périr : nous avions envoyé
Hermès, le vigilant Tueur d'Argus, le prévenir
De ne pas le tuer et de laisser sa femme en paix,
40 Sinon l'Atride trouverait un vengeur en son fils,
Quand Oreste, une fois grandi, regretterait sa terre.
C'est ce que fit le sage Hermès ; mais il ne put fléchir
Egisthe, et c'est pourquoi il a tout payé d'un seul coup."
    Lors Athéna, la déesse aux yeux pers, lui répondit :
45 "Cronide, notre père à tous, ô maître souverain,
Si celui-là y est resté, ce ne fut que justice,
Et puisse périr comme lui qui voudrait l'imiter !
Mais moi, si j'ai le cœur brisé, c'est pour le sage Ulysse,
Ce malheureux qui depuis si longtemps souffre à l'écart
50 Sur un îlot battu des flots, vrai nombril de la mer.
Cet îlot couvert de forêts abrite une déesse,
Fille de ce funeste Atlas, qui de la mer entière
Connaît les moindres profondeurs et veille à lui tout seul
Sur les piliers géants séparant le ciel de la terre.
55 Sa fille tient captif le malheureux qui se lamente ;
Sans cesse elle l'endort de propos tendres et câlins

Pour lui faire oublier Ithaque. Et lui, pendant ce temps,
Qui se contenterait de voir un filet de fumée
S'élevant de sa terre, il appelle la mort. Eh quoi !
Olympien, tu restes froid ? N'as-tu pas trouvé bons   60
Les sacrifices qu'il t'offrait dans la plaine de Troie,
Près des vaisseaux <u>argiens</u> ? Pourquoi tant de rancune, ô Zeus ?"

    Et Zeus, l'assembleur des nuages, de lui répliquer :
"Quel mot s'est échappé de l'enclos de tes dents, ma fille ?
Pourrais-je jamais oublier cet Ulysse divin,   65
Le plus grand des mortels par son esprit et les offrandes
Qu'il sut toujours offrir aux dieux, maîtres du vaste ciel ?
Non, c'est Poséidon, l'Ebranleur du sol, qui le poursuit
De son courroux, pour avoir crevé l'œil de Polyphème,
Ce Cyclope divin qui par sa force l'emportait   70
Sur tous les siens. Il naquit de la nymphe Thoosa,
La fille de Phorkys, ce maître de la mer immense,
Poséidon l'ayant possédée en ses grottes profondes.
A compter de ce jour, Poséidon, Soutien de la terre,
Sans mettre Ulysse à mort, le fait errer loin de chez lui.   75
Eh bien, essayons tous ici de trouver un moyen
D'assurer son retour. Poséidon se relâchera
De son courroux ; il ne peut tenir tête à tous les dieux
D'en haut ni lutter à lui seul contre leur volonté."

    Lors Athéna, la déesse aux yeux pers, lui répondit :   80
"Cronide, notre père à tous, ô maître souverain,
Si à présent les dieux d'en haut sont vraiment de l'avis
Que le très sage Ulysse enfin revienne en sa demeure,
Dépêchons vite Hermès, le Messager Tueur d'Argus,
Vers l'île d'Ogygie, afin qu'à la nymphe bouclée   85
Il fasse connaître au plus tôt l'infaillible décret
Qui scelle à jamais le retour du valeureux Ulysse.

11

Pour moi, je me rends à Ithaque, où je vais exhorter
Son fils avec instance, en lui mettant au cœur l'envie
90 D'appeler au Conseil les Achéens aux longs cheveux
Et de chasser les prétendants qui chaque jour lui tuent
Tant de moutons et tant de bœufs cornus aux jambes torses.
Puis je l'emmènerai à Sparte, à la Pylos des Sables,
Pour qu'il s'informe, s'il se peut, du retour de son père
95 Et qu'il s'acquière aussi un bon renom parmi les hommes."
      A ces mots, elle se chaussa de ses belles sandales
Divines, toutes d'or, qui la portaient, au gré des vents,
Aussi bien sur les flots que sur la terre sans limites ;
Puis elle prit sa forte lance à la pointe acérée,
100 Sa longue et lourde lance qui abat dans chaque rang
Bien des héros, quand cette fille du Dieu Fort se fâche.
Elle sauta d'un bond des hautes cimes de l'Olympe
Jusqu'à Ithaque et s'arrêta sous le porche d'Ulysse,
Sur le seuil de la cour, sa lance de bronze à la main,
105 Avec les traits d'un hôte, de Mentès, roi de Taphos.
Elle y trouva les prétendants altiers qui récréaient
Leur cœur en jouant aux jetons, assis devant les portes,
Sur les cuirs des taureaux abattus de leurs propres mains,
Tandis qu'au milieu d'eux hérauts et serviteurs zélés
110 Venaient leur mélanger le vin et l'eau dans les cratères ;
D'autres, d'un coup d'éponge aux mille trous, lavaient les tables,
Les disposaient devant chacun et tranchaient force viandes.
      Le divin Télémaque fut le premier à la voir.
Assis parmi les prétendants, il se rongeait le cœur.
115 Il voyait en esprit son brave père : ah ! si demain
Il rentrait disperser les prétendants par la demeure,
Pour ressaisir les droits du maître et régner sur ses biens…
Tel il rêvait au milieu d'eux, quand il vit Athéna.

Il s'avança droit vers le porche, outré de voir qu'un hôte
Restât planté devant sa porte. Il vint à sa rencontre,   120
Lui saisit la main droite, et, prenant sa lance de bronze,
Il l'interpella et lui dit ces paroles ailées :
    "Salut, cher hôte ! Sois le bienvenu ! Mange d'abord ;
Après cela tu nous diras le besoin qui t'amène."
    A ces mots, il prit les devants ; Athéna le suivit.   125
Dès qu'ils furent entrés tous deux dans la haute demeure,
Il alla déposer la lance au râtelier luisant
De la grande colonne, où déjà se dressaient bon nombre
D'autres lances appartenant au valeureux Ulysse ;
Puis il la fit asseoir dans un beau fauteuil incrusté,   130
Recouvert d'un linon et muni d'une barre à pieds.
Il prit un siège peint et se mit loin des prétendants,
Dont la présence méprisante et l'ennuyeux vacarme
N'eussent manqué de dégoûter son hôte du festin ;
Et puis il voulait lui parler de l'absent, de son père.   135
Une servante apporta une belle aiguière en or
Et leur versa l'eau pour les mains sur un bassin d'argent ;
Puis elle dressa devant eux une table polie.
Une digne intendante vint leur apporter le pain
Et leur servit force bons plats tirés de ses réserves.   140
Un écuyer tranchant leur présenta sur des plateaux
Des viandes de tout genre et leur donna des coupes d'or,
Tandis qu'un héraut s'empressait de leur verser à boire.
    C'est alors que l'on vit entrer les prétendants altiers.
L'un près de l'autre, ils prirent place aux bancs et aux fauteuils.   145
Tandis que les hérauts leur versaient de l'eau pour les mains,
Les femmes entassaient le pain dans toutes les corbeilles.
Les jeunes gens remplirent les cratères jusqu'au bord ;
Après quoi l'on tendit les mains vers les plats préparés.

150 Sitôt que l'on eut satisfait la soif et l'appétit,
Le choix des prétendants se porta sur d'autres plaisirs,
Sur la danse et les chants, ces ornements de tout festin.
Un héraut avait mis une cithare merveilleuse
Aux mains de Phémios, qui chantait là contre son gré.
155 L'aède, après quelques accords, commença un beau chant.
Télémaque, alors, se pencha vers Pallas Athéna
Et lui dit à voix basse, afin que nul ne l'entendît :
    "Cher étranger, m'en voudras-tu de te parler ainsi ?
Ces gens-là ont pour seul plaisir la cithare et les chants.
160 Facile, quand on vient manger impunément les vivres
D'un héros dont les os blanchis pourrissent à la pluie,
Traînent sur quelque grève ou se font rouler par les flots !
Assurément, s'ils le voyaient revenir dans Ithaque,
Leur vœu, à tous, serait plutôt d'avoir des pieds rapides
165 Que de posséder beaucoup d'or et de riches tissus !
Mais il a dû périr, et d'une triste mort ; l'espoir
N'est plus permis, même si quelque humain venait me dire
Qu'il va bientôt rentrer, car ce jour est perdu pour lui.
Mais allons ! parle et réponds-moi en toute vérité.
170 Qui es-tu ? d'où viens-tu ? quels sont tes parents, ta cité ?
Sur quel vaisseau arrives-tu ? comment les gens de mer
T'ont-ils amené en ce lieu ? qui prétendent-ils être ?
Car ce n'est pas à pied, je pense, que tu viens ici.
Dis-moi tout net encor, car j'ai besoin de le savoir :
175 Es-tu un étranger ? es-tu un hôte de mon père ?
Tant d'autres sont déjà venus fréquenter sa maison,
Et il se plaisait tant lui-même à visiter les hommes !"
    Lors Athéna, la déesse aux yeux pers, lui répliqua :
"Eh bien, je m'en vais te répondre en toute vérité.
180 Tu vois en moi Mentès, le fils du sage Anchialos ;

14

Et mon pouvoir s'étend sur les bons rameurs de Taphos.
Je viens de débarquer ici avec mon équipage.
Je cours la mer vineuse, en quête de pays lointains,
Troquer à Témésa mon fer brillant contre du bronze.
Mon navire est mouillé à l'écart de la ville, aux champs,   185
Dans la rade de Rhéithron, sous le Néion boisé.
Nous avons de tout temps été des hôtes de famille,
Et nous nous en flattons ; tu peux aller le demander
Au vieux héros Laërte. On dit qu'il ne vient plus en ville,
Qu'il vit reclus à la campagne, en proie à son chagrin,   190
Et qu'une vieille lui prépare à boire et à manger,
Quand il se sent le corps tout épuisé par la fatigue,
A force de s'être traîné sur son coteau de vignes.
Si je suis là, c'est qu'on m'a dit ton père revenu.
Mais il faut croire que les dieux lui barrent le chemin.   195
Car il est encor de ce monde, le divin Ulysse,
Vivant, mais retenu captif sans doute au bout des mers,
Sur un îlot perdu, à la merci d'hommes cruels
Et inhumains, qui doivent le garder contre son gré.
Eh bien, je m'en vais te dire à présent ce que les dieux   200
M'inspirent dans le fond du cœur et qui s'accomplira.
Je ne suis nullement devin ni habile en présages ;
Mais d'ici peu il reverra le pays de ses pères ;
Quand même il serait entravé par des chaînes de fer,
Il saura bien vous revenir, tant il a de ressources.   205
Mais toi, parle à ton tour et réponds sans rien me cacher :
Ulysse a-t-il déjà un fils aussi grand que tu l'es ?
A voir ta tête, tes beaux yeux, on croirait que c'est lui !
Il faut te dire que souvent nous allions l'un chez l'autre,
Avant qu'il s'embarquât pour Troie, où d'autres chefs argiens   210
Devaient l'accompagner à bord de leurs navires creux.

Mais depuis ce jour-là, nous ne nous sommes plus revus."
    Le sage Télémaque, alors, la regarda et dit :
"Cher hôte, je vais te répondre, et sans rien te cacher.
215 Ma mère affirme que je suis son fils ; mais le moyen
D'en être sûr ? comment savoir qui vous donna la vie ?
Que ne suis-je plutôt le fils de quelque heureux mortel,
De ceux que la vieillesse atteint dans leur propre domaine !
Mais non ! celui qu'on dit mon père est de tous les humains
220 Le plus infortuné ; c'est ce que j'avais à te dire."
    Lors Athéna, la déesse aux yeux pers, lui répondit :
"Crois-moi, les dieux n'ont point voulu que s'éteignît ta race,
Puisque c'est un fils tel que toi qu'enfanta Pénélope.
Mais parle, toi aussi, et réponds sans rien me cacher.
225 Que font tous ces gens attablés ? S'agit-il d'une noce,
Ou d'un banquet rendu ? Ce ne peut être un simple écot,
Car ceux qui mangent sous ce toit passent toute insolence.
Quel homme un peu sensé, en arrivant dans ta demeure,
Ne serait indigné de voir un tel débordement ?"
230   Le sage Télémaque, alors, la regarda et dit :
"Puisque tu veux savoir, cher hôte, et que tu m'interroges,
Cette maison, peut-être, un jour, fut riche et bien tenue :
C'était au temps où le héros vivait en son pays.
Mais les dieux malveillants en ont décidé autrement,
235 Puisqu'ils ont fait de lui le mortel le plus invisible !
Sa mort même, à coup sûr, me causerait moins de chagrin,
Si je savais qu'il eût péri avec ses gens, à Troie,
Ou, la guerre une fois finie, entre les bras des siens,
Car les Panachéens lui auraient bâti un tombeau,
240 Et à son fils il eût légué une gloire éclatante.
Mais il est devenu la proie obscure des Harpyes ;
Envolé, disparu, il m'a laissé à mon chagrin.

16

Et encor n'est-il pas le seul qui m'ait brisé le cœur,
Car les dieux, pour leur part, m'ont infligé d'autres tourments.
Tous les seigneurs dont le pouvoir s'exerce sur nos îles,   245
Sur Doulichion, Samé, Zacynthe et ses forêts profondes,
Comme aussi tous les roitelets de la rocheuse Ithaque,
Tous courtisent ma mère et dilapident mes trésors.
Elle, sans repousser un hymen dont elle a horreur,
N'ose pas en finir, tandis qu'ils dévorent mes biens   250
A pleines dents, quitte à me déchirer moi-même après !"
    Lors Pallas Athéna lui répondit tout indignée :
"Ah ! comme tu dois regretter cette absence d'Ulysse,
Et comme il les écraserait, ces prétendants cyniques,
S'il apparaissait aujourd'hui au seuil de sa demeure,   255
Avec son bouclier, son casque et ses deux javelines,
Tel que moi-même je le vis pour la première fois,
Buvant et faisant chère lie au séjour de nos pères !
Il revenait d'Ephyre, où, à bord d'une nef rapide,
Il était allé voir Ilos, le fils de Merméros,   260
Pour qu'il lui remît le poison mortel dont il voulait
Tremper le bronze de ses traits. Son hôte n'en fit rien,
Car il redoutait le courroux des dieux toujours vivants.
Mais mon père l'aimait si fort qu'il lui en fit cadeau.
Que cet Ulysse-là vienne parler aux prétendants,   265
Leurs jours, à tous, seront comptés, et leurs noces amères !
Mais c'est aux dieux d'en haut qu'il appartient de décider
Si oui ou non il reviendra exercer sa vengeance
Dans ce palais. En attendant, je t'engage à chercher
Les moyens de chasser les prétendants hors de ce lieu.   270
Allons ! comprends-moi bien et prête l'oreille à ma voix.
Convoque demain au Conseil tous les chefs achéens,
Déclare à tous ta volonté en attestant les dieux ;

17

Somme les prétendants de retourner dans leurs domaines ;
275 Et si vraiment ta mère a le désir du mariage,
Qu'elle regagne le palais où commande son père.
Aux prétendants de songer à la noce et de fournir
Tous les cadeaux qu'on doit verser pour obtenir sa main.
Toi-même, écoute bien le sage avis que je te donne :
280 Equipe le meilleur de tes navires à vingt rames
Et va t'informer de ton père, depuis si longtemps
Parti ; interroge les gens, ou recueille de Zeus
Une de ces rumeurs qui remplissent souvent le monde.
Va d'abord à Pylos consulter le divin Nestor ;
285 Puis à Lacédémone, à la cour du blond Ménélas :
C'est le dernier rentré des Achéens vêtus de bronze.
Si tu apprends que ton père est vivant et va rentrer,
Attends encore un an, bien que tu sois à bout de force.
Mais si tu apprends qu'il est mort ou qu'il a disparu,
290 Reviens directement dans ton pays pour lui dresser
Sa tombe avec tous les honneurs funèbres qu'il mérite,
Après quoi tu pourras donner ta mère à un époux.
Quand tu auras fini et accompli tous ces devoirs,
Tu feras bien de consulter en ton âme et ton cœur
295 Comment tuer les prétendants au sein de ton palais,
Que ce soit par la ruse ou par la force. Il n'est plus temps
De jouer à des jeux d'enfants : cet âge est révolu.
Songe au renom que le divin Oreste s'est acquis
Sur terre, quand il eut tué le cauteleux Egisthe,
300 Cet assassin qui lui avait tué son digne père.
Toi aussi, cher ami, beau et grand comme je te vois,
Sois brave, si tu veux que l'on parle de toi plus tard.
Pour moi, je retourne à présent vers ma rapide nef,
Où l'équipage doit m'attendre avec impatience.

Réfléchis bien à tout cela et pèse mes paroles." 305
    Le sage Télémaque, alors, la regarda et dit :
"Tu viens de me parler, cher hôte, avec l'affection
Qu'un père a pour son fils, et je me souviendrai de tout.
Mais reste encore un peu chez nous, si pressé que tu sois.
Prends d'abord un bon bain, et que ton cœur soit de la fête ; 310
Puis rentre à bord, l'âme joyeuse, en emportant un riche
Et superbe présent, reçu en souvenir de moi,
Ainsi que l'on doit s'en donner entre hôtes, quand on s'aime."
    Lors Athéna, la déesse aux yeux pers, lui répondit :
"Ne me retiens pas plus longtemps, j'ai hâte de partir. 315
Le cadeau que tu entends me donner, je reviendrai
Le prendre une autre fois et je l'emporterai chez moi ;
Qu'il soit fort beau, car je saurai te rendre la pareille !"
    Sur ce, Athéna aux yeux pers disparut dans le ciel,
Comme un oiseau des mers, laissant le cœur de ce héros 320
Plein d'audace et d'ardeur, et ravivant encore en lui
L'image de son père. Alors en son âme il comprit,
Et, le cœur saisi de stupeur, il reconnut le dieu.
Le divin héros alla retrouver les prétendants.
    Au milieu d'eux chantait l'aède illustre, et tous, assis, 325
L'écoutaient en silence. Il chantait le retour de Troie
Et les malheurs infligés par Pallas aux Achéens.
    Or la fille d'Icarios, la sage Pénélope,
Tout en haut de l'étage, entendit ce chant inspiré.
Elle descendit donc le haut escalier de sa chambre ; 330
Elle n'était pas seule, deux servantes la suivaient.
En s'approchant des prétendants, cette femme divine
S'arrêta contre le montant de l'épaisse embrasure
Et ramena ses voiles éclatants sur ses deux joues.
A côté d'elle se tenaient ses fidèles servantes. 335

Alors elle dit en pleurant à l'aède divin :

"Phémios, tu connais, pour nous charmer, bien des exploits
De mortels et de dieux, que vont célébrant les aèdes.
Fais-nous entendre un de ces chants, et qu'on boive en silence.
340 Mais ne chante pas plus longtemps ce récit de malheur,
Qui toujours me brise le cœur au fond de ma poitrine,
Depuis qu'un deuil inconsolable est venu me frapper ;
Je pleure une tête bien chère et ne puis oublier
Ce héros fameux dans Argos et dans toute l'Hellade."

345 Le sage Télémaque, alors, la regarda et dit :
"Ma mère, pourquoi refuser à ce fidèle aède
De nous charmer comme il l'entend ? Qu'y peuvent les aèdes ?
C'est Zeus qui, pouvant tout, nous donne, à nous, pauvres humains,
Le lot qu'il veut bien nous laisser à chacun en partage.
350 Laisse-le donc chanter le triste sort des Danaens.
Le chant que les mortels admirent le plus volontiers
Est toujours le dernier qui vient caresser leurs oreilles.
Que ton âme et ton cœur aient donc la force de l'entendre.
Ulysse ne fut pas le seul à manquer son retour :
355 Bien d'autres mortels ont péri dans la plaine de Troie.
Allons ! rentre au logis, occupe-toi de tes travaux,
De ton métier, de ta quenouille, et dis à tes servantes
De se mettre à l'ouvrage. Aux hommes le soin de la guerre,
A commencer par moi, qui suis le maître de ces lieux !"

360 Toute surprise, Pénélope regagna sa chambre,
Emportant dans son cœur les mots si sages de son fils.
Et quand elle eut rejoint l'étage avec ses deux servantes,
Elle pleura Ulysse, son époux, jusqu'au moment
Où Athéna lui jeta sur les yeux un doux sommeil.

365 Les prétendants menaient grand bruit dans l'ombre de la salle
Et n'avaient tous qu'un vœu, c'était de partager son lit.

Le sage Télémaque, alors, prit la parole et dit :
   "Prétendants de ma mère, insolents gonflés d'arrogance,
Songeons pour l'heure aux plaisirs du festin ; trêve de cris !
Il vaut mieux que nous écoutions l'aède ici présent   370
Tirer de sa voix des accents dignes des Immortels.
Mais dès l'aube, demain, je veux qu'on aille tous siéger
A l'agora ; je vous signifierai sans nul détour
De déguerpir d'ici ; cherchez ailleurs d'autres festins,
Allez de maison en maison manger vos propres biens !   375
Ou si vous trouvez préférable et plus avantageux
De consumer impunément les richesses d'un seul,
Dévorez tout ! pour moi, j'implorerai les Immortels,
En espérant que Zeus un jour punira vos forfaits ;
Vous pourriez bien périr ici sans trouver de vengeurs !"   380
   A ces mots, tous les prétendants se mordirent les lèvres,
Surpris que Télémaque eût osé leur parler si fort.
   Alors, Antinoos, fils d'Eupithès, lui répondit :
"Ah ! Télémaque, c'est à croire que les dieux t'enseignent
A parler sur un ton pareil et avec tant d'audace !   385
Mais quant à régner sur Ithaque enceinte par les flots,
Que Zeus t'épargne ce pouvoir attaché à ta race !"
   Le sage Télémaque, alors, lui fit cette réponse :
"Antinoos, dussé-je te choquer, je parlerai.
Si Zeus me donnait ce pouvoir, je suis prêt à le prendre.   390
Penses-tu vraiment que ce soit le pire sort sur terre ?
Régner n'est pas un mal, crois-moi ; du jour au lendemain,
On se retrouve riche et plein d'honneurs en sa maison.
Dans notre Ithaque enceinte par les flots, les Achéens
Ne manquent pas de rois, parmi les jeunes et les vieux.   395
Qu'un autre soit élu, si le divin Ulysse est mort ;
N'empêche que c'est moi qui régnerai sur ma maison

Et sur les serviteurs qu'il captura jadis pour moi."
     A ces mots, Eurymaque, fils de Polybe, lui dit :
400 "Télémaque, laissons aux dieux le soin de décider
     Qui doit régner sur cette Ithaque enceinte par les flots.
     Pour toi, garde tes biens et reste maître de ces lieux.
     Nul ne viendra ici te déposséder par la force,
     Contre ton gré, tant qu'on verra des hommes dans Ithaque.
405 Mais je voudrais, mon cher, que tu me parles de ton hôte.
     Cet homme, d'où vient-il ? de quel pays prétend-il être ?
     Quel lieu abrite sa famille et sa terre natale ?
     Est-il venu pour t'annoncer le retour de ton père ?
     Ou bien tout simplement pour régler une affaire à lui ?
410 Comme il s'est envolé d'un bond, sans nous laisser le temps
     D'en savoir plus ! pourtant il n'avait pas l'air d'un vilain."
         Le sage Télémaque, alors, lui fit cette réponse :
     "Mon père ne reviendra plus, je le sais, Eurymaque ;
     Et je ne crois pas aux nouvelles qu'on m'en veut donner,
415 Pas plus que je n'écoute les oracles, quand ma mère
     Appelle un devin parmi nous pour le questionner.
     Cet homme est de Taphos, et c'est un hôte de famille.
     Il dit être Mentès, le fils du sage Anchialos,
     Ce roi qui règne sur Taphos, la ville aux bons rameurs."
420   Tel il parla, sûr d'avoir vu l'immortelle déesse.
     Pendant ce temps, les prétendants, jusqu'à l'heure du soir,
     Goûtaient les plaisirs de la danse et des chansons joyeuses.
     Ils les goûtaient encor, quand la nuit sombre les surprit ;
     Alors chacun rentra chez soi pour prendre du repos.
425 Télémaque, de son côté, gagna la cour superbe,
     Au milieu de laquelle s'élevait sa haute chambre.
     Il monta s'y coucher, l'esprit plein de mille pensées.
     Une brave servante le guidait, portant les torches,

Eurycléia, la fille d'Ops, issu de Pisénor.
Laërte l'avait achetée, encore toute jeune,   430
De ses propres deniers, pour le prix global de vingt bœufs,
Et l'avait honorée à l'égal de sa noble épouse,
Hormis le lit, pour éviter les foudres de sa femme.
Elle éclairait donc son chemin ; aucune des servantes
Ne l'aimait autant qu'elle, qui l'avait nourri enfant.   435
Ayant ouvert les deux battants de la solide chambre,
Il s'assit sur sa couche, ôta sa tunique moelleuse
Et la mit sur les bras de cette vieille à l'esprit sûr ;
Et celle-ci, après l'avoir lissée avec grand soin,
La suspendit à un crochet, près du lit ajouré,   440
Puis sortit de la chambre et tira la porte en arrière
Par le corbeau d'argent, en faisant jouer la courroie.
Alors, toute la nuit, roulé dans la plus fine laine,
Il rêva au voyage qu'Athéna lui conseillait.

CHANT II

Lorsque au petit matin parut l'aurore aux doigts de rose,
Le fils d'Ulysse se leva en hâte de sa couche
Et s'habilla. Il mit son glaive aigu à son épaule ;
A ses pieds reluisants il fixa de belles sandales,
Puis sortit de sa chambre ; on l'eût pris pour un Immortel.   5
Il ordonna bien vite aux hérauts à la voix sonore
D'appeler au Conseil les Achéens aux longs cheveux.
A cet appel, ceux-ci se rassemblèrent sans retard.
Une fois tous les hommes réunis en assemblée,
Télémaque s'approcha d'eux, une lance à la main ;   10
Il ne venait pas seul : deux chiens rapides le suivaient.
Athéna l'avait revêtu d'une grâce divine,
Si bien que son entrée attira les regards de tous.
On s'écarta, et il prit place au siège de son père.
Egyptios fut le premier à porter la parole ;   15
C'était un héros chargé d'ans, qui savait mille choses.
Son fils, le lancier Antiphos, à bord de ses nefs creuses,
Avait suivi Ulysse le divin vers Ilion
Riche en poulains, mais fut tué par le cruel Cyclope,
Qui en fit son dernier repas dans sa grotte profonde.   20
Trois garçons lui restaient : l'un, Eurynome, était du nombre
Des prétendants, les deux derniers géraient le patrimoine.
Mais c'est au premier qu'il pensait en se rongeant le cœur.
Tout en se lamentant sur lui, il leur tint ce discours :
    "Hommes d'Ithaque, écoutez-moi ! j'ai deux mots à vous dire.   25

Nous n'avons jamais plus tenu conseil ni assemblée,
Depuis que le divin Ulysse est parti sur ses nefs.
Qui donc nous convoque aujourd'hui ? qui peut bien en avoir
Un si pressant besoin ? est-ce un jeune, est-ce un ancien ?
30 Aurait-il entendu parler du retour de l'armée
Et voudrait-il nous informer de ce qu'il vient d'apprendre ?
Ou nous entretenir de quelque autre intérêt public ?
Il m'a l'air d'avoir agi comme il faut. Ah ! puisse Zeus
Mener à bonne fin ce qu'il projette en son esprit !"
35   Il dit, et son souhait toucha le cœur du fils d'Ulysse.
Se levant aussitôt, il se mit au milieu des gens
Pour leur parler ; et c'est debout qu'il prit en main le sceptre
Que vint lui tendre Pisénor, le héraut avisé.
S'adressant d'abord au vieillard, Télémaque lui dit :
40   "Vieillard, cet homme n'est pas loin, et tu vas le connaître :
C'est moi qui vous ai rassemblés, tant ma peine est cruelle.
Je n'ai point entendu parler du retour de l'armée
Et ne sais rien de sûr que je puisse vous rapporter ;
Je ne veux point débattre ici d'un intérêt du peuple,
45 Mais parler d'une affaire à moi, car un double malheur
A frappé ma maison. Oui, j'ai perdu mon noble père,
Qui régna sur vous tous et vous aima comme des fils ;
Et voici plus terrible encor, qui aura vite fait
D'abattre ma maison et de la vider de ses biens :
50 Des prétendants harcèlent, malgré ses refus, ma mère ;
Ce sont les fils de ceux qui ont ici le premier rang.
Ils craignent de se rendre chez son père Icarios,
Qui, fixant les cadeaux d'usage, accorderait sa fille
A l'homme digne de son choix et de son agrément.
55 C'est chez mon père, à moi, qu'ils passent toutes leurs journées,
A immoler nos bœufs, nos moutons et nos chèvres grasses,

A festoyer, à boire notre vin aux sombres feux,
Sans se gêner ; et le meilleur s'en va, car il nous manque
Un homme tel qu'Ulysse pour défendre ma maison.
Je suis encor trop jeune pour le faire ; et qui me dit   60
Que j'aurai par la suite assez de force et de courage ?
Pourtant, si j'avais les moyens, je saurais me défendre.
Ce qui se passe ne peut plus durer, et ma maison
Périt honteusement. Qu'attendez-vous pour vous fâcher ?
Craignez le blâme de tous ceux qui vivent près d'ici,   65
Dans notre voisinage, et prenez garde que les dieux
Outrés ne fassent retomber ces crimes sur vos têtes !
Au nom de Zeus Olympien et de cette Thémis
Qui disperse ou qui réunit le peuple en assemblée,
Arrêtez, mes amis ! laissez-moi seul à ma douleur   70
Cruelle, à moins que par hasard mon noble père Ulysse
N'ait sciemment causé du mal aux Achéens guêtrés
Et que, pour vous venger de lui, vous n'en fassiez autant
En lâchant contre moi ces gens. Comme j'aimerais mieux
Que ce soit vous qui dévoriez mes biens et mes troupeaux !   75
Si ce n'était que vous, je saurais me dédommager :
Je m'en irais vous harceler de plaintes par la ville
Et réclamer justice, afin que tout me soit rendu.
Mais comment guérir aujourd'hui du mal que vous me faites ?"

    Il dit, plein de courroux, et, envoyant son sceptre à terre,   80
Il se mit à pleurer. Alors chacun s'apitoya.
L'assistance resta muette, et nul n'aurait osé
Répondre à Télémaque en l'accablant de mots acerbes.
Le seul Antinoos prit la parole et s'écria :

    "Quel discours, Télémaque ! ô bouillant prêcheur d'agora !   85
Tu viens nous insulter ! tu veux nous traîner dans la boue !
La cause de tes maux, ce ne sont pas les prétendants,

Mais bien ta mère, à toi, qui, pour la ruse, est sans rivale !
Voilà déjà passés trois ans, en voici bientôt quatre,
90   Que nous la voyons se jouer du cœur des Achéens,
Leur donner à tous de l'espoir, transmettre à chacun d'eux
Des messages trompeurs et combiner d'autres projets.
Tu sais le dernier stratagème né de son esprit.
Elle avait fait dresser dans le palais un grand métier
95   Pour y tisser un immense linon et nous disait :
«Mes jeunes prétendants, le divin Ulysse est bien mort.
Mais, quoique cet hymen vous presse, attendez que j'achève,
Car je ne voudrais pas que tout ce fil ne serve à rien ;
Ce sera pour ensevelir notre seigneur Laërte,
100 Quand la mort viendra le coucher dans son dernier sommeil,
Sinon quelque Achéenne irait m'accuser devant tous
De laisser sans suaire un homme qui avait de quoi.»
Ces mots calmèrent aussitôt la fougue de nos cœurs.
Dès lors, pendant le jour, elle tissait sa grande toile,
105 Mais la défaisait chaque nuit, à la lueur des torches.
Pendant trois ans elle cacha sa ruse et nous trompa.
Mais lorsque le temps amena la quatrième année,
Une femme d'ici, qui savait tout, lâcha le mot.
On la surprit comme elle défaisait sa belle toile,
110 Si bien qu'elle dut la finir, en dépit qu'elle en eût.
Et voici la réponse que te font les prétendants,
Afin que tout soit clair pour toi et pour les Achéens :
Tu renverras ta mère et tu lui diras d'épouser
L'homme qui lui plaira et que désignera son père.
115 Mais à vouloir toujours tromper les fils des Achéens,
A compter sur les dons qu'Athéna lui a prodigués,
Sur son art merveilleux, sur son adresse et sur sa ruse,
Dont rien n'a jamais approché, dans les siècles passés,

Parmi les femmes d'Achaïe aux cheveux bien bouclés,
Ces Tyro, ces Alcmène, ces Mycène couronnée,   120
Dont pas une n'avait l'esprit profond de Pénélope,
Ses calculs ont fini par se retourner contre toi ;
Car nous te mangerons tout ton avoir et tous tes vivres,
Tant qu'elle restera fidèle au dessein que les dieux
Lui ont mis dans le cœur. Pour elle, ce sera la gloire,   125
Mais pour toi, le regret de tant de richesses perdues !
Nous n'irons en effet ni sur nos terres ni ailleurs,
Avant qu'elle n'ait épousé l'Achéen de son choix."
    Le sage Télémaque, alors, lui fit cette réponse :
"Antinoos, comment chasser d'ici, contre son gré,   130
Celle à qui je dois tout ? Mon père vit bien loin d'ici,
A moins qu'il ne soit mort. J'aurais du mal à rembourser
Icarios, si c'était moi qui renvoyais ma mère.
Je serais en butte à la fois à son père et aux dieux,
Car ma mère, en partant, invoquerait les Erinyes,   135
Et c'est moi qui serais l'objet du châtiment des hommes.
Ah ! jamais je ne donnerais un ordre si cruel.
Mais si dans votre cœur vous vous estimez offensés,
Sortez de ce palais et faites chère lie ailleurs ;
Allez de maison en maison manger vos propres biens ;   140
Ou si vous trouvez préférable et plus avantageux
De consumer impunément les richesses d'un seul,
Dévorez tout ! pour moi, j'implorerai les Immortels,
Et nous verrons alors si Zeus vous paiera de vos œuvres ;
Vous pourriez bien périr ici sans trouver de vengeurs !"   145
    Tel parla Télémaque. Alors Zeus à la grande voix
Lui envoya deux aigles du sommet d'une montagne.
Ils volèrent d'abord aussi rapides que le vent,
Planant l'un près de l'autre avec leurs ailes déployées.

150   Arrivés juste à la hauteur de l'agora bruyante,
      Ils tournèrent tous deux sur place, à coups d'ailes pressés,
      En jetant des regards de mort sur les têtes de tous ;
      Après quoi, se griffant la face et le cou de leurs serres,
      Ils virèrent à droite et disparurent de la ville.
155   Tous les témoins suivaient des yeux le terrible présage
      Et s'interrogeaient pour savoir quelle en serait la suite.
      Alors le vieux héros Halithersès, fils de Mastor,
      Vint leur parler ; il était de son temps le plus habile
      A prédire le sort en lisant le vol des oiseaux.
160   En sage qu'il était, il prit donc la parole et dit :
          "Hommes d'Ithaque, écoutez-moi ! j'ai deux mots à vous dire.
      Mais c'est aux prétendants surtout que je veux m'adresser,
      Car sur eux roule un grand malheur. Ulysse ne va plus
      Rester bien longtemps séparé des siens ; déjà tout proche,
165   Il s'apprête à semer partout le carnage et la mort ;
      Et bien d'autres encore en pâtiront, parmi nous tous
      Qui habitons les collines d'Ithaque. Employons-nous
      Sans plus attendre à les calmer ; qu'ils se calment d'eux-mêmes,
      C'est ce qu'ils ont de mieux à faire en pareille occurrence.
170   Je m'y connais et ne suis point novice en la matière.
      Je l'affirme bien haut : tout est en train de s'accomplir
      Comme je le lui dis, lorsque les Argiens s'embarquèrent
      Pour Ilion en emmenant Ulysse l'avisé :
      Il lui faudrait beaucoup souffrir et perdre tous ses gens,
175   Pour ne rentrer dans son pays que la vingtième année,
      Sans être reconnu. Voici qu'à présent tout s'achève."
          A ces mots, Eurymaque, fils de Polybe, lui dit :
      "Vieillard, rentre chez toi et va prédire l'avenir
      A tes enfants, de peur qu'un jour le malheur ne les frappe.
180   Pour les prédictions, je suis cent fois plus fort que toi.

On voit voler bien des oiseaux sous les feux du soleil,
Sans qu'ils présagent l'avenir. Tu nous parles d'Ulysse :
Il est mort loin d'ici, et que n'as-tu péri toi-même
A ses côtés ! tu ferais un peu moins de prophéties
Et tu n'attiserais pas la fureur de Télémaque,   185
En espérant pour ta maison un cadeau de sa part.
Eh bien, je te le dis, et c'est ce qui s'accomplira :
Si tu profites de ta vieille et grande expérience
Pour convaincre et pousser ce jeune à sévir contre nous,
C'est à lui que, pour commencer, il en cuira le plus,   190
Et ceux qui sont ici sauront l'empêcher de rien faire.
Pour toi, vieillard, ce sera une amende, dont le prix
Affligera ton cœur et te vaudra beaucoup de peine.
A Télémaque, enfin, voici le conseil que je donne :
Qu'il tâche à renvoyer sa mère au logis paternel.   195
Aux prétendants de songer à la noce et de fournir
Tous les cadeaux qu'on doit verser pour obtenir sa main.
M'est avis qu'alors seulement les fils des Achéens
Cesseront de l'importuner. Nous ne craignons personne,
Et pas plus Télémaque avec ses éternels discours   200
Que toi, pauvre vieillard, dont peu m'importe la science !
Tu parles dans le vide et n'en es que plus odieux.
Ses biens, dévorés sans pitié, ne lui seront jamais
Restitués, tant qu'elle amusera les Achéens
A ce jeu de l'hymen où, repoussés de jour en jour,   205
Nous nous la disputons pour sa vertu, en négligeant
Les autres partis que chacun est en droit d'espérer."
    Le sage Télémaque, alors, lui fit cette réponse :
"Eurymaque, et vous tous aussi, illustres prétendants,
Sur ce point je n'ai plus prières ni discours à faire ;   210
Les dieux et le peuple achéen savent ce qu'il en est.

Mais donnez-moi un prompt vaisseau équipé de vingt hommes,
Qui sillonneront avec moi les chemins de la mer.
Je veux aller à Sparte, ainsi qu'à la Pylos des Sables,
215 M'informer du retour d'un père depuis si longtemps
Parti, interroger les gens ou recueillir de Zeus
Une de ces rumeurs qui remplissent souvent le monde.
Si j'y apprends que mon père est vivant et va rentrer,
Je l'attendrai un an, bien que je sois à bout de force.
220 Mais si j'apprends qu'il a péri ou qu'il a disparu,
Je reviendrai directement chez moi pour lui dresser
Sa tombe avec tous les honneurs funèbres qu'il mérite,
Et, cela fait, je donnerai ma mère à un époux."
    Ayant ainsi parlé, il se rassit. Lors se leva
225 Mentor, ce compagnon qu'en embarquant sur ses vaisseaux
Le noble Ulysse avait chargé du soin de sa maison,
Pour venir en aide au vieillard et tout garder en place.
En sage qu'il était, il prit donc la parole et dit :
    "O gens d'Ithaque, écoutez-moi ! j'ai deux mots à vous dire.
230 Pour un roi qui porte le sceptre, à quoi bon être doux,
Aimable, accommodant, et se montrer plein d'équité ?
Mieux vaut qu'il soit toujours cruel, et ses actes iniques !
Car qui donc se souvient encor de ce divin Ulysse
Parmi tous ceux qu'il gouverna avec l'amour d'un père ?
235 Oh ! certes, je ne m'en prends pas aux fougueux prétendants,
Ni à leurs actes violents, à leurs complots perfides,
Car eux risquent leurs têtes, quand, par un abus de force,
Ils pillent la maison d'Ulysse et le croient disparu.
Non, c'est au peuple que j'en veux, à vous tous que je vois
240 Rester silencieux, sans dire un mot pour réprimer
Ces quelques prétendants, alors que vous êtes le nombre."
    Léiocritos, fils d'Evénor, lui fit cette réponse :

"Maudit Mentor ! espèce de grand fou ! tu cherches donc
A dresser les gens contre nous ! Fussiez-vous plus nombreux,
Vous auriez bien du mal à nous disputer ces festins.   245
Même si dans Ithaque Ulysse, arrivant en personne,
Avait l'intention de débarrasser son palais
De tous ces prétendants altiers qui mangent à sa table,
Son épouse déchanterait, quel qu'en soit son désir,
Car il trouverait sur-le-champ une piteuse mort,   250
Même bien escorté. Tu n'as point parlé comme il faut.
Que chacun d'entre vous rejoigne à présent ses domaines.
Télémaque a, pour le guider, Mentor, Halithersès,
Ou tel autre parmi les vieux compagnons de son père.
Mais c'est ici, à mon avis, et sans bouger d'Ithaque,   255
Qu'il saura tout, car ce voyage ne se fera point !"
      A ces mots, il se dépêcha de lever la séance ;
Et tandis que chacun allait rejoindre sa demeure,
Les prétendants s'en retournaient chez le divin Ulysse.
      Télémaque descendit seul sur le bord de la grève,   260
Et, trempant ses mains dans l'eau grise, il pria Athéna :
      "Ecoute-moi, ô dieu qui vins hier dans ma demeure !
Tu m'as conseillé de voguer sur la mer nébuleuse
Pour m'informer d'un père qui n'est toujours pas rentré
Chez lui. Mais tout cela, les Achéens me l'interdisent,   265
Les prétendants surtout, ces insolents prêts à tout faire !"
      Comme il parlait ainsi, il vit s'approcher Athéna.
Elle avait emprunté les traits et la voix de Mentor.
Lors, prenant la parole, elle lui dit ces mots ailés :
      "O Télémaque, montre-toi toujours vaillant et sage.   270
Si la belle ardeur de ton père est bien présente en toi,
Si tu t'imposes comme lui par l'acte et la parole,
Ce voyage aura son effet et portera ses fruits.

Mais si tu n'as point pour parents Ulysse et Pénélope,
275 Alors je doute que tu puisses remplir tes desseins.
Ce n'est pas souvent que les fils ressemblent à leur père :
Pour tant qui valent moins, il en est peu qui valent plus.
Mais puisque tu te montreras toujours vaillant et sage,
Et que la prudence d'Ulysse est tout entière en toi,
280 J'espère bien que tu sauras parvenir à tes fins.
Laisse les prétendants tramer et combiner leurs plans ;
Ce sont de pauvres fous qui n'ont ni raison ni justice ;
Ils ne voient même pas la mort, le ténébreux trépas,
Qui s'apprête à les faire tous périr en un seul jour.
285 Rien ne saura plus entraver ton projet de voyage.
Tu sais le compagnon que ton père eut toujours en moi ;
Je t'équipe un vaisseau rapide et te suis en personne.
Rentre à présent chez toi et mêle-toi aux prétendants.
Prépare les provisions, prends de quoi tout y mettre :
290 Amphores pour le vin, sacs de gros cuir pour la farine,
Cette moelle, à nous tous. Je cours lever des volontaires
A travers le pays ; Ithaque enceinte par les flots
Compte un grand nombre de vaisseaux, des neufs comme des vieux.
Je vais choisir pour toi celui qui sera le meilleur ;
295 Nous l'équiperons sans tarder et nous prendrons le large."
        Tels furent les mots d'Athéna, cette fille de Zeus ;
Et Télémaque s'empressa d'obéir à son ordre.
L'âme toute troublée, il retourna en sa demeure
Et trouva dans la grande cour les prétendants altiers
300 En train de flamber des cochons et d'écorcher des chèvres.
Antinoos, tout souriant, vint droit à Télémaque ;
Il lui serra la main et dit en s'adressant à lui :
        "Allons donc ! Télémaque, ô bouillant prêcheur d'agora !
Chasse loin de ton cœur desseins et propos malveillants.

Reste avec nous, comme autrefois, à boire et à manger.   305
Les Achéens se chargeront de tout te préparer :
Un bateau, des rameurs de choix ; d'ici peu tu iras
Dans la sainte Pylos enquêter sur ton noble père."
    Le sage Télémaque, alors, lui fit cette réponse :
"Antinoos, je ne peux plus subir vos insolences,   310
Me taire en vos festins et en jouir le cœur léger.
Ne vous suffit-il pas, ô prétendants, d'avoir pillé
Jadis le plus clair de mes biens ? J'étais si jeune encore !
A présent, j'ai grandi ; j'apprends beaucoup à écouter
Ce qui se dit. Fort du courage qui grandit en moi,   315
J'essaierai de lâcher sur vous les déesses mauvaises,
Soit que j'aille à Pylos, soit que je reste en ce pays ;
Mais j'irai, je l'affirme, et ce ne sera pas pour rien ;
Je partirai en passager, faute d'avoir la nef
Et les rameurs que vous n'avez pas daigné me donner."   320
    Il dit et lâcha prestement la main d'Antinoos.
Dans le palais, les prétendants activaient le festin,
Tout en l'injuriant et en le couvrant de sarcasmes.
L'un de ces jeunes fats s'écriait en parlant de lui :
    "Télémaque, à n'en pas douter, médite notre mort.   325
Il s'en va chercher du secours dans la Pylos des Sables,
Peut-être même à Sparte : il en a une telle envie !
Il pourrait bien pousser jusqu'à la plantureuse Ephyre
Et nous en rapporter quelques poisons pernicieux :
Une dose dans un cratère, et nous voilà tous morts !"   330
    Un autre de ces fats s'écriait en parlant de lui :
"Qui sait ? Peut-être que, monté à bord de sa nef creuse,
Lui aussi, comme Ulysse, ira se perdre loin des siens ?
Mais cela ne nous donnerait qu'un surcroît d'embarras,
Car il faudrait partager tous ses biens, et le palais   335

Reviendrait à sa mère et à celui qui l'aurait prise."
    Tels ils parlaient. Mais déjà Télémaque avait rejoint
Le cellier du palais, où s'entassaient l'or et le bronze,
Les coffres remplis de tissus et l'huile parfumée ;
340   Le long de la muraille on avait placé côte à côte
Des jarres contenant, boisson divine et sans mélange,
Un vin vieux, riche de saveur, pour le jour où Ulysse
Retournerait enfin chez lui, après tant de souffrances.
Un double verrou maintenait étroitement fermés
345   Les battants de la porte, où se tenait en faction,
De nuit comme de jour, une intendante à l'esprit vif,
Eurycléia, la fille d'Ops, issu de Pisénor.
L'ayant fait entrer au cellier, Télémaque lui dit :
    "Nourrice, verse-moi dans ces amphores du vin doux,
350   Le plus délicieux, après celui que tu conserves
Pour cet infortuné dont tu espères le retour,
Cet Ulysse divin, réchappé à la mort cruelle.
Remplis-m'en douze et coiffe-les chacune comme il faut.
Dans de bons sacs de cuir verse de la farine d'orge,
355   De celle broyée à la meule : il m'en faut vingt mesures.
Garde-moi le secret. Que tout soit disposé en tas ;
Je viendrai le prendre ce soir, aussitôt que ma mère
Aura gagné l'étage afin d'y goûter le sommeil.
Je veux aller à Sparte, ainsi qu'à la Pylos des Sables,
360   M'enquérir, si cela se peut, du retour de mon père."
    A ces mots, la nourrice Eurycléia poussa un cri
Et, tout en sanglotant, lui dit ces paroles ailées :
    "Pourquoi, mon cher enfant, te mettre cette idée en tête ?
Tu veux courir le monde, alors qu'il ne nous reste plus
365   Que toi, mon pauvre cœur ! Car le divin Ulysse est mort,
Bien loin de son pays natal, sur un sol étranger.

A peine seras-tu parti, qu'ils te prépareront
Quelque embûche mortelle et se partageront le tout.
Reste bien accroché à ton avoir ; rien ne t'oblige
A errer misérablement sur la mer inféconde."   370
    Le sage Télémaque, alors, lui fit cette réponse :
"Nourrice, ne crains rien ; seul un dieu a pu m'y pousser.
Mais jure de ne pas aller en informer ma mère,
Avant que onze ou douze jours ne se soient écoulés,
De peur que, me cherchant partout et apprenant ma fuite,   375
Elle n'aille en pleurant défigurer son beau visage."
    La vieille, à ces mots, lui prêta le grand serment des dieux,
Et, dès qu'elle eut juré selon les termes du serment,
Elle s'empressa de puiser le vin dans les amphores ;
Puis elle versa la farine en de bons sacs de cuir,   380
Tandis que Télémaque rejoignait les prétendants.
    Alors Athéna aux yeux pers eut un autre dessein.
Prenant les traits de Télémaque, elle courut la ville,
Interpella chaque rameur et les engagea tous
A rejoindre, le soir venu, le rapide vaisseau ;   385
Elle demanda un navire au fils de Phronios,
L'illustre Noémon, qui le lui prêta volontiers.
    Quand, au soleil couchant, l'ombre eut gagné toutes les rues,
Athéna tira le vaisseau rapide dans la mer,
Y mit tous les agrès qu'emportent les nefs bien pontées   390
Et l'amarra au bout du port, où les braves rameurs
Se trouvaient réunis ; elle eut un mot pour chacun d'eux.
    Alors Athéna aux yeux pers eut un autre dessein.
Elle regagna la demeure du divin Ulysse
Et versa sur les prétendants le plus doux des sommeils,   395
Egarant les buveurs, dont les mains lâchèrent les coupes.
Sans plus attendre, ils se levèrent pour aller dormir

Chez eux, car déjà le sommeil tombait sur leurs paupières.
Alors la déesse aux yeux pers appela Télémaque
400 Et le fit sortir de la salle richement bâtie ;
Elle avait emprunté les traits et la voix de Mentor :
    "Télémaque, il est temps ! déjà l'équipage guêtré
S'est mis en place ; il n'attend que ton ordre pour pousser.
En route, donc ! il ne faut plus différer le départ."
405   A ces mots, Pallas Athéna l'emmena au plus vite,
Et l'autre suivit la déesse en marchant sur ses traces.
Comme ils arrivaient au rivage où mouillait le vaisseau,
Ils trouvèrent non loin des flots les gars aux longs cheveux.
Alors le sage et vaillant Télémaque vint leur dire :
410   "Par ici, mes amis ! allons vite chercher les vivres ;
Ils sont en tas dans ma maison. Ma mère n'en sait rien,
Les autres servantes non plus ; une seule a le mot."
    Là-dessus, il prit les devants, et les autres suivirent.
Ils revinrent poser toutes leurs charges sous les bancs
415 Du vaisseau, comme l'avait ordonné le fils d'Ulysse.
Puis Télémaque s'embarqua, précédé d'Athéna,
Qui alla s'asseoir à la poupe ; après quoi Télémaque
Se mit à côté d'elle. Alors on largua les amarres,
Et tous ceux qui étaient montés prirent place à leur banc.
420 Athéna fit souffler sur eux la brise favorable,
Un zéphyr vigoureux, qui chantait sur la mer vineuse.
Télémaque, alors, exhortant les siens, leur ordonna
De lier les agrès, ce qui fut fait avec entrain.
On dressa bien haut le sapin du mât, qui fut planté
425 Dans le creux du coursier ; ensuite on raidit les étais,
Et la drisse de cuir tordu hissa les voiles blanches.
Le vent gonfla l'étoffe en plein, et tandis que les vagues
Rejaillissaient, sonores, de l'étrave qui glissait,

La nef courait de vague en vague et suivait son chemin.
Les agrès une fois liés le long du noir vaisseau,   430
On dressa les cratères remplis de vin jusqu'au bord,
Pour en offrir aux Immortels, ces dieux toujours vivants,
Et en premier à la fille de Zeus aux yeux brillants.
La nef courut toute la nuit et même après l'aurore.

CHANT III

A l'heure où le soleil, sortant du lac resplendissant,
Montait au firmament de bronze afin d'illuminer
Les dieux et les mortels vivant sur la glèbe féconde,
Pylos, la ville de Nélée aux puissantes murailles,
Leur apparut. Ses habitants, sur le rivage, offraient   5
De noirs taureaux à l'Ebranleur du sol aux crins d'azur.
Ils se trouvaient tous installés sur neuf lignes de bancs,
Cinq cents hommes par rang, avec chaque fois neuf taureaux.
Les viscères mangés, ils brûlaient pour ce dieu les cuisses,
Quand le fin vaisseau aborda ; on replia les voiles,   10
Et, dès que l'ancre fut jetée, on descendit à terre.
Télémaque aussi débarqua, précédé d'Athéna,
Et d'emblée Athéna, la déesse aux yeux pers, lui dit :
        "Télémaque, à présent bannis toute timidité.
Si tu as pris la mer, c'est bien à cause de ton père,   15
Pour savoir quel pays le cache et quel sort fut le sien.
Va de ce pas trouver Nestor, le dompteur de cavales,
Et sachons quel dessein se cache au fond de sa poitrine.
Demande-lui de te parler sans rien dissimuler ;
Il ne saurait mentir, car c'est un homme des plus sages."   20
        Le sage Télémaque, alors, la regarda et dit :
"Mentor, comment pourrais-je aller le voir et l'aborder ?
Je ne sais pas encore user de propos pertinents,
Et interroger un vieillard fait peur quand on est jeune."
        Lors Athéna, la déesse aux yeux pers, lui répondit :   25

41

"Des mots, cher Télémaque, il t'en viendra du fond du cœur,
Et pour le reste, le ciel t'aidera ; les dieux, je pense,
Ne t'ont pas empêché de voir le jour et de grandir."
      A ces mots, Pallas Athéna l'emmena au plus vite.
30 Le héros suivit la déesse et marcha sur ses traces,
Jusqu'à l'endroit où les gens de Pylos s'étaient massés
Et où Nestor siégeait avec ses fils ; non loin de là
On apprêtait pour le festin viande en broche et rôtis.
Dès qu'ils virent ces étrangers, ils s'approchèrent tous
35 Et, d'un geste amical, les invitèrent à s'asseoir.
Mais Pisistrate, un des fils de Nestor, fut le premier
A leur prendre la main. Il les installa pour la fête
Sur de molles toisons, à même le sable marin,
Entre son propre père et Thrasymède, un de ses frères.
40 Il leur servit leurs parts d'abats, puis leur versa du vin
Dans une coupe d'or, qu'il éleva pour rendre hommage
A Pallas Athéna, fille de Zeus, le Porte-Egide :
      "Cher hôte, invoque d'abord Poséidon, notre seigneur,
Car c'est à son festin qu'ici vous êtes conviés.
45 Fais ta libation et ta prière dans les règles,
Puis donne à ton ami la coupe pleine de vin doux,
Pour qu'il en fasse autant, car il doit prier lui aussi
Les Immortels ; tout homme n'a-t-il pas besoin des dieux ?
Mais il est ton cadet, il a le même âge que moi ;
50 C'est donc à toi d'abord que je tends cette coupe d'or."
      A ces mots, il lui mit en main la coupe de vin doux.
Athéna, tout heureuse que cet être juste et sage
Lui eût présenté en premier la grande coupe d'or,
Se hâta d'invoquer bien fort le seigneur Poséidon :
55   "Poséidon, Ebranleur du sol, écoute ma prière
Et daigne accomplir nos projets, comme nous t'en prions.

A Nestor, ainsi qu'à ses fils, donne avant tout la gloire.
Accorde également à tout le peuple de Pylos
Quelque grâce en retour de cette superbe hécatombe. *sacrifice!*
Enfin, à Télémaque et moi, donne-nous d'accomplir   60
Ce qui nous fait venir ici sur notre noir vaisseau."

    Après cette prière, exaucée en tout point par elle,
La déesse remit la double coupe à Télémaque,
Et le fils d'Ulysse, à son tour, dit la même prière.
Puis on tira du feu les gros quartiers qui rôtissaient ;   65
On y trancha des parts et l'on fit un festin superbe.
Aussitôt qu'on eut satisfait la soif et l'appétit,
Nestor, le vieux meneur de chars, prit la parole et dit :
    "Maintenant qu'ils se sont rassasiés, l'heure est venue
D'en savoir un peu plus sur l'origine de nos hôtes.   70
Qui êtes-vous ? d'où venez-vous par les routes humides ?
Faites-vous le commerce ? errez-vous sans but sur la mer,
Pareils à ces pirates qui s'en vont à l'aventure,
Jouant leur vie et ravageant les côtes étrangères ?"
    Alors le sage et vaillant Télémaque répondit,   75
Fort de l'audace qu'Athéna lui avait inspirée
Afin qu'il pût l'interroger sur le sort de son père
Et s'acquérir aussi un bon renom parmi les hommes :
    "Nestor, fils de Nélée, honneur de toute l'Achaïe,
Tu veux savoir d'où nous venons ; je m'en vais te le dire.   80
Nous arrivons tout droit d'Ithaque, au pied du mont Néion,
Pour traiter d'une affaire à moi, et non pas de mon peuple.
Je vais quêtant quelques échos du grand nom de mon père,
De ce divin Ulysse au cœur vaillant, qu'on vit, dit-on,
Combattre à tes côtés et renverser les murs de Troie.   85
De tous les preux qui se sont battus contre les Troyens,
Nous savons où chacun trouva une mort pitoyable.

Mais lui, Zeus a voulu cacher jusqu'au bruit de sa mort.
Nul ne peut dire exactement comment il a péri,
90 Si ce fut au rivage, en pliant sous les ennemis,
Ou si ce fut en mer, noyé dans les flots d'Amphitrite.
Voilà pourquoi j'embrasse tes genoux. Voudras-tu bien
Me parler de sa triste mort ? en fus-tu le témoin,
Ou bien quelque guerrier errant te l'aurait-il contée ?
95 C'est l'homme le plus malheureux qui soit né d'une femme !
Ne m'adoucis rien par égard ou par compassion ;
Raconte-moi exactement ce que tes yeux ont vu.
De grâce, si jamais mon père, le vaillant Ulysse,
A su répondre, en acte ou en parole, à ton attente
100 Au pays des Troyens, qui vous a valu tant de maux,
Qu'il t'en souvienne maintenant ; dis-moi la vérité."
    Nestor, le vieux meneur de chars, lui fit cette réponse :
"Tu me rappelles, cher ami, tous les maux endurés
En ce pays lointain par nos valeureux Achéens,
105 Toutes nos courses, nos errances sur les mers brumeuses,
En quête du butin vers lequel nous guidait Achille,
Tous les combats livrés pour assaillir la grande ville
Du roi Priam, où ont péri les meilleurs de nos gens.
C'est là que gît le brave Ajax ; c'est là que gît Achille,
110 Là que gisent Patrocle, égal aux dieux par la sagesse,
Et mon cher fils, mon intrépide et robuste Antiloque,
Qui fut le roi de nos coureurs et de nos combattants.
Car nous avons connu ces maux et bien d'autres encore !
Quel être humain pourrait en faire le récit complet ?
115 Même si tu restais cinq ou six ans à m'écouter
Te dire tout ce qu'ont souffert nos divins Achéens,
Tu rentrerais chez toi, lassé, n'en sachant pas le quart.
Neuf ans, nous leur avons tramé, au prix de mille ruses,

Un tissu de malheurs, avant que Zeus nous exauçât.
Il n'y avait dans notre camp personne qui osât   120
Se montrer aussi inventif que lui, car quant aux ruses
Il l'emportait sur tous, cet Ulysse divin, ton père,
Si tu es bien son fils… Que ta présence me surprend !
A dire vrai, tu parles comme lui. Comment peut-on,
Etant si jeune, avoir même langage que son père ?   125
Tout ce temps-là, jamais le divin Ulysse et moi-même
Nous n'avons eu de différend. Assemblée ou Conseil,
C'est d'un esprit, d'un cœur et d'une volonté commune
Que nous cherchions ensemble à faire le bonheur de tous.
La haute cité de Priam une fois saccagée,   130
A peine étions-nous embarqués, qu'un dieu nous dispersa.
Zeus combina pour les Argiens, dans le fond de son cœur,
Un funeste retour. Tous n'étaient pas prudents et justes,
Parmi nos gens. Combien payèrent d'une mort affreuse
Le noir courroux de la puissante déesse aux yeux pers !   135
C'est elle qui sema la brouille entre les deux Atrides.
Ils avaient battu le rappel de tous les Achéens
Au coucher du soleil, contre l'usage et la raison.
Ils arrivèrent donc, mais appesantis par le vin ;
Et les deux frères d'expliquer pourquoi cette assemblée.   140
Ménélas, pour sa part, engageait tous les Achéens
A ne plus songer qu'au retour sur l'ample dos des mers ;
Agamemnon s'y opposait et voulait qu'on offrît
Devant le peuple tout entier de saintes hécatombes,
Afin de fléchir le courroux terrible d'Athéna.   145
Il se flattait, le pauvre fou ! d'apaiser la déesse.
Mais qui ferait virer d'un coup l'esprit des Immortels ?
Tandis que les deux rois se battaient à coups de répliques,
Les Achéens guêtrés, au sein d'un horrible vacarme,

45

150 Se tenaient là, debout, partagés entre deux avis.
Nous passâmes la nuit à ruminer de noirs desseins,
Car déjà Zeus nous préparait de terribles malheurs.
A l'aube, on tira les vaisseaux jusqu'à la mer divine,
Afin d'y embarquer nos biens et nos sveltes captives.
155 Tandis que la moitié des gens s'obstinaient à rester
Près de l'Atride Agamemnon, le gardien de son peuple,
Nous montâmes à bord et fîmes courir nos vaisseaux
Sur l'abîme des flots, qu'un dieu nous avait aplanis.
A Ténédos, par une offrande aux dieux, nous demandâmes
160 De rentrer au pays. Mais Zeus ne voulut rien entendre
Et ralluma, dans son courroux, l'effrayante querelle.
Les uns revinrent, portés par leurs nefs à double galbe,
Sous les ordres du sage Ulysse aux subtiles pensées,
Faire amende honorable au fils d'Atrée, Agamemnon.
165 Quant à moi, escorté de ma flottille de vaisseaux,
Je m'enfuis, connaissant les maux qu'un dieu nous préparait ;
Le brave Tydéide et tous les siens firent de même,
Tandis que le blond Ménélas nous rejoignit plus tard,
A Lesbos, où nous consultions alors sur le grand tour :
170 Irions-nous, passant par le haut des rochers de Chios,
Doubler l'île de Psyria, en les tenant à gauche ?
Ou sous Chios, en longeant le Mimas battu des vents ?
Nous demandions aux dieux un signe, et voici qu'il nous vint,
Nous disant de couper par le grand large vers l'Eubée,
175 Si nous voulions échapper au plus vite à tout danger.
Un bon vent frais s'étant levé, nos vaisseaux sillonnèrent
Les chemins poissonneux à telle allure qu'à la nuit
Nous touchions au Géreste, où Poséidon reçut de nous
Plus d'une cuisse de taureau, après un tel parcours.
180 Le quatrième jour, nous vîmes venir dans Argos,

Avec ses fines nefs, le Tydéide Diomède
Et tous ses gens ; pour moi, je rentrai à Pylos, sans voir
Tomber le vent, qu'un dieu continuait de m'envoyer.
Cher enfant, tel fut mon retour. Je n'ai rien vu de plus
Et ne sais lesquels ont péri, lesquels ont réchappé.   185
Mais tout ce que j'ai pu apprendre ici même au palais,
Il est juste que je t'en parle, et sans rien te cacher.
Les Myrmidons, ces fiers piquiers, sont rentrés sains et saufs
Aux côtés de l'illustre fils du magnanime Achille ;
Et Philoctète aussi, le valeureux fils de Pœas.   190
De son côté, Idoménée a reconduit en Crète
Tous ceux que la guerre épargna ; la mer n'en prit aucun.
Quant à l'Atride, vous savez, même en ce coin du monde,
Qu'Egisthe, à son retour, lui réserva un triste sort.
Mais il a expié d'une manière pitoyable.   195
Qu'il avait bien fait de laisser après sa mort un fils !
Car celui-ci a su punir le cauteleux Egisthe,
Cet assassin qui lui avait tué son digne père.
Toi aussi, cher enfant, bel et grand comme je te vois,
Sois vaillant, si tu veux qu'un jour on parle bien de toi."   200
      Le sage Télémaque, alors, lui fit cette réponse :
"Nestor, fils de Nélée, honneur de toute l'Achaïe,
Il a bien fait de le punir, et le peuple achéen
Célébrera sa gloire jusqu'aux siècles à venir.
Si seulement les dieux m'avaient donné pareille force   205
Pour châtier la folle audace de ces prétendants
Qui se déchaînent contre moi et qui trament ma mort !
Hélas ! les dieux ne nous ont pas filé un tel bonheur,
A moi ni à mon père ; il ne me reste qu'à subir."
      Nestor, le vieux meneur de chars, lui fit cette réponse :   210
"Mon ami, puisque tu viens de me rappeler ces faits,

On dit qu'un tas de prétendants, attirés par ta mère,
Occupent son palais de force et machinent ta mort.
Dis-moi, as-tu choisi ce joug, ou as-tu dans le peuple
215 Un parti qui te hait, par respect pour la voix d'un dieu ?
Qui sait, peut-être un jour ton père reviendra punir
Ces criminels, soit seul, soit avec tous les Achéens ?
Ah ! si la déesse aux yeux pers pouvait avoir pour toi
Autant d'amour qu'elle en montra jadis au brave Ulysse
220 Dans le pays de Troie, où les Argiens ont tant souffert !
Car je n'ai jamais vu les dieux marquer ouvertement
Plus de faveur à un mortel que Pallas à ton père.
Si elle te montrait autant d'amour et d'intérêt,
Combien de prétendants renonceraient à leur poursuite !"
225   Le sage Télémaque, alors, lui fit cette réponse :
"Vieillard, je ne crois pas qu'un tel vœu puisse s'accomplir.
Ce sont de bien grands mots. J'en tremble, et, malgré mon espoir,
Il n'en sortira rien, quand même les dieux le voudraient."
    Lors Athéna, la déesse aux yeux pers, lui répondit :
230 "Télémaque, quel mot a franchi l'enclos de tes dents ?
Un dieu, même de loin, peut sauver, s'il le veut, son homme.
Pour moi, j'aimerais mieux, après avoir beaucoup souffert,
Rentrer dans ma demeure et voir le jour de mon retour,
Que revenir et y trouver la mort, comme l'Atride
235 Qu'assassinèrent par la ruse Egisthe et son épouse.
Mais la mort, il est vrai, nous guette tous, et les dieux mêmes
Sont impuissants à l'écarter de l'homme qu'ils chérissent,
Quand le trépas vient le coucher dans son dernier sommeil."
    Le sage Télémaque, alors, lui fit cette réponse :
240 "Mentor, n'en parlons plus, si grand que soit notre chagrin.
Il n'est plus de retour pour lui, et les dieux immortels
Ont médité depuis longtemps sa mort et son trépas.

C'est sur un autre point que j'aimerais interroger
Nestor ; nul être n'est plus juste et plus sensé que lui.
Son règne a déjà vu, dit-on, trois générations,   245
Si bien qu'il me semble avoir devant moi un Immortel.
Allons ! dis-moi la vérité, Nestor, fils de Nélée.
Comment est mort le tout-puissant Atride Agamemnon ?
Où était Ménélas ? que combina le fourbe Egisthe
Pour tuer un héros qui valait cent fois mieux que lui ?   250
Ménélas n'était-il pas dans Argos ? parcourait-il
Le monde, pour que l'autre ait eu l'audace de son crime ?"
    Nestor, le vieux meneur de chars, lui fit cette réponse :
"Eh bien, mon fils, tu vas savoir toute la vérité.
Tu devines toi-même aussi ce qui fût arrivé,   255
Si le blond Ménélas, une fois revenu de Troie,
Avait trouvé dans son palais Egisthe encor vivant :
Sur son cadavre même il n'eût point versé de la terre ;
Dans les champs, hors des murs, les chiens et les oiseaux de proie
L'eussent déchiqueté, et pas une des Achéennes   260
Ne l'eût alors pleuré, car son crime était par trop grand.
Donc, nous étions là-bas, à endurer bien des épreuves,
Tandis que lui, tranquille dans Argos riche en cavales,
Inondait de mots enjôleurs la femme de l'Atride.
La noble Clytemnestre commença par repousser   265
Cet amour criminel, car elle avait le cœur honnête ;
Et près d'elle restait l'aède, qu'en partant pour Troie,
L'Atride avait tant adjuré de veiller sur sa femme.
Mais quand le sort l'eut enchaînée et mise sous le joug,
Egisthe emmena ce chanteur sur un îlot désert   270
Et l'y abandonna pour servir de proie aux rapaces.
Elle voulut ce qu'il voulait, et il la prit chez lui.
Alors, que de cuisseaux brûlés aux saints autels des dieux !

Que d'ors, que de riches brocarts suspendus en offrandes
275 Pour célébrer ce bel exploit, auquel il n'osait croire !
Nous revenions alors de Troie et voguions de conserve,
L'Atride Ménélas et moi, bons amis tous les deux.
Déjà nous touchions au Sounion, ce cap sacré d'Athènes,
Quand Phœbos Apollon atteignit de ses douces flèches
280 Le pilote de Ménélas, Phrontis, fils d'Onétor,
Comme il tenait le gouvernail du vaisseau qui courait.
Cet homme n'avait son égal dans tout le genre humain
Pour conduire une nef quand la tempête se déchaîne.
L'Atride, bien qu'étant pressé, fit relâche en ce lieu,
285 Ensevelit son homme et lui rendit tous les honneurs.
Reparti sur la mer vineuse avec ses vaisseaux creux,
Il courait déjà droit sur les falaises de Malée,
Lorsque le grand Tonneur leur ouvrit un chemin funeste.
Il fit se déchaîner sur eux des bourrasques sifflantes
290 Et se gonfler des flots énormes comme des montagnes.
Des vaisseaux dispersés, les uns parvinrent jusqu'en Crète,
Chez les Cydoniens établis sur le Jardanos.
Il est, dans la brume des mers, aux confins de Gortyne,
Un rocher nu et escarpé qui plonge dans les flots.
295 Le Notos, sur sa gauche, y fait rouler ses grandes houles,
Près de Phaestos, et ce caillou tient tête aux fortes lames.
Echoués là, les hommes n'évitèrent qu'à grand-peine
La mort, car le ressac brisa leurs nefs sur les écueils.
Il restait cinq autres vaisseaux à la proue azurée,
300 Que la vague et le vent poussèrent jusques en Egypte.
Tandis que Ménélas amassait vivres et trésors
Et errait avec ses vaisseaux chez des gens d'autre langue,
Egisthe en sa maison lui préparait des maux cruels.
L'Atride fut tué ; le peuple, asservi à son joug.

50

L'autre régna pendant sept ans sur tout l'or de Mycènes.   305
Mais l'an d'après survint pour son malheur le noble Oreste ;
Il revenait d'Athènes pour tuer le fourbe Egisthe,
Cet assassin qui lui avait tué son digne père.
La chose faite, il offrit à tous le repas funèbre
Dû à son odieuse mère et à ce lâche Egisthe.   310
Le même jour revenait Ménélas au cri puissant,
Avec tous les trésors que ses vaisseaux pouvaient porter.
Mon fils, il ne faut pas quitter trop longtemps ta demeure,
En laissant ton avoir et ta maison entre les mains
De tels bandits ; crains qu'ils ne se partagent ta fortune   315
Et ne te mangent tout, rendant ton voyage inutile.
Pourtant je te conseille et je te presse de te rendre
Chez Ménélas. Il vient de rentrer de pays lointains,
D'un monde d'où l'on n'a pas grand espoir de revenir,
Quand une fois les ouragans vous y ont égaré ;   320
C'est si loin sur la vaste mer, que les oiseaux eux-mêmes
Ne passent qu'une fois par an sur ce gouffre terrible.
Eh bien, va le trouver, avec ton vaisseau et tes gens.
Préfères-tu la route ? j'ai un char et des chevaux,
Et j'ai des fils, également, qui sauront te conduire   325
A Sparte la divine, où règne le blond Ménélas.
Va le voir et demande-lui de te parler sans feinte ;
Il ne saurait mentir, car c'est un homme des plus sages."
   Comme il parlait, le soleil se coucha et le soir vint.
Lors Athéna, la déesse aux yeux pers, lui répondit :   330
   "Vieillard, tu nous as renseignés comme nous l'espérions.
Coupons les langues à présent et mélangeons du vin,
Afin d'honorer Poséidon et tous les Immortels ;
Puis songeons au sommeil ; aussi bien l'heure en est venue.
Déjà la lumière décroît ; même au festin des dieux,   335

Il faut savoir quitter la table et retourner chez soi."
    Alors ils obéirent tous à la fille de Zeus.
Les hérauts versèrent de l'eau pour se laver les mains ;
Les jeunes gens remplirent les cratères jusqu'au bord
340 Et puisèrent le vin en allant d'une coupe à l'autre ;
On mit la viande à cuire et on se leva pour l'offrande.
Cette part une fois offerte et la soif étanchée,
Comme Athéna et Télémaque au visage de dieu
Se disposaient à retourner à leur navire creux,
345 Nestor les arrêta et leur adressa ces paroles :
    "Que Zeus et tous les autres dieux m'épargnent cet affront !
Vous voulez me quitter pour regagner votre vaisseau ?
Me croyez-vous si démuni de tout, si misérable,
Que l'on ne trouve en mon palais ni draps ni couvertures
350 Pour y coucher douillettement, mes hôtes et moi-même ?
Non, non ! j'ai de bons draps et de fort belles couvertures ;
Il ne sera pas dit que le fils du fameux Ulysse
Aura dormi sur son tillac, tant que moi je vivrai,
Ou qu'après moi mes propres fils garderont ce palais
355 Pour héberger les hôtes qui arrivent sous mon toit !"
    Lors Athéna, la déesse aux yeux pers, lui répondit :
"Voilà qui est bien dit, vieillard ! Télémaque aurait tort
De ne pas t'obéir : c'est ce qu'il a de mieux à faire.
Qu'il t'accompagne donc sans plus tarder dans ton palais
360 Pour y dormir. Moi, je regagnerai le noir vaisseau ;
J'irai calmer nos gens et je leur donnerai des ordres.
Je me flatte d'être le seul à l'emporter par l'âge,
Et c'est pure amitié si tous ces jeunes sont venus
Avec le vaillant Télémaque : ils sont tous de son âge.
365 Cette nuit, donc, je coucherai au flanc du noir vaisseau.
Dès l'aube, je voudrais aller chez les vaillants Caucones

réclamer son dû

Toucher une créance qui ne date pas d'hier
Et qui n'est pas de peu. Quant à celui qui t'est venu,
Fais-le partir en char et donne à l'un de tes enfants
Les coursiers les plus forts et les plus prompts que tu possèdes."   370

conseil divin

    Athéna aux yeux pers, sur ces paroles, disparut,
Transformée en orfraie. Alors, chez tous, ce fut l'effroi.
A ce spectacle, le vieillard, frappé d'étonnement,
Saisit la main de Télémaque et lui parla ainsi :
    "Ami, je ne crois pas que tu sois jamais lâche et veule,   375
Puisque, si jeune encor, le ciel te guide et te conduit.
C'est bien là un dieu de l'Olympe, et nul autre, à coup sûr,
Que la fille de Zeus, cette ardente Tritogénie
Qui honorait ton noble père entre tous les Argiens.
Reine, sois-nous propice et donne-nous un beau renom,   380
A moi, à mes enfants, ainsi qu'à ma digne compagne !
Je te sacrifierai une génisse au large front,
Encor sauvage, à qui nul n'aura fait porter le joug,
Et, pour te l'immoler, je lui ferai dorer les cornes."
    Comme il priait ainsi, Pallas Athéna l'entendit.   385
Nestor, le vieux meneur de chars, emmenant avec lui
Ses gendres et ses fils, revint à sa belle demeure.
Dès qu'ils eurent atteint l'illustre palais de ce roi,
L'un près de l'autre, ils prirent place aux bancs et aux fauteuils.
Le vieillard, pour ces arrivants, mêla dans un cratère   390
Un vin fruité que l'intendante avait tenu onze ans
Sous bonne garde et dont elle venait d'ôter la coiffe.
Le mélange achevé, il fit l'offrande et invoqua
Longuement Athéna, fille de Zeus, le Porte-Egide.
    Cette part une fois offerte et la soif étanchée,   395
Chacun, ne songeant qu'à dormir, regagna son logis.
Mais c'est au palais que Nestor, le vieux meneur de chars,

Fit coucher Télémaque, le fils du divin Ulysse,
Sur un lit ajouré, sous le grand portique sonore,
400 Non loin de Pisistrate, le vaillant chef de guerriers,
Le seul à rester sous son toit, n'étant pas marié.
Lui-même alla dormir au fond de sa haute demeure,
Où son épouse lui gardait le lit et le coucher.
      Lorsque au petit matin parut l'aurore aux doigts de rose,
405 Nestor, le vieux meneur de chars, s'élança de son lit.
Il sortit et vint prendre place au banc de pierres lisses,
Qui flanquait la grand-porte et brillait de tout son éclat.
C'est là que dans les temps anciens venait s'asseoir Nélée,
Que ses conseils pleins de sagesse égalaient à un dieu.
410 Mais la mort l'avait déjà pris et plongé dans l'Hadès,
Laissant le trône au vieux Nestor, rempart de l'Achaïe.
Autour de lui se rassembla, au sortir de leurs chambres,
La troupe de ses fils : en tête Echéphron et Stratios,
Puis Persée, Arétos, suivi du divin Thrasymède ;
415 En sixième parut enfin le héros Pisistrate ;
Puis l'on plaça près du vieillard le divin Télémaque.
Nestor, le vieux meneur de chars, prit la parole et dit :
      "Hâtez-vous, mes enfants, de réaliser mon désir ;
Parmi les Immortels, il faut que j'invoque Athéna,
420 Qui a pris part au grand festin offert à notre dieu.
Que l'un aille chercher une génisse dans les champs ;
Qu'il la ramène vite et que le bouvier la talonne ;
Qu'un autre, au noir vaisseau, aille quérir les compagnons
Du vaillant Télémaque et n'en laisse que deux à bord ;
425 Qu'un autre nous amène ici le doreur Laerkès,
Afin qu'il couvre d'or les cornes de cette génisse.
Vous autres, restez tous ici, mais dites aux servantes
D'apprêter le festin dans ma demeure somptueuse

Et de nous apporter les sièges, le bois et l'eau pure."
    A ces mots, chacun s'empressa. On vit venir des champs   430
Une génisse et, peu après, du vaisseau bien galbé,
Les compagnons du brave Télémaque, puis l'orfèvre
Avec les outils de son art, les instruments de bronze,
L'enclume, le marteau et les tenailles délicates
Servant à battre l'or. Athéna vint aussi jouir   435
Du sacrifice. C'est Nestor, le vieux meneur de chars,
Qui donna l'or. L'homme le travailla, puis en couvrit
Les cornes de la bête, afin de plaire à la déesse.
Stratios et le noble Echéphron la poussaient par les cornes.
Arétos sortit du cellier, portant de l'eau lustrale   440
Dans un bassin à fleurs et un panier plein de grains d'orge.
Le vaillant Thrasymède, armé d'une hache tranchante,
Restait près de la bête et s'apprêtait à la frapper ;
Persée avait le vase pour le sang. Le vieux Nestor
Répandit l'eau et les grains d'orge en priant Athéna,   445
Puis jeta dans le feu des poils prélevés sur la tête.
    La prière une fois finie et l'orge répandue,
Le vaillant Nestoride Thrasymède s'avança
Et d'un coup de sa hache lui trancha tous les tendons
Du cou. La bête s'écroula, sous les clameurs sacrées   450
Des filles et des brus et de la vénérable reine,
Eurydice, qui de Clymène était la fille aînée.
On maintint soulevé du sol le mufle de la bête,
Et Pisistrate, le grand meneur d'hommes, l'égorgea.
Alors, dans un flot de sang noir, l'âme quitta les os.   455
On dépeça en hâte, on détacha tous les cuisseaux
Selon le rite ; ensuite on les couvrit sur chaque face
De graisse et l'on mit par-dessus les morceaux de chair crue ;
Le vieillard les brûla sur des sarments, qu'il arrosa

460 D'un vin sombre, et les jeunes l'entouraient, fourchette en main.
Les cuisseaux une fois brûlés, on mangea la fressure ;
Le reste fut coupé menu, enfilé sur les broches
Et rôti à la pointe de ces broches qu'ils tournaient.
        La belle Polycaste, entre-temps, baignait Télémaque.
465 C'était la plus jeune des filles du fils de Nélée.
Après avoir lavé et frotté son corps d'huile fine,
Elle le vêtit d'une robe et d'une belle écharpe ;
Quand il sortit de la baignoire, on l'eût pris pour un dieu.
Il vint s'asseoir près de Nestor, le pasteur de son peuple.
470 Dès qu'on eut retiré du feu les viandes qui cuisaient,
L'on prit place au festin, tandis que de nobles servants
S'empressaient de remplir de vin toutes les coupes d'or.
Aussitôt qu'on eut satisfait la soif et l'appétit,
Nestor, le vieux meneur de chars, prit la parole et dit :
475 "Chers fils, amenez-moi pour Télémaque nos coursiers
Aux longs crins ; liez-les au char, et qu'il se mette en route !"
        En entendant ces mots, ils s'empressèrent d'obéir.
Ils lièrent au joug du char les deux coursiers rapides,
Et l'intendante y déposa le pain, le vin, les mets,
480 Tout ce que l'on donne à manger aux rois issus de Zeus.
Télémaque monta alors dans le char magnifique.
Le Nestoride Pisistrate, meneur de guerriers,
Vint se mettre à côté de lui et, s'emparant des rênes,
D'un coup de fouet fit s'envoler sans peine les coursiers
485 A travers champs, loin de la haute ville de Pylos.
Le joug, sur leurs deux cous, tressauta toute la journée.
Le soleil se couchait et l'ombre envahissait les rues,
Comme ils atteignaient Phère et la maison de Dioclès,
Qui était fils d'Orsilochos et petit-fils d'Alphée.
490 Il leur offrit pour cette nuit son hospitalité.

CHANT III

Lorsque au petit matin parut l'aurore aux doigts de rose,
Ils attelèrent, puis montèrent sur le char brillant
Pour le dégager de l'entrée et du porche sonore.
Un coup de fouet fit s'envoler sans peine les coursiers.
On arriva dans une plaine à blé, et peu après   495
On atteignit le but, tant les chevaux s'étaient hâtés.
Le soleil se couchait et l'ombre envahissait les rues.

CHANT IV

Parvenus à Lacédémone encaissée en ses gorges,
Ils se rendirent au palais du noble Ménélas.
Ils le trouvèrent qui fêtait avec tous ses parents
Les noces de son fils et de son admirable fille.
L'une était destinée au fils du valeureux Achille,   5
Car jadis, devant Troie, il l'avait promis et juré,
Et voici que les dieux parachevaient cette union.
Elle allait donc rejoindre avec des chars et des chevaux
L'illustre cité où régnait le chef des Myrmidons.
A son fils il donnait la fille d'Alector, de Sparte.   10
C'était son préféré, le vigoureux Mégapenthès,
Né d'une esclave, car les dieux refusaient à Hélène
Un autre enfant, depuis qu'elle avait eu son Hermione,
Cette fille aussi douce et belle qu'Aphrodite d'or.

    Tels festoyaient sous les plafonds de la vaste demeure   15
Les voisins et les familiers du noble Ménélas.
Tout à leur joie, ils écoutaient un aède divin
Chanter au son d'un luth, cependant que deux acrobates
Pirouettaient au milieu d'eux et dansaient en cadence.
Le héros Télémaque et le brillant fils de Nestor   20
Attendaient, eux, devant le porche, avec leurs deux chevaux.
Comme il sortait, le noble Etéoneus les aperçut ;
C'était un brave serviteur du noble Ménélas.
Il revint sur ses pas en informer le pasteur d'hommes
Et, s'arrêtant à sa hauteur, lui dit ces mots ailés :   25

    "Ménélas, nourrisson de Zeus, il y a là-dehors
Deux étrangers que l'on dirait des fils du grand Cronide.
Dis-moi, devons-nous délier leurs rapides coursiers,
Ou les conduire ailleurs chercher quelqu'un qui les accueille ?"
30   Et le blond Ménélas lui répondit, tout indigné :
"O fils de Boéthos, jadis tu n'étais pas un sot !
Voilà que tu radotes comme le font les enfants !
Que de fois, avant d'arriver ici, n'avons-nous pas
Mangé le repas d'hospitalité ! Ah ! puisse Zeus
35   Nous mettre à l'abri de ces maux ! Dételle leurs coursiers
Et fais venir ces gens à notre table de festin."
    Il dit ; Etéoneus, alors, traversa la grand-salle
Et demanda de l'aide à d'autres serviteurs zélés.
Ils dételèrent les chevaux qui suaient sous le joug,
40   Et, les ayant mis à l'attache aux crèches d'écurie,
Ils leur donnèrent du froment mélangé d'orge blanche
Et rangèrent le char contre le mur resplendissant.
Les hôtes furent introduits dans le palais divin.
Leurs regards étonnés parcouraient la salle royale,
45   Car sous les hauts plafonds du très illustre Ménélas
On eût cru voir étinceler le soleil et la lune.
Lorsqu'ils eurent rempli leurs yeux de toutes ces merveilles,
Ils descendirent se baigner dans les cuves polies ;
Des femmes les lavèrent, les frottèrent d'huile fine,
50   Et, sitôt vêtus de la robe et du manteau de laine,
Ils allèrent s'asseoir près de l'Atride Ménélas.
Une servante apporta une belle aiguière en or,
Leur versa de l'eau pour les mains sur un bassin d'argent,
Puis dressa devant eux une table de bois poli ;
55   Une digne intendante s'avança, portant le pain,
Et leur servit force bons plats tirés de ses réserves.

Un écuyer tranchant leur présenta sur des plateaux
Des viandes de tout genre et leur donna des coupes d'or.
Et le blond Ménélas leur dit, en leur tendant la main :
    "Voici de quoi manger ; servez-vous et régalez-vous.   60
Une fois restaurés, vous nous apprendrez qui vous êtes.
Le sang de vos parents n'a point dégénéré en vous :
Vous êtes bien du sang des rois, ces nourrissons de Zeus ;
Jamais vilain n'eût engendré des enfants tels que vous !"
    Il dit et, saisissant une grasse échine de bœuf,   65
Leur offrit ce rôti, dont on venait de l'honorer.
Les mets préparés et servis passèrent dans leurs mains.
Sitôt qu'ils eurent satisfait la soif et l'appétit,
Télémaque, ne voulant pas qu'un autre pût l'entendre,
Pencha son front vers le fils de Nestor et chuchota :   70
    "Regarde un peu, fils de Nestor, ami cher à mon cœur !
Vois comme à travers cette salle immense resplendissent
Le bronze et l'électron et l'or et l'argent et l'ivoire !
On se croirait dans le palais du maître de l'Olympe !
Que de merveilles dans ce lieu ! Ah ! j'en ai le vertige !"   75
    Il dit, mais le blond Ménélas avait tout entendu.
S'adressant donc à lui, il dit ces paroles ailées :
    "Chers enfants, nul vivant ne peut le disputer à Zeus.
Chez lui, rien n'est mortel, ni les maisons ni les richesses.
Quant aux humains, peut-être en est-il qui soient aussi riches   80
Que moi. Mais que j'ai enduré de maux et d'aventures
Pour ramener mes nefs après sept ans ! J'ai visité
Chypre, la Phénicie et tous les peuples de l'Egypte,
Les gens de Sidon, d'Arabie, et ceux d'Ethiopie,
Et la Libye, où les agneaux naissent avec des cornes   85
Et où les brebis mettent bas trois fois au cours de l'an ;
Là, qu'il soit seigneur ou berger, tout homme a son content

61

De viande, de fromage, ainsi que de laitage frais,
Car tout au long de l'an les brebis s'offrent à la traite.
90 Pendant que je courais la mer pour amasser des biens,
Un autre, servi par la ruse d'une scélérate,
Surgit de l'ombre à l'improviste et me tua mon frère.
Aussi n'ai-je plus de plaisir à régner sur ces biens.
Vos pères, quels qu'ils soient, ont dû vous narrer cette histoire.
95 J'ai en effet souffert des maux sans nombre, j'ai perdu
Une demeure somptueuse et pleine de trésors.
J'aimerais mieux y vivre avec le tiers de mes richesses
Et que soient saufs tous les héros qui ont alors péri
Dans le pays troyen, si loin d'Argos riche en cavales.
100 Il est bien vrai que je les pleure tous amèrement,
Chaque fois que je suis assis au fond de ce palais ;
Tantôt je m'enivre de pleurs, et tantôt je m'arrête ;
Du frisson des sanglots, un homme est si vite lassé !
Mais dans ma peine, il en est un surtout dont le regret
105 Me fait prendre en dégoût ma table et jusqu'à mon sommeil,
Car aucun Achéen n'a connu autant de malheurs
Qu'Ulysse en a souffert et enduré ; le sort voulait
Qu'il éprouvât tous ces tourments, et moi ce deuil extrême.
Il y a bien longtemps qu'il est parti, et nul ne sait
110 S'il est mort ou vivant. Sur lui pleurent le vieux Laërte,
La vertueuse Pénélope et son fils Télémaque,
Qu'il lui fallut, à peine né, laisser dans sa maison."
    Ce discours éveilla dans l'autre un désir de sanglots.
Des pleurs tombèrent de ses yeux au seul nom de son père.
115 Il saisit à deux mains les bords de son manteau de pourpre
Et s'en couvrit les yeux. Ménélas, lui, s'en aperçut,
Mais se mit à délibérer dans son âme et son cœur
S'il laisserait au fils le soin de parler de son père,

Ou s'il prendrait lui-même les devants pour tout savoir.

Comme il s'interrogeait ainsi dans son âme et son cœur,   120
Hélène sortit de sa chambre aux lambris parfumés ;
On l'eût prise pour Artémis à la quenouille d'or.
Adrasté vint lui présenter une chaise ouvragée,
Qu'Alkippé revêtit d'un délicat tissu de laine ;
Phylo porta la corbeille d'argent, don d'Alcandra,   125
Dont le mari, Polybe, habitait la Thèbes d'Egypte,
La ville où toutes les maisons regorgent de richesses.
Ménélas tenait du mari deux baignoires d'argent
Et une paire de trépieds, avec dix talents d'or ;
Et de sa femme, Hélène avait reçu de beaux présents :   130
Une quenouille d'or et une corbeille à roulettes,
Tout en argent, avec une lisière de vermeil ;
Sa servante Phylo vint la poser à côté d'elle,
Avec le fil dévidé du fuseau et, par-dessus,
Cette quenouille où s'enroulait la laine purpurine.   135
Alors Hélène prit le siège avec le marchepied
Et interrogea aussitôt son époux en ces termes :
"Ménélas, nourrisson de Zeus, sait-on qui sont ces gens
Et de qui, pour venir ici chez nous, ils se réclament ?
Je puis faire une erreur ; mais mon cœur m'invite à parler.   140
Jamais, je te le dis, mes yeux n'ont vu homme ni femme
Avoir pareille ressemblance ; ah ! j'en ai le vertige !
On dirait Télémaque, cet enfant du noble Ulysse,
Que ce héros, à peine né, laissa dans sa maison,
Lorsque pour moi, face de chienne, on vit les Achéens   145
Porter sous les murs d'Ilion une guerre cruelle."

En réponse à ces mots, le blond Ménélas répliqua :
"Je ressens moi aussi, ô femme, cette impression.
Ce sont bien là ses pieds, ses mains, l'éclair de son regard ;

63

150 C'est bien sa tête et, sur le front, la même chevelure.
    Je venais d'évoquer le souvenir du grand Ulysse
    Et de parler des maux qu'il avait endurés pour moi,
    Quand notre hôte, soudain, les cils chargés de grosses larmes,
    A ramené devant ses yeux son grand manteau de pourpre."
155   Le Nestoride Pisistrate, alors, lui répondit :
    "Atride Ménélas, divin conducteur de guerriers,
    C'est bien là, comme tu le dis, le fils de ce héros ;
    Mais il est réservé : n'étant jamais venu te voir,
    Il se fût reproché toute parole irréfléchie,
160 Alors que ta voix nous charmait comme celle d'un dieu.
    C'est Nestor, le vieux conducteur de chars, qui a voulu
    Que je vienne avec lui, car il désirait te parler,
    Espérant obtenir de toi conseil ou assistance.
    En l'absence du père, un fils a beaucoup à souffrir,
165 Quand il n'a plus personne pour défendre sa maison.
    Ainsi de Télémaque : Ulysse absent, il n'a personne
    A travers le pays pour le préserver du malheur."
        Et le blond Ménélas, alors, lui fit cette réponse :
    "O ciel ! il est donc vrai que je vois en ces lieux le fils
170 De cet ami qui, pour ma cause, a subi tant d'épreuves !
    Je m'étais bien promis de l'accueillir mieux que tout autre
    A son retour, si le Tonneur divin nous accordait
    De repasser la mer à bord de nos rapides nefs.
    Je lui aurais cédé alors une ville en Argos
175 Et bâti un palais ; je l'aurais fait venir d'Ithaque
    Avec ses biens, son fils et tout son peuple, lui laissant
    Une de nos cités d'ici que je tiens sous ma loi.
    Etant ainsi voisins, nous aurions pu nous voir souvent,
    Et rien n'eût brouillé notre accord ni troublé notre joie,
180 Avant que l'ombre de la mort nous eût enveloppés.

Sans doute il a fallu qu'un dieu m'enviât ce bonheur,
Pour vouloir priver du retour ce seul infortuné."
   Ces mots firent monter en tous un besoin de sanglots.
Alors on vit pleurer la divine Hélène d'Argos,
Ainsi que Télémaque et que l'Atride Ménélas ;   185
Le fils de Nestor ne put retenir non plus ses larmes ;
Son cœur se souvenait de l'irréprochable Antiloque,
Qu'avait tué l'illustre fils de la brillante Aurore.
Plein de ce souvenir, il dit ces paroles ailées :
   "Atride, chaque fois que nous évoquions ta mémoire   190
Et que, dans ton palais, ton nom revenait sur nos lèvres,
Le vieux Nestor te proclamait le plus sage des hommes.
Mais ce soir, s'il se peut, écoute-moi. Je n'aime point
Les pleurs que l'on verse après boire ; attendons le matin,
Et quand l'aurore apparaîtra, je serai le premier   195
A pleurer sur les morts dont le destin s'est accompli.
Pour ces mortels infortunés il n'est point d'autre hommage
Que des cheveux coupés et des larmes le long des joues.
Moi, j'ai perdu un frère, et non le moindre des Argiens.
Tu dois le savoir mieux que moi, qui ne l'ai jamais vu   200
Ni jamais rencontré, cet Antiloque dont on dit
Qu'il fut toujours le meilleur à la course et au combat."
   Et le blond Ménélas lui fit alors cette réponse :
"Mon ami, tu as dit tout ce que dirait et ferait
Un homme plein d'intelligence et plus âgé que toi.   205
Le fils d'un père comme lui ne peut parler qu'en sage.
Comme on retrouve en toi la race de celui que Zeus
A comblé de bonheur dans son épouse et ses enfants,
De ce Nestor à qui le ciel accorde de vieillir
Jour après jour dans sa demeure au sein de l'opulence,   210
Entouré de ses fils prudents et hardis sous les armes !

Cessons donc de pleurer comme nous venons de le faire ;
Revenons au festin et rinçons-nous d'abord les doigts.
Demain, dès l'aube, nous verrons, Télémaque et moi-même,
215   Quelles sont les affaires dont il faudra discuter."
        Sur ce, Asphalion – c'était le zélé serviteur
Du noble Ménélas – vint verser de l'eau sur leurs doigts ;
Puis ils tendirent tous les mains vers les plats préparés.
        Mais la fille de Zeus, Hélène, eut alors une idée.
220   Dans le vin du cratère elle jeta de cette drogue
Qui calme douleur et colère et qui donne l'oubli
De tous les maux ; il suffisait de boire un tel mélange
Pour empêcher, un jour durant, les larmes de couler,
        Quand bien même l'on eût perdu et son père et sa mère,
225   Ou bien que de ses propres yeux on eût vu devant soi
Son frère ou son enfant succomber sous les coups du bronze :
Remède subtil et puissant que la fille de Zeus
Reçut de la femme de Thon, Polydamna d'Egypte.
La glèbe, en ce pays, outre le blé, produit encore
230   Mille simples divers, tant salutaires que nuisibles ;
Tous les hommes y sont, plus que partout ailleurs au monde,
D'habiles médecins, étant tous du sang de Paeon.
La drogue une fois mélangée et les coupes remplies,
Hélène prit de nouveau la parole et répondit :
235   "Atride Ménélas, enfant de Zeus, et vous aussi,
Fils d'hommes valeureux, Zeus donne à chacun tour à tour
Le bonheur et les maux, par le fait qu'il est tout-puissant.
Eh bien, savourez sous ce toit les plaisirs de la table
Et des gais entretiens. A ce propos, écoutez-moi !
240   Certes, je ne saurais vous dire et vous énumérer
Tous les exploits réalisés par l'endurant Ulysse.
En voici un, que ce héros risqua et réussit

Dans le pays de Troie où les Argiens ont tant souffert.
S'étant meurtri le corps de coups pour se défigurer
Et ayant revêtu de vieux haillons, il se glissa,   245
Tel un valet, dans la ville ennemie aux larges rues,
Jouant au mendiant, afin de mieux donner le change ;
Il n'avait pas du tout cet air près des nefs achéennes !
C'est ainsi qu'il se glissa dans la ville, et les Troyens
N'y virent que du feu ; moi seule sus le reconnaître.   250
Je l'interrogeai donc ; il rusa, voulut m'esquiver.
Mais quand, l'ayant baigné, bien frotté d'huile et revêtu
D'habits, je lui jurai par le plus puissant des serments
De ne pas révéler chez nous la présence d'Ulysse
Avant qu'il n'eût rejoint les nefs et les baraquements,   255
Il m'expliqua dans le détail le plan des Achéens.
Puis, semant le carnage en ville avec son long poignard,
Il revint vers les siens avec sa moisson de nouvelles.
Les Troyennes poussaient des cris perçants ; mais quant à moi,
Je jubilais ; je me voyais déjà rentrer chez moi ;   260
Je pleurais la folie où Aphrodite avait jeté
Mon cœur pour m'entraîner bien loin de mon pays natal
Et me faire quitter ma fille, mes devoirs d'épouse
Et un mari brillant par son esprit et sa beauté."

      Et le blond Ménélas, alors, lui fit cette réponse :   265
"Tout ce que tu viens de nous dire est parfaitement juste.
J'ai déjà connu, quant à moi, l'esprit et les pensées
De maints héros et j'ai souvent roulé de par le monde.
Mais jamais encor de mes yeux je n'ai vu aucun brave
Qui égalât pour le courage Ulysse l'endurant.   270
Apprenez ce que ce héros risqua et réussit
Dans le cheval de bois où s'étaient cachés les meilleurs,
Afin de porter aux Troyens le meurtre et le trépas.

Tu vins où nous étions : un dieu sans doute te poussait,
275 Voulant accorder aux Troyens une chance de gloire ;
Et Déiphobe égal aux dieux accompagnait tes pas.
Trois fois tu contournas le piège creux en le palpant,
Et trois fois par leur nom tu appelas les chefs argiens
En imitant pour chacun d'eux la voix de son épouse.
280 Ulysse le divin, le fils de Tydée et moi-même,
Assis au milieu d'eux, nous entendions tous tes appels ;
Prêts à bondir, nous ne songions, Diomède et moi-même,
Qu'à quitter cette cache ou à te répondre au plus vite.
Ulysse contint notre envie et nous en empêcha.
285 Les autres fils des Achéens restaient là sans rien dire ;
Seul Anticlos était encor d'humeur à te répondre.
Ulysse, alors, brutalement lui plaqua sur la bouche
Ses deux robustes mains, sauvant ainsi tous les Argiens,
Jusqu'au moment où Athéna t'entraîna loin de nous."
290   Le sage Télémaque, alors, lui fit cette réponse :
"Atride Ménélas, enfant de Zeus, chef de guerriers,
Tous ces exploits, hélas ! n'ont pas pu écarter de lui
La triste mort, quand même il aurait eu un cœur de fer.
Mais allons ! menez-nous dormir, afin que nous puissions
295 Nous allonger et savourer la douceur du sommeil."
    A ces mots, Hélène d'Argos enjoignit aux servantes
De dresser des lits dans l'entrée et de les recouvrir
De beaux draps teints en pourpre, avec des tapis par-dessus
Et, pour finir, des vêtements de laine bien épais.
300 Une torche à la main, elles sortirent de la salle
Pour préparer les lits, tandis qu'un héraut emmenait
Les hôtes vers l'entrée, et ce fut là que se couchèrent
Le noble Télémaque et le brillant fils de Nestor.
L'Atride alla dormir au fond de la haute demeure,

Auprès de sa divine épouse, Hélène au long péplos.   305
   Lorsque au petit matin parut l'aurore aux doigts de rose,
Ménélas à la voix sonore sauta de son lit
Et s'habilla. Il mit son glaive aigu à son épaule ;
A ses pieds reluisants il fixa de belles sandales,
Puis sortit de sa chambre ; on aurait dit un Immortel.   310
Il s'assit près de Télémaque et lui tint ce discours :
   "Quel besoin, noble Télémaque, a bien pu te conduire
Dans la divine Sparte en voguant sur la vaste mer ?
Viens-tu pour toi ou pour tes gens ? dis-moi la vérité."
   Le sage Télémaque, alors, lui fit cette réponse :   315
"Atride Ménélas, enfant de Zeus, chef de guerriers,
Je viens te demander quelques nouvelles de mon père.
Mes biens sont dévorés, mes gras domaines dévastés,
Et ma maison est pleine d'ennemis qui, chaque jour,
M'égorgent maints moutons, maints bœufs cornus aux jambes torses.   320
Ils courtisent ma mère et sont d'une insolence extrême.
Voilà pourquoi j'embrasse tes genoux : voudras-tu bien
Me parler de sa triste mort ? en fus-tu le témoin,
Ou bien quelque guerrier errant te l'aura-t-il contée ?
C'est l'homme le plus malheureux qui soit né d'une femme.   325
Ne m'adoucis rien par égard ou par compassion ;
Raconte-moi exactement ce que tes yeux ont vu.
De grâce, si jamais mon père, le vaillant Ulysse,
T'a prêté le secours de sa parole ou de son bras
Dans le pays de Troie où les Argiens ont tant souffert,   330
Souviens-t'en aujourd'hui, dis-moi l'entière vérité."
   Et le blond Ménélas lui répondit, tout indigné :
"Grands dieux ! c'est dans le lit d'un homme à l'âme si vaillante
Que voudraient se coucher ces êtres vils et sans courage !
Comme lorsqu'une biche, en l'antre d'un lion puissant,   335

Dépose ses faons nouveau-nés qui la tètent encore,
Pour courir les vallons boisés et brouter les ravins
Herbus ; mais le lion, alors, revient à sa litière
Et fait subir aux deux petits un sort des plus affreux :
340 De même Ulysse leur infligera un sort affreux.
Zeus Père ! Athéna ! Apollon ! s'il revenait demain
Tel qu'il était jadis, lorsque, sous les murs de Lesbos,
Se levant pour répondre au défi du Philomélide,
Il l'abattit d'un coup de poing, pour le plaisir de tous !
345 Que cet Ulysse-là vienne parler aux prétendants,
Leurs jours, à tous, seront comptés, et leurs noces amères !
Tu m'as prié et supplié ; je vais donc te répondre
Sans éluder tes questions, sans rien dissimuler.
Ce que je tiens de l'infaillible Vieillard de la mer,
350 Je te le donne sans omettre et sans changer un mot.
    Les dieux me retenaient là-bas, aux bords de l'Egyptos,
Contre mon gré, faute d'avoir offert une hécatombe : *sacrifice*
Les dieux n'admettent pas qu'on puisse négliger leurs droits.
Eh bien donc, il existe, en avant de cet Egyptos,
355 Au sein des flots houleux, une île du nom de Pharos ;
Elle est à la distance que franchit en un seul jour
Une rapide nef ayant le vent sonore en poupe.
On y trouve un bon port, d'où l'on peut relancer en mer
Les vaisseaux bien pontés puisant au trou noir de l'aiguade.
360 Depuis vingt jours, les dieux m'y retenaient, sans que jamais
Ne se mît à souffler sur nous un de ces vents marins
Qui guident les navires sur le large dos des mers.
C'en était fait des vivres, du courage de mes hommes,
Quand le ciel eut pitié de moi. Celle qui me sauva,
365 Ce fut Idothéa, la fille du puissant Protée,
Le Vieillard de la mer, dont j'avais su toucher le cœur.

Elle m'aborda donc, comme j'errais loin de mes gens,
Qui passaient leur temps à pêcher sur le pourtour de l'île
Avec des hameçons crochus ; la faim tordait les ventres.
Elle s'arrêta près de moi et me parla ainsi :   370
«Etranger, es-tu à ce point stupide et insensé ?
Ou prends-tu plaisir à souffrir et à t'abandonner ?
Il y a si longtemps que tu es captif dans cette île,
Sans pouvoir en sortir ! tes gens sont tout découragés.»
A ces mots, je pris la parole et je lui répondis :   375
«Déesse, quel que soit ton nom, apprends donc de ma bouche
Que je ne suis pas ici de plein gré ; j'ai dû, sans doute,
Manquer aux Immortels qui règnent sur le vaste ciel.
Dis-moi, veux-tu, puisque les dieux sont au courant de tout,
Lequel d'entre eux m'entrave et me détourne de ma route,   380
Et comment rentrer au pays par la mer poissonneuse.»
Et la toute divine, alors, répliqua de la sorte :
«Je vais donc, étranger, te répondre sincèrement.
Cette île est le séjour du Vieillard de la mer, Protée,
Ce dieu prophète égyptien, qui de la mer entière   385
Connaît les profondeurs ; il a pour maître Poséidon,
Qu'on dit être mon père et qui m'aurait donné le jour.
Si tu pouvais lui tendre un piège et t'emparer de lui,
Il t'indiquerait le chemin, la longueur de la route
Et comment rentrer au pays par la mer poissonneuse.   390
Si tu voulais, enfant de Zeus, il te dirait encore
Ce qu'il est advenu chez toi de bon et de mauvais,
Depuis que tu partis pour ce terrible et long voyage.»
A ces mots, je pris la parole et je lui répondis :
«Eh bien, dis-moi quel piège tendre à ce divin vieillard.   395
Il s'enfuira, s'il m'aperçoit de loin ou me devine,
Car un mortel a bien du mal à maîtriser un dieu.»

71

Et la toute divine, à ces mots, me parla ainsi :
«Je vais donc, étranger, te répondre sincèrement.
400 Quand, dans sa marche, le soleil touche au milieu du ciel,
Le vieux Prophète de la mer surgit des vagues sombres
Que fait frémir sur tout son corps le souffle du Zéphyr ;
Il sort de là et va s'étendre au creux de ses cavernes ;
A ses côtés, les phoques nés de la Fille des mers
405 Viennent dormir en troupe, émergeant de l'écume grise
Et exhalant l'âcre senteur des abîmes marins.
C'est là que je t'emmènerai dès la pointe de l'aube ;
Je vous y mettrai sur un rang ; tâche alors de choisir
Les trois plus braves que tu as sur tes nefs bien pontées.
410 Je vais te détailler toutes les ruses du Vieillard :
D'abord, allant de l'un à l'autre, il comptera ses phoques ;
Puis, lorsqu'il les aura tous dénombrés et inspectés,
Il s'étendra près d'eux comme un berger dans son troupeau.
Dès l'instant que vous l'aurez vu sombrer dans le sommeil,
415 Ne songez plus qu'à employer la force de vos bras.
Tenez-le fermement. Il fera tout pour s'échapper ;
Il tentera de se changer en mille et mille formes,
En bête rampant sur la terre, en eau, en feu divin.
Maintenez-le solidement et serrez-le plus fort.
420 Mais quand il se décidera à vouloir te parler,
Ayant repris la forme qu'il avait en s'endormant,
Déliez le Vieillard, seigneur, laissez la violence ;
Demandez-lui quel est le dieu qui vous tourmente ainsi
Et comment rentrer au pays par la mer poissonneuse.»
425 A ces mots, elle disparut dans la mer écumante,
Et je rejoignis mes vaisseaux échoués sur le sable.
J'allais, sentant bouillonner dans mon cœur mille pensées.
Dès que j'eus atteint mon vaisseau sur le bord de la plage,

Nous prîmes le souper ; puis, quand survint la nuit divine,
Nous nous couchâmes pour dormir sur la grève de mer.   430
Lorsque au petit matin parut l'aurore aux doigts de rose,
Eclairant le rivage au long de cette mer immense,
Je m'en allai, priant les dieux ; j'emmenais avec moi
Trois compagnons, que je savais prêts à toute entreprise.
La nymphe, qui avait plongé au sein des vastes flots,   435
En avait rapporté pour nous les quatre peaux de phoques
Fraîchement écorchés qui devaient duper son vieux père ;
Puis elle avait creusé des lits dans le sable marin.
Assise, elle attendait. Sitôt que nous l'eûmes rejointe,
Elle nous coucha côte à côte, une peau sur chacun.   440
Ce fut le plus affreux moment : il nous fallait subir
L'épouvantable puanteur de ces phoques de mer.
Qui pourrait en effet dormir près d'un monstre marin ?
Mais par chance elle nous donna un cordial puissant :
Elle apporta et mit sous notre nez de l'ambroisie,   445
Dont le parfum suave élimina l'odeur des bêtes.
Nous attendîmes vaillamment toute la matinée.
Les phoques en troupeau sortirent du fond de la mer
Et vinrent se coucher en rang sur le bord de la grève.
A midi, le Vieillard sortit des flots, alla trouver   450
Ses phoques rebondis, les inspecta et les compta.
Nous fûmes les premiers qu'il dénombra, sans que son cœur
Soupçonnât rien ; puis, à son tour, il alla se coucher.
C'est alors qu'en hurlant nous bondîmes pour l'empoigner ;
Mais le Vieillard n'oublia rien des ruses de son art.   455
Il devint d'abord un lion à l'épaisse crinière,
Puis un dragon, une panthère, un porc volumineux ;
Il se fit eau courante, arbre empanaché de verdure.
Nous le maintenions fermement, le cœur plein d'assurance.

460   Mais quand le Vieux se fut lassé de tous ces artifices,
Il se tourna vers moi et m'interrogea en ces termes :
«De quel dieu, fils d'Atrée, as-tu donc suivi le conseil,
Pour me prendre contre mon gré à ce piège, et pourquoi ?»
A ces mots, je pris la parole et je lui répondis :
465   «Tu le sais bien, Vieillard ; à quoi bon de pareils détours ?
Il y a si longtemps que je suis captif dans cette île,
Sans pouvoir en sortir ! me voilà bien découragé !
Dis-moi, veux-tu, puisque les dieux sont au courant de tout,
Lequel d'entre eux m'entrave et me détourne de ma route,
470   Et comment rentrer au pays par la mer poissonneuse.»
Ainsi parlai-je, et aussitôt il me dit en réponse :
«Tu aurais dû, avant de t'embarquer, offrir à Zeus,
Ainsi qu'à tous les autres dieux, des victimes de choix,
Si tu voulais rentrer en prenant par la mer vineuse.
475   Il ne t'est pas permis de revoir ceux qui te sont chers
Ni de retrouver ta patrie et ta haute demeure,
Avant qu'aux bords de l'Egyptos, ce fleuve issu de Zeus,
Tu ne sois venu immoler une hécatombe sainte
Aux dieux toujours vivants qui règnent sur le vaste ciel.
480   Ils ne te donneront qu'alors la route que tu cherches.»
A ces mots du Vieillard, je sentis mon cœur se briser.
Il me renvoyait donc, à travers la brumeuse mer,
Dans l'Egyptos : interminable et dangereux voyage !
Je repris pourtant la parole et lui dis en réponse :
485   «Vieillard, j'accomplirai ce que tu m'ordonnes de faire.
Mais allons ! parle-moi sans feinte et réponds point par point.
Ont-ils tous réchappé sur leurs vaisseaux, ces Achéens
Que Nestor et moi-même avions laissés en quittant Troie ?
En est-il qu'une mort cruelle a saisis en voyage
490   Ou, la guerre une fois finie, entre les bras des leurs ?»

Ainsi parlai-je, et aussitôt il me dit en réponse :
«Atride, à quoi bon me le demander ? Mieux vaut pour toi
Rester dans l'ignorance et ne point savoir mes secrets.
Crois-moi, tu pleureras bientôt, quand je t'aurai tout dit.
Beaucoup de vos gens ont péri, si beaucoup sont restés.   495
Seuls deux chefs parmi les Argiens à la cotte de bronze
Sont morts dans le retour ; la guerre, tu y fus toi-même.
Un troisième survit, prisonnier de la vaste mer.
Ajax a disparu avec sa flotte aux longues rames.
Poséidon jeta d'abord ses vaisseaux contre les Gyres,   500
Ces écueils garnis de grands rocs, mais le sauva des flots.
Il s'en serait tiré, malgré la haine d'Athéna,
S'il n'eût – fatal aveuglement ! – proclamé sans scrupule
Qu'il échappait malgré les dieux au grand gouffre des mers.
Poséidon l'entendit crier pareille vantardise.   505
Aussitôt, levant son trident de ses puissantes mains,
Il frappa l'un de ces rochers et le fendit en deux.
Le bloc resta debout, mais un pan tomba dans la mer,
Celui où Ajax s'était mis pour lancer son blasphème.
Sa chute l'entraîna au sein des vagues écumantes,   510
Et c'est là qu'il trouva la mort en buvant l'onde amère.
Quant à ton frère, il avait pu échapper au trépas
Et s'enfuir sur ses nefs ; l'auguste Héra l'avait sauvé.
Mais comme il approchait de la falaise du Malée,
Soudain une tempête le saisit et l'emporta,   515
Malgré tous ses gémissements, sur la mer poissonneuse.
Et quand, même de là, son retour parut assuré,
Les dieux firent tourner le vent, qui ramena l'Atride
Aux confins du pays où habita jadis Thyeste
Et où son fils Egisthe avait établi sa demeure.   520
Quel bonheur pour lui de fouler le sol de sa patrie !

Il le touchait, il le baisait, pleurant à chaudes larmes
Et regardant avec amour le pays de ses pères.
De sa guette, un veilleur le vit : le cauteleux Egisthe
525 L'avait fait mettre en cet endroit moyennant un salaire
De deux talents ; il se tenait donc là toute l'année,
De peur que l'autre ne survînt et n'usât de sa force.
Il courut au palais en avertir le pasteur d'hommes.
Egisthe conçut aussitôt un perfide attentat.
530 Ayant choisi dans sa cité vingt guerriers des plus braves,
Il les posta près de la salle où l'on allait manger.
Puis il vint au-devant d'Agamemnon, le pasteur d'hommes,
Avec chevaux et chars, tout en roulant d'affreux desseins.
Il l'amena chez lui et le tua à l'improviste
535 En plein festin, comme on abat un bœuf à la mangeoire.
De l'entourage de l'Atride et de celui d'Egisthe
Pas un ne réchappa ; tous furent massacrés sur place.»
A ces mots du Vieillard, je sentis mon cœur se briser.
Je m'assis dans le sable pour pleurer ; je n'avais plus
540 Le goût de vivre ni de voir la clarté du soleil.
Et quand j'eus fini de pleurer en me roulant à terre,
Le vieux Prophète de la mer reprit en me disant :
«Atride, ne perds plus ton temps à pleurer de la sorte ;
Ce n'est pas là qu'est le remède : il te faut sans retard
545 Trouver moyen de revenir au pays de tes pères.
Lui, tu le trouveras vivant, ou Oreste l'aura
Déjà tué, et tu viendras du moins aux funérailles.»
Il dit, et je sentis mon cœur et mon âme vaillante
Se réveiller dans ma poitrine, en dépit de ma peine.
550 Je pris donc la parole et je lui dis ces mots ailés :
«Pour ces deux-là, je suis fixé ; parle-moi du troisième,
Qui est encor vivant, prisonnier de la vaste mer,

76

Ou qui n'est plus ; je voudrais bien savoir, malgré ma peine.»
Ainsi parlai-je, et aussitôt il me dit en réponse :
«C'est le fils de Laërte, et il habitait à Ithaque.   555
Je l'ai vu dans une île, où il pleurait à chaudes larmes,
Près de la nymphe Calypso, qui le retient captif.
Il ne peut revenir chez lui, au pays de ses pères,
N'ayant point de vaisseaux à rames ni de compagnons
Pour le conduire sur le dos immense de la mer.   560
Quant à toi, divin Ménélas, le ciel n'a pas voulu
Que tu achèves ton destin dans les plaines d'Argos ;
Les Immortels t'emmèneront chez le blond Rhadamanthe,
Aux champs Elyséens, qui sont tout au bout de la terre.
C'est là que la plus douce vie est offerte aux humains ;   565
Jamais ni neige ni grands froids ni averses non plus ;
On ne sent partout que zéphyrs dont les brises sifflantes
Montent de l'Océan pour donner la fraîcheur aux hommes.
Car pour eux, le mari d'Hélène est le gendre de Zeus.»
A ces mots, le Vieillard plongea dans la mer écumante.   570
Je regagnai mes nefs avec mes compagnons divins ;
J'allais, sentant bouillonner dans mon cœur mille pensées.
Sitôt que nous eûmes rejoint la nef et le rivage,
Nous prîmes le souper ; puis, quand survint la nuit céleste,
Nous nous couchâmes pour dormir sur la grève de mer.   575
Lorsque au petit matin parut l'aurore aux doigts de rose,
On tira d'abord les vaisseaux à la vague marine
Et l'on chargea voiles et mâts dans les nefs bien pontées.
Tous montèrent à bord, allèrent s'asseoir à leurs bancs,
Et la rame frappa le flot qui blanchit sous les coups.   580
Quand on eut rejoint l'Egyptos, ce fleuve issu de Zeus,
Je mouillai et offris une hécatombe sans défaut ;
Puis, ayant calmé le courroux des dieux toujours vivants,

Je fis dresser un tertre à la mémoire de mon frère.
585 Cela fait, je partis, et, grâce aux vents qu'ils m'accordèrent,
Les dieux me rendirent bientôt à ma terre natale.
Mais allons ! reste pour l'instant au sein de mon palais,
Le temps de voir venir le onzième ou douzième jour ;
Puis je te renverrai avec de splendides présents,
590 Trois chevaux, un beau char, ainsi qu'une superbe coupe,
Afin qu'en offrant de ton vin à nos dieux immortels,
Tu gardes souvenir de moi tout au long de tes jours."

Le sage Télémaque, alors, lui fit cette réponse :
"Atride, ne me retiens pas davantage en ces lieux.
595 Je pourrais bien rester toute une année en ton palais,
Sans que je vienne à regretter mon toit et mes parents ;
Je me sens une joie extrême à t'écouter parler.
Mais j'ai là-bas des gens qui doivent trouver le temps long
Dans la sainte Pylos, et tu ne m'as que trop gardé.
600 Si tu veux m'offrir un cadeau, j'accepte le joyau ;
Mais je ne saurais emmener de chevaux en Ithaque.
C'est un luxe qui te va bien, car ton pouvoir s'étend
Sur une vaste plaine où poussent à foison le trèfle,
Le souchet, le froment, l'épeautre et la grande orge blanche.
605 Dans Ithaque, il n'y a ni grands espaces ni prairies ;
Ce n'est qu'une île à chèvres, mais qui vaut bien vos herbages.
Aucun de nos îlots battus des flots n'a de carrières
Ni de prés à chevaux, Ithaque encor moins que tout autre."

Ces mots firent sourire Ménélas au cri puissant ;
610 Alors, le flattant de la main, il lui parla ainsi :
"Ce que tu dis là, cher enfant, dénote un noble sang.
Tu auras donc de moi d'autres présents, car j'ai de quoi.
De tous les objets d'art que je conserve en ma demeure,
Je m'en vais t'offrir le plus beau et le plus précieux :

Je t'offrirai un cratère ouvragé, tout en argent,   615
Rehaussé sur les bords d'une lisière en fin vermeil.
C'est l'œuvre d'Héphaestos ; il me vient du roi de Sidon,
Du brave Phaedimos, qui m'abrita dans sa demeure,
Sur le chemin de mon retour ; je veux t'en faire hommage."

    Tandis qu'ils échangeaient entre eux de semblables propos,   620
Les convives s'en revenaient chez le divin Atride,
Apportant des moutons et du bon vin qui rend plus fort,
Et leurs femmes aux longs bandeaux suivaient avec le pain.

    Or tandis que l'on apprêtait le festin au palais,
Les prétendants, groupés devant la grand-salle d'Ulysse,   625
S'amusaient à lancer des disques et des javelots
Sur l'esplanade où d'ordinaire ils promenaient leur morgue.
Antinoos était assis près du bel Eurymaque ;
C'étaient leurs chefs, que leur valeur distinguait entre tous.
Voici que survint Noémon, le fils de Phronios ;   630
Il s'approcha d'Antinoos et lui parla ainsi :

    "Antinoos, sait-on de façon sûre, oui ou non,
Quand Télémaque reviendra de la Pylos des Sables ?
Il est parti avec ma nef, et j'en aurais besoin
Pour aller dans la vaste Elide, où j'ai douze juments,   635
Gardant sous elles leurs mulets vigoureux et dociles ;
Je voudrais en ramener un, afin de le dresser."

    A ces mots, tous furent surpris, car ils ne pensaient pas
Qu'il se fût rendu à Pylos, la ville de Nélée ;
Ils le croyaient aux champs, près du bouvier ou du porcher.   640

    Alors Antinoos, fils d'Eupithès, lui répliqua :
"Dis-moi toute la vérité. Quand donc est-il parti ?
Et avec qui ? des jeunes gens recrutés dans Ithaque ?
Des tâcherons ou des valets à lui ? c'est bien possible.
Dis-moi tout net encor, car j'ai besoin de le savoir :   645

A-t-il pris ton navire noir de force et malgré toi,
Ou le lui as-tu prêté de bon gré sur sa demande ?"
   Et Noémon, le fils de Phronios, lui répliqua :
"C'est moi qui l'ai prêté. Peut-on ne pas agir ainsi,
650   Quand quelqu'un comme lui, ayant du chagrin dans le cœur,
Vous le demande ? Il serait dur de refuser ce prêt.
Les jeunes qui le suivent comptent parmi les meilleurs
Que nous ayons ; pour les guider, j'ai vu qu'il emmenait
Mentor, à moins que quelque dieu n'eût emprunté ses traits.
655   Mais un point me surprend : j'ai revu le divin Mentor,
Hier à l'aube, alors qu'il était parti pour Pylos."
   A ces mots, il s'en retourna au palais de son père.
Les deux autres, cédant au dépit de leurs cœurs altiers,
Firent asseoir les prétendants, et l'on cessa les jeux.
660   Antinoos, fils d'Eupithès, prit alors la parole ;
Son cœur exaspéré débordait d'une fureur noire
Et terrible, et ses yeux avaient le vif éclat du feu :
   "Misère ! Télémaque a donc réalisé son coup !
Ah ! l'insolent ! pourtant nous étions contre ce voyage !
665   Si en dépit de nous cet enfant a osé partir,
Mettre une nef à flot, choisir les meilleurs du pays,
Il en résultera bientôt du mal, à moins que Zeus
N'abatte sa vigueur, avant qu'il ne devienne un homme !
Qu'on me donne une fine nef, vingt hommes d'équipage,
670   Pour que je puisse m'embusquer et guetter son retour
Au passage entre Ithaque et les rocailles de Samé.
Parti s'informer de son père, il en paiera le prix !"
   A ces mots, chacun d'applaudir et de ratifier ;
Puis, se levant, ils rejoignirent le palais d'Ulysse.
675   Mais Pénélope ne devait pas longtemps ignorer
Les desseins qu'ils échafaudaient dans le fond de leur cœur.

Le héraut Médon la prévint : il savait leurs projets,
Etant hors de la cour, pendant qu'ils complotaient dedans.
Il courut au palais pour en informer Pénélope.
Comme il passait le seuil, Pénélope l'interpella :   680
    "Héraut, pourquoi les prétendants superbes t'envoient-ils ?
Est-ce pour demander aux femmes du divin Ulysse
De cesser leurs travaux et de préparer le festin ?
Sans plus me courtiser ni combiner nul autre plan,
S'ils pouvaient banqueter ici pour la dernière fois !   685
Vous venez chaque jour piller mon sage Télémaque
Et dévorer ses biens à qui mieux mieux. Etant enfants,
N'avez-vous jamais entendu vos pères vous conter
Quel homme Ulysse avait été pour vos propres parents,
Ne disant ni ne faisant jamais rien qui pût tromper   690
Le peuple, comme il est de règle chez les rois divins
Qui persécutent l'un, tandis qu'ils favorisent l'autre ?
En voilà un qui n'a jamais lésé qui que ce soit,
Alors que votre cœur paraît à ces actes indignes,
Puisque vous refusez de rendre les bienfaits reçus."   695
    En sage qu'il était, le héraut Médon répondit :
"Si c'était là, ô reine, le plus grand de nos malheurs !
Mais voici bien plus grave et bien plus redoutable encore :
Les prétendants méditent – puisse Zeus les retenir ! –
De tuer votre Télémaque à la pointe du bronze   700
Dès son retour ; il est parti s'informer de son père,
Là-bas, dans la sainte Pylos et Sparte la divine."
    Tel il parla. Et la reine, genoux et cœur brisés,
Restait là, sans pouvoir prononcer un seul mot ; ses yeux
S'étaient remplis de larmes, sa voix claire défaillait.   705
Enfin, recouvrant la parole, elle lui répondit :
    "Héraut, pourquoi mon fils est-il parti ? et quel besoin

De prendre ces rapides nefs, ces chevaux de la mer,
Où l'on s'embarque pour courir l'immensité des flots ?
710 Veut-il donc que de lui tout disparaisse, jusqu'au nom ?"
    En sage qu'il était, le héraut Médon répondit :
"Je n'en sais rien ; peut-être un dieu, ou bien son propre cœur,
L'aura-t-il entraîné jusqu'à Pylos, pour y apprendre
Si son père va revenir, ou quel sort fut le sien."
715   A ces mots, il se retira dans le palais d'Ulysse.
Toute au chagrin qui la rongeait, la reine ne pouvait
Demeurer sur aucun des nombreux sièges qu'elle avait ;
Elle s'effondra sur le seuil de sa splendide chambre,
En poussant de grands cris, tandis qu'autour d'elle pleuraient
720 Toutes les femmes du palais, les jeunes et les vieilles.
Et Pénélope leur disait, à travers ses sanglots :
    "Mes filles, écoutez ! Zeus m'a envoyé plus de maux
Qu'à toutes celles qu'on vit naître et grandir avec moi.
J'ai d'abord perdu mon époux, ce fier cœur de lion,
725 Que mille vertus signalaient parmi les Danaens,
Ce héros dont la gloire emplit l'Hellade et l'Argolide.
Maintenant, c'est mon fils chéri que les vents me ravissent,
Sans gloire, loin d'ici, et je n'ai pas su qu'il partait.
Pas une seule d'entre vous – pourtant vous le saviez,
730 Cruelles ! – n'a pris sur son cœur de me tirer du lit,
Lorsque mon enfant est monté à bord du noir vaisseau.
Ah ! si j'avais appris qu'il projetait un tel voyage,
Il serait demeuré ici, malgré tout son désir,
Ou bien c'est morte qu'il m'aurait laissée en ce palais.
735 Mais qu'on appelle en toute hâte le vieux Dolion,
Ce serviteur que me donna mon père à mon départ
Et qui soigne mon grand verger. Je veux que sans retard
Il aille chez Laërte, afin de tout lui raconter.

Peut-être le vieillard saura-t-il trouver un moyen
De quitter sa retraite et d'émouvoir ces gens, qui rêvent   740
D'anéantir sa race et celle du divin Ulysse."
     Sa chère nourrice Euryclée, alors, lui répondit :
"Ma fille, égorge-moi avec un bronze sans pitié,
Ou laisse-moi dans ce palais ; mais je ne peux mentir.
Je savais tout ; c'est lui qui est venu me demander   745
Du pain et du vin doux et m'a fait jurer par les dieux
De ne point t'en parler avant douze jours écoulés,
A moins que, désirant le voir, tu n'apprisses sa fuite,
Sinon, pour le pleurer, tu eusses meurtri ta beauté.
Va prendre un bain et mets sur toi des vêtements sans tache,   750
Puis remonte à l'étage avec ta suite de servantes
Et implore Athéna, fille de Zeus le Porte-Egide,
Car c'est bien elle encor qui doit le sauver du trépas.
N'ajoute point aux tourments du vieillard : je ne crois pas
Que les dieux bienheureux aient tant de haine pour la race   755
Du fils d'Arkésios, et il s'en trouvera bien un
Pour régner sur ce grand palais et ses riches domaines."
     Alors la reine endormit sa douleur, sécha ses larmes.
Elle alla prendre un bain, couvrit son corps d'habits sans tache
Et regagna l'étage avec sa suite de servantes,   760
Puis remplit d'orge sa corbeille et pria Athéna :
     "Ecoute-moi, fille du Porte-Egide, Atrytoné !
Ah ! si jamais dans ce palais Ulysse l'avisé
T'a fait brûler de gras cuisseaux de bœuf ou de mouton,
Souviens-t'en aujourd'hui ; vole au secours de mon enfant   765
Et chasse tous ces prétendants insolents et funestes."
     Elle poussa sa plainte, et la déesse l'entendit.
Les prétendants menaient grand bruit dans l'ombre de la salle,
Et voici ce qu'allait disant l'un de ces jeunes fats :

770   "Cette reine adulée arrange à coup sûr son hymen,
Sans se douter que le trépas est déjà sur son fils !"
     Ainsi parlaient les gens, sans savoir ce qu'il en était.
Alors Antinoos prit la parole et s'écria :
     "Pauvres amis ! gardez-vous bien de telles vantardises,
775 De peur qu'on n'aille les lui dire au sein de ce palais.
Silence, donc ! et levons-nous pour conduire à son terme
Le dessein que nous avons tous approuvé en nos cœurs."
     A ces mots, il choisit vingt hommes parmi les plus braves
Et descendit au prompt vaisseau sur le bord de la mer.
780 Il fit tout d'abord tirer ce navire en eau profonde,
Puis, dans la coque noire, on chargea le mât et les voiles ;
De chaque côté du bordage on attacha les rames
Aux estropes de cuir, et, dès qu'on eut hissé les voiles,
Des serviteurs zélés leur apportèrent les agrès.
785 On mouilla le navire en pleine mer, on débarqua
Et l'on prit le repas en attendant que vînt le soir.
     Quant à la chaste Pénélope, elle s'était couchée,
Là-haut, sans rien manger, sans prendre ni mets ni boisson,
Doutant si son fils sans reproche allait en réchapper
790 Ou périr sous les coups de ces prétendants pleins de morgue.
Tous les effrois que ressent un lion, quand les chasseurs
Viennent refermer sur ses pas le cercle de leur ruse,
Elle les ressentait, quand le doux sommeil la surprit.
Les membres détendus, elle s'endormit sur le dos.
795   Alors Athéna aux yeux pers prit un autre parti.
Elle fit un fantôme et lui donna des traits de femme,
Ceux d'Iphthimé, cette autre fille d'Icare au grand cœur,
Qui vivait avec Eumélos dans la ville de Phères.
Puis elle l'envoya au palais du divin Ulysse,
800 Pour calmer les soupirs et les sanglots de Pénélope,

84

Qui ne faisait que geindre et gémir à travers ses larmes.
Passant par le loquet, il se faufila dans la chambre,
Alla se poser sur son front et lui parla ainsi :
    "Pénélope, tu dors, le cœur brisé par la tristesse.
Sache bien que les Immortels ne veulent plus entendre   805
Tes pleurs et tes sanglots. Ton fils peut encor revenir,
Car jamais envers eux il n'a commis la moindre faute."
    Plongée en un très doux sommeil à la porte des songes,
La sage Pénélope, alors, lui fit cette réponse :
    "Pourquoi viens-tu, ma sœur ? On ne t'a guère vue ici,   810
Jusqu'à ce jour, car tu habites bien loin de chez nous.
Tu me demandes d'oublier les maux et les tourments
Qui ne cessent de harceler mon esprit et mon cœur.
J'ai d'abord perdu mon époux, ce fier cœur de lion,
Que mille vertus signalaient parmi les Danaens,   815
Ce héros dont la gloire emplit l'Hellade et l'Argolide.
Et voici que mon fils chéri monte à bord d'un vaisseau,
Pauvre petit qui ne sait rien des dangers ni des hommes !
Pour celui-ci, plus que pour l'autre encor, je me désole ;
Je tremble pour ses jours, je crains qu'un malheur ne l'atteigne,   820
Soit au pays où il s'en est allé, soit sur la mer.
Car il a bien des ennemis qui lui tendent des pièges
Et veulent le tuer avant qu'il ne rentre chez lui."
    Et le fantôme obscur lui fit alors cette réponse :
"Courage ! ne te laisse pas envahir par la crainte.   825
Il a, pour le conduire, un guide que bien d'autres hommes
Voudraient avoir à leurs côtés, car ce guide est puissant :
C'est Pallas Athéna. Elle a eu pitié de tes larmes ;
C'est elle qui m'envoie ici t'informer de la chose."
    La sage Pénélope, alors, lui fit cette réponse :   830
"Si tu es bien un dieu, ou s'il s'exprime par ta voix,

De grâce, parle-moi aussi de l'autre infortuné.
Est-il encor vivant ? voit-il la clarté du soleil ?
Ou est-il déjà mort et dans les demeures d'Hadès ?"
835   Et le fantôme obscur lui fit alors cette réponse :
"De celui-là, je ne saurais t'affirmer nettement
S'il est mort ou vivant ; il ne faut point parler à vide."
        Il dit et, se glissant par le loquet hors de la chambre,
Disparut dans les airs, tandis que la fille d'Icare,
840   Arrachée au sommeil, se sentit le cœur tout léger
D'avoir vu un songe si clair au plus fort de la nuit.
        Les autres, cependant, voguaient sur la route des ondes,
Méditant contre Télémaque un sinistre trépas.
Il est, au milieu de la mer, à mi-chemin d'Ithaque
845   Et de la rocheuse Samé, un îlot caillouteux,
La petite Astéris, avec son port à double passe,
Bien à l'abri : c'est là qu'ils s'embusquèrent pour l'attendre.

CHANT V

Comme l'aurore abandonnait le lit de l'éclatant
Tithon pour éclairer les Immortels et les humains,
Les dieux vinrent siéger à l'assemblée, et parmi eux
Prit place Zeus, le grand Tonneur à la force invincible.
Athéna leur remémora tous les tourments d'Ulysse, 5
Car il lui déplaisait de le voir rester chez la nymphe :
   "Zeus Père, et vous autres aussi, Eternels bienheureux !
Pour un roi qui porte le sceptre, à quoi bon être doux,
Aimable, accommodant, et se montrer plein d'équité ?
Mieux vaut qu'il soit toujours méchant, et ses actes iniques ! 10
Car est-il encor souvenir de ce divin Ulysse,
Parmi tous ceux qu'il gouvernait avec l'amour d'un père ?
Le voilà dans une île à endurer d'affreux tourments.
La nymphe Calypso l'oblige à rester auprès d'elle ;
Le pauvre ne peut revenir au pays de ses pères, 15
N'ayant point de vaisseau à rames ni de compagnons
Pour le conduire sur le dos immense de la mer.
Et maintenant voici qu'on veut lui tuer au retour
Son fils chéri qui est allé s'informer de son père
Dans la sainte Pylos et Sparte, la cité divine." 20
   A ces mots, Zeus, le maître des nuages, répondit :
"Quel mot s'est échappé de l'enclos de tes dents, ma fille ?
N'avais-tu pas toi-même décidé comment Ulysse
Saurait à son retour tirer vengeance de ces gens ?
Quant à son fils, à toi de le guider, car tu le peux ; 25

87

Fais qu'il retourne sain et sauf dans sa terre natale
Et que les prétendants reviennent sans l'avoir trouvé."
    Il dit et, s'adressant alors à son cher fils Hermès :
"Hermès, puisque c'est toujours toi qui portes les messages,
30 Fais connaître l'arrêt du ciel à la nymphe bouclée :
Nous voulons qu'Ulysse au grand cœur revienne en son pays,
Mais que ce soit sans le concours des dieux et des humains.
Sur un radeau bien attaché, et en peinant beaucoup,
Il parviendra, vingt jours plus tard, dans la riche Schérie,
35 La terre des Phéaciens, qui sont parents des dieux.
Ceux-ci, comme à un dieu, lui rendront un ardent hommage
Et le ramèneront par mer dans son pays natal,
Après l'avoir comblé de bronze, d'or et de tissus,
Comme jamais Ulysse n'en eût rapporté de Troie,
40 S'il était rentré sain et sauf avec tout son butin.
Car son destin est de revoir les siens et de rejoindre
Le toit de sa haute demeure au pays de ses pères."
    Il dit. Le Messager, Tueur d'Argus, suivit son ordre.
A ses pieds, sans tarder, il fixa ses belles sandales
45 Divines, toutes d'or, qui le portaient, au gré des vents,
Aussi bien sur les flots que sur les terres infinies.
Il saisit la baguette dont il usait pour fermer
Les yeux des mortels éveillés ou les rouvrir s'ils dorment.
Baguette en main, le puissant Tueur d'Argus s'envola.
50 Parvenu en Périe, il chut de l'azur dans la mer,
Puis il vola, rasant les flots, comme le goéland
Qui, dans les redoutables plis de la mer inféconde,
S'en va pêcher, mouillant son lourd plumage dans les eaux :
Ainsi Hermès était porté sur les vagues sans nombre.
55   Mais sitôt qu'il fut parvenu dans cette île lointaine,
Sortant de la mer violette, il prit pied sur la terre

Et gagna l'immense caverne où la nymphe bouclée
Avait établi sa demeure. Il la trouva chez elle ;
Dans l'âtre brûlait un grand feu, d'où, en se consumant,
Le cèdre et le thuya bien sec répandaient leurs senteurs   60
A travers l'île. Elle était là, chantant d'une voix douce
Et faisant courir sa navette d'or sur le métier.
Un bois touffu avait poussé tout autour de la grotte :
Aulnes, peupliers noirs et cyprès odoriférants,
Où venaient s'abriter des oiseaux de large envergure :   65
Chouettes, éperviers, ainsi que criardes corneilles,
Qui vivent sur la mer et y font toute leur besogne.
Autour de la grotte profonde, une vigne en sa force
Déployait ses rameaux chargés de grappes abondantes.
Plus loin, quatre fontaines déversaient leur onde claire,   70
L'une à côté de l'autre, et chacune suivait son cours
Parmi de tendres prés de persil et de violettes.
Arrivé en ces lieux, tout Immortel, à cette vue,
Se fût senti émerveillé et le cœur plein de joie.
     Le Messager, Tueur d'Argus, contemplait, immobile.   75
Puis, lorsque dans son cœur il eut admiré toute chose,
Il entra dans la vaste grotte, où la divine nymphe
Le reconnut en le voyant venir à sa rencontre.
C'est que jamais deux Immortels ne peuvent s'ignorer,
Quelque éloignés que soient leurs domiciles respectifs.   80
Mais il ne trouva pas Ulysse au fond de la caverne :
Il pleurait sur le promontoire où il passait ses jours,
Le cœur brisé de larmes, de soupirs et de tristesse,
Et promenant ses yeux mouillés sur la mer inféconde.
Calypso la toute divine fit asseoir Hermès   85
Sur un fauteuil brillant et l'interrogea en ces termes :
     "Hermès à la baguette d'or, cher et auguste dieu,

Pourquoi viens-tu chez nous ? on te voit bien peu par ici.
Dis-moi ce que tu veux ; mon cœur est prêt à t'exaucer,
90 Si j'en ai le pouvoir et que cela se puisse faire.
Mais suis-moi plus avant et sois le bienvenu chez moi !"
    A ces mots, la toute divine avança une table,
La chargea d'ambroisie et mêla le rouge nectar,
Puis fit boire et manger le Messager, Tueur d'Argus.
95 Le repas une fois fini et son cœur retrempé,
Hermès prit la parole et lui répondit par ces mots :
    "Tu veux savoir pourquoi un dieu vient voir une déesse ?
Je te le dirai franchement, puisque tu m'y engages.
C'est Zeus qui m'oblige à venir ici contre mon gré ;
100 Car qui s'aviserait de franchir de si vastes mers ?
Il n'y a en ces lieux aucune ville dont les hommes
Offrent en sacrifice aux dieux leurs hécatombes saintes.
Mais dès l'instant que Zeus a pris une décision,
Nul dieu ne peut plus s'y soustraire ou la rendre caduque.
105 Zeus dit que tu retiens chez toi le plus infortuné
De tous ceux qui se sont battus sous les murs d'Ilion, Troie
Pendant neuf ans, et le dixième, ayant pillé la ville,
Sont rentrés au logis, non sans offenser Athéna,
Qui les a pris sous la tempête et les houles géantes.
110 Tous ses fidèles compagnons y ont trouvé la mort ;
Quant à lui, la houle et le vent l'ont porté en ces lieux.
Zeus t'ordonne aujourd'hui de le relâcher au plus vite,
Car le sort ne veut pas qu'il meure ici, loin de ses proches ;
Non, son destin est de revoir les siens et de rejoindre
115 Le toit de sa haute demeure, au pays de ses pères."
    A ces mots, la divine Calypso eut un frisson ;
Mais, élevant la voix, elle lui parla en ces termes :
    "Vous êtes vraiment sans pitié, dieux jaloux entre tous,

De refuser qu'une déesse puisse ouvertement
S'unir au mortel que son cœur a choisi pour époux !   120
Lorsque l'Aurore aux doigts de rose avait pris Orion,
Votre colère n'eut de cesse, Immortels bienheureux,
Que la chaste Artémis, cette déesse au trône d'or,
Ne le transperçât dans Délos de ses plus douces flèches.
Et lorsque Jasion gagna le cœur de Déméter   125
Et que la déesse bouclée à lui se fut donnée
Dans un champ trois fois labouré, Zeus l'apprit sans retard
Et tua Jasion d'un coup de sa foudre éclatante.
Et voici que vous m'enviez l'amour de ce mortel !
C'est moi qui l'ai sauvé, quand il me vint, seul, sur sa quille ;   130
D'un coup de sa foudre éclatante, en pleine mer vineuse,
Zeus avait foudroyé et fendu son vaisseau rapide.
Tous ses fidèles compagnons y trouvèrent la mort ;
Quant à lui, la houle et le vent le portèrent ici.
C'est moi qui l'accueillis, qui le nourris et lui promis   135
De le rendre immortel et de le garder toujours jeune.
Mais du moment que Zeus a pris cette décision,
Nul dieu ne peut plus s'y soustraire ou la rendre caduque.
Qu'il parte donc, puisque c'est Zeus qui l'y pousse et l'ordonne,
Sur l'infini des mers. Moi, je ne peux le renvoyer ;   140
Je n'ai point de vaisseau à rames ni de compagnons
Pour le conduire sur le dos immense de la mer.
Mais je veux bien le conseiller et ne rien lui cacher,
Afin qu'il rentre sans encombre au pays de ses pères."

 Le Messager, Tueur d'Argus, lui répondit alors :   145
"Laisse-le donc partir et crains la colère de Zeus,
Car sa rancune, un jour, pourrait te causer des ennuis."

 A ces mots, le puissant Tueur d'Argus s'en retourna.
L'auguste nymphe rejoignit le magnanime Ulysse,

150 Dès qu'elle eut entendu les ordres qui venaient de Zeus.
Quand elle le trouva, il était assis sur la grève,
Les yeux tout embués, et consumant la douce vie
A pleurer son retour. La nymphe ne le charmait plus.
Les nuits, il devait les passer dans la grotte profonde,
155 Près d'elle ; il n'aurait pas voulu, c'est elle qui voulait !
Le jour, il se tenait assis sur les rocs de la grève,
Le cœur brisé de larmes, de soupirs et de tristesse,
Et promenait ses yeux mouillés sur la mer inféconde.
Debout à ses côtés, la nymphe divine lui dit :
160   "Pauvre ami ! n'use plus tes jours à pleurer de la sorte.
Me voici toute prête à te laisser partir d'ici.
Allons ! coupe des poutres de ta hache et construis-toi
Un grand radeau, surmonté d'un gaillard de haute taille,
Qui puisse t'emporter à travers la brumeuse mer.
165 De mon côté, j'y placerai le pain, l'eau, le vin rouge,
Tous les aliments qu'il te faut pour écarter la faim ;
Puis je te vêtirai et ferai souffler le bon vent,
Afin que tu reviennes sain et sauf dans ta patrie,
S'il plaît du moins aux dieux qui règnent sur le vaste ciel,
170 Car ils peuvent bien mieux que toi décider et parfaire."
     A ces mots, l'endurant Ulysse eut un frisson de crainte ;
Mais, élevant la voix, il dit ces paroles ailées :
     "Tu médites d'autres desseins que mon retour, déesse,
Quand tu veux qu'avec mon radeau je franchisse l'horrible
175 Et vaste gouffre de la mer, qu'aucun vaisseau rapide
Ne peut franchir, eût-il de Zeus la brise favorable.
Je ne monterai pas sur un radeau, ne t'en déplaise,
Si tu ne consens pas, déesse, à me jurer bien haut
Que tu ne trames contre moi nul autre mauvais coup."
180   Calypso la divine, à ces mots, se prit à sourire ;

Le flattant de la main, elle lui fit cette réponse :
    "Tu n'es qu'un scélérat, mais tu ne manques pas d'adresse !
Quels mots sais-tu trouver, pour me parler de cette sorte !
Je jure par la Terre et le grand Ciel qui la surplombe,
Et le cours souterrain du Styx – pour les dieux bienheureux,   185
C'est le plus grand et le plus redoutable des serments –
Que je ne trame contre toi nul autre mauvais coup.
Ce que je pense et veux te dire, c'est exactement
Ce que je me souhaiterais en un pareil besoin.
Mon esprit est toute droiture, et au fond de moi-même   190
Ne loge pas un cœur de fer, mais de compassion."
    La toute divine, à ces mots, l'emmena au plus court.
Ulysse suivit donc la nymphe en marchant sur ses traces,
Et ils revinrent tous les deux dans la grotte voûtée.
Il s'installa dans le fauteuil qu'Hermès avait quitté.   195
La nymphe posa devant lui des mets de toute sorte,
Aliments et boisson dont se nourrissent les mortels ;
Puis elle vint s'asseoir en face du divin Ulysse.
Ses femmes lui donnèrent le nectar et l'ambroisie ;
Après quoi l'on tendit les mains vers les plats présentés.   200
Sitôt qu'ils eurent satisfait la soif et l'appétit,
Calypso la divine prit la parole et lui dit :
    "Divin rejeton de Laërte, industrieux Ulysse,
Il est donc vrai que tu veux retourner dès à présent
Chez toi, dans ta patrie ? Eh bien, quoi qu'il arrive, adieu !   205
Mais si ton cœur pouvait savoir de combien de chagrins
Le sort doit te combler avant ton retour au pays,
Tu resterais à mes côtés pour garder ce logis
Et devenir un dieu, malgré ton désir de revoir
Une épouse à laquelle se raccrochent tous tes vœux.   210
Je me flatte pourtant de n'être pas moins séduisante

De stature et de port, car nulle femme ne saurait
Rivaliser, quant au physique, avec une Immortelle."
     Ulysse l'avisé lui fit alors cette réponse :
215 "Déesse auguste, ne te fâche pas. Je le sais bien,
Oui, je sais que la sage Pénélope ne te vaut,
Quand on la voit, ni par la taille ni par la beauté :
Ce n'est qu'une mortelle, et toi, tu seras toujours jeune.
Pourtant je ne désire et ne souhaite qu'une chose :
220 Rentrer dans mon pays et voir le jour de mon retour.
Si un dieu me tourmente encor sur les vagues vineuses,
Je m'y résignerai ; mon cœur en a pris l'habitude.
J'ai déjà souffert tant de maux et subi tant d'épreuves
Sur les flots, à la guerre ! advienne encore ce surcroît !"
225   Comme il parlait, le soleil se coucha et le soir vint.
Ils gagnèrent tous deux le fond de la grotte voûtée
Et restèrent ensemble à se serrer l'un contre l'autre.
     Lorsque au petit matin parut l'aurore aux doigts de rose,
Ulysse en hâte revêtit la robe et le manteau.
230 La nymphe se drapa d'un grand châle resplendissant,
Gracieux et léger, se mit une écharpe dorée
Autour des reins et se couvrit la tête d'un long voile ;
Puis elle prépara le départ d'Ulysse au grand cœur.
Elle lui donna une hache en bronze, bien en main,
235 Aux tranchants affilés, et à laquelle s'adaptait
Un très beau manche d'olivier fortement ajusté,
Ainsi qu'une fine doloire, et le mena ensuite
Vers la pointe de l'île, où avaient poussé de grands arbres,
Des peupliers, des aulnes, des sapins touchant le ciel,
240 De longtemps morts et desséchés, mais bien faits pour flotter.
Quand la divine Calypso lui eut montré l'endroit
Où ces grands arbres s'élevaient, elle rentra chez elle.

Ulysse, alors, coupa des troncs, ce qu'il eut vite fait ;
Il en abattit vingt, les dégrossit avec le bronze,
Les plana savamment et les dressa tous au cordeau.   245
Calypso la divine revint, portant les tarières.
Ulysse fora tous ces bois, les ajusta ensemble
Et les fit tenir au moyen de clous et de traverses.
Aussi grande est la cale qu'un habile charpentier
Ménage dans l'intérieur d'un plat vaisseau de charge :   250
Aussi grand était le radeau qu'Ulysse construisait.
Il dressa le gaillard avec des poutrelles serrées,
Qu'il couvrit pour finir au moyen de longues voliges ;
Ensuite il y planta le mât emmanché de sa vergue.
Il se fabriqua aussi une rame de gouverne ;   255
Puis, ayant ceinturé le tout avec des joncs tressés
Pour se garer des flots, il couvrit le plancher de lest.
Calypso la divine revint avec les tissus
Pour faire la voilure. Il s'y montra non moins habile ;
Il fixa au radeau boulines, drisses et ralingues,   260
Et, grâce à des leviers, le poussa dans la mer divine.
       Au bout de quatre jours, l'ouvrage entier fut achevé.
Le jour d'après, Calypso le laissa partir de l'île,
Après l'avoir baigné et couvert d'habits parfumés.
La déesse avait mis à bord une outre de vin noir,   265
Une plus grosse d'eau et, dans un sac de cuir, des vivres,
Ainsi que d'autres aliments et nombre de douceurs.
Elle fit souffler un vent tiède et propice au voyage.
Ulysse, tout joyeux, ouvrit la voile à cette brise ;
Assis près de la barre, il gouvernait habilement,   270
Sans que jamais le sommeil lui tombât sur les paupières,
Regardant les Pléiades, le Bouvier lent à sombrer
Et l'Ourse, à qui l'on donne aussi le nom de Chariot

95

Et qui, tournant sur elle-même en guettant Orion,
275 Est la seule à ne se baigner jamais dans l'Océan ;
Calypso la divine lui avait recommandé
De naviguer au large en l'ayant toujours à main gauche.
Dix-sept jours, le héros vogua en naviguant au large ;
Le dix-huitième enfin, il aperçut la Phéacie
280 Et ses sombres forêts ; la terre en était toute proche,
On aurait dit un bouclier sur la mer embrumée.

Or l'Ebranleur du sol revenait du pays des Noirs,
Lorsque, du haut du mont Solyme, il l'aperçut de loin
Qui voguait sur la mer. Son cœur redoubla de courroux ;
285 Alors il secoua la tête et se dit à lui-même :

"Misère ! pendant que j'étais dans le pays des Noirs,
Voilà que les dieux, pour Ulysse, ont changé leurs décrets.
Il est près de toucher la Phéacie, où son destin
Est d'échapper au grand lacet du malheur qui l'enserre.
290 Mais, je l'affirme, il va encore avoir son poids de peines !"

A ces mots, prenant son trident et rassemblant les nues,
Il démonta la mer. Venus de tous les horizons,
Les vents soufflèrent en rafale, et la brume noya
Le rivage et les flots. La nuit tomba du haut du ciel ;
295 Ensemble s'abattaient, faisant rouler de grandes houles,
L'Euros, le Notos, le Zéphyr hurlant, le clair Borée.
Alors, sentant se dérober ses genoux et son cœur,
Ulysse dit, tout éploré, à son âme vaillante :

"Malheureux que je suis ! que va-t-il m'arriver encore ?
300 Je crains que Calypso n'ait que trop bien prophétisé,
En me disant qu'en mer, avant d'atteindre ma patrie,
J'aurais à subir mille maux. Eh bien, c'est chose faite !
De quels nuages Zeus a recouvert le vaste ciel !
Il démonte la mer, et les vents soufflent en rafale,

Venant de tous les horizons ! la mort pend sur ma tête ! 305
Trois, quatre fois heureux les Danaens qui ont péri
Dans la plaine de Troie en combattant pour les Atrides !
Ah ! que ne suis-je mort, que n'ai-je subi mon destin,
Le jour où les Troyens, massés autour du corps d'Achille,
Faisaient pleuvoir de tous côtés leurs javelots de bronze ! 310
J'eusse obtenu ma tombe, et chacun eût chanté ma gloire ;
Mais hélas ! le destin me voue à une mort cruelle !"
    A ces mots, une grosse vague abrupte le frappa,
Dans un élan terrible, et fit chavirer le radeau,
D'où le héros fut projeté au loin ; le gouvernail 315
Lui échappa des mains ; le furieux assaut des vents
Soufflant en ouragan brisa le mât par le milieu
Et dispersa en pleine mer la vergue et la voilure.
Il demeura lui-même enseveli un bon moment
Sans pouvoir remonter sous l'assaut des puissantes vagues 320
Et le poids des habits que lui avait donnés la nymphe.
Il en sortit enfin et de sa bouche recracha
Les paquets d'âcre écume dont sa tête ruisselait.
Mais malgré sa douleur, il ne pensait qu'à son radeau.
S'élançant à travers les flots, il alla le reprendre 325
Et s'installa bien au milieu pour éviter la mort,
Laissant les grands flots l'entraîner au gré de leurs courants.
Comme en automne le Borée emporte dans la plaine
Mille brindilles qu'il emmêle en un paquet serré :
Tels les vents le poussaient à l'aventure sur la mer ; 330
Tantôt c'était le Notos qui le jetait au Borée,
Tantôt c'était l'Euros qui le renvoyait au Zéphyr.
    Ino, la fille de Cadmos aux pieds fins, l'aperçut ;
Jadis simple mortelle, elle devint Leucothéa
Au fond des mers, où elle tient son rang parmi les dieux. 335

Elle eut pitié d'Ulysse et de sa douloureuse errance ;
Prenant l'aspect d'une mouette, elle sortit de l'onde
Et se posa sur le radeau pour lui parler ainsi :
    "Pauvre ami ! pourquoi Poséidon, l'Ebranleur de la terre,
340 T'en veut-il à ce point, qu'il te suscite tous ces maux ?
Pourtant, quel qu'en soit son désir, il n'aura pas ta vie.
Mais suis bien mon conseil ; tu me parais plein de sagesse.
Quitte ces vêtements et laisse filer ton radeau
Au gré des vents ; puis nage ferme et tâche d'aborder
345 Au pays des Phéaciens, où t'attend le salut.
Prends ce voile divin et étends-le sur ta poitrine ;
Avec lui tu ne craindras plus la douleur ni la mort.
Mais lorsque de tes mains tu auras touché le rivage,
Enlève-le et jette-le dans les vagues vineuses,
350 Loin de la côte, en prenant soin de détourner la tête."
    A ces mots, la déesse donna son voile à Ulysse,
Puis, telle une mouette, elle replongea aussitôt
Dans la mer écumante, où le flot noir la recouvrit.
Alors Ulysse l'endurant se prit à réfléchir,
355 Et, tout en gémissant, il dit à son cœur magnanime :
    "Pauvre de moi ! je crains que quelque dieu ne me prépare
Un autre piège en m'ordonnant de quitter ce radeau.
Non ! non ! je n'obéirai pas, car je ne vois encore
Que de très loin la terre où il prétend qu'est mon salut.
360 Voici comment je vais agir ; c'est, je crois, le plus sage :
Tant que mes bois résisteront, unis par les chevilles,
Je resterai dessus et ferai face à la douleur ;
Mais sitôt que la mer aura disloqué mon radeau,
Alors je nagerai ; c'est ce que j'ai de mieux à faire."
365   Tandis qu'en son âme et son cœur il roulait ces pensées,
Poséidon, l'Ebranleur du sol, souleva contre lui

Une horrible montagne d'eau qui lui croula dessus.
Comme un vent violent balaie un tas de paille sèche
Et la disperse en l'emportant aux quatre coins de l'aire :
Ainsi fusèrent les poutres de bois. Ulysse alors   370
Monta sur l'une et l'enfourcha comme un cheval de course.
Quittant les vêtements que lui avait donnés la nymphe,
Il étendit le voile en hâte autour de sa poitrine,
Puis il plongea, tête en avant, les deux bras étendus,
Et se mit à nager. Le puissant Ebranleur du sol   375
Le vit. Alors, hochant la tête, il se dit en son cœur :
    "Va ! souffre à présent mille morts et flotte à l'aventure,
Jusqu'au jour où tu trouveras des hommes nés de Zeus !
Tu ne te plaindras pas, pour sûr, de n'avoir pas ton lot !"
    Il dit et, poussant ses chevaux à la belle crinière,   380
Regagna le temple fameux qu'il possédait à Eges.
Alors la déesse Athéna prit un autre parti.
Elle barra la route aux vents qui soufflaient de partout
Et les contraignit de se taire et de se rendormir,
Puis fit lever un vif Borée et rabattit le flot,   385
Afin qu'Ulysse, échappant à la mort et au trépas,
Pût gagner le pays des bons rameurs phéaciens.
    Dès lors, durant deux jours, deux nuits, Ulysse dériva
Sur les flots hérissés et vit souvent la mort de près.
Mais quand l'aube bouclée amena le troisième jour,   390
Le vent s'arrêta de souffler, le calme s'établit.
Rien ne bougeait. Ulysse vit la terre toute proche
Et la fouilla des yeux, du sommet d'une grande lame.
Comme des enfants sont heureux de voir revivre un père
Qu'une terrible et longue maladie avait cloué   395
Au lit ; la cruauté d'un dieu en avait fait sa proie,
Mais fort heureusement les autres dieux l'en ont guéri :

De même Ulysse, quand il vit la terre et la forêt.
Il nagea, s'élança pour prendre pied sur le rivage ;
400 Il n'était plus qu'à la distance où peut porter un cri,
Quand il entendit le ressac qui tonnait sur les roches ;
De grosses lames s'écrasaient contre la terre ferme
Avec d'affreux mugissements ; tout ruisselait d'écume ;
Nul port n'offrait son havre ou son refuge à des vaisseaux ;
405 Rien que des éperons, des rocs pointus et des écueils.
Alors, sentant se dérober ses genoux et son cœur,
Ulysse dit, tout éploré, à son âme vaillante :
    "Hélas ! Zeus, contre tout espoir, rend la terre à mes yeux ;
Déjà je viens de fendre ces abîmes à la nage ;
410 Et pourtant nul moyen de quitter cette mer d'écumes !
Ce ne sont que rochers pointus autour desquels mugit
Le flot tumultueux ; ici, une falaise nue,
Là-bas, la mer profonde, et nulle part un seul endroit
Où je puisse poser mes pieds pour éviter la mort.
415 Si j'en sors, j'ai bien peur d'être saisi par une vague
Et plaqué contre le rocher ; mon élan sera vain.
Mais si je nage plus avant, dans l'espoir de trouver
Une crique un peu en retrait ou une anse de mer,
Je crains que la tempête ne revienne me jeter,
420 Malgré tous mes gémissements, sur la mer poissonneuse,
Ou qu'un dieu ne suscite de la mer un de ces monstres
Que nourrit par troupeaux entiers la fameuse Amphitrite.
Je sais combien me hait l'illustre Ebranleur de la terre !"
    Tandis qu'en son âme et son cœur il roulait ces pensées,
425 Un coup de mer le projeta sur la côte rocheuse.
Il aurait eu la peau trouée et les os fracassés,
Si Athéna, la déesse aux yeux pers, ne l'eût guidé.
Il s'élança d'un bond, saisit des deux mains un rocher

Et s'y colla, tout haletant, jusqu'au reflux des eaux.
Il l'évita ; mais au retour, le violent ressac   430
L'assaillit, le frappa et le rejeta vers le large.
De même qu'aux suçoirs d'un poulpe arraché à son gîte
Un tas de petits gravillons demeurent incrustés :
Pareillement aux pointes du rocher était restée
La peau de ses vaillantes mains. Le flot l'ensevelit.   435
Alors l'infortuné Ulysse eût péri avant l'heure,
Si Athéna, la déesse aux yeux pers, ne l'eût aidé.
Il émergea des flots qui déferlaient sur le rivage
Et se mit à nager, cherchant des yeux où découvrir
Une crique un peu en retrait ou une anse de mer.   440
Tout en nageant, il atteignit l'embouchure d'un fleuve
Aux belles eaux, et cet endroit lui sembla le meilleur,
Etant dépourvu de rochers et à l'abri du vent.
Il reconnut un estuaire et pria dans son âme :
     "Dieu adoré, qui que tu sois, écoute la prière   445
D'un rescapé, victime des fureurs de Poséidon !
Même les Immortels ont du respect pour l'homme errant
Qui vient les supplier, comme aujourd'hui je viens le faire
En embrassant, dans mon malheur, ton eau et tes genoux.
Pitié, seigneur, pour celui qui se dit ton suppliant !"   450
     A ces mots, suspendant son cours, le dieu baissa la barre
Et, faisant se calmer ses flots, lui offrit le salut
Près de ses bords. Ulysse alors plia ses deux genoux
Et ses robustes mains ; la mer avait dompté son cœur.
Il était tout tuméfié ; de son nez, de sa bouche   455
L'eau ruisselait abondamment ; sans haleine et sans voix,
Il gisait là, en proie à une horrible lassitude.
Mais dès qu'il eut repris ses sens et retrouvé son souffle,
Il se débarrassa du voile offert par la déesse

460 Et le lança dans le courant qui poussait vers la mer ;
La vague l'emporta au fil de l'eau, et peu après
Ino le recueillit. Ulysse, alors, sortant du fleuve,
Baisa la terre nourricière et, couché dans les joncs,
S'adressa d'une voix plaintive à son cœur valeureux :
465   "Hélas ! pauvre de moi ! que va-t-il m'arriver encore ?
Si je passe auprès de ce fleuve une nuit tourmentée,
Je crains que le givre funeste et l'humide rosée
Ne brisent mon cœur affaibli et presque défaillant ;
Le jour voit se lever des eaux une brise mordante.
470 Mais si je gravis le coteau et m'enfonce en ces bois
Pour dormir sous d'épais taillis, j'ai peur que, réchauffé
Et détendu, je ne me livre aux douceurs du sommeil
Et ne serve de proie et de pâture aux bêtes fauves."
        Tout bien pesé, c'est ce dernier parti qu'il adopta.
475 Il se dirigea vers le bois, qu'il trouva près du fleuve,
Sur une butte, et se glissa sous la double cépée
D'un olivier sauvage et d'un olivier cultivé.
Jamais le souffle humide des grands vents n'y pénétrait,
Jamais ne les frappaient les brillants rayons du soleil,
480 Jamais ne passait de pluie au travers, tant se mêlaient
Étroitement leurs jets. C'est sous cet abri de branchages
Qu'Ulysse se cacha ; à pleines mains il s'entassa
Un large lit, car le sol était tout jonché de feuilles,
Au point que deux ou trois dormeurs auraient pu s'en couvrir,
485 Même au temps où l'hiver se montre le plus rigoureux.
Le divin Ulysse au grand cœur en fut tout réjoui.
Il se coucha donc au milieu et se couvrit de feuilles.
De même qu'aux confins d'un champ, où il est sans voisins,
Un homme cache le tison sous de la cendre noire,
490 Pour garder le germe du feu et l'avoir toujours prêt :

De même Ulysse était caché sous son tapis de feuilles.
Alors Athéna lui versa le sommeil sur les yeux
Et, pour le détendre au plus tôt, lui ferma les paupières.

CHANT VI

Tandis qu'Ulysse l'endurant dormait là-bas, vaincu
Par la fatigue et le sommeil, la déesse Athéna
Gagnait le pays et la ville des Phéaciens.
Ceux-ci avaient d'abord habité la vaste Hypérie,
Ayant comme voisins le peuple arrogant des Cyclopes,   5
Qui, étant les plus forts, ne cessaient de piller leurs terres.
Nausithoos, beau comme un dieu, leur fit quitter ces lieux
Pour les mettre en Schérie, à l'écart des pauvres humains.
Il donna des murs à leur ville, éleva des maisons,
Créa des temples pour les dieux et partagea les terres.   10
Mais quand la mort le prit et le fit plonger dans l'Hadès,
Alkinoos, roi inspiré des dieux, lui succéda.
Ce fut chez lui que se rendit la déesse aux yeux pers,
Afin d'activer le retour du magnanime Ulysse.
Elle monta dans la superbe chambre où reposait   15
Nausicaa, la fille du vaillant Alkinoos,
Que sa taille et ses traits rendaient pareille aux Immortelles.
Deux servantes, tenant des Grâces leur beauté, dormaient
De chaque côté de la porte close aux bois brillants.
Comme une brise, elle glissa jusqu'au lit de la vierge.   20
S'arrêtant sur son front, elle se mit à lui parler,
Sous les traits de la fille du grand armateur Dymas,
Qui était de son âge et qu'elle aimait bien tendrement.
C'est sous ses traits que la déesse aux yeux pers lui parla :
    "Nausicaa ! la fille insouciante que voilà !   25

Tu laisses là, sans soins, tous tes habits resplendissants !
Ton mariage est pour bientôt, il faut que tu sois belle,
Et que soient beaux également les gens de ton cortège.
C'est ainsi que se font les bonnes réputations,
30   Pour le plus grand bonheur d'un père et d'une auguste mère.
Vite ! allons ensemble au lavoir, dès que l'aube poindra.
J'irai t'aider dans ce travail, pour finir au plus vite ;
Car tu n'as plus longtemps, je crois, à rester jeune fille ;
Déjà, dans ce pays, qui est celui de ta famille,
35   Les meilleurs des Phéaciens se disputent ta main.
Allons ! presse ton noble père, avant qu'il soit matin,
De préparer mules et chariot pour emporter
Ceintures, voiles, couvre-lits aux reflets chatoyants.
Toi-même il te vaut mieux aller en char que de marcher
40   A pied, car les lavoirs se trouvent très loin de la ville."
     A ces mots, la déesse aux yeux pers regagna l'Olympe,
Où l'on dit que les dieux ont leur siège éternel et sûr,
Epargné par la pluie et à l'abri de tous les vents ;
De neige il n'en tombe jamais, mais toujours s'y déploie
45   Un éther sans nuage, et la blanche lumière y brille.
C'est là que les dieux bienheureux savourent leurs journées,
Et qu'Athéna, ayant instruit la vierge, remonta.
     Bientôt survint l'aurore au trône d'or, qui éveilla
La charmante Nausicaa. Surprise de son rêve,
50   Elle courut par le palais, le dire à ses parents,
Et trouva son père et sa mère au fond de la demeure.
Sa mère, assise près du feu avec ses chambrières,
Filait une quenouille pourpre, tandis que son père
Allait sortir pour retrouver les autres rois de marque,
55   Car les nobles Phéaciens l'appelaient au Conseil.
     S'arrêtant à côté de lui, elle dit à son père :

"Papa chéri, voudrais-tu pas me faire préparer
Notre grand chariot ? J'aimerais emporter au fleuve,
Pour les laver, les beaux habits qu'on a jetés au sale.
Quand tu vas siéger au Conseil avec les autres rois,   60
Peux-tu ne pas porter sur toi des vêtements sans tache ?
Et n'as-tu pas aussi cinq fils au sein de ce palais :
Deux mariés, et trois encor garçons, mais pleins de vie,
Qui, pour aller danser, voudront toujours porter sur eux
Du linge frais lavé ? C'est à moi de m'en occuper."   65
    Elle se tut, n'osant parler des fêtes de ses noces.
Mais son père avait deviné et lui parla ainsi :
    "Tu auras tout, ma chère enfant, les mules et le reste.
Pars donc ! mes gens se chargeront de préparer pour toi
Notre grand chariot et d'y adapter le caisson."   70
    Alors il donna l'ordre aux gens, et ceux-ci obéirent.
On garnit dans la cour le chariot à belles roues
Et l'on mit sous le joug les mules qui le tireraient.
La vierge apporta du cellier le linge chatoyant
Et vint le déposer dans la voiture aux bois polis.   75
Sa mère mit dans un panier toutes sortes de vivres
Et mille autres douceurs ; elle remplit aussi de vin
Une outre en peau de chèvre. Après quoi la vierge monta,
Prit des mains de sa mère un flacon d'or plein d'huile fine
Pour se frotter après le bain, elle et ses chambrières,   80
Et enfin se saisit du fouet et des rênes luisantes.
Un coup pour démarrer, et, dans un grand bruit de sabots,
Les mules de trotter, menant le linge et la princesse,
Tandis qu'à pied, sans la quitter, ses femmes la suivaient.
    On atteignit ainsi le fleuve aux belles eaux courantes   85
Et ses lavoirs pleins en toute saison. Une eau limpide
Y jaillissait, de quoi blanchir le linge le plus sale.

On commença par dételer les mules de leur char,
Puis on les envoya brouter le chiendent parfumé
90 Près du fleuve tourbillonnant. Les femmes avaient pris
Le linge sur le char et, l'ayant porté vers les auges,
Le foulaient dans l'eau sombre en rivalisant de prestesse.
Quand on eut lavé et rincé tout ce linge sali,
On l'étendit sur le bord de la mer, là où le flot
95 Venait battre parfois la grève et laver les galets.
On courut se baigner et l'on se frotta d'huile fine ;
Après quoi on alla manger sur les berges du fleuve,
Tandis que le linge séchait aux rayons du soleil.
L'appétit une fois calmé, servantes et maîtresse
100 Jouèrent au ballon après avoir ôté leurs voiles.
C'est Nausicaa aux bras blancs qui conduisait le jeu.
Telle Artémis, la Sagittaire, court à travers monts,
Sur les hauteurs du Taygète ou bien de l'Erymanthe,
Prenant plaisir aux sangliers et aux biches légères ;
105 Autour d'elle viennent jouer les nymphes des campagnes,
Filles du Porte-Egide ; et Léto se sent tout heureuse
De voir sa fille l'emporter de la tête et du front,
Car on la distingue sans peine entre tant de beautés :
Telle cette vierge sans maître, au milieu de ses femmes.
110   Lorsque, pour rentrer au logis, le moment fut venu
De plier le linge bien propre et d'atteler les mules,
La déesse aux yeux pers, poursuivant ses desseins, voulut
Qu'Ulysse vît à son réveil cette vierge charmante
Et fût conduit par elle à la cité phéacienne.
115 Comme elle avait lancé la balle à l'une de ses femmes,
La balle, s'échappant, tomba dans un remous profond ;
Et toutes de crier ! Alors Ulysse s'éveilla.
S'étant assis, il consulta son cœur et sa raison :

"Pauvre de moi ! en quel pays ai-je encore échoué ?
Vais-je trouver des brutes, des sauvages sans justice,   120
Ou des hommes hospitaliers qui respectent les dieux ?
J'ai cru entendre ici de douces voix de jeunes filles,
Ou de nymphes vivant sur les hauts sommets des montagnes,
Dans les eaux des torrents et les prés remplis d'herbe épaisse.
Ou vais-je rencontrer des gens doués de la parole ?   125
Eh bien, je vais tâcher de m'en assurer par moi-même."
        A ces mots, le divin Ulysse émergea des broussailles.
Sa forte main avait cassé, dans l'épaisseur du bois,
Un rameau bien feuillu pour cacher sa virilité.
Il s'avança. Comme un lion nourri dans les montagnes   130
S'en va par la pluie et le vent, assuré de sa force ;
Les yeux en feu, il fonce sur les bœufs, sur les moutons
Et les biches sauvages, car son ventre le talonne
Jusque vers l'enclos bien gardé pour y chercher sa proie :
Tel Ulysse allait aborder ces filles bien bouclées,   135
Malgré sa nudité, car le besoin l'y obligeait.
En voyant l'horreur de ce corps abîmé par la mer,
Elles s'enfuirent en tous sens jusqu'au bord du rivage,
Excepté la fille d'Alkinoos, car Athéna
Lui donnait du courage et chassait la peur de ses membres.   140
Elle s'arrêta devant lui. Ulysse était perplexe :
Allait-il implorer la belle en pressant ses genoux,
Ou rester à distance et la prier, en mots bien doux,
De lui montrer la ville et de lui donner des habits ?
Tout bien considéré, il lui sembla qu'il valait mieux   145
L'implorer à distance en se servant de mots bien doux ;
Lui presser les genoux pouvait incommoder la vierge.
Il lui adressa donc ces propos subtils et mielleux :
        "Reine, j'embrasse tes genoux ! es-tu femme ou déesse ?

150 Si tu es une des divinités du vaste ciel,
    Tu ne peux être qu'Artémis, la fille du grand Zeus,
    A en juger par ta beauté, ton port et ton allure.
    Si tu appartiens aux mortels qui vivent ici-bas,
    Trois fois heureux ton père, ainsi que ton auguste mère !
155 Trois fois heureux tes frères ! Comme tu dois chaque fois
    Illuminer leur cœur, à tous, d'une profonde joie,
    Quand ils voient entrer dans la danse un rejet si superbe !
    Et plus heureux encor que tous les autres dans son âme,
    Celui dont les riches présents t'emmèneront chez lui !
160 Jamais encor mes yeux n'ont vu personne, homme ni femme,
    Qui fût pareil à toi. Te voir me donne le vertige !
    A Délos, autrefois, au pied de l'autel d'Apollon,
    J'ai vu s'élever dans le ciel pareil plant de palmier.
    Car je fus là aussi, et bien des hommes me suivaient
165 Sur cette route qui devait me causer tant d'ennuis.
    Tout comme, en le voyant, je restai longtemps stupéfait,
    Car jamais tronc pareil ne s'était élevé de terre :
    Ainsi, ô femme, je t'admire, stupéfait ; je tremble
    D'embrasser tes genoux. Un cruel chagrin me poursuit.
170 Hier, après vingt jours, la mer vineuse m'a lâché ;
    Les flots et la fureur des vents, depuis l'île Ogygie,
    M'avaient poussé sans trêve ; un dieu me jette sur ces bords,
    Pour ajouter à mes malheurs ; et tout n'est pas fini !
    J'ai bien peur que le ciel ne m'en réserve beaucoup d'autres.
175 Ah ! reine, prends pitié ! c'est toi qu'après tant d'infortunes
    J'implore la première, car je ne connais que toi,
    Parmi tous ceux qui tiennent cette terre et sa cité.
    Indique-moi le bourg, donne un haillon, que je me couvre ;
    N'as-tu pas, en venant ici, apporté quelque housse ?
180 Puissent les dieux t'accorder tout ce que ton cœur désire,

110

Un époux, un foyer et une concorde sans faille !
Car je ne sais rien de meilleur ni de plus précieux
Que de voir deux époux, en parfait accord de pensées,
Gouverner leur maison : de quoi chagriner les jaloux
Et combler vos amis ; ils n'en savent que trop le prix."   185

   Nausicaa aux beaux bras blancs lui fit cette réponse :
"Etranger, tu ne m'as pas l'air d'un sot ni d'un vilain.
Zeus, maître de l'Olympe, accorde le bonheur à tous,
Aux nobles comme aux gens de peu, selon sa volonté.
S'il t'a donné ces maux, il te faut bien t'y résigner.   190
Mais puisque te voilà en notre ville et notre terre,
Tu ne manqueras ni d'habits ni des autres secours
Que l'on accorde au malheureux qui vient vous supplier.
Je m'en vais t'indiquer le bourg et le nom de mon peuple.
C'est les Phéaciens qui tiennent la ville et sa terre,   195
Et moi, je suis la fille d'Alkinoos au grand cœur,
Qui règne en maître tout-puissant sur les Phéaciens."

   A ces mots, elle dit à ses servantes bien bouclées :
"Servantes, revenez ! pourquoi fuir en voyant cet homme ?
Avez-vous donc cru voir en lui un de nos ennemis ?   200
Il reste encore à naître et ne verra jamais le jour,
Celui qui viendrait apporter la mort et le désastre
Au pays des Phéaciens ! les dieux nous aiment tant !
Nous vivons à l'écart, au milieu d'une mer houleuse,
Au bout du monde, et nul mortel n'a commerce avec nous.   205
Cet homme ici présent n'est qu'un malheureux naufragé.
A nous de l'accueillir, car mendiants et étrangers
Viennent toujours de Zeus ; la moindre aumône les ravit.
Allons ! servantes, donnez-lui à boire et à manger,
Puis, à l'abri du vent, faites-le baigner dans le fleuve."   210

   Elles revinrent donc, afin d'exécuter les ordres.

Ulysse une fois à l'abri, comme l'avait voulu
Nausicaa, la fille du vaillant Alkinoos,
On posa près de lui une tunique et une écharpe,
215 Ainsi que la fiole d'or contenant l'huile claire.
On l'invita à se baigner dans les courants du fleuve.
Mais le divin Ulysse, alors, s'adressa aux servantes :
    "Femmes, ne venez pas plus loin ; je saurai bien tout seul
Laver mon dos de cette écume et me passer de l'huile ;
220 Il y a si longtemps que mon corps n'en a pas reçu !
Je n'irai pas me baigner devant vous, car j'aurais honte
De me retrouver nu parmi des filles bien bouclées."
    Elles allèrent donc porter ces mots à la princesse.
Alors, puisant à l'eau du fleuve, Ulysse fit tomber
225 Le sel qui lui couvrait les reins et le plat des épaules
Et essora ses cheveux que la mer avait souillés.
Quand il se fut entièrement baigné, puis frotté d'huile,
Il mit les vêtements que lui avait donnés la vierge.
Alors Athéna, la fille de Zeus, le fit paraître
230 Plus grand et plus musclé, et laissa pendre de sa tête
Des cheveux bouclés comme l'est la fleur de la jacinthe.
De même qu'un artiste habile, instruit par Héphaestos
Et Pallas Athéna dans les arts les plus variés,
Verse l'or sur l'argent et fait de gracieux ouvrages :
235 Ainsi, sur sa tête et son buste, elle versa la grâce.
Puis il alla s'asseoir plus loin, sur le bord du rivage,
Brillant de grâce et de beauté. Et, tout en l'admirant,
Nausicaa disait à ses servantes bien bouclées :
    "Servantes aux bras blancs, écoutez ce que j'ai à dire.
240 Ce n'est pas sans l'accord de tous les dieux olympiens
Que cet homme est venu chez nos divins Phéaciens.
Il avait tantôt, je l'avoue, une piètre apparence ;

Mais pour l'heure il ressemble aux dieux, maîtres du vaste ciel.
Si je pouvais à son pareil donner le nom d'époux !
S'il habitait ici et qu'il lui plût d'y demeurer !   245
Eh bien, mes filles, portez-lui de quoi boire et manger."
    A ces mots, les servantes s'empressèrent d'obéir
Et déposèrent près d'Ulysse à boire et à manger.
Alors Ulysse, ce héros divin, mangea et but
Avec avidité : il jeûnait depuis si longtemps !   250
    Nausicaa aux beaux bras blancs eut alors une idée.
Elle fit mettre le linge plié dans le beau char,
Attela les robustes mules, puis gagna sa place
Et invita Ulysse en l'interpellant de la sorte :
    "Lève-toi, étranger ! gagnons le bourg, que je te mène   255
Au palais de mon digne père, où tu verras, crois-moi,
Les nobles les plus éminents de notre Phéacie.
Voici comme on fera, car tu me parais plein de sens.
Tant que nous passerons le long des champs et des cultures,
Marche aux côtés de mes servantes, suis d'un pas rapide   260
Les mules et le char ; je te montrerai le chemin.
Quand nous aurons atteint la ville et ses hautes murailles,
Tu trouveras, creusés de part et d'autre, deux beaux ports
Au goulet rétréci et des vaisseaux à double galbe
Remisés au bord du chemin, chacun sous son abri,   265
Ainsi que le beau temple consacré à Poséidon
Et l'agora couverte de grands blocs tirés des monts.
C'est là qu'on fabrique les mâts, les câbles, les cordages
De tous les noirs vaisseaux, et c'est là qu'on polit les rames.
Ce qui plaît à nos gens, ce n'est ni l'arc ni le carquois,   270
Mais les mâts et les avirons et les nefs bien pontées,
Qu'ils sont tout joyeux de lancer sur la mer écumante.
Je crains leur langue sans douceur et toutes leurs critiques ;

On trouve ici tant d'insolents qui blâment par derrière !
275 Il suffirait qu'un rustre nous rencontre pour qu'il dise :
«Quel est ce grand bel inconnu qui suit Nausicaa ?
Où l'a-t-elle trouvé ? veut-elle en faire son mari ?
C'est peut-être un errant qu'elle a recueilli du naufrage ;
Il doit venir de loin, car nous n'avons pas de voisins.
280 Le dieu qu'elle appelait de tous ses vœux serait-il donc
Descendu des hauteurs du ciel pour la prendre à jamais ?
Tant mieux qu'à force de courir elle ait enfin trouvé
Un mari au-dehors, car elle n'avait que mépris
Pour tous les nobles du pays qui demandaient sa main !»
285 Tels seraient ses propos, et moi j'en porterais la honte.
Je blâmerais d'ailleurs celle qui agirait ainsi
Et qui, contre le gré de ses parents encor vivants,
Irait se chercher des galants avant le mariage.
Etranger, suis bien mes conseils, si tu veux obtenir
290 Que mon père au plus tôt te donne des gens pour rentrer.
Sur le bord du chemin se trouve un bois de peupliers
Voué à Athéna, avec sa source et sa prairie ;
C'est là qu'est l'enclos de mon père, un verger florissant ;
La ville n'est qu'à la distance où peut porter la voix.
295 Fais halte et assieds-toi là-bas, le temps qu'il nous faudra
Pour traverser la ville et rentrer au toit de mon père.
Quand tu estimeras que nous y sommes parvenues,
Alors pénètre en ville et demande aux Phéaciens
Le palais de mon père, le vaillant Alkinoos.
300 C'est facile à trouver ; le moindre enfant t'y conduirait ;
Chez les Phéaciens il n'est de maison qui ressemble
Au palais que possède Alkinoos, notre seigneur.
Dès que tu seras à couvert dans ses murs, dans sa cour,
Traverse vite la grand-salle et va droit à ma mère ;

Elle sera près du foyer, dans la lueur du feu,   305
Le dos à un pilier, filant une quenouille pourpre
(Pure merveille à voir !), avec ses femmes derrière elle,
Tandis qu'assis en son fauteuil, le dos à la lueur,
Mon père, à petits coups, boira son vin comme un vrai dieu.
Passe sans t'arrêter et cours embrasser les genoux   310
De notre mère, afin de voir venir sans plus tarder
Le jour béni de ton retour, quelque loin que tu sois.
Si dans son cœur elle se sent de l'amitié pour toi,
Tu peux espérer de revoir les tiens et de rentrer
Dans ta demeure bien bâtie, au pays de tes pères."   315
    A ces mots, de son fouet luisant, elle poussa les mules.
Elles eurent bientôt quitté la ravine du fleuve,
Au trot ou au pas relevé, mais toujours avec grâce.
La vierge les guidait fort bien, sans abuser du fouet,
Pour permettre à Ulysse et aux servantes de la suivre.   320
Au coucher du soleil, on parvint dans l'illustre bois
Voué à Athéna. C'est là que vint s'asseoir Ulysse
Et qu'il pria sans plus tarder la fille du grand Zeus :
    "Exauce-moi, fille du Porte-Egide, Atrytoné !
C'est l'heure de m'entendre, ô toi qui jamais ne l'as fait,   325
Quand j'étais brisé sous les coups de l'illustre Ebranleur !
Qu'on m'accueille ici en ami, qu'on me prenne en pitié !"
    Il dit, et Pallas Athéna exauça sa prière,
Mais sans se montrer à ses yeux, par crainte d'offenser
Son oncle, dont la haine impitoyable poursuivait   330
Cet Ulysse divin jusqu'à son retour au pays.

CHANT VII

Tandis qu'Ulysse l'endurant faisait cette prière,
La vierge revenait en ville au trot de ses deux mules.
Sitôt qu'elle eut rejoint l'illustre palais de son père,
Elle s'arrêta devant le portail. Pareils aux dieux,
Ses frères vinrent autour d'elle. On détela les mules   5
Du chariot et l'on porta le linge à la maison.
Elle gagna sa chambre ; un grand feu y fut allumé
Par les soins de sa vieille chambrière Euryméduse,
Que jadis des vaisseaux galbés avaient prise en Epire
Et qu'Alkinoos reçut en partage, étant le roi   10
De cette Phéacie où tous l'honoraient comme un dieu.
C'est elle qui dans le palais soignait Nausicaa.
Dès que le feu eut pris, elle lui servit le souper.

    Ulysse, à cet instant, se leva pour gagner la ville.
Athéna, qui l'aimait, le recouvrit d'une vapeur,   15
Craignant qu'il ne croisât quelque Phéacien altier,
Prêt à l'injurier et à lui demander son nom.
Il était sur le point d'entrer dans cette ville aimable,
Quand Athéna, la déesse aux yeux pers, le rejoignit,
Sous les traits d'une enfant ; elle s'arrêta devant lui,   20
Une cruche à la main, et le héros lui demanda :

    "Mon enfant, ne voudrais-tu pas me conduire au palais
Du noble Alkinoos, qui règne sur les gens d'ici ?
Je suis un étranger et j'ai subi bien des épreuves ;
J'arrive d'un pays lointain et ne connais personne   25

117

De tous les habitants de cette ville et de sa terre."
    Lors Athéna, la déesse aux yeux pers, lui répondit :
"Eh bien, vénérable étranger, je m'en vais t'indiquer
Cette maison ; mon noble père habite tout auprès.
30   Mais suis-moi sans parler ; je vais te montrer le chemin.
Ne jette les yeux sur personne et ne demande rien.
Les hommes du pays supportent mal les étrangers
Et ne font guère bon accueil à qui vient du dehors.
Sûrs de leurs prompts vaisseaux, ils franchissent le grand abîme,
35   Car l'Ebranleur du sol leur en a donné le pouvoir,
Et leurs navires sont plus prompts que l'aile ou la pensée."
    A ces mots, Pallas Athéna l'emmena au plus vite.
Le héros suivit la déesse et marcha sur ses traces.
Les armateurs phéaciens ne l'aperçurent pas
40   Qui traversait la ville au milieu d'eux, car Athéna,
Cette terrible déesse bouclée, avait voulu,
Par amitié, qu'une vapeur divine le cachât.
Ulysse admirait donc les ports, les vaisseaux bien galbés,
Les places pleines de héros et, spectacle étonnant,
45   Les grands et hauts remparts couronnés de leurs palissades.
Dès qu'on fut arrivé à l'illustre palais du roi,
La déesse aux yeux pers reprit la parole et lui dit :
    "Noble étranger, voici la maison que tu m'as priée
De t'indiquer. Tu vas trouver nos rois, ces fils de Zeus,
50   En train de banqueter ; avance donc, et sois sans crainte :
Rien ne vaut un esprit audacieux pour réussir,
En quelque affaire que ce soit, fût-on à l'étranger.
Va trouver d'abord la maîtresse au fond de la grand-salle.
On la nomme Arété, et elle a les mêmes parents
55   Que ceux qui ont donné le jour au roi Alkinoos.
Nausithoos était le fils de l'Ebranleur du sol

Et de Périboea, la plus belle d'entre les femmes,
Et la fille cadette d'Eurymédon au grand cœur,
Qui eut jadis sous son pouvoir les farouches Géants,
Mais qui perdit son peuple impie et se perdit lui-même.   60
De Poséidon et de Périboea naquit un fils,
Le valeureux Nausithoos, roi des Phéaciens.
Celui-ci engendra Alkinoos et Rhexénor.
Ce dernier n'avait pas encor de fils, quand Apollon
Le tua, jeune marié ne laissant qu'une fille,   65
Arété, dont Alkinoos fit plus tard son épouse
Et qu'il honora comme ne le sont jamais sur terre
Celles qui tiennent leur maison sous la loi d'un époux.
Aussi a-t-elle toujours eu le cœur et les hommages
De ses enfants, d'Alkinoos lui-même et de son peuple,   70
Qui voit en elle une déesse et la comble d'éloges,
Toutes les fois qu'elle s'avance à travers la cité.
Car elle aussi possède une très noble intelligence,
Et sa bonté apaise les querelles, même entre hommes.
Si dans son cœur elle se sent de l'amitié pour toi,   75
Tu peux espérer de revoir les tiens et de rentrer
Dans ta demeure bien bâtie, au pays de tes pères."
    A ces mots, Athéna aux yeux brillants se dirigea
Vers la mer inféconde et, quittant l'aimable Schérie,
Regagna Marathon, Athènes, ville aux larges rues,   80
Et le grand palais d'Erechthée, où elle s'arrêta.
Ulysse, lui, arrivait au palais d'Alkinoos.
L'esprit troublé, il s'arrêta devant le seuil de bronze.
Il y avait comme un éclat de soleil et de lune
Sur la haute maison du magnanime Alkinoos.   85
Du seuil jusques au fond, deux murs de bronze s'étendaient
De part et d'autre, déroulant leur frise d'émail bleu ;

119

Des portes d'or interdisaient l'accès de la demeure ;
Les montants, sur le seuil de bronze, étaient tout en argent.
90   Sous le linteau d'argent, le corbeau était tout en or ;
En or et en argent étaient les deux chiens opposés
Qu'avec un art savant Héphaestos avait façonnés
Pour garder le palais du magnanime Alkinoos ;
Ils étaient immortels, à jamais exempts de vieillesse.
95   Aux deux murs s'adossaient, depuis le seuil jusques au fond,
Toute une ligne de fauteuils, qu'on avait recouverts
De voiles délicats, tissés par la main des servantes.
C'est là que s'asseyaient les princes des Phéaciens
Pour boire et pour manger, car ils avaient toujours de quoi.
100   Des éphèbes en or, debout sur leurs socles massifs,
Se dressaient, tenant dans leurs mains des flambeaux allumés
Pour éclairer pendant la nuit la salle et les convives.
Des cinquante servantes qui vivaient dans le palais,
Les unes, sous la grande meule, écrasaient le blé d'or ;
105   D'autres tissaient la toile ou tournaient le fuseau, assises
Et s'agitant comme la feuille au haut d'un peuplier ;
Des tissus en travail, l'huile s'écoulait goutte à goutte.
Autant les gens de Phéacie excellent de bien loin
A lancer une nef rapide en mer, autant leurs femmes
110   Excellent à tisser, car elles tiennent d'Athéna
Leur grande habileté et la droiture de leur cœur.
Hors de la cour, près de la porte, était un grand jardin
De quatre arpents, fermé des deux côtés par une enceinte.
Ici s'étendait un verger dont les riches ramures,
115   Poiriers et grenadiers, pommiers chargés de fruits vermeils,
Figuiers délicieux et oliviers luxuriants,
Portaient leurs fruits sans jamais se lasser ni s'arrêter ;
Que ce fût l'hiver ou l'été, ils en portaient toujours,

Poussant et mûrissant sans fin au souffle du Zéphyr :
La poire appelait une poire, et la pomme une pomme ;   120
La grappe appelait une grappe, et la figue une figue.
Plus loin il avait fait planter un fertile vignoble,
Dont la moitié, sur terrain plat et en lieu découvert,
Rôtissait au soleil, tandis qu'ailleurs on vendangeait
Et foulait le raisin ; là-bas, les grappes encor vertes   125
Laissaient tomber la fleur ou commençaient juste à rougir.
Enfin, passé les derniers ceps, de belles plates-bandes,
Vertes toute l'année, offraient chacune leurs produits.
Deux sources s'y trouvaient : l'une arrosait le clos entier,
Et l'autre, sous le seuil de la cour, envoyait ses eaux   130
Vers la haute maison, où puisaient les gens de la ville.
Voilà les beaux présents qu'Alkinoos tenait des dieux.
    Or donc, Ulysse l'endurant contemplait, immobile.
Mais lorsque dans son cœur il eut tout bien examiné,
Vite il franchit le seuil et pénétra dans la maison.   135
Il y trouva guides et conseillers phéaciens
Offrant leur part de vin au Messager, Tueur d'Argus,
Dernière offrande faite aux dieux avant d'aller dormir.
Caché sous la vapeur dont l'avait couvert Athéna,
Ulysse, l'endurant héros, traversant la grand-salle,   140
Marcha vers Arété et vers le roi Alkinoos.
Comme il jetait les bras autour des genoux d'Arété,
La céleste vapeur se dissipa. Chacun se tut,
Tout étonné et tout surpris d'apercevoir cet homme
Au milieu d'eux. Alors Ulysse dit en suppliant :   145
    "O Arété, fille de Rhexénor égal aux dieux,
Après bien des malheurs, me voici près de ton mari,
A tes genoux, devant vous tous. Que le ciel vous accorde
De vivre heureux et de laisser chacun à vos enfants

150 Les biens qui sont à vous et ceux que vous tenez du peuple !
Mais aidez-moi bien vite à retourner dans ma patrie ;
Voilà longtemps que loin des miens je souffre tant de maux !"
    Il dit et s'assit au foyer, près du feu, dans la cendre,
Et tous les convives restaient silencieux et cois.
155 Le vieux héros Echénoos prit enfin la parole.
C'était le plus âgé de tous les gens de Phéacie,
Orateur sans égal et homme plein d'expérience.
En sage qu'il était, il prit donc la parole et dit :
    "Alkinoos, il n'est pas beau et il ne convient pas
160 Qu'un hôte reste assis au bord du foyer, dans la cendre.
Si tous ici nous nous taisons, c'est pour te laisser dire.
Relève l'étranger, fais-le s'asseoir dans un fauteuil
Aux clous d'argent, et que les hérauts mélangent le vin :
Il nous faut boire à Zeus, le grand Tonneur, qui nous amène
165 Et recommande à nos respects les pauvres suppliants ;
Puis l'intendante ira chercher de quoi nourrir notre hôte."
    En entendant ces mots, le tout-puissant Alkinoos
Prit par la main le sage Ulysse aux subtiles pensées
Et, l'ôtant du foyer, lui offrit un fauteuil luisant
170 En faisant se lever son vaillant fils Laodamas,
Qui était près de lui et qu'il chérissait entre tous.
Une servante apporta une belle aiguière en or
Et lui versa l'eau pour les mains sur un bassin d'argent ;
Puis elle dressa devant lui une table polie.
175 Une digne intendante vint lui apporter le pain
Et lui offrit force bons plats tirés de ses réserves.
Et l'endurant Ulysse, alors, de boire et de manger.
Le valeureux Alkinoos dit ensuite au héraut :
    "Pontonoos, fais le mélange et verse à tous du vin :
180 Il nous faut boire à Zeus, le grand Tonneur, qui nous amène

Et recommande à nos respects les pauvres suppliants."
    Il dit. Pontonoos mêla le vin doux comme miel
Et versa à chacun sa part pour la libation.
L'offrande une fois faite, on but au gré de son désir.
Alors Alkinoos reprit la parole et leur dit :   185
    "Ecoutez-moi, guides et conseillers phéaciens !
Voici ce que mon cœur me dicte au fond de ma poitrine.
Le repas est fini ; que chacun aille donc dormir.
A l'aube, d'autres Anciens viendront se joindre à nous ;
Nous fêterons notre hôte ici ; nous offrirons aux dieux   190
Des victimes de choix ; après quoi nous aviserons
A son retour. Je voudrais que, sans peine et sans tracas,
Nous l'aidions à rentrer bien vite et le cœur tout joyeux
Dans son pays natal, si éloigné qu'il puisse en être,
Et que, dans le trajet, il ne subisse aucun dommage   195
Avant d'être rentré chez lui. Là nous le laisserons
Subir ce que le sort et les terribles Filandières
Ont mis à leur fuseau depuis qu'il naquit de sa mère.
Mais peut-être est-ce un Immortel qui nous descend du ciel
Pour un nouveau dessein que les dieux viennent de former ?   200
Depuis toujours les dieux se manifestent clairement.
Lorsque nous leur offrons de glorieuses hécatombes,
Ils viennent s'asseoir, pour manger, aux mêmes bancs que nous.
Si l'un de nous, cheminant seul, vient à les rencontrer,
Ils ne se cachent point, car nous sommes très proches d'eux,   205
Comme le sont les sauvages Géants ou les Cyclopes."
    Alors Ulysse l'avisé prit la parole et dit :
"Alkinoos, tu n'y es pas ! je n'ai rien de commun,
Pour les traits ni pour la stature, avec les Immortels
Qui règnent sur le vaste ciel ; je ne suis qu'un humain,   210
Et ceux que vous savez le plus accablés de misères

Sont ceux-là qui pour le malheur peuvent m'être égalés.
Je pourrais même vous conter bien plus de maux encore,
Tous ceux que m'a fait endurer la volonté des dieux.
215 Mais permettez-moi de souper, quel que soit mon chagrin.
Est-il rien de plus impudent que ce ventre odieux
Qui vous oblige et vous contraint à ne pas l'oublier,
Quels que soient les tourments et les deuils qui vous rongent l'âme ?
J'ai l'âme en peine, moi aussi, et toujours cependant
220 Il m'oblige à boire et manger et me fait oublier
Tous les maux que j'ai endurés : il réclame son plein !
Pour vous, hâtez-vous dès l'aurore de rapatrier
Un pauvre malheureux qui a souffert bien des tourments.
Je consens à perdre le jour, pourvu que je revoie
225 Mes servantes, mes biens et les grands toits de ma maison."
        A ces mots, chacun d'applaudir et d'émettre le vœu
Qu'on ramenât cet hôte qui avait si bien parlé.
L'offrande une fois faite, on but au gré de son désir,
Puis tout le monde s'en alla dormir dans son logis.
230 Mais le divin Ulysse était resté dans la grand-salle
Avec Alkinoos, beau comme un dieu, et Arété,
Tandis que les femmes rangeaient les couverts du festin.
Arété aux bras blancs prit la parole la première.
Voyant la robe et la tunique, elle avait reconnu
235 Les délicats habits tissés par elle et ses servantes.
Prenant donc la parole, elle lui dit ces mots ailés :
        "Avant tout, étranger, je veux te demander ceci :
Qui es-tu ? d'où viens-tu ? qui t'a donné ces vêtements ?
Ne nous disais-tu pas venir en naufragé des mers ?"
240   Alors Ulysse l'avisé lui fit cette réponse :
"J'aurais du mal, ô reine, à raconter dans le détail
Les innombrables maux dont m'ont comblé les dieux du ciel.

Mais puisque tu tiens à savoir, je m'en vais te répondre.
Loin d'ici, dans la mer, se trouve l'île d'Ogygie ;
C'est là qu'habite la fille d'Atlas aux belles boucles, 245
L'insidieuse et terrible déesse Calypso.
Aucun des dieux ni des humains ne vient la fréquenter.
Pour mon malheur, un dieu me conduisit à son foyer.
J'étais tout seul, car Zeus avait, de sa foudre éclatante,
Frappé et fracassé ma nef sur les vagues vineuses, 250
Faisant périr jusqu'au dernier mes braves compagnons ;
Pour moi, serrant la quille de mon vaisseau bien galbé,
Je pus flotter neuf jours ; le dixième, dans la nuit noire,
Les dieux me jetèrent sur l'île où loge Calypso ;
La terrible déesse aux beaux cheveux m'y accueillit 255
Et m'entoura de mille soins, tout en promettant
De me rendre immortel et de me garder toujours jeune.
Mais elle ne parvint jamais à me persuader.
Je tins ferme sept ans, inondant chaque jour de pleurs
Les vêtements divins que Calypso m'avait donnés. 260
Mais quand le cours du temps amena la huitième année,
Elle me pressa de partir et m'y encouragea,
Soit que Zeus l'eût voulu, soit que son cœur même eût changé.
Elle me mit sur un radeau compact, qu'elle chargea
De pain et de vin doux, et me couvrit d'habits superbes ; 265
Puis elle fit souffler sur moi un vent tiède et propice.
Dix-sept jours je voguai ainsi sur les routes du large.
Le dix-huitième enfin, votre terre apparut au loin,
Avec ses monts et ses forêts ; j'avais la joie au cœur !
Pauvre de moi ! il me restait encore à endurer 270
Les mille maux que l'Ebranleur du sol me suscitait.
Jetant sur moi les vents, Poséidon me barra la route
Et fit se déchaîner la mer. J'eus beau gémir, crier,

La vague ne me permit pas de tenir mon radeau,
275 Et la tempête en disloqua les bois. Je me mis donc
A couper les flots en nageant et j'approchai enfin
De votre terre, où me portaient les vagues et le vent.
Mais si j'abordais là, le flot qui poussait vers la côte
M'eût projeté contre un rocher, en un lieu sans douceur.
280 Je reculai donc à la nage et finis par atteindre
L'embouchure d'un fleuve, endroit qui me parut fort bon,
Etant dépourvu de rochers et à l'abri du vent.
J'y tombai, épuisé. Voyant venir la nuit divine,
Je m'éloignai du fleuve, dont les eaux viennent du ciel,
285 Et me couchai dans les buissons, sous un tapis de feuilles,
Où un dieu répandit sur moi un sommeil infini.
Bien qu'ayant le cœur angoissé, je dormis sous ces feuilles
Toute la nuit, jusqu'à l'aurore et jusqu'au plein midi ;
Le soleil déclinait, quand le doux sommeil me quitta.
290 Alors je vis ta fille et ses servantes qui jouaient
Au bord de l'eau ; elle, au milieu, semblait une déesse.
Je l'implorai ; elle montra une sagacité
Que l'on n'attendrait pas d'une personne de son âge,
Car on a toujours vu les jeunes manquer de raison.
295 Elle m'offrit du pain et du vin sombre en abondance,
Me fit baigner au fleuve et me donna ces vêtements.
Telle est, malgré tout mon chagrin, l'exacte vérité."
　　Alors Alkinoos prit la parole et répliqua :
"Cher hôte, mon enfant n'aura oublié qu'un devoir :
300 Ses femmes étaient là ; pourquoi ne pas t'avoir conduit
Chez nous ? C'est elle qu'en premier tu avais implorée."
　　Ulysse l'avisé lui fit alors cette réponse :
"Seigneur, ne blâme pas ta fille, elle est irréprochable.
Elle m'avait bien proposé d'accompagner ses femmes ;

126

C'est moi qui ne l'ai pas voulu. J'avais peur, j'avais honte :   305
Si jamais ton cœur, à ma vue, allait se courroucer ?
La jalousie, en ce bas monde, est chose trop commune."
    Alors Alkinoos prit la parole et répliqua :
"Cher hôte, je n'ai pas un cœur si prompt à s'emporter
Pour de vaines raisons ; mais le devoir passe avant tout.   310
Oui, j'en atteste ici Zeus Père, Athéna, Apollon :
Quand je te vois si beau, si proche de mes propres vues,
J'aimerais te donner ma fille et t'avoir comme gendre !
Si tu voulais rester ici, tu recevrais de moi
Une maison, des biens ; mais si tu n'en as pas envie,   315
Personne ne te retiendra ; Zeus Père nous en garde !
Crois-moi, nous te reconduirons, et je fixe à demain
Le jour de ton départ. Quand le sommeil t'aura vaincu,
Nos rameurs te ramèneront, sur la mer apaisée,
Jusque chez toi, dans ta patrie, ou plus loin, si tu veux,   320
Fût-ce même bien au-delà de cette île d'Eubée,
Qui est, dit-on, au bout des mers, ainsi qu'ont pu le voir
Ceux de nos gens qui emmenèrent le blond Rhadamanthe
Rendre visite à Tityos, l'un des fils de la Terre.
Ils allèrent là-bas et achevèrent le voyage   325
Sans aucun mal, en revenant le même jour chez eux.
Tu pourras toi-même juger s'il est meilleurs navires
Et rameurs plus adroits pour soulever la blanche écume."
    A ces mots, l'endurant Ulysse fut rempli de joie.
Prenant la parole aussitôt, il fit cette prière :   330
    "Zeus Père, puisse s'accomplir tout ce que vient de dire
Alkinoos ! que son renom sur la terre féconde
Dure à jamais, et que je rentre enfin dans ma patrie !"
    Pendant qu'ils échangeaient entre eux de semblables propos,
Arété aux bras blancs avait demandé aux servantes   335

127

De dresser un lit sous l'auvent, d'y mettre de beaux draps
De laine pourpre, d'étaler des tapis par-dessus,
Ainsi que des manteaux épais pour mieux se protéger.
Les femmes quittèrent la salle, une torche à la main,
340 Et s'empressèrent de garnir un cadre bien solide,
Puis allèrent trouver Ulysse et lui dirent ces mots :
    "Etranger, lève-toi ! tu peux venir, la couche est prête."
    A ces mots, il trouva bien doux d'y étendre son corps.
Et c'est ainsi que l'endurant Ulysse s'endormit
345 Sur le lit ajouré, sous le grand portique sonore,
Tandis qu'Alkinoos gagnait le fond de sa demeure,
Où son épouse lui gardait le lit et le coucher.

CHANT VIII

Lorsque au petit matin parut l'aurore aux doigts de rose,
Le tout-puissant Alkinoos s'élança de son lit,
Ainsi qu'Ulysse le divin, ce pilleur de cités.
Le tout-puissant Alkinoos l'emmena avec lui
Vers l'agora bâtie à proximité des vaisseaux.   5
Arrivés là, ils s'assirent sur les pierres polies,
Tandis que Pallas Athéna s'en allait par la ville,
Sous les traits d'un héraut qu'avait le sage Alkinoos,
Afin d'activer le retour du magnanime Ulysse ;
Elle s'arrêtait auprès de chacun et lui disait :   10

    "Hé ! par ici, guides et conseillers phéaciens !
Allez à l'agora ! vous entendrez parler de l'hôte
Qui vient d'arriver au palais du sage Alkinoos ;
Il a roulé les mers ; à le voir, on dirait un dieu !"

    Ce discours ayant excité le zèle en chaque cœur,   15
La foule avait en un instant occupé tous les sièges ;
Dans les deux agoras, les gens se pressaient en grand nombre
Pour admirer le sage Ulysse : Athéna répandait
Sur sa tête et son buste une grâce miraculeuse
Et le faisait paraître et plus grand et plus vigoureux,   20
Car elle voulait qu'il fût aimé, craint et respecté
De tous les gens de Phéacie et qu'il pût l'emporter
Aux différents concours où ils allaient le défier.
Une fois tous les hommes réunis en assemblée,
Alkinoos prit la parole et leur tint ce discours :   25

"Guides et conseillers phéaciens, écoutez-moi !
Voici ce que mon cœur me dicte au fond de ma poitrine.
Cet étranger a échoué chez moi, et je ne sais
S'il vient des peuples du levant ou de ceux du couchant.
30 Il veut qu'on le ramène et désire en être assuré.
Faisons comme à l'accoutumée et hâtons son retour.
Jamais, au grand jamais, nul hôte venu sous mon toit
Ne s'est plaint d'avoir attendu trop longtemps son retour.
Eh bien, tirons à la vague divine un vaisseau noir
35 N'ayant jamais tenu la mer, et levons dans le peuple
Cinquante-deux rameurs, les meilleurs que l'on puisse avoir ;
Ils fixeront tous avec soin les rames aux tolets,
Puis ils débarqueront et reviendront vite chez moi
Préparer le festin ; je veux régaler tout le monde.
40 Voilà ce que j'ordonne aux jeunes gens. Et quant à vous,
Rois porte-sceptre, allez rejoindre ma belle demeure ;
Je veux que nous fêtions cet étranger dans ma grand-salle.
Que nul ne dise non ! Faites venir Démodocos,
Notre aède divin, qui tient du ciel, plus que tout autre,
45 Le don de nous charmer, quel que soit le sujet qu'il chante."
    A ces mots, il prit les devants, et les rois porte-sceptre
Suivirent, tandis qu'un héraut allait chercher l'aède.
Cinquante-deux jeunes rameurs, levés suivant son ordre,
Se dirigèrent jusqu'au bord de la mer inféconde.
50 Aussitôt qu'ils eurent atteint le navire et la mer,
Ils tirèrent le noir vaisseau vers l'abîme salé ;
Puis dans ce noir vaisseau on chargea le mât et les voiles ;
De chaque côté du bordage on attacha les rames
Aux estropes de cuir ; on déploya les voiles blanches,
55 Et, la nef une fois mouillée au large de la mer,
On rejoignit le grand palais du sage Alkinoos.

Tout était déjà plein, enceintes, salles et entrées ;
Jeunes et vieux, les hommes se retrouvaient là en foule.
Alkinoos tua pour eux huit cochons aux dents blanches
Et douze brebis, ainsi que deux bœufs aux jambes torses,   60
Qu'on écorcha et qu'on para pour l'aimable festin.
   Le héraut reparut, conduisant le fidèle aède,
A qui la Muse aimante avait donné joie et souffrance,
Lui ayant, bien qu'aveugle, accordé la douceur du chant.
Pontonoos plaça pour lui, au milieu des convives,   65
Un siège aux clous d'argent, qu'il appuya contre un pilier ;
Il suspendit à un crochet, au-dessus de sa tête,
La cithare au son clair et lui montra comment la prendre ;
Sur une belle table il posa la corbeille à pain
Et la coupe de vin, pour qu'il pût boire à son envie.   70
Après quoi l'on tendit les mains vers les plats présentés.
Sitôt que l'on eut satisfait la soif et l'appétit,
Le chanteur inspiré choisit, dans la geste héroïque,
Le récit dont la gloire, alors, emplissait tout le ciel,
La querelle d'Ulysse et d'Achille, fils de Pélée :   75
Lors d'un riche festin des dieux, ils s'étaient affrontés
En terribles propos, et le grand chef Agamemnon
Riait de voir se déchirer ces deux rois achéens,
Car c'est bien ce que Phoebos Apollon avait prédit
Dans la sainte Pytho, quand il franchit le seuil de pierre   80
Pour consulter l'oracle, au temps où les arrêts de Zeus
Allaient entraîner dans les maux Danaens et Troyens.
   Or, tandis que chantait le glorieux aède, Ulysse,
Prenant sa grande écharpe pourpre dans ses mains robustes,
La tira sur sa tête et en couvrit son beau visage,   85
Craignant que l'on ne vît les larmes lui couler des yeux.
Mais chaque fois que l'aède divin marquait la pause,

Il essuyait ses pleurs, ôtait l'écharpe de sa tête
Et, de sa coupe à double fond, faisait l'offrande aux dieux ;
90 Puis, quand l'aède reprenait et que les autres princes,
Charmés par son récit, le pressaient de chanter encore,
Ulysse ramenait sur lui l'écharpe et sanglotait.
Ainsi à toute l'assistance il sut cacher ses larmes ;
Le seul Alkinoos s'en aperçut et le comprit :
95 Assis auprès de lui, il entendit ses lourds sanglots.
Sans plus tarder, il dit aux bons rameurs phéaciens :
    "Guides et conseillers de Phéacie, écoutez-moi !
Puisque nous voici tous rassasiés de ce repas
Et de la lyre, inséparable des plus beaux festins,
100 Il est temps de sortir d'ici et de nous mettre aux jeux,
Afin que, revenu chez lui, notre hôte puisse dire
A ses amis combien nous l'emportons sur tous les autres
Au pugilat comme à la lutte, au saut comme à la course."
    A ces mots, il prit les devants, et les autres suivirent.
105 Le héraut pendit au crochet la cithare au son clair,
Prit Démodocos par la main et l'emmena dehors.
Il le guida sur le chemin où s'étaient engagés
Les autres chefs phéaciens pour aller voir les jeux.
On gagna l'agora, au milieu d'une foule énorme.
110 Alors de nombreux jeunes gens vaillants se présentèrent.
On vit se lever Acronée, Okyale et Elatrée,
Mais aussi Nautée et Prymnée, Anchiale et Eretmée,
Pontée et Prorée et Thoon et Anabésinée,
Ainsi qu'Amphiale, fils du Tectonide Polynée,
115 De même qu'Euryale, émule du cruel Arès,
Ce fils de Naubolos, qui, de tous les Phéaciens,
Etait le plus grand, le plus beau, après Laodamas,
Et pour finir les trois enfants du brave Alkinoos,

132

Laodamas, Halios et Clytonée égal aux dieux.
On disputa d'abord l'épreuve de la course à pied.   120
Placés devant la borne du départ, tous s'élancèrent,
Et leur rapide envol couvrit la plaine de poussière.
Le meilleur coureur fut de loin le brave Clytonée ;
Telle est la longueur du sillon que tracent deux mulets :
D'autant il dépassa ses rivaux, laissés en arrière.   125
Ensuite on disputa les rudes combats de main plate,
Et Euryale l'emporta sur tous les plus habiles.
Pour le saut, c'est Amphiale qui se montra le meilleur.
Au disque, le premier de tous fut de loin Elatrée,
Aux poings, Laodamas, le brave fils d'Alkinoos.   130
    Puis, lorsque le plaisir des jeux eut charmé tous les cœurs,
Laodamas, le fils d'Alkinoos, prit la parole :
    "Demandons à notre hôte, amis, s'il n'est pas quelque jeu
Qu'il connaisse et pratique. Il a plutôt belle prestance,
A voir ces cuisses, ces mollets, cette paire de bras,   135
Ce cou musclé, ce grand thorax ; sa jeunesse est intacte,
Mais il a souffert tant de maux qu'il en est tout brisé.
Il n'est rien, croyez-moi, de plus terrible que la mer
Pour venir à bout d'un mortel, si vigoureux soit-il."
    Lors Euryale, prenant la parole, répliqua :   140
"Laodamas, tu as vraiment parlé comme il convient.
Invite-le sans plus tarder et dis-lui ton idée."
    En entendant ces mots, le brave fils d'Alkinoos
S'avança dans l'arène et parla ainsi à Ulysse :
    "Noble étranger, viens toi aussi montrer ta force aux jeux   145
Auxquels tu as pu t'entraîner ; tu dois bien en connaître ?
Est-il pour l'homme, tant qu'il vit, une plus grande gloire
Que ce qu'il accomplit avec ses jambes et ses bras ?
Allons ! viens t'essayer et oublie un peu tes soucis !

133

150 Tu n'auras plus bien longtemps à attendre ton retour :
Le navire est déjà à flot, et l'équipage prêt."
       Ulysse l'avisé lui fit alors cette réponse :
"Laodamas, pourquoi m'inviter par dérision ?
Si mon cœur s'abandonne à mes chagrins plus qu'à vos jeux,
155 C'est que j'ai bien souffert et bien peiné jusqu'à cette heure.
Me voici parmi vous, mais je ne songe qu'au retour,
Pour lequel je viens implorer le roi et tout son peuple."
       Lors Euryale répondit en se moquant de lui :
"Etranger, tu ne me fais pas l'effet d'être un mortel
160 Expert aux jeux de toute sorte où s'exercent les hommes,
Mais un de ceux qui, cabotant sur leur grande galère,
Ne font jamais que commander des marins de commerce,
Enregistrer la cargaison ou surveiller le fret
Et leurs gains de voleurs ! tu n'as vraiment rien d'un athlète !"
165   Le fixant d'un œil torve, Ulysse l'avisé lui dit :
"Mon hôte, en voilà des mots durs ! tu m'as tout l'air d'un fou !
Beauté, raison, talent de la parole : on le voit bien,
Les dieux ne nous accordent pas tous les dons à la fois.
Un tel a reçu en partage une piètre apparence,
170 Mais un dieu transfigure ses propos, et tout le monde
Le regarde, ébloui ; avec sa voix bien assurée
Et sa douce réserve, il brille dans les assemblées,
Et quand il traverse la ville, on croirait voir un dieu.
Tel autre est séduisant comme le sont les Immortels,
175 Mais la grâce jamais ne vient couronner ses paroles.
Ainsi de toi : si grande est ta beauté, que les dieux mêmes
N'eussent mieux fait ; mais pour l'esprit, tu n'es qu'un ignorant !
Tu viens de me lever le cœur au plus profond de moi
En me parlant si mal. Je ne suis point novice aux jeux
180 Comme tu dis ; je crois même y avoir toujours brillé,

Tant que j'ai pu compter sur ma jeunesse et sur mes bras.
Maintenant le malheur me tient, car j'ai beaucoup souffert
A braver les combats humains et les flots douloureux.
Pourtant, malgré tous ces malheurs, je vais tâter aux jeux,
Car tes discours mordants sont un défi que tu me portes !"   185

    Il dit et, s'élançant tout habillé, saisit un disque
Plus large, plus épais et infiniment plus pesant
Que celui dont les autres s'étaient servis pour jouter,
Le fit tourner, puis le lança de sa robuste main.
Le bloc siffla, et l'on vit les marins aux longues rames,   190
Célèbres par leurs bons vaisseaux, se pencher jusqu'à terre
Sous le jet de ce bloc, qui dépassa toutes les marques,
Tant il avait reçu d'élan. Prenant les traits d'un homme,
Athéna vint marquer l'arrêt et lui parla ainsi :

    "Même un aveugle, ô étranger, distinguerait ta marque   195
En tâtonnant ; elle n'est pas dans la masse des autres,
Mais loin devant. Tu peux te rassurer pour cette épreuve :
Nul n'atteindra ce point ni ne saura le dépasser."

    Le divin Ulysse, à ces mots, se sentit tout joyeux
D'avoir trouvé dans ce concours un ami bienveillant,   200
Et c'est d'un cœur rasséréné qu'il dit à l'assistance :

    "A vous d'en faire autant, mes gars ! Je m'en vais en placer
Un autre au même endroit, je pense, ou peut-être plus loin.
Pour ce qui est des autres jeux, si le cœur vous en dit,
Venez donc me tâter un peu ! On m'a trop irrité !   205
Pugilat, lutte, course à pied, je ne refuse rien,
Quel que soit le Phéacien, hormis Laodamas.
Car c'est mon hôte, et qui voudrait lutter contre un ami ?
Il faudrait être un fou, un homme vraiment méprisable,
Pour aller provoquer aux jeux celui qui vous accueille   210
En pays étranger : ce serait s'amputer soi-même.

Mais pour les autres, nul refus, nul dédain de ma part :
Je ne demande qu'à les voir et à les affronter.
J'ai quelque habileté aux jeux que pratiquent les hommes ;
215 Je suis des plus adroits à manier l'arc en bois fin ;
Face à des ennemis, je suis le premier à toucher
Un adversaire de mon trait, eût-il autour de lui
Cent compagnons criblant de flèches leurs antagonistes.
Oui, Philoctète était le seul qui pût me surpasser,
220 Lorsque nous décochions nos traits dans le pays de Troie.
Mais hormis celui-là, je prétends l'emporter de loin
Sur tous les mortels qui mangent du pain sur cette terre.
Quant aux gens d'autrefois, je n'oserais les défier,
Que ce soit Héraclès ou bien Euryte d'Œchalie,
225 Qui le disputaient même aux dieux, quand ils tiraient à l'arc.
Aussi le grand Euryte périt jeune ; la vieillesse
Ne vint pas le surprendre en son palais, car, défié
Au tir de l'arc, Apollon de colère le tua.
Ma pique, je la lance où nul n'arrive avec ses flèches.
230 Il n'y a que la course où je crains d'être distancé
Par un Phéacien : j'ai trop cruellement souffert
Sur les flots déchaînés, n'ayant pas toujours eu à bord
De quoi manger ; voilà pourquoi j'ai les jambes rompues."
    A ces mots, ils restèrent tous silencieux et cois.
235 Le seul Alkinoos prit alors la parole et dit :
    "Etranger, ton discours n'a rien qui puisse nous déplaire :
Tu veux montrer que ta valeur ne t'a jamais quitté,
Furieux que cet homme soit venu dans l'assemblée
Insulter ta valeur comme ne le ferait jamais
240 Quelqu'un qui n'aurait à l'esprit que de sages paroles.
A présent, écoute-moi bien : quand, ayant retrouvé
Ta femme et tes enfants, tu recevras quelque héros,

136

Je veux que, plein du souvenir de ce que nous valons,
Tu puisses lui dire, au cours du festin, quelles prouesses
Zeus nous a donné d'accomplir dès le temps de nos pères.   245
Pour la lutte et le pugilat, nous manquons d'aptitude ;
Mais nous sommes de bons coureurs et d'excellents marins.
Nous aimons beaucoup les festins, la cithare et la danse,
Le linge toujours frais, les bains chauds et les lits moelleux.
Allons ! vous, les meilleurs de nos danseurs phéaciens,   250
Ouvrez la danse, afin que, de retour dans son logis,
Notre hôte dise aux siens combien nous l'emportons sur tous,
Tant à la rame qu'à la course, au chant et à la danse.
Sans tarder plus longtemps, qu'on apporte à Démodocos
La cithare au son clair ; elle a dû rester au palais."   255
  Tel parla le divin Alkinoos. Lors, le héraut
Partit chercher la lyre creuse à la maison du roi.
Neuf arbitres, choisis parmi le peuple, se levèrent ;
Chargés d'organiser les jeux, ils firent aplanir
Le sol, pour ménager une superbe et vaste arène.   260
Le héraut reparut, portant la cithare au son clair.
Alors Démodocos se mit au centre ; autour de lui,
Des jeunes dans la fleur de l'âge, exercés à la danse,
Frappaient des pieds le terrain consacré, tandis qu'Ulysse
Regardait, tout émerveillé, ce tourbillon de pas.   265
  L'aède, après quelques accords, commença un beau chant
Sur les amours d'Arès et d'Aphrodite couronnée.
Ils s'unirent d'abord secrètement chez Héphaestos ;
Arès l'avait gâtée, et c'est ainsi qu'il outragea
La couche d'Héphaestos. Mais ce dieu en fut informé   270
Par le Soleil, qui les avait surpris en pleine étreinte.
Dès qu'Héphaestos eut entendu ce récit douloureux,
Il courut dans sa forge en ruminant de noirs desseins.

137

Il mit sur le billot sa grande enclume et y forgea
275 D'épais et solides liens pour prendre les amants.
Puis, quand il eut, de rage contre Arès, forgé ce piège,
Il se dirigea vers la chambre où se trouvait son lit ;
Tout autour des montants, il fixa ce tissu de chaînes,
Tandis que du plafond, telle une toile d'araignée,
280 Il laissait pendre un grand réseau, que nul n'aurait pu voir,
Même parmi les dieux, tant il renfermait d'artifice.
Puis, quand de ce réseau il eut enveloppé la couche,
Il feignit de gagner Lemnos, la ville bien bâtie,
Qui lui tenait le plus à cœur entre toutes les terres.
285 Arès aux rênes d'or, les yeux ouverts, le surveillait ;
A peine avait-il vu partir le fameux forgeron,
Qu'il se hâta vers le palais de l'illustre Héphaestos,
Brûlant d'amour pour Cythérée à la belle couronne.
La fille du puissant Cronide rentrait justement
290 Du logis paternel et venait de s'asseoir. Arès
Entra chez elle et dit, tout en lui caressant la main :
      "Ma chère, allons nous mettre sur ce lit pour nous étreindre.
Héphaestos n'est plus en ces lieux ; il doit être parti
Pour Lemnos, chez les Sintiens au langage barbare."
295   A ces mots, le désir du lit submergea la déesse.
Mais à peine couchés et endormis, l'astucieux
Réseau de l'habile Héphaestos se referma sur eux :
Plus moyen pour eux de bouger, de lever bras ni jambe ;
Ils voyaient maintenant qu'ils ne pouvaient plus s'échapper.
300 Et voici que près d'eux arriva l'illustre Boiteux.
Il avait tourné bride avant d'avoir atteint Lemnos,
Le Soleil aux aguets lui ayant rapporté la chose.
L'âme toute troublée, il revint donc dans sa demeure.
Ivre de rage, il s'arrêta sur le seuil de la porte,

Poussant des cris affreux, qui alertèrent tous les dieux :   305
    "Zeus Père, et vous autres aussi, éternels Bienheureux,
Venez ici voir un forfait monstrueux et grotesque !
Comme je suis boiteux, la fille de Zeus, Aphrodite,
Ne fait que m'outrager ; elle aime le cruel Arès,
Car il est séduisant et bien planté, tandis que moi,   310
Je suis estropié. A qui en incombe la faute,
Sinon à mes parents ? Pourquoi m'ont-ils donc engendré ?
Voyez plutôt où ces deux-là viennent faire l'amour !
Là, dans mon propre lit ! Quel spectacle affligeant pour moi !
Pourtant je ne crois pas qu'ils veuillent prolonger la chose,   315
Malgré tout leur amour ! ils en auront bientôt assez !
Mais mon réseau astucieux les tiendra prisonniers,
Tant que je n'aurai pas reçu des mains de mon beau-père
Tous les présents que m'a coûtés sa fille aux yeux de chienne,
Cette fille si belle et pourtant si dévergondée !"   320
    A ces mots, les dieux accoururent vers le seuil de bronze.
On vit venir Poséidon, le grand Ebranleur du sol,
Puis l'obligeant Hermès et Apollon, l'Archer divin ;
Quant aux déesses, la pudeur les retenait chez elles.
Les dieux dispensateurs des biens se tenaient sur le seuil.   325
Un rire inextinguible les saisit, ces Bienheureux,
Quand ils virent le piège imaginé par Héphaestos ;
Et chacun disait, en jetant les yeux sur son voisin :
    "Qui mal veut, mal lui vient ! le lent attrape un jour le leste !
Cet Héphaestos qui est si lent, le voilà qui attrape   330
Arès, le plus leste des dieux qui règnent sur l'Olympe !
Ce boiteux est malin ! il va falloir payer le prix !"
    Tandis qu'ils se livraient à cet échange de propos,
Sire Apollon, le fils de Zeus, s'adressait à Hermès :
    "O Hermès, fils de Zeus, Messager, Semeur de richesses,   335

N'aurais-tu pas plaisir, même enchaîné solidement,
A partager le lit où couche l'Aphrodite d'or ?"
    Le Messager, Tueur d'Argus, lui fit cette réponse :
"Ah ! plût au ciel, sire Apollon à la longue portée,
340   Que des chaînes trois fois aussi puissantes m'emprisonnent
Et que vos yeux, à tous, en soient témoins, dieux et déesses,
Pourvu que je dorme au côté de l'Aphrodite d'or !"
    A ces mots, un grand rire s'éleva parmi les dieux.
Poséidon, loin d'en rire, ne cessait de supplier
345   Héphaestos, l'illustre Artisan, de délivrer Arès.
Lors, s'adressant à lui, il dit ces paroles ailées :
    "Délivre-le ! Je me porte garant qu'il paiera tout
En présence des Immortels, ainsi que tu l'ordonnes."
    Et l'illustre Boiteux lui fit alors cette réponse :
350   "Non, Ebranleur du sol, ne me demande pas cela.
Car à mauvais payeur, toujours mauvaises garanties !
Devant les Immortels, comment pourrais-je te contraindre,
Si Arès s'envole, esquivant sa dette et ses entraves ?"
    Poséidon, l'Ebranleur du sol, lui fit cette réponse :
355   "Héphaestos, si jamais Arès, pour esquiver sa dette,
Réussit à s'enfuir, eh bien, c'est moi qui te paierai."
    L'illustre Boiteux, à ces mots, lui répliqua ainsi :
"Je ne peux ni ne veux ici douter de ta parole."
    Alors le robuste Héphaestos desserra le filet.
360   Le couple, une fois délivré de ses chaînes pesantes,
Repartit aussitôt. Arès s'envola vers la Thrace,
Et Aphrodite aux yeux rieurs vers la Paphos de Chypre,
Où se trouvent son temple et son autel chargé d'encens.
Les Grâces vinrent la baigner et frottèrent son corps
365   De cette huile immortelle dont reluit la peau des dieux,
Puis l'habillèrent d'un tissu charmant, pure merveille.

140

Voilà ce que chantait le glorieux aède. Ulysse
Eprouvait, à l'entendre, autant de plaisir que les autres,
Ces bons rameurs phéaciens, fameux par leurs vaisseaux.

    Après cela, Alkinoos fit danser seul à seul   370
Laodamas et Halios ; ils étaient sans rivaux.
Ils prirent d'abord dans leurs mains un beau ballon de pourpre,
Que l'habile Polybe avait confectionné pour eux ;
Quand l'un d'eux allait le lancer vers les sombres nuées,
Le corps cambré, l'autre, sautant en l'air, l'interceptait   375
Sans peine, avant de retoucher le sol de ses deux pieds.
Puis, quand ils eurent terminé ces jeux de haute balle,
Tous deux se mirent à danser sur le sol nourricier
En rapides croisés ; les jeunes, debout dans l'arène,
Leur battaient la cadence, et un grand bruit s'en élevait.   380
Alors Ulysse le divin dit à Alkinoos :

    "Puissant Alkinoos, gloire et honneur de tout ce peuple,
Tu m'avais dit que vos danseurs étaient incomparables ;
Eh bien, la preuve est là ; j'en ai encore le vertige !"

    Ces mots firent plaisir au tout-puissant Alkinoos,   385
Qui dit sans plus attendre aux bons rameurs phéaciens :

    "Guides et conseillers de Phéacie, écoutez-moi !
L'étranger que voilà me paraît rempli de sagesse.
Offrons-lui, comme il sied, les dons de l'hospitalité.
Nous avons dans notre pays douze rois éminents,   390
Douze chefs pleins d'autorité, et je suis le treizième.
Que chacun lui fasse apporter un manteau frais lavé,
Une tunique et un talent de son or le plus fin.
Rassemblons vite ces présents : notre hôte ira les prendre,
Et c'est d'un cœur joyeux qu'il rentrera souper chez nous.   395
Mais j'attends d'Euryale aussi un don et des excuses,
Car il a tenu envers lui des propos déplacés."

Il dit ; tous alors d'applaudir et de donner les ordres.
Chacun envoya son héraut lui chercher son présent.
400 Prenant la parole à son tour, Euryale lui dit :
"Puissant Alkinoos, gloire et honneur de tout ce peuple,
Puisque c'est ton désir, je veux bien apaiser notre hôte
En lui laissant comme cadeau ce glaive tout en bronze ;
La poignée est d'argent et le fourreau est d'un ivoire
405 Qui vient d'être scié ; ce sera un don de valeur."
A ces mots, il lui mit en main le glaive aux clous d'argent ;
Puis, s'adressant à lui, il dit ces paroles ailées :
"Reçois mes vœux, noble étranger ! Si quelque mot blessant
A été prononcé, que le vent sans tarder l'emporte !
410 Que le ciel t'aide à revoir ton épouse et à rentrer
Chez toi, après avoir souffert si longtemps loin des tiens !"
Alors Ulysse l'avisé lui fit cette réponse :
"Accepte aussi mes vœux, et que les dieux te comblent d'aise !
Puisses-tu, mon ami, ne jamais regretter ce glaive
415 Que tu entends m'offrir pour faire oublier ton offense !"
Sur ce, il mit le glaive aux clous d'argent sur son épaule.
Au coucher du soleil, les riches présents étaient là,
Et les nobles hérauts les emportèrent chez le roi.
Les fils du brave Alkinoos, prenant ces beaux cadeaux,
420 Allèrent les porter auprès de leur auguste mère.
Le tout-puissant Alkinoos leur ouvrit le chemin.
Sitôt rentrés, ils s'installèrent dans les hauts fauteuils.
Alors le tout-puissant Alkinoos dit à la reine :
"Femme, apporte ici le plus beau de tes coffres de luxe
425 Et mets-y une robe et une écharpe bien lavée.
Placez un chaudron sur le feu ; dès que l'eau sera chaude,
Que notre hôte aille au bain et que, voyant, mis côte à côte,
Tous les présents qu'il a reçus des rois phéaciens,

142

Il prenne plaisir au festin et aux chants de l'aède.
Quant à moi, je lui offrirai ma belle coupe en or,   430
Afin qu'il pense à moi, toutes les fois qu'en son palais
Il versera sa part à Zeus ou à quelque autre dieu."

    A ces mots, la reine Arété donna ordre à ses femmes
De mettre le grand trépied sur le feu sans plus attendre.
Elles placèrent donc le trépied sur la flamme ardente   435
Et, l'ayant rempli d'eau, firent brûler sous lui des bûches.
Le feu lécha la panse du chaudron et l'eau chauffa.
Cependant, du trésor, Arété apportait pour l'hôte
Un coffre merveilleux, où elle mit les beaux présents,
Les vêtements et l'or, offerts par les Phéaciens,   440
De même qu'une écharpe et la plus belle de ses robes ;
Puis, élevant la voix, elle lui dit ces mots ailés :

    "A toi de veiller au couvercle et d'y mettre le nœud,
De peur qu'on ne te vole en route, à bord du noir vaisseau,
Quand tu te seras endormi du plus doux des sommeils."   445

    Dès qu'il eut entendu ces mots, Ulysse l'endurant
Ajusta le couvercle et mit dessus un nœud savant,
Ainsi que l'auguste Circé le lui avait appris.
Peu après, l'intendante l'invita à se baigner.
Il entra donc dans la baignoire. En voyant ce bain chaud,   450
Il fut ravi, n'ayant guère été l'objet de tels soins,
Depuis qu'il n'était plus chez Calypso aux belles boucles :
Là-bas, jour après jour, on l'avait soigné comme un dieu !
Après que les servantes l'eurent baigné, frotté d'huile
Et revêtu d'un beau manteau, ainsi que d'une robe,   455
Il sortit de son bain et retourna près des convives.
Alors Nausicaa, qui tenait sa beauté des dieux,
S'arrêta devant le pilier de la salle voûtée,
Et, lançant sur Ulysse un long regard admiratif,

143

460   Elle éleva la voix et dit ces paroles ailées :
        "Bon voyage, étranger ! Pense à te souvenir de moi
    Dans ton pays, car c'est à moi que tu dois ton salut !"
        Alors Ulysse l'avisé lui fit cette réponse :
    "Nausicaa, fille du magnanime Alkinoos,
465   Si par la grâce de l'époux d'Héra, le grand Tonneur,
    Je reviens au pays et vois le jour de mon retour,
    Eh bien, même là-bas, je t'invoquerai comme un dieu,
    Jour après jour, puisque c'est toi qui m'as sauvé, ô vierge !"
        Il dit et reprit son fauteuil auprès d'Alkinoos.
470   Déjà l'on découpait les parts et l'on mêlait le vin,
    Lorsque le héraut reparut, menant Démodocos,
    Le brave aède aimé de tous ; il alla l'installer
    Au centre du festin et l'adossa au grand pilier.
    Alors Ulysse l'avisé appela le héraut,
475   Puis, découpant dans le filet d'un porc aux blanches dents
    Un morceau point trop grand, bardé d'une abondante graisse :
        "Héraut, va porter cette part à l'aède ; qu'il mange !
    Quel que soit mon chagrin, je veux lui rendre cet hommage ;
    Il n'y a personne ici-bas qui ne doive aux aèdes
480   L'estime et le respect, car ils sont instruits dans le chant
    Grâce à la Muse, qui chérit la race des aèdes."
        Il dit, et de ses mains le héraut apporta la viande
    Au grand Démodocos, qui l'accepta fort volontiers.
    Après quoi l'on tendit les mains vers les plats préparés.
485   Sitôt que l'on eut satisfait la soif et l'appétit,
    Ulysse l'avisé interpella Démodocos :
        "Démodocos, tu es celui qu'entre tous je vénère.
    La Muse, enfant de Zeus, a dû t'instruire, ou Apollon,
    Car tu chantes divinement le sort des Achéens,
490   Tout ce qu'ils ont réalisé, souffert et enduré,

Comme un qui l'eût vu de ses yeux ou par les yeux d'un autre.
Eh bien, reprends ton chant ; dis-nous l'histoire du cheval,
Qu'Epéios, aidé d'Athéna, construisit tout en bois
Et que par ruse Ulysse introduisit dans l'acropole,
Plein de guerriers qui s'apprêtaient à piller Ilion.   495
Si tu veux bien me conter cette histoire point par point,
J'irai proclamer sur-le-champ et devant tous les hommes
Que la faveur d'un dieu t'a octroyé ton chant divin."
   A ces mots, l'aède inspiré commença de chanter,
Partant du jour où les Argiens, sur leurs nefs bien pontées,   500
Prirent la mer, une fois brûlés leurs baraquements,
Pendant que quelques preux, autour du glorieux Ulysse,
Etaient cachés dans le cheval, sur l'agora de Troie,
Car les Troyens eux-mêmes l'avaient tiré dans leurs murs.
Il était là, debout, et les Troyens assis en rond   505
Discutaient à n'en plus finir. Trois avis s'exprimaient :
Ou bien éventrer ce bois creux d'un bronze impitoyable,
Ou le traîner jusqu'aux rochers et le précipiter,
Ou en faire l'offrande aux dieux, afin de les calmer.
C'est ce dernier avis qui à la longue prévalut.   510
Leur destin était de périr, du jour que dans leurs murs
Ils rentreraient ce grand cheval de bois, où se cachait
L'élite des Argiens prêts à semer mort et carnage.
Il dit comment les Achéens jaillirent du cheval
Et quittèrent ce piège creux pour saccager la ville   515
Et comment chacun d'eux en pilla un autre quartier,
Comment Ulysse, brave comme Arès, accompagné
Du divin Ménélas, monta jusque chez Déiphobe,
Comment il affronta le plus terrible des combats
Et obtint la victoire grâce au grand cœur d'Athéna.   520
   Voilà ce que chantait l'aède glorieux. Ulysse

145

Faiblissait ; de ses yeux, les larmes coulaient sur ses joues.
Comme une femme pleure en étreignant son cher époux
Qui vient de tomber au-devant des murs et de son peuple,
525 En défendant sa ville et ses enfants du jour fatal ;
L'épouse, en le voyant mourir et palpiter encore,
S'accroche à lui, pousse des cris perçants ; mais par-derrière
Les lanciers viennent lui tailler la nuque et les épaules ;
On l'emmène en captivité subir mille misères,
530 Et la plus triste des douleurs lui ravage les joues :
C'est ainsi que de tristes pleurs tombaient des yeux d'Ulysse.
Aucun convive n'aperçut les larmes qu'il versait ;
Le seul Alkinoos s'en aperçut et le comprit.
Assis auprès de lui, il entendit ses lourds sanglots.
535 Sans plus tarder, il dit aux bons rameurs phéaciens :
    "Guides et conseillers phéaciens, écoutez-moi !
Que Démodocos laisse un peu sa cithare au son clair,
Car tous ici ne prennent pas plaisir à ce qu'il chante.
Depuis que nous dînons et que l'aède s'est levé,
540 Notre hôte n'a pu retenir ses douloureux sanglots,
Sans doute un grand chagrin s'est-il emparé de son âme.
Que l'aède s'arrête donc, et que tous se régalent,
Les hôtes comme l'invité : n'est-ce pas mieux ainsi ?
Car tout a été préparé pour honorer notre hôte :
545 Le départ, les cadeaux que lui offre notre amitié.
L'hôte et le suppliant ne sont-ils pas comme des frères,
Aux yeux de qui conserve au cœur tant soit peu de sagesse ?
Mais à ton tour n'esquive point, en usant d'artifices,
Ce que je vais te demander ; il vaut mieux que tu parles.
550 Dis-moi ton nom ; comment t'appelaient là-bas tes parents,
Tous ceux qui vivent dans ta ville et dans ses environs ?
Car jamais on n'a vu un homme n'avoir pas de nom ;

146

Qu'on soit noble ou vilain, on en porte un dès sa naissance.
Tout enfant mis au monde en reçoit un de ses parents.
Dis-moi aussi quelle est ta terre, et ton peuple, et ta ville,   555
Où doivent te mener nos vaisseaux doués de raison ;
Car les navires des Phéaciens n'ont ni pilote
Ni gouvernail comme on en voit sur les autres vaisseaux.
Ils savent deviner les désirs et desseins des hommes ;
Connaissant toutes les cités et les grasses campagnes,   560
Ils franchissent rapidement le gouffre de la mer,
Enveloppés de brume et de nuages, sans jamais
Avoir à craindre d'avarie ou même de naufrage.
Mais voici le conseil qu'un jour je reçus de mon père :
Nausithoos disait que Poséidon nous en voudrait   565
D'être les parfaits convoyeurs de tous les étrangers
Et que le jour où l'un de nos vaisseaux phéaciens
Rentrerait de convoi à travers les brumes de mer,
Ce dieu le briserait et couvrirait le bourg d'un mont.
Tel parlait le vieillard. Va-t-il accomplir ces menaces ?   570
Les laissera-t-il sans effet ? à lui seul de trancher.
Mais allons ! parle-moi sans feinte et dis-moi point par point
Les lieux où tu erras, les pays où tu abordas,
Les mœurs des habitants et les richesses de leurs villes ;
Y as-tu vu des brutes, des sauvages sans justice,   575
Ou des gens accueillants et pleins d'égards envers les dieux ?
Dis-moi pourquoi ces pleurs et ce chagrin qui te déchire,
En entendant le sort des Danaens et des Troyens.
C'est l'ouvrage des dieux : c'est eux qui ont filé la mort
De ces guerriers, pour qu'on les chante encore à l'avenir.   580
Sous les murs d'Ilion aurais-tu perdu par hasard
Quelque parent plein de bravoure, un gendre ou un beau-père,
Nos êtres les plus chers, après notre sang, notre race ?

Ou quelque brave compagnon rempli d'aménité ?
585 Car avoir un ami plein de sagesse et de raison
N'est pas chose moins précieuse que d'avoir un frère."

CHANT IX

Alors Ulysse l'avisé lui fit cette réponse :
"Puissant Alkinoos, gloire et honneur de tout ce peuple,
Il n'est vraiment rien de plus beau que d'ouïr un aède
Pareil à celui-ci, que sa parole égale aux dieux ;
Oui, je le dis bien haut, rien ne me fait plus de plaisir   5
Que lorsqu'un peuple entier se laisse entraîner par la joie,
Que les convives dans la salle, assis en longues files,
Ecoutent le chanteur devant des tables bien garnies
De viandes et de pain, et que, puisant dans le cratère,
L'échanson vient offrir le vin versé dans chaque coupe.   10
Voilà quelle est, à mon avis, la chose la plus belle.
Mais tu as cru devoir m'interroger sur mon chagrin
Et sur mes pleurs ; nouveau sujet de sanglots et de plaintes !
Par où vais-je donc commencer, et par où terminer,
Du moment que les dieux du ciel m'ont donné tant de peines ?   15
Je vous dirai d'abord mon nom ; ainsi le saurez-vous
A votre tour, et si jamais j'échappe au jour fatal,
Je resterai votre hôte à tous, si loin que je demeure.
     Je suis Ulysse, le fils de Laërte, dont les ruses
Sont fameuses partout et dont la gloire atteint le ciel.   20
J'habite dans Ithaque, dont on aperçoit de loin
La haute cime du Nérite aux feuillages tremblants.
Tout alentour se pressent maintes îles bien peuplées,
Doulichion, Samé, Zacynthe et ses forêts profondes.
Ithaque même est basse, et la dernière dans la mer,   25

149

Vers le couchant, les autres loin vers l'est et le midi.
Elle n'est que rochers, mais elle nourrit de beaux gars,
Et je ne sais rien de plus doux à voir que cette terre.
Or la divine Calypso me retenait là-bas,
30 Dans ses antres profonds, brûlant de m'avoir comme époux ;
La perfide Circé, dans sa demeure d'Aiaia,
Me gardait elle aussi, brûlant de m'avoir comme époux.
Mais mon âme jamais ne se laissa persuader.
C'est que rien n'est plus doux que sa patrie et ses parents,
35 Même pour celui qui habite un plantureux domaine
En quelque pays étranger, bien loin de ses parents.
　　　Eh bien, je vais te dire mon retour et tous les maux
Que Zeus m'a envoyés depuis mon départ de Troade.
　　　D'Ilion le vent m'entraîna jusque chez les Cicones.
40 Je pillai Ismaros, dont je tuai les défenseurs ;
On prit dans leur cité tous les trésors, toutes les femmes,
Et le partage qui s'en fit contenta un chacun.
Alors je conseillai à tous mes compagnons de fuir
D'un pied rapide ; mais ces fous ne m'écoutèrent pas.
45 On but beaucoup de vin, on égorgea sur le rivage
Bien des moutons et bien des bœufs cornus aux jambes torses.
Les Cicones, pendant ce temps, allaient chercher de l'aide
Auprès de leurs voisins qui habitaient l'intérieur ;
Plus nombreux et plus forts, ils savaient braver l'ennemi
50 Du haut de leurs chevaux, et même à pied, s'il le fallait.
Plus denses qu'au printemps feuilles et fleurs, ils arrivèrent
De bon matin, funeste sort dont Zeus nous accabla
Et qui devait, hélas ! nous réserver mille douleurs.
Massés en ligne au creux de nos vaisseaux, ils attaquèrent,
55 Et de tous les côtés volaient les javelots de bronze.
Tant que dura l'aurore et que grandit le jour sacré,

Nous résistâmes vaillamment, sans plier sous le nombre ;
Mais sitôt que le jour penchant vint délier les bœufs,
Les Cicones vainqueurs mirent nos guerriers en déroute.
De chacun des vaisseaux six compagnons guêtrés périrent ;   60
Le reste de nos gens put fuir le sort et le trépas.

    De là nous voguâmes plus loin, le cœur plein de tristesse,
Contents d'échapper à la mort, mais pleurant nos amis.
Avant de laisser repartir nos nefs à double galbe,
J'appelai par trois fois chacun des pauvres compagnons   65
Qui dans la plaine avaient péri sous les coups des Cicones.
Zeus, maître des nuages, lança contre nous Borée
Et ses terribles ouragans ; il noya sous les nues
Le rivage et la mer ; du haut du ciel tomba la nuit.
Nos vaisseaux couraient, donnant de la bande, et leurs voilures,   70
Sous la force du vent, se fendaient en mille morceaux.
Il fallut donc les amener, par crainte de périr,
Et l'on poussa vers le rivage à grand renfort de rames.
Là, durant deux jours et deux nuits, nous restâmes couchés,
Le cœur rongé tout à la fois de fatigue et de peine.   75
Puis, quand l'aube bouclée amena le troisième jour,
Ayant dressé les mâts et déployé les blanches voiles,
On se laissa conduire par le vent et les pilotes.
Peut-être serais-je arrivé indemne en ma patrie ;
Mais la houle et Borée, au moment de doubler Malée,   80
Devaient me faire dévier au-delà de Cythère.

    Alors, pendant neuf jours, des vents funestes m'emportèrent
Sur la mer aux poissons. Le dixième, enfin, on toucha
Le pays des mangeurs de fleurs, appelés Lotophages.
On descendit à terre, on alla puiser de l'eau fraîche   85
Et l'on s'empressa de manger auprès des nefs rapides.
Sitôt que l'on eut satisfait la soif et l'appétit,

J'envoyai de mes compagnons afin de reconnaître
A quels mangeurs de pain appartenait cette contrée.
90 J'en choisis deux, et un troisième servit de héraut.
Sans attendre ils partirent se mêler aux Lotophages.
Ceux-ci, bien loin de méditer la perte de nos gens,
Leur firent manger du lotos au cours de leur repas.
Or quiconque en goûtait le fruit aussi doux que le miel
95 Ne voulait plus rentrer chez lui ni donner de nouvelles,
Mais ne rêvait que de rester parmi les Lotophages,
A se repaître de lotos, dans l'oubli du retour.
Je dus les ramener de force, en dépit de leurs larmes,
Les traîner aux vaisseaux et les attacher sous les bancs,
100 Tandis que je pressais ceux qui m'étaient restés fidèles
De vite rembarquer sur nos rapides nefs, de peur
Qu'à manger le lotos ils n'oubliassent leur retour.
Ils sautèrent à bord, allèrent s'asseoir à leurs bancs,
Et la rame frappa le flot qui blanchit sous les coups.
105 Le cœur tout affligé, nous poursuivîmes notre route
Et touchâmes la terre des Cyclopes, ces géants
Sans foi ni loi, qui s'en remettent aux dieux immortels
Et n'exécutent de leurs mains ni plants ni labourages.
La terre leur fournit de tout sans travaux ni semailles :
110 L'orge, le blé, la vigne avec le vin tiré des grappes
Que Zeus gonfle pour eux en leur envoyant ses ondées.
Ils n'ont point d'agora pour juger ou délibérer ;
Ils vivent établis au sommet des hautes montagnes,
Dans des antres profonds ; chacun, sans s'occuper d'autrui,
115 Exerce son pouvoir sur ses enfants et sur ses femmes.
Ni trop près ni trop loin de cette terre des Cyclopes
S'étend une île assez petite, en face de leur port.
A travers ses forêts pullulent les chèvres sauvages ;

Jamais un pas humain ne vient troubler leur solitude ;
On n'y voit point de ces chasseurs qui prennent tant de peine   120
A parcourir les cimes les plus hautes des montagnes.
Cette île ne connaît ni le bétail ni la charrue,
Mais, sans semences ni labours, elle est toute l'année
Vide d'humains et ne nourrit que des chèvres bêlantes.
Les Cyclopes n'ont point de nefs aux flancs vermillonnés   125
Ni de bons charpentiers capables de leur fabriquer
Des vaisseaux bien pontés et prompts à toutes les besognes,
Qui vont de port en port, comme ces marins que l'on voit
Franchir le dos des mers afin de commercer entre eux.
Avec des gens pareils, cette île eût vraiment prospéré.   130
La terre en est fertile et pourrait donner tous les fruits ;
Au bord de la mer écumante, on trouve des herbages
Tendres et bien mouillés ; la vigne y serait éternelle,
Le labourage aisé ; on récolterait chaque été
De riantes moissons, tant le sol est gras sous les mottes.   135
Cette île a un bon port, qui ne réclame ni amarres
Ni grappins à jeter au fond ni câbles à lier.
Sitôt entrés, les marins y relâchent, jusqu'au jour
Où il leur plaît de repartir et où les vents se lèvent.
A la bouche du port, on voit s'épancher l'onde claire   140
D'une source sous roche, au milieu d'un bosquet de trembles.
Ce fut là que nous fîmes halte ; un dieu nous pilotait
A travers la profonde nuit, qui ne laissait rien voir.
Autour de nous, la brume était épaisse, et dans le ciel
La lune demeurait cachée au milieu des nuages.   145
Aussi personne parmi nous n'avait pu voir cette île
Ni les puissantes vagues qui roulaient vers le rivage,
Avant que l'on eût échoué nos vaisseaux bien pontés.
Les vaisseaux échoués, on amena toutes les voiles ;

150 Ensuite on débarqua et l'on s'étendit sur la grève,
Où l'on dormit, en attendant que vînt l'aube divine.
    Lorsque au petit matin parut l'aurore aux doigts de rose,
Nous fîmes, tout émerveillés, un tour à travers l'île,
Où les Nymphes, filles du Porte-Egide, débusquèrent
155 Des chèvres de montagne, afin qu'on eût de quoi manger.
Vite on alla chercher à bord les grands arcs recourbés
Et les épieux à longue douille, et, rangés en trois groupes,
On attaqua ; un dieu bientôt nous donna bonne chasse.
Douze vaisseaux formaient ma flotte, et chacun d'eux reçut
160 Neuf chèvres pour sa part ; j'en choisis dix pour moi tout seul.
Tout au long de ce jour, jusques au coucher du soleil,
Nous restâmes à savourer bon vin et force viandes ;
Car nous n'avions pas épuisé le vin que nous gardions
A bord et dont tous avaient fait leur plein dans les amphores,
165 Quand nous avions pillé la sainte ville des Cicones.
Nous distinguions la terre toute proche des Cyclopes,
Leurs feux, leurs voix, les cris de leurs brebis et de leurs chèvres.
Le soleil une fois parti et l'ombre descendue,
Chacun s'étendit pour dormir sur la grève de mer.
170 Lorsque au petit matin parut l'aurore aux doigts de rose,
J'appelai tous mes gens à l'assemblée et je leur dis :
    «Restez ici pour le moment, fidèles compagnons.
De mon côté j'emmènerai ma nef et mes rameurs ;
Je veux aller tâter ces gens et savoir ce qu'ils sont,
175 Un peuple de bandits et de sauvages sans justice,
Ou des êtres hospitaliers qui respectent les dieux.»
    Sur ces mots, je montai à bord et ordonnai aux miens
D'embarquer avec moi et de détacher les amarres.
Ils sautèrent à bord, allèrent s'asseoir à leurs bancs,
180 Et la rame frappa le flot qui blanchit sous l'écume.

Comme nous touchions au pays dont nous étions si près,
Nous vîmes à sa pointe extrême, et non loin de la mer,
Sous des lauriers, une caverne ; elle servait d'étable
A un troupeau de brebis et de chèvres ; tout autour
Courait un grand mur fait d'énormes blocs fichés en terre,   185
De pins à la cime élancée et de chênes touffus.
Là vivait, isolé de tous, un géant monstrueux,
Qui faisait paître ses troupeaux sans fréquenter personne,
Se tenant toujours à l'écart et ne pensant qu'au crime.
C'était un monstre gigantesque ; il ne ressemblait pas   190
A un mangeur de pain, mais plutôt à ces pics boisés
Qu'on voit parfois se détacher sur le sommet des monts.
    Alors je commandai à mes fidèles compagnons
De rester auprès du vaisseau et de garder la nef ;
Puis je partis avec les douze meilleurs de mon choix.   195
J'avais une outre en peau de chèvre, enfermant un vin noir,
Très doux, que j'avais reçu de Maron, fils d'Evanthès
Et prêtre d'Apollon, dieu tutélaire d'Ismaros,
Pour l'avoir épargné, avec sa femme et son enfant,
Par respect, car il habitait sous les arbres sacrés   200
De Phœbos Apollon. Il m'offrit de très beaux présents :
Je reçus de lui sept talents de son or le plus fin,
De même qu'un cratère en argent pur et, pour finir,
Un lot de douze amphores de ce vin doux sans mélange,
Véritable boisson des dieux, dont personne au logis,   205
Ni servants ni servantes, ne connaissait la cachette,
Excepté son épouse et lui et la seule intendante.
Quand ils goûtaient de ce vin sombre, aussi doux que le miel,
Pour remplir une coupe ils versaient vingt mesures d'eau,
Et le bouquet qui montait du cratère était si doux   210
Et si divin, qu'on ne pouvait se retenir d'en boire.

J'en emportai une grande outre pleine, avec des vivres
En un bissac, car déjà mon cœur fier avait compris
Qu'un homme surviendrait, doué d'une force puissante,
215　　Quelque sauvage méprisant la justice et les lois.
　　　　Nous eûmes vite trouvé sa caverne. Il n'était pas
Chez lui, il était au pacage avec ses gras moutons.
Pénétrant à l'intérieur, nous fîmes la revue :
Fromages sur tous les clayons ; agnelets et chevreaux
220　　Dans les enclos bondés (chaque âge avait ses propres stalles :
D'un côté étaient les aînés, de l'autre les cadets,
Plus loin les nouveau-nés) ; vases remplis de petit-lait ;
Terrines et seaux façonnés qui lui servaient à traire.
Alors mes compagnons me supplièrent instamment
225　　De prendre les fromages, puis de tirer des enclos
Agnelets et chevreaux et de regagner sans retard
Le prompt navire, afin de repartir sur l'onde amère.
C'est moi qui refusai ; ah ! qu'il eût mieux valu, pourtant !
Mais je voulais le voir et savoir ce qu'il m'offrirait,
230　　Cet hôte. Il n'allait pas se montrer tendre envers les miens.
　　　　On fit du feu, un sacrifice, et, prenant les fromages,
On mangea tous assis dans la caverne, en l'attendant.
Il revint du pacage, avec une très grosse charge
De bois sec qu'il avait prévu pour le repas du soir.
235　　Il la jeta dans la caverne avec un tel fracas
Que la panique nous chassa au plus profond de l'antre.
Puis sous l'immense voûte il fit entrer tout le troupeau
Des grasses brebis qu'il avait à traire ; quant aux mâles,
Boucs et béliers, il les laissa dehors dans leur enclos.
240　　Puis, soulevant un bloc énorme, il en boucha l'entrée ;
Même vingt-deux solides chariots à quatre roues
Ne seraient parvenus à le déplacer sur le sol,

156

Si colossal était le bloc dont il boucha l'entrée.
Il s'installa pour traire chèvres et brebis bêlantes,
Dans l'ordre, et lâcha le petit sous le pis de chacune.   245
Ayant fait cailler aussitôt la moitié du lait blanc,
Il l'égoutta et le plaça dans des paniers de jonc,
Cependant qu'il gardait l'autre moitié dans ses terrines,
Pour le boire à son heure ou pendant le repas du soir.
Quand il eut achevé de se donner à ces travaux,   250
Il ranima son feu, nous vit et nous interrogea :
    «Qui êtes-vous ? d'où venez-vous par les routes humides ?
Faites-vous le commerce ? errez-vous sans but sur la mer,
Pareils à ces pirates qui s'en vont à l'aventure,
Risquant leur vie et ravageant les côtes étrangères ?»   255
    A ces mots, notre cœur se brisa une fois de plus,
Sous l'épouvante de ce monstre et de sa voix terrible.
Je pris cependant la parole et je lui dis ces mots :
    «Nous sommes des Argiens venus de Troie, et nous avons
Erré par tous les vents sur le grand gouffre de la mer.   260
Nous retournions chez nous ; mais d'autres chemins, d'autres routes
Nous ont menés ici ; sans doute Zeus l'aura voulu.
Nous nous flattons d'avoir servi l'Atride Agamemnon,
Ce roi qui de nos jours emplit le monde de sa gloire,
Si grande était la ville qu'il pilla, et si nombreux   265
Les guerriers qu'il tua. Nous voici maintenant chez toi,
A tes genoux, espérant de ta part un bon accueil,
Mais aussi l'un de ces présents que l'on se fait entre hôtes.
Crains les dieux, brave ami ! car nous venons en suppliants,
Et Zeus défend les suppliants comme il défend les hôtes.   270
Il est l'Hospitalier, l'ami des hôtes qu'on respecte.»
    A ces mots, il me répondit d'un cœur impitoyable :
«Tu fais l'enfant, ô étranger, ou tu nous viens de loin,

Pour vouloir que je craigne et que je respecte les dieux !
275 Les Cyclopes se moquent bien de Zeus, le Porte-Egide,
Et des dieux bienheureux ! c'est nous qui sommes les plus forts !
Ah ! ce n'est certes pas la peur de la haine de Zeus
Qui me ferait vous épargner, à moins que je n'y songe !
Mais dis-moi : en venant, où as-tu mis ton beau navire ?
280 Est-ce à la pointe de cette île, ou plus près ? que je sache !»
        Il me tâtait ; mais j'en savais trop long pour être dupe,
Et je lui répliquai en usant de cet artifice :
        «Poséidon, l'Ebranleur du sol, a brisé mon navire
Et l'a jeté sur les rochers, au bout de votre terre,
285 En l'approchant du cap où nous poussait le vent du large ;
Seuls ces amis et moi avons pu fuir la sombre mort.»
Je dis, et ce cœur sans pitié ne me répondit rien ;
Mais il bondit et, jetant les bras sur mes compagnons,
En saisit deux d'un coup et les fracassa contre terre
290 Comme des chiots ; leur cervelle, en giclant, mouilla le sol.
Il les dépeça membre à membre et en fit son repas,
Les dévorant tel un lion nourri dans les montagnes ;
Tout y passa : entrailles, chairs et os remplis de moelle.
Nous autres, en pleurant, nous élevions nos mains vers Zeus,
295 Le cœur désemparé face à pareille atrocité.
Puis, lorsque le Cyclope eut bien rempli sa panse énorme
De cette chair humaine arrosée avec du lait pur,
Il s'allongea au fond de l'antre, en travers de ses bêtes.
Alors mon brave cœur me conseilla de m'approcher
300 Et de tirer le glaive aigu qui pendait à ma cuisse,
Pour le planter là où le diaphragme touche au foie,
En palpant bien l'endroit. Mais quelque chose m'arrêta :
N'allions-nous pas périr aussi d'une cruelle mort,
Faute de pouvoir déplacer avec nos seules mains

L'énorme bloc dont il avait bouché la haute entrée ?   305
  Ainsi gémissions-nous en attendant l'aube divine.
Lorsque au petit matin parut l'aurore aux doigts de rose,
Il fit du feu, puis alla traire ses belles brebis,
Dans l'ordre, et lâcha le petit sous le pis de chacune.
Quand il eut achevé de se donner à ces travaux,   310
Il prit encor d'un coup deux de mes gens pour son repas ;
Et dès qu'il eut mangé, il fit sortir ses gras troupeaux,
Après avoir sans peine ôté le gros bloc de l'entrée,
Qu'ensuite il replaça comme un couvercle de carquois.
A grands coups de sifflet, il emmena ses gras moutons   315
Dans la montagne, et je restai à rouler ma vengeance,
Pour le punir, si Athéna m'en accordait la gloire.
Or voici le projet que mon cœur trouva le plus sage.
Le Cyclope avait laissé contre un parc un gros gourdin
En olivier, qu'il avait cassé vert pour s'en servir   320
Une fois sec. En le voyant, nous l'avions comparé
Au mât d'un de ces noirs vaisseaux à vingt bancs de rameurs,
D'un de ces grands bateaux qui vont sur le gouffre des mers ;
C'était, nous semblait-il, même grandeur, même calibre.
Je m'approchai pour en couper la longueur d'une brasse   325
Et je le tendis à mes gens pour en ôter les nœuds.
Après qu'ils l'eurent bien poli, j'en vins tailler la pointe,
Que je mis moi-même à durcir dans le feu dévorant ;
Puis je cachai soigneusement ce pieu sous le fumier,
Répandu à foison à travers toute la caverne.   330
Après cela, je fis tirer au sort ceux de mes gens
Qui prendraient avec moi le risque de lever le pieu
Pour le vriller dans l'œil, quand le doux sommeil lui viendrait.
Le sort désigna ceux que j'aurais moi-même choisis ;
Ils étaient quatre, auxquels je m'adjoignis comme cinquième.   335

Il revint vers le soir, ramenant son troupeau laineux.
Mais cette fois il poussa ses brebis dans la caverne,
Sans en laisser aucune au-dehors dans le vaste enclos.
Avait-il son idée, ou était-ce un ordre du ciel ?
340 Puis, soulevant le bloc énorme, il en boucha l'entrée,
S'assit pour traire ses brebis et ses chèvres bêlantes,
Dans l'ordre, et lâcha le petit sous le pis de chacune.
Quand il eut achevé de se donner à ces travaux,
Il prit encor d'un coup deux de mes gens pour son repas.
345 Alors, tenant entre les mains une auge de vin noir,
Je m'approchai de lui et l'interpellai de la sorte :
    «Tiens, Cyclope, bois ça pour arroser ces chairs humaines ;
Tu verras quel breuvage recelait notre vaisseau.
En venant te l'offrir, j'espérais bien que ta pitié
350 Nous remettrait chez nous. Mais ta fureur n'a plus de bornes.
Malheureux ! penses-tu qu'à l'avenir jamais personne
Revienne encor te voir, sachant le mal que tu as fait ?»
    Alors, prenant mon auge, il la vida. Ravi de boire
Un nectar si délicieux, il m'en redemanda :
355   «Donne encor, sois gentil ! et dis-moi ton nom, tout de suite !
Je tiens à offrir à mon hôte un présent qui lui plaise.
La terre à blé nous donne bien le vin des grosses grappes
Que Zeus gonfle pour nous en leur envoyant ses ondées ;
Mais ça, c'est de l'essence de nectar et d'ambroisie !»
360   A ces mots, je lui reversai du vin aux sombres feux ;
Trois fois je le servis, trois fois il but sans réfléchir.
Puis, quand le vin eut pénétré jusqu'au cœur du Cyclope,
Je l'abordai en lui disant ces mielleuses paroles :
    «Tu veux savoir mon nom le plus connu, Cyclope ? Eh bien,
365 Voici ; mais fais-moi le présent que tu m'avais promis.
Pour moi, je m'appelle Personne, et Personne est le nom

Que mon père et ma mère et tous mes compagnons me donnent.»
        A ces mots, il me répondit d'un cœur impitoyable :
«Je mangerai donc Personne en dernier, après les siens ;
Le reste ira devant : tel sera mon présent d'accueil !»   370
        A ces mots, il se renversa et tomba sur le dos ;
Puis sa nuque épaisse fléchit, et le sommeil vainqueur
Le saisit tout entier ; mais sa gorge rendait du vin
Et des morceaux de chair humaine ; et il rotait, l'ivrogne !
Je poussai vivement le pieu sous le monceau de cendres   375
Et le laissai chauffer, tandis que j'exhortai mes gens,
Afin que nul ne s'esquivât sous l'effet de la peur.
Quand le pieu d'olivier fut sur le point de s'enflammer,
(Tout vert qu'il fût, il répandait une lueur terrible),
Je le tirai du feu et courus l'apporter ; mes gens   380
Se tenaient près de moi ; le ciel décuplait notre audace.
Soulevant le pieu d'olivier à la pointe acérée,
Ils l'enfoncèrent dans son œil ; moi, je pesais d'en haut
Et je tournais. Quand on perce une poutre de navire
A la tarière, en bas les aides tirent la courroie   385
Par les deux bouts, et le foret ne cesse de tourner :
Ainsi, tenant dans l'œil le pieu affûté à la flamme,
Nous tournions, et le sang coulait autour du bois brûlant.
Partout, sur la paupière et le sourcil, grillait l'ardeur
De la prunelle en feu, et ses racines grésillaient.   390
Comme lorsque le forgeron plonge une grande hache
Ou un merlin dans de l'eau froide afin de le tremper ;
Le fer crie et gémit, et c'est de là que vient sa force :
Ainsi son œil sifflait autour de ce pieu d'olivier.
Il poussa d'affreux hurlements ; la roche en retentit ;   395
Mais nous, pris de frayeur, nous nous étions déjà sauvés.
Alors il s'arracha de l'œil le pieu souillé de sang

Et le rejeta loin de lui d'une main forcenée.
Puis d'appeler à grands cris les Cyclopes qui vivaient
400 Dans les grottes des environs, sur les sommets venteux.
En entendant ses cris, ils accoururent de partout ;
Plantés devant la grotte, ils l'interrogeaient sur son mal :
    «Polyphème, pourquoi jeter ces cris d'accablement ?
Pourquoi nous réveiller au milieu de la nuit divine ?
405 Serait-ce qu'un mortel emmène malgré toi tes bêtes ?
Serait-ce toi qu'on veut tuer, ou par ruse ou par force ?»
    Le puissant Polyphème leur cria du fond de l'antre :
«Par ruse, et non par force ! et qui me tue, amis ? Personne !»
    Et les Cyclopes de répondre par ces mots ailés :
410 «Personne ? aucune violence ? et seul comme tu l'es ?
Ton mal doit venir du grand Zeus, et nous n'y pouvons rien.
Invoque plutôt Poséidon, notre roi, notre père !»
    Ils s'éloignèrent sur ces mots, et je ris en moi-même :
Mon nom et mon habile tour les avaient abusés !
415 Gémissant sous le coup de la douleur, notre Cyclope
Avait, en tâtonnant, levé la pierre de l'entrée
Et s'était assis en travers, les deux mains étendues,
Pour barrer le passage à qui voudrait suivre ses bêtes,
Me supposant assez naïf pour prendre ce parti.
420 Quant à moi, je songeai alors au moyen le plus sûr
De nous arracher à la mort, mes compagnons et moi.
Je tissai toutes sortes de calculs et d'artifices,
Car nos jours étaient menacés, et le désastre proche.
Or voici le dessein que mon cœur trouva le meilleur.
425 Les béliers bien nourris avaient une épaisse toison ;
Grands et beaux, ils portaient une laine violacée.
Sans bruit, je les liai avec les osiers bien tressés
Qui servaient de litière à ce monstre sans foi ni loi.

Je les mis trois par trois ; celui du milieu portait l'homme,
Et les deux autres le flanquaient, assurant son salut.   430
Ainsi chaque homme se faisait porter par trois béliers.
Il me restait, à moi, le bélier de loin le plus fort.
Je le pris par les reins, puis je me coulai sous son ventre,
Dont j'empoignai à pleines mains la laine merveilleuse,
Et je me cramponnai à sa toison sans lâcher prise.   435
Puis, tout en gémissant, l'on attendit l'aube divine.
      Lorsque au petit matin parut l'aurore aux doigts de rose,
Les boucs et les béliers partirent pour le pâturage.
Mais les brebis, n'étant plus traites, bêlaient dans les parcs ;
Leurs pis leur faisaient mal. Torturé de douleurs cruelles,   440
Le Cyclope s'en vint tâter le dos de chaque bête
Qui passait devant lui. Mais le sot ne put deviner
Ce qui pendait dessous, dans l'épaisse toison des bêtes.
Le dernier du troupeau, mon bélier, marchait vers la porte,
Alourdi par sa laine et par mon poids d'homme rusé.   445
Le puissant Polyphème, alors, le tâta et lui dit :
      «Doux bélier, qu'y a-t-il, pour que tu sortes le dernier
De l'antre ? Jusqu'ici tu ne restais pas en arrière ;
Tu étais de loin le premier à paître pas à pas
Les tendres fleurs des prés, le premier à descendre au fleuve,   450
Le premier à rejoindre ton enclos, le soir venu.
Et te voilà le dernier du troupeau ! Pleurerais-tu
L'œil de ton maître ? Un scélérat, aidé de gens perfides,
Me l'a crevé, après m'avoir terrassé par le vin.
Mais il n'est pas encor tiré d'affaire, ce Personne !   455
Ah ! si tu partageais ma peine et pouvais t'exprimer,
Pour me dire en quel lieu il se dérobe à ma fureur,
Je ferais gicler sa cervelle à travers ma caverne
En lui brisant le crâne au sol, et j'oublierais un peu

460 Les maux qu'est venu m'apporter ce vaurien de Personne !»
Il dit et lâcha le bélier pour le faire sortir.
Aussitôt qu'on fut un peu loin de l'antre et de la cour,
Je me dégageai le premier, puis déliai mes hommes.
Bien vite l'on poussa les gras moutons aux pattes grêles,
465 Et ce n'est qu'après cent détours qu'enfin nous rejoignîmes
Notre vaisseau. Quel bonheur pour nos gens de nous revoir,
Réchappés à la mort ! quels cris, et quels pleurs sur les autres !
Mais, fronçant les sourcils, je leur fis signe de cesser
Les pleurs et je leur demandai d'embarquer au plus vite
470 Tous ces moutons laineux, puis de voguer sur l'onde amère.
Ils sautèrent à bord, allèrent s'asseoir à leurs bancs,
Et la rame frappa le flot qui blanchit sous les coups.
Mais comme on arrivait au point d'où la voix porte encore,
J'adressai au Cyclope, alors, ces paroles railleuses :
475 «Cyclope, eh non ! ce n'étaient pas les compagnons d'un lâche
Que tu as mangés dans ta grotte en usant de sévices !
Tes crimes ne pouvaient que se retourner contre toi,
Cruel qui n'as pas craint de dévorer chez toi des hôtes !
Aussi Zeus et les autres dieux t'en ont-ils bien puni !»
480 Ces mots ne firent qu'augmenter la colère en son âme.
Il arracha la cime d'un grand mont et la lança.
Le roc tomba devant la nef à la proue azurée,
Et pour un peu il eût touché la pointe d'étambot.
La chute de ce grand rocher bouleversa la mer ;
485 La vague de retour nous ramena jusqu'à la terre,
Et ce grand coup de flux faillit nous jeter à la côte.
Alors de mes deux mains saisissant une longue gaffe,
Je dégageai ma nef, puis pressai vivement les miens
De forcer d'aviron, afin d'éviter le désastre ;
490 D'un signe de ma tête ils se penchèrent sur les rames.

Comme nous étions parvenus deux fois plus loin qu'avant,
Je hélai le Cyclope ; mais les miens, autour de moi,
Me dissuadaient à l'envi de leurs mots les plus doux :
    «Ah ! malheureux ! pourquoi irriter cette brute épaisse ?
En jetant sur nous ce rocher, il vient de ramener   495
Notre nef à la côte, et nous avons failli périr.
S'il entend l'un de nous parler ou élever la voix,
Il brisera nos crânes et les poutres du navire
En nous jetant un roc pointu, tant son bras porte loin.»
    Mais leurs mots ne touchèrent pas mon cœur audacieux,   500
Et je repris en lui criant d'un cœur plein de rancune :
    «Cyclope, si jamais quelque humain vient te demander
Qui t'infligea la honte d'être privé de ton œil,
Dis-lui que celui qui l'a fait, c'est le fils de Laërte,
Le grand saccageur de cités, l'homme d'Ithaque, Ulysse !»   505
    Le Cyclope, à ces mots, me répondit en gémissant :
    «Ah ! malheur ! je vois s'accomplir les antiques oracles.
Il y avait dans ce pays un noble et grand devin,
Télémos, le fils d'Eurymos, expert en prophéties,
Qui vieillit parmi nous comme prophète des Cyclopes.   510
Il m'avait bien prédit tout ce qui vient de m'arriver,
Et que les mains d'Ulysse me feraient perdre la vue.
Mais moi, je m'attendais toujours à rencontrer ici
Un grand et beau mortel, doué d'une vigueur extrême ;
Et c'est un gringalet, une mauviette, un rien du tout   515
Qui m'a crevé mon œil en me terrassant par le vin !
Ulysse, approche donc, que je te donne mon cadeau !
Je charge l'Ebranleur du sol de te remettre en route,
Puisque aussi bien je suis son fils et qu'il se dit mon père.
Lui seul, s'il y consent, peut me guérir, mais aucun autre,   520
Ni parmi les dieux bienheureux ni parmi les mortels.»

A ces mots, je pris la parole et je lui répondis :
«Ah ! que n'est-il en mon pouvoir de te ravir le souffle
Et la vie et de t'envoyer dans la maison d'Hadès,
525 Aussi vrai que ce dieu ne te rendra jamais la vue !»
A ces mots, il tendit les mains vers le ciel constellé
Et adressa cette prière au seigneur Poséidon :
«Ecoute, ô soutien de la terre, ô dieu coiffé d'azur !
Si vraiment je suis tien et si tu te prétends mon père,
530 Retiens loin de chez lui ce pilleur de cités, Ulysse,
Qui est fils de Laërte et qui habite dans Ithaque.
Ou du moins, si le sort lui permet de revoir les siens
Et de retrouver son palais, au pays de ses pères,
Qu'il y rentre après bien des maux, sur un vaisseau d'emprunt,
535 Privé de tous ses gens, pour trouver le malheur chez lui !»
Tel il priait, et le dieu sombre entendit sa prière.
Alors il saisit un autre rocher, plus lourd encore,
Le balança et le jeta de toute sa vigueur.
De notre navire azuré le bloc rasa la poupe,
540 Et pour un peu il eût touché la pointe d'étambot.
La chute de ce gros rocher bouleversa la mer,
Et le flot, nous poussant, faillit nous jeter à la côte.
Aussitôt parvenus dans l'île où nous avions laissé
Nos autres vaisseaux bien pontés et où nos compagnons,
545 Plongés dans la tristesse, étaient restés à nous attendre,
On aborda, on échoua le bateau sur le sable,
Après quoi chacun descendit sur la grève de mer.
On débarqua du creux vaisseau les moutons du Cyclope,
Dont on fit un partage égal pour ne léser personne.
550 Quant au bélier, nos compagnons guêtrés me l'octroyèrent
En plus de ma part de moutons. Je l'offris sur la grève
A Zeus, le seigneur tout-puissant, le nuageux Cronide.

166

Mais il dédaigna les cuisseaux que je brûlai pour lui,
Car il ne songeait qu'au moyen de faire disparaître
Nos vaisseaux bien pontés et mes fidèles compagnons.   555
     Tout au long de ce jour, jusques au coucher du soleil,
Nous restâmes à savourer bon vin et force viandes.
Le soleil une fois parti et l'ombre descendue,
On alla s'endormir sur le rivage de la mer.
Lorsque au petit matin parut l'aurore aux doigts de rose,   560
J'ordonnai d'une voix pressante à tous mes compagnons
D'embarquer au plus vite et de détacher les amarres.
Ils sautèrent à bord, allèrent s'asseoir à leurs bancs,
Et la rame frappa le flot qui blanchit sous les coups.
De là nous voguâmes plus loin, le cœur plein de tristesse,   565
Contents d'échapper à la mort, mais pleurant nos amis.

CHANT X

Nous atteignîmes l'île d'Eolie, où habitait
Eole, le fils d'Hippotès, aimé des Immortels.
C'était une île qui flottait et qu'entouraient un mur
De bronze indestructible et des à-pic de roche nue.
Cet Eole avait douze enfants, tous nés dans son palais,   5
Six filles et six fils, qui étaient dans la fleur de l'âge.
A ses fils il avait donné ses filles comme épouses.
Assis aux côtés de leur père et de leur digne mère,
Ils banquetaient sans fin, devant des tables bien garnies.
Pendant le jour, le palais enfumé retentissait   10
De leurs clameurs ; la nuit, chacun, près de sa chaste épouse,
Allait dormir sur les tapis de son cadre ajouré.
Nous arrivâmes dans leur ville et leur belle demeure.
Un mois, Eole me choya, m'interrogea sur tout,
Sur Ilion, sur les vaisseaux argiens, sur leur retour.   15
Je lui racontai tout par le détail et point par point.
Quand je voulus partir et le priai de m'y aider,
Bien loin de refuser, il organisa mon départ.
Il écorcha un taureau de neuf ans et, dans la peau,
Emprisonna les vents hurleurs qui sifflent de partout ;   20
Car le fils de Cronos l'avait fait le gardien des vents,
Qu'il pouvait déchaîner ou apaiser selon son gré.
Il fixa dans ma nef ce sac fermé d'un fil brillant
D'argent, pour empêcher le moindre souffle d'en sortir.
Puis il envoya jusqu'à nous l'haleine d'un zéphyr,   25

Qui devait nous emporter sur la mer ; mais son dessein
Resta sans lendemain, car leur sottise nous perdit.
    Durant neuf jours, neuf nuits, nous naviguâmes sans relâche.
Le dixième, déjà pointaient les champs de la patrie ;
30 Nous voyions les feux des bergers, tant nous en étions proches.
Mais il me vint alors un doux sommeil ; j'étais brisé
D'avoir tenu le gouvernail sans jamais le céder
Afin de rejoindre au plus tôt notre terre natale.
Pendant ce temps, mes compagnons s'entretenaient entre eux,
35 Affirmant que je rapportais de l'or et de l'argent,
Que m'avait offerts Eole au grand cœur, fils d'Hippotès ;
Et chacun disait, en jetant les yeux sur son voisin :
    «Grands dieux ! voyez combien il est aimé et respecté
De tout le monde, en quelque ville ou pays qu'il aborde !
40 Déjà de Troie il ramenait un beau et abondant
Butin ; et nous qui avons fait pourtant la même route,
C'est les mains vides que nous regagnons notre demeure !
Aujourd'hui, c'est Eole qui lui offre des cadeaux
En gage d'amitié. Vite, allons voir ce qu'il en est,
45 Combien d'or et d'argent se dissimule dans cette outre.»
    Tels ils parlaient, et leur dessein funeste l'emporta.
Ils délièrent l'outre, et tous les vents s'en échappèrent.
Aussitôt l'ouragan saisit mon équipage en pleurs
Et nous poussa au large, loin des rives de nos pères.
50 Réveillé, je me demandai dans mon cœur sans reproche
Si j'allais me jeter à l'eau pour y chercher la mort,
Ou souffrir en silence et rester parmi les vivants.
Je tins le coup et restai là, roulé dans mon manteau,
Tandis que la fureur des vents maudits nous ramenait
55 Jusqu'à l'île d'Eole, au grand désespoir de mes gens.
    On descendit à terre, on alla puiser de l'eau fraîche

Et l'on mangea en hâte auprès des rapides vaisseaux.
Sitôt que l'on eut satisfait la soif et l'appétit,
Je choisis pour m'accompagner un homme et un héraut ;
Puis je retournai au palais d'Eole. Il était là,   60
En train de banqueter avec sa femme et ses enfants.
Arrivés au palais, nous nous assîmes sur le seuil,
Dans l'embrasure. Et eux, tout étonnés, me demandèrent :
    «D'où viens-tu donc, Ulysse, et quel dieu méchant te harcèle ?
N'avons-nous pas tout fait pour que tu puisses retrouver   65
Ton pays, ta maison et ce à quoi tu tiens le plus ?»
    A ces mots, je leur répondis, le cœur plein de tristesse :
«Ce sont mes maudits compagnons et un sommeil funeste
Qui m'ont perdu. Amis, secourez-moi, vous le pouvez !»
    Ainsi cherchais-je à les toucher par mes douces paroles.   70
Mais ils restaient muets. Leur père finit par me dire :
    «Décampe de l'île en vitesse, opprobre des vivants !
Il ne m'est pas permis d'aider ni de rapatrier
Un homme que les Bienheureux poursuivent de leur haine.
Va-t'en, puisque tu viens ici haï des Immortels !»   75
    A ces mots, il me renvoya, malgré mes lourds sanglots.
De là nous voguâmes plus loin, le cœur plein de tristesse.
Mes gens n'avaient plus de courage à peiner sur les rames ;
C'était bien notre faute, et nul secours n'était en vue.
Durant six jours, six nuits, nous naviguâmes sans relâche.   80
Le septième, apparut la citadelle de Lamos,
La Télépyle lestrygonne, où le berger qui rentre
Siffle à celui qui sort, et celui qui sort lui répond ;
Là, en ne dormant pas, un homme aurait double salaire,
L'un à paître les bœufs, l'autre à garder les blancs moutons,   85
Car les chemins du jour sont près des chemins de la nuit.
Nous arrivâmes dans un port superbe, où des rochers

Taillés à pic élevaient leur rempart de tous côtés,
Tandis que deux caps allongés, se faisant vis-à-vis,
90 S'avançaient vers l'entrée et en resserraient le passage.
C'est là que s'engagèrent mes vaisseaux à double galbe.
On les amarra côte à côte, au fond de ce goulet ;
Car jamais en ce lieu ne se formait aucune houle,
Ni grande ni petite, un calme plat régnait partout.
95 Moi seul je restai au-dehors avec ma noire nef.
Ayant au bout du cap noué l'amarre à une pierre,
Je montai me poster sur une roche pour guetter.
De là-haut je ne découvris ni labours ni cultures ;
On ne voyait monter du sol qu'un filet de fumée.
100 Alors j'envoyai de mes gens afin de reconnaître
Quels étaient les mangeurs de pain qui vivaient en ce lieu.
Je choisis deux des miens, et un troisième pour héraut.
Ils s'engagèrent dans un chemin plat, par où les chars
Véhiculaient le bois coupé sur la cime des monts.
105 En approchant du bourg, ils trouvèrent, puisant de l'eau,
Une robuste Lestrygonne, enfant d'Antiphatès.
Elle était descendue au bord de la source Artacie,
Une fontaine au beau courant, où tous venaient puiser.
Ils s'approchèrent pour l'interpeller, lui demandèrent
110 Qui était le roi du pays et sur qui il régnait.
D'un geste elle indiqua la haute maison de son père.
Arrivés au palais, ils y trouvèrent une femme
Aussi haute qu'un mont ; l'effroi les glace à cette vue.
De l'agora elle appela bien vite Antiphatès,
115 Son noble époux, qui leur réserva une triste fin.
D'emblée il saisit un des miens et en fit son repas ;
Les deux autres s'enfuirent en courant jusqu'à leurs nefs.
Alors un cri de guerre emplit la ville. A cet appel,

172

On vit venir de tous côtés les vaillants Lestrygons ;
Ils accoururent par milliers, moins hommes que géants,   120
Et jetèrent d'en haut sur nous d'énormes blocs de pierre.
Aussitôt de nos nefs monta un terrible tumulte
D'équipages mourants et de navires fracassés.
Des corps pris au harpon, ils firent un affreux festin.
 Cependant qu'ils tuaient nos gens dans la rade profonde,   125
Je m'emparai du glaive aigu qui pendait à ma cuisse
Et tranchai le filin de ma nef à la sombre proue ;
Puis, élevant la voix, je donnai l'ordre à mes rameurs
De forcer d'avirons, afin d'éviter le désastre.
Voyant sur eux la mort, ils firent tous jaillir l'écume   130
Trop heureux de gagner le large et de fuir les falaises ;
Mais nous avions perdu là-bas tous nos autres vaisseaux.
 De là nous voguâmes plus loin, le cœur plein de tristesse,
Contents d'échapper à la mort, mais pleurant nos amis.
Nous atteignîmes l'île d'Aiaia, où habitait   135
Circé aux beaux cheveux, fière déesse à voix humaine,
Qui avait pour frère germain le perfide Aiétès :
Car tous deux descendaient d'Hélios, lumière des vivants,
Et avaient pour mère Persé, la nymphe océanide.
Notre navire nous poussa sans bruit jusqu'au rivage,   140
Au fond d'un port bien abrité ; un dieu nous conduisait.
Alors on quitta le vaisseau, et, deux jours et deux nuits,
On resta là, le cœur rongé de fatigue et d'angoisse.
 Mais quand l'aube bouclée amena le troisième jour,
Je pris à bord ma javeline et mon glaive pointu,   145
Et je gravis en hâte une hauteur, d'où je pourrais
Apercevoir un champ ou surprendre une voix humaine.
Parvenu au sommet d'un roc, j'y restai à guetter.
Je vis, s'élevant de la vaste terre, une fumée :

150 C'était le palais de Circé, ceint d'épaisses chênaies.
Alors mon esprit et mon cœur ne surent que résoudre :
Irais-je savoir d'où venaient ce feu, cette fumée ?
Tout bien considéré, je trouvai que le mieux était
De regagner d'abord la grève et mon vaisseau rapide,
155 Et de faire manger mes gens, puis d'aller aux nouvelles.
    J'étais sur le point d'arriver à ma nef bien galbée,
Lorsqu'un dieu, me voyant tout seul, eut pitié de mon sort
Et mit sur ma route un grand cerf à la haute ramure.
Venant du pâtis des forêts, il allait boire au fleuve,
160 Car déjà il sentait sur lui la force du soleil.
Comme il sortait, je le frappai à l'échine, en plein dos,
Et le perçai de part en part avec ma pique en bronze.
Il roula en bramant dans la poussière et rendit l'âme.
Prenant appui sur lui, je retirai de la blessure
165 Ma pique en bronze, que je laissai là, couchée à terre.
Puis, arrachant des joncs et des broussailles, j'en tordis
De quoi faire une double tresse longue d'une brasse,
Avec laquelle j'attachai les quatre pieds du monstre,
Et, cette charge au cou, j'allai, appuyé sur ma pique,
170 Rejoindre mon vaisseau ; le moyen de porter la bête
D'une main sur mon dos ? elle était vraiment trop énorme.
Je la jetai devant la nef, puis j'allai réveiller
Mes gens et je leur dis à tous ces mots pleins de douceur :
    «Amis, quels que soient nos chagrins, nous n'irons pas encore
175 Dans la maison d'Hadès ; le jour fatal n'est pas venu.
Allons ! tant qu'on aura à bord nourriture et boisson,
Ne songeons qu'à manger et à ne pas mourir de faim.»
    Je dis, et aussitôt ils obéirent à ma voix.
Se découvrant le front, ils aperçurent le grand cerf
180 Au bord des flots amers ; c'était un véritable monstre.

174

Quand de leurs yeux ils l'eurent contemplé tout à loisir,
On se lava les mains pour préparer un grand repas.
Tout au long de ce jour, jusques au coucher du soleil,
Nous restâmes à savourer bon vin et force viandes.
Le soleil une fois couché et l'ombre descendue,   185
Chacun s'étendit pour dormir sur la grève de mer.
    Lorsque au petit matin parut l'aurore aux doigts de rose,
J'appelai tous mes gens à l'assemblée et je leur dis :
    «Compagnons, malgré tant de maux soufferts, écoutez-moi !
Mes amis, nul ne sait où sont le couchant ni l'aurore,   190
Ni où le soleil des vivants s'enfonce sous la terre
Ni où il reparaît. Délibérons donc au plus vite.
Reste-t-il encore un parti ? pour moi, je n'en crois rien.
Du sommet rocheux où j'étais, j'ai découvert une île
Que couronnait de toute part la mer illimitée.   195
Elle est plate, et j'ai aperçu de loin une fumée
En son milieu, parmi des bois et d'épaisses chênaies.»
    A ces mots, leur cœur se brisa. Ils repensaient aux crimes
Du Lestrygon Antiphatès, et au mal qu'avait fait
Le valeureux Cyclope, ce mangeur de chair humaine.   200
Ils pleuraient à grands cris et versaient des torrents de larmes ;
Mais leurs gémissements ne nous étaient d'aucun secours.
Alors, faisant l'appel de tous mes compagnons guêtrés,
J'en formai deux partis, qui reçurent chacun leur chef :
Moi d'un côté, et de l'autre le divin Euryloque.   205
En hâte on secoua les sorts dans un casque de bronze ;
Il en sauta celui d'Euryloque le magnanime,
Qui se mit en chemin avec ses vingt-deux compagnons,
Tout éplorés et ne laissant que larmes derrière eux.
    Ils découvrirent dans un val, en un lieu dégagé,   210
La maison de Circé avec ses murs de pierres lisses.

175

Autour se tenaient des lions et des loups de montagne,
Que la déesse avait charmés par ses drogues funestes.
Mais loin de sauter sur mes gens, les fauves se levèrent
215 Et vinrent les flatter en agitant leurs longues queues.
Comme l'on voit des chiens flatter leur maître quand il rentre
D'un festin, car il a toujours pour eux quelque douceur :
Ainsi lions et loups griffus flattaient mes compagnons,
Qui tremblaient de frayeur en voyant ces monstres terribles.
220 Arrivés sous l'auvent de la déesse aux belles boucles,
Ils entendent Circé chanter dedans à pleine voix
Et tisser une toile aussi divine que le sont
Les beaux et fins et gracieux ouvrages des déesses.
Le premier qui parla fut Politès, chef de guerriers ;
225 De tous mes gens, c'était le plus cher et le plus sensé :
    «Amis, quelqu'un tisse une grande toile, là-dedans,
Et chante un si beau chant que tout le sol en retentit.
Est-ce une femme, une déesse ? appelons-la bien vite !»
    A ces mots, ils se mirent tous à crier leur appel.
230 Circé sortit en hâte, ouvrit la porte scintillante
Et les pria d'entrer ; et tous ces grands fous de la suivre !
Euryloque resta dehors, ayant flairé l'embûche.
Elle les conduisit vers les sièges et les fauteuils ;
Puis, leur ayant battu fromage, farine et miel vert
235 Dans du vin de Pramnos, elle versa dans ce mélange
Un philtre qui devait leur faire oublier la patrie,
Le leur servit à boire et, les frappant de sa baguette,
Alla les enfermer au fond de son étable à porcs.
De ces porcs ils avaient la tête et la voix et les soies
240 Et le corps, mais l'esprit, en eux, était resté le même.
Ainsi parqués, ils pleurnichaient, cependant que Circé
Leur jetait à tous à manger glands, faînes et cornouilles,

Qui sont la pâture ordinaire aux cochons qui se vautrent.
    Euryloque accourut en hâte au noir vaisseau rapide
Nous informer du triste sort qu'avaient subi les siens.   245
Mais malgré son envie, il ne pouvait dire un seul mot,
Tant le chagrin l'avait brisé ; ses yeux se remplissaient
De larmes, et son cœur ne pensait plus qu'à sangloter.
Mais lorsque, stupéfaits, nous l'eûmes tous interrogé,
Il finit par nous raconter la perte de ses gens :   250
    «Nous avions, sur ton ordre, atteint les chênes, noble Ulysse,
Lorsque, au fond d'un vallon, nous trouvâmes un beau palais,
Bâti de pierres lisses, dans un endroit découvert.
Là, tissant au métier, quelqu'un chantait à pleine voix,
Femme ou déesse. Alors nous lui criâmes notre appel.   255
Elle sortit en hâte, ouvrit la porte scintillante
Et nous pria d'entrer ; et tous ces grands fous de la suivre !
Moi seul j'étais resté dehors, ayant flairé l'embûche.
La troupe entière a disparu, aucun n'est ressorti ;
Pourtant je suis resté longtemps à guetter leur venue.»   260
    Alors, accrochant sur mon dos mon grand glaive de bronze
Garni de clous d'argent, ainsi que mon arc et mes flèches,
J'invitai Euryloque à me guider jusque là-bas.
Mais lui, prenant à deux mains mes genoux, me supplia
Et dit ces mots ailés, entrecoupés de lourds sanglots :   265
    «Ne m'y oblige pas, enfant de Zeus ; repars sans moi.
Je sais que tu ne pourras revenir ni ramener
Aucun des tiens. Ah ! fuyons au plus vite avec les autres ;
De la sorte on échappera peut-être au jour fatal.»
    A ces mots, je pris la parole et je lui répondis :   270
    «Reste donc ici, Euryloque, à l'endroit où tu es,
A boire et à manger au flanc de notre noir vaisseau.
Moi, je m'en vais, car le devoir impérieux m'appelle.»

Sur ce, je m'éloignai de mon navire et de la mer.
275 Mais comme dans ma course à travers le vallon sacré
J'allais atteindre le palais de la magicienne,
Hermès à la baguette d'or vint au-devant de moi,
Non loin de la demeure. Il avait l'aspect d'un jeune homme
A la barbe naissante et dans tout l'éclat de son âge.
280 Me saisissant la main, il prit la parole et me dit :
     «Où vas-tu, malheureux, tout seul, à travers ces collines,
Sans connaître les lieux ? Tes compagnons sont chez Circé,
Parqués comme des porcs dans des cabanes bien fermées.
Tu viens les délivrer ? Mais sache bien que toi non plus
285 Tu n'en reviendras pas, tu resteras où sont les autres.
Cependant je vais te tirer d'affaire et te sauver.
Si tu veux entrer chez Circé, prends cette herbe de vie ;
Son effet bienfaisant t'évitera le jour fatal.
Apprends de moi tous les desseins funestes de Circé.
290 Elle te fera un mélange et y mettra sa drogue,
Mais sans pouvoir t'ensorceler, car cette herbe de vie
Que je vais te donner l'empêchera. Ecoute bien :
Dès que Circé t'aura frappé de sa longue baguette,
Alors tire le glaive aigu qui te pend à la cuisse
295 Et jette-toi sur elle, en faisant mine de l'occire.
Tremblante, elle te pressera de partager sa couche.
Garde-toi bien de refuser le lit d'une déesse,
Si tu veux délivrer tes gens et rentrer sans encombre.
Mais fais-la te prêter le grand serment des Bienheureux
300 Qu'elle ne trame contre toi nul autre mauvais coup
Pour te prendre, ainsi nu, ta force et ta virilité.»
     A ces mots, le Tueur d'Argus tira du sol une herbe
Et me l'offrit, non sans m'apprendre à bien la reconnaître.
La racine en est noire, et sa fleur blanche comme lait.

Les dieux lui donnent le nom de *moly*, et les mortels   305
Ont bien du mal à l'arracher ; mais les dieux peuvent tout.
    Cela fait, Hermès regagna les sommets de l'Olympe
En prenant par les bois, cependant que je me rendais
Au palais de Circé, le cœur plein de mille pensées.
Arrivé sous l'auvent de la déesse aux belles boucles,   310
Je me mis à crier. La déesse entendit ma voix ;
Elle sortit en hâte, ouvrit la porte scintillante
Et me pria d'entrer. Je la suivis, le cœur chagrin.
Elle me fit asseoir en un fauteuil aux clous d'argent,
Un beau siège incrusté et muni d'une barre à pieds.   315
Toute à ses noirs desseins, elle prépara le breuvage
Dans une coupe d'or et, y ayant versé sa drogue,
Me fit boire le tout, sans que la magie opérât ;
Puis, me frappant de sa baguette, elle me dit ces mots :
    «Va coucher dans l'étable à porcs avec tes compagnons !»   320
    Alors, tirant mon glaive aigu qui pendait à ma cuisse,
Je sautai sur Circé, en faisant mine de l'occire.
Elle pousse un grand cri, se jette à mes genoux, les prend
Et, tout en gémissant, me dit ces paroles ailées :
    «Qui es-tu ? d'où viens-tu ? quels sont tes parents, ta cité ?   325
Quel grand miracle ! quoi ! ce philtre est sans effet sur toi !
Jamais aucun mortel n'a résisté à cette drogue,
Pour peu qu'il en ait bu et qu'elle ait passé par ses dents.
Il faut qu'en ta poitrine habite un esprit invincible.
Tu es donc cet Ulysse aux mille tours, dont si souvent   330
Hermès à la baguette d'or m'annonçait qu'il viendrait
A son retour de Troie avec sa nef rapide et noire !
Allons ! rengaine ton épée et montons tous les deux
Sur cette couche, afin qu'unis par une même étreinte
Nous puissions, forts de cet amour, nous fier l'un à l'autre.»   335

A ces mots, je pris la parole et je lui répondis :
«Circé, pourquoi veux-tu que je te fasse bon visage,
Toi qui, dans ce palais, as changé tous les miens en porcs
Et qui, m'ayant ici, m'invites si traîtreusement
340 A entrer dans ta chambre et à me coucher sur ton lit,
Pour me prendre, ainsi nu, ma force et ma virilité ?
Non, je ne saurais consentir à monter sur ta couche,
Si tu n'acceptes de jurer le grand serment des dieux
Que tu ne trames contre moi nul autre mauvais coup.»
345 Je dis, et aussitôt, suivant mon ordre, elle jura.
Une fois qu'elle eut prononcé et scellé le serment,
J'allai m'étendre sur le lit superbe de Circé.
Cependant les servantes s'affairaient par la demeure.
Il y en avait quatre à s'occuper de ce logis,
350 Et toutes quatre étaient enfants des sources, des bosquets
Et des fleuves sacrés qui se déversent dans la mer.
L'une, sur les fauteuils, ayant disposé des linons,
Etalait par-dessus de merveilleux tissus de pourpre ;
Une deuxième en approchait des tables en argent
355 Et plaçait sur chacune d'elles des corbeilles d'or ;
La troisième versait un doux vin au fumet de miel
Dans un vase d'argent et disposait des coupes d'or.
La dernière apporta de l'eau et ranima le feu
Sous un large trépied, où cette eau se mit à chauffer.
360 Dès qu'elle eut fait bouillir cette eau dans le bronze luisant,
Elle me conduisit au bain et, ayant tiédi l'eau
De ce trépied, m'en inonda la tête et les épaules,
Afin de chasser de mon corps l'épuisante fatigue.
Une fois qu'elle m'eut lavé et frotté d'huile fine,
365 Elle me revêtit d'un beau manteau et d'une robe
Et me fit prendre place en un fauteuil aux clous d'argent,

180

Un beau siège incrusté et muni d'une barre à pieds.
Une servante apporta une belle aiguière en or
Et me versa l'eau pour les mains sur un bassin d'argent ;
Puis elle dressa devant moi une table polie ;   370
Une digne intendante s'avança, portant le pain,
Et me servit force bons plats tirés de ses réserves.
Circé me pria de manger ; mon cœur n'y était pas,
Je restais là, l'esprit ailleurs, et je craignais le pire.

    Quand Circé vit que je restais cloué sur mon fauteuil,   375
Sans toucher à mon pain et le cœur brisé par la peine,
Elle se plaça près de moi et dit ces mots ailés :
    «Ulysse, qu'as-tu donc à rester là comme un muet,
A te ronger le cœur, sans toucher au pain ni au vin ?
Crains-tu quelque autre sortilège ? Allons ! rassure-toi :   380
N'ai-je pas juré devant toi le plus grand des serments ?»
    A ces mots, je pris la parole et je lui répondis :
«O Circé, est-il un seul homme ayant quelque raison
Qui oserait porter ce pain ou ce vin à ses lèvres,
Avant d'avoir vu de ses yeux ses amis délivrés ?   385
Si c'est d'un cœur loyal que tu m'invites à manger,
Délivre mes chers compagnons et fais que je les voie !»
    Comme je lui parlais, Circé traversa la grand-salle,
Sa baguette à la main, et ouvrit l'étable à cochons.
Elle en tira mes gens, gras comme des porcs de neuf ans.   390
Ils se mirent debout devant Circé, qui s'approcha
De chacun d'eux et les frotta d'une drogue nouvelle.
Leurs membres perdirent les poils qui les avaient couverts
Sous l'effet du poison donné par l'auguste déesse.
Ils redevinrent de nouveau des hommes, mais plus jeunes   395
Et bien plus beaux et de plus grande taille qu'ils n'étaient.
Sitôt qu'ils m'eurent reconnu, chacun me prit la main

Et se mit à pleurer de joie ; un tapage terrible
Régnait dans la maison ; Circé même s'attendrissait.
400 Lors, s'approchant de moi, la toute divine me dit :
     «Divin rejeton de Laërte, industrieux Ulysse,
Regagne à présent ta rapide nef au bord des flots.
Commencez par tirer votre navire sur la grève ;
Déposez vos agrès et tous vos biens au fond des grottes ;
405 Puis reviens et ramène ici tes braves compagnons.»
     Elle dit, et mon noble cœur s'empressa d'obéir.
Je regagnai mon rapide navire au bord des flots.
Je retrouvai au prompt vaisseau mes braves compagnons
Gémissant tristement et versant des torrents de larmes.
410 Comme des veaux parqués assaillent le troupeau des mères,
Quand, leur panse garnie, elles reviennent à l'étable ;
On les voit tous bondir à leur rencontre, et les clôtures
Ne les retiennent plus ; ils courent autour de leurs mères,
Tout en meuglant : ainsi firent les miens en me voyant.
415 Ils vinrent en pleurant à ma rencontre ; il leur semblait
Se retrouver dans la rocheuse Ithaque, leur patrie,
Et dans la ville même où ils naquirent et grandirent.
Et, tout en gémissant, ils me disaient ces mots ailés :
     «Ton retour, nourrisson de Zeus, nous cause autant de joie
420 Que si nous nous trouvions dans notre patrie, à Ithaque.
Mais va ! dis-nous comment sont morts nos autres compagnons.»
     A ces mots, je leur répondis, d'un ton plein de douceur :
«Commençons par tirer notre navire sur la grève ;
Déposons nos agrès et tous nos biens au fond des grottes ;
425 Puis apprêtez-vous tous, tant que vous êtes, à me suivre
Au divin logis de Circé ; vous pourrez voir nos hommes
En train de boire et de manger ; ils ont tout à foison.»
     Ainsi parlai-je, et ils suivirent sans retard mes ordres.

Seul Euryloque s'efforça de retenir mes gens.
Les prenant à partie, il dit ces paroles ailées : 430
  «Malheur ! où allons-nous ? vous désirez donc votre perte ?
Pourquoi descendre au palais de Circé ? cette déesse
Vous changera tous en pourceaux, en loups ou en lions
Et vous obligera de garder sa grande demeure.
Ainsi avait fait le Cyclope, quand nos compagnons 435
Entrèrent dans sa bergerie avec le fier Ulysse ;
C'est bien son orgueil insensé déjà qui les perd.»
  A ces mots, je délibérai dans le fond de mon cœur :
Tirant mon glaive aigu au long de ma cuisse musclée,
Allais-je lui trancher la tête et l'envoyer à terre, 440
Bien que ce fût mon très proche parent ? Mais tous les miens
M'en dissuadaient à l'envi de leurs mots les plus doux :
  «Cher nourrisson de Zeus, laissons-le là, si tu le veux.
Il n'aura qu'à rester à bord pour garder notre nef.
Quant à nous autres, conduis-nous au temple de Circé.» 445
  A ces mots, nous quittâmes le navire et le rivage.
Mais Euryloque, au lieu de rester près du creux vaisseau,
Vint avec nous, tant ma fureur l'avait épouvanté.
  Pendant ce temps, Circé, dans sa demeure, avec grand soin,
Baignait mes autres compagnons, les frottait d'huile fine 450
Et les vêtait d'une tunique et d'un manteau de laine.
Nous les trouvâmes tous à festoyer dans la grand-salle.
On se chercha des yeux, on se retrouva face à face,
On pleura, on gémit ; ce n'étaient partout que sanglots.
Lors, s'approchant de moi, la divine Circé me dit : 455
  «Divin rejeton de Laërte, industrieux Ulysse,
Arrêtez ces gémissements ; je sais bien, moi aussi,
Quels tourments vous avez soufferts sur la mer aux poissons,
Quel mal sur terre vous ont fait les hommes sans justice.

460 Mais allons ! prenez de ces mets et buvez de ce vin,
Jusqu'à ce que vous retrouviez en vous la même ardeur
Que celle qui vous fit jadis quitter votre patrie,
Ithaque et ses rochers. Vous voilà sans élan, sans force,
Ne songeant qu'à vos tristes errements, et votre cœur,
465 Pour avoir tant souffert, ne goûte plus aucune joie.»
A ces mots, nos cœurs généreux se laissèrent fléchir.
C'est ainsi que, jour après jour, jusqu'au bout de l'année,
Nous restâmes à savourer bon vin et force viandes.
Mais lorsque, au bout d'un an, ce fut de nouveau le printemps
470 Et que le défilé des mois ramena les longs jours,
Mes compagnons fidèles, me prenant à part, me dirent :
«Malheureux ! il est temps de repenser à la patrie,
Si ton destin est bien que tu reviennes sans encombre
Dans ta haute demeure et dans le pays de tes pères.»
475 A ces mots, mon cœur généreux s'empressa d'obéir.
Tout au long de ce jour, jusques au coucher du soleil,
Nous restâmes à savourer bon vin et force viandes.
Le soleil une fois parti et l'ombre descendue,
Mes gens allèrent se coucher dans l'ombre de la salle.
480 Pour moi, je montai sur le lit superbe de Circé
Et lui pris les genoux. La déesse prêta l'oreille,
Et je dis, élevant la voix, ces paroles ailées :
«Circé, accomplis la promesse que tu m'avais faite
De me remettre à mon foyer ; c'est mon plus cher désir,
485 C'est aussi celui de mes gens, qui me fendent le cœur
A se lamenter près de moi, si peu que tu t'éloignes.»
Ainsi parlai-je, et la toute divine de répondre :
«Divin rejeton de Laërte, industrieux Ulysse,
Vous ne resterez pas à contrecœur dans ma maison.
490 Mais il vous faut d'abord accomplir un autre voyage,

Vous rendre chez Hadès et la terrible Perséphone,
Pour y consulter l'ombre du Thébain Tirésias,
De ce devin aveugle, mais toujours aussi lucide,
Car c'est le seul être à qui Perséphone, après sa mort,
Ait laissé la raison ; le reste n'est qu'ombres flottantes.»   495
    En entendant ces mots, je sentis mon cœur se briser.
Je m'étais assis sur la couche et je versais des larmes.
A quoi bon vivre encore et voir la clarté du soleil ?
Enfin, quand je me fus assez roulé dans ma douleur,
Je repris la parole et je lui dis ces mots ailés :   500
    «Mais qui nous guidera, Circé, pour faire un tel voyage ?
Jamais encore un noir vaisseau n'a pu gagner l'Hadès.»
    Ainsi parlai-je, et la toute divine de répondre :
«Divin rejeton de Laërte, industrieux Ulysse,
Tu n'auras pas besoin d'avoir un pilote à ton bord.   505
Sitôt le mât dressé, les blanches voiles déployées,
Tu laisseras courir ta nef au souffle du Borée.
Quand ton vaisseau arrivera au bout de l'Océan,
Tu verras, au détour d'un cap, le bois de Perséphone,
Planté de saules aux fruits morts et de hauts peupliers.   510
Echoue alors ta nef près des remous de l'Océan,
Puis va rejoindre à pied le putride séjour d'Hadès,
Au lieu où l'Achéron reçoit le Pyriphlégéthon
Ainsi que le Cocyte dont les eaux viennent du Styx.
Une roche s'élève au confluent tonnant des fleuves.   515
C'est là qu'il faut aller, seigneur, c'est moi qui te l'ordonne.
Creuse alors un grand trou carré, d'une coudée ou presque ;
Verse autour, à tous les défunts, les trois libations,
D'abord le lait miellé, puis le vin doux, l'eau pure enfin,
Et saupoudre le trou avec de la farine blanche.   520
Invoque longuement les morts, ces têtes impalpables ;

Promets que, de retour chez toi, tu leur sacrifieras
Ta plus belle génisse en un bûcher garni d'offrandes ;
Promets en outre d'immoler au seul Tirésias
525 Un grand bélier tout noir, le meilleur de tout le troupeau.
Quand tu auras prié les illustres tribus des morts,
Fais-leur l'offrande d'un agneau et d'une brebis noire,
En les tournant face à l'Erèbe, et ne regarde, toi,
Que les courants du fleuve ; alors s'approcheront en foule
530 Les ombres des défunts qui se sont couchés dans la mort.
Ce sera le moment de dire et d'ordonner aux tiens
D'écorcher le bétail dont l'airain cruel a tranché
La gorge, et de rôtir le tout en adjurant les dieux,
Le tout-puissant Hadès et la terrible Perséphone.
535 Puis, tirant le glaive pointu qui te pend à la cuisse,
Reste assis et défends aux morts, à ces têtes sans force,
De s'approcher du sang, que n'ait parlé Tirésias.
Alors, chef de guerriers, tu verras venir le devin,
Et c'est de lui que tu sauras la route et les distances,
540 Et comment rentrer au pays par la mer poissonneuse.»
    A ces mots, voici qu'apparut l'aurore au trône d'or.
Circé me revêtit d'une tunique et d'un manteau ;
La nymphe à son tour se drapa d'un grand châle brillant,
Léger et gracieux, se mit une écharpe dorée
545 Autour des reins et se couvrit la tête d'un long voile.
Courant à travers le palais pour réveiller mes gens,
J'allai de l'un à l'autre et leur dis ces douces paroles :
    «Assez dormi ! arrachez-vous aux douceurs du sommeil !
Il faut partir, tel est l'arrêt de l'auguste Circé.»
550   A ces mots, leur cœur généreux s'empressa d'obéir.
Mais de ce lieu non plus je ne pus sauver tous mes gens.
Le plus jeune d'entre eux était un certain Elpénor,

Guère vaillant dans les combats et peu ferme d'esprit.
Alourdi par le vin et cherchant un peu de fraîcheur,
Il s'était couché loin de nous sur le toit du logis.   555
Au lever de mes gens, en entendant leurs voix, leurs pas,
Il bondit en sursaut et oublia où il était ;
Au lieu de reculer pour prendre le grand escalier,
Marchant droit devant lui, il tomba du toit, se brisa
Les vertèbres du cou, et son âme gagna l'Hadès.   560
Mes gens une fois réunis, je leur tins ce discours :
     «Vous croyiez bien rentrer chez vous, au pays de vos pères.
Mais Circé nous assigne, hélas ! un tout autre voyage
Chez le puissant Hadès et la terrible Perséphone,
Pour y consulter l'ombre du Thébain Tirésias.»   565
     En entendant ces mots, chacun sentit son cœur se rompre.
Cloués sur place, ils sanglotaient, s'arrachaient les cheveux ;
Mais ces gémissements ne leur étaient d'aucun secours.
     Tandis que vers le prompt navire et le bord de la mer
Nous marchions tristement, tout en pleurant à chaudes larmes,   570
Circé était venue auprès de notre noir vaisseau
Y attacher un agneau mâle et une brebis noire,
En échappant sans peine à nos regards ; car quand un dieu
Cherche à passer inaperçu, quels yeux pourraient le voir ?

CHANT XI

"Aussitôt que l'on eut rejoint le vaisseau et la mer,
On tira d'abord le navire à la vague divine ;
Et on rangea mât et voilure dans le noir vaisseau.
Nous fîmes monter les deux bêtes, puis nous embarquâmes
A notre tour, tout tristes et pleurant à chaudes larmes.   5
Alors, pour pousser le navire à la proue azurée,
Circé aux beaux cheveux, fière déesse à voix humaine,
Nous envoya un vent ami qui vint gonfler nos voiles.
Et quand on eut rangé tous les agrès dans le vaisseau,
On se laissa conduire par le vent et le pilote.   10
Tout le jour, nous courûmes sur la mer, voiles tendues.
Quand, au soleil couchant, l'ombre eut gagné toutes les rues,
On toucha les confins de l'Océan au cours profond.
      Là se trouve la ville où vivent les Cimmériens,
Un peuple noyé dans la brume et les vapeurs ; jamais   15
Le soleil éclatant n'y fait descendre ses rayons,
Ni pendant qu'il s'élève dans le ciel tout étoilé,
Ni quand du haut du firmament il revient vers la terre :
Une sinistre nuit s'étend sur ces infortunés.
Parvenus là, on échoua la nef, on débarqua   20
Les bêtes, puis, tout en suivant le cours de l'Océan,
On atteignit enfin l'endroit désigné par Circé.
      Là, pendant qu'Euryloque et Périmède maintenaient
Les bêtes, je tirai le glaive pendu à ma cuisse
Et creusai un carré ayant une coudée ou presque ;   25

189

Tout autour, je versai aux morts les trois libations,
D'abord le lait miellé, puis le vin doux, l'eau pure enfin,
Et je répandis sur le trou de la farine blanche.
J'invoquai longuement les morts, ces têtes impalpables,
30 Promettant qu'une fois rentré, je leur sacrifierais
Ma plus belle génisse en un bûcher rempli d'offrandes,
Et promettant au seul Tirésias de lui offrir
Un grand bélier bien noir, le meilleur de tout mon troupeau.
Quand j'eus prié et invoqué le peuple des défunts,
35 Je saisis les deux bêtes, puis je leur tranchai la gorge
Sur le trou ; le sang noir coula ; et du fond de l'Erèbe,
Alors, les âmes des défunts s'approchèrent en foule :
Jeunes femmes, adolescents, vieillards chargés d'épreuves,
Tendres vierges portant au cœur leur tout premier chagrin,
40 Hommes sans nombre transpercés par le bronze des lances,
Guerriers tués et recouverts de leurs armes sanglantes.
A l'entour de la fosse, ils venaient de partout, en masse,
Avec d'horribles cris ; et moi, je verdissais de peur.
Alors, d'un ton pressant, j'enjoignis à mes compagnons
45 De dépouiller, puis de brûler les bêtes dont l'airain
Cruel avait tranché la gorge, en adjurant les dieux,
Le tout-puissant Hadès et la terrible Perséphone.
Puis, tirant le glaive pointu qui pendait à ma cuisse,
Je restai à défendre aux morts, à ces têtes sans force,
50 De s'approcher du sang avant qu'eût parlé le devin.
        La première à se présenter fut l'ombre d'Elpénor.
Il n'avait pas encor sa tombe sous la vaste terre.
Pris par d'autres travaux, nous avions laissé en effet
Son corps au palais de Circé, sans pleurs ni sépulture.
55 Quand je le vis, la pitié me remplit les yeux de larmes,
Et, élevant la voix, je dis ces paroles ailées :

«O Elpénor, comment es-tu venu sous ces brouillards ?
Tu as été plus vite à pied que moi sur ma nef noire !»
   A ces mots, il me répondit en poussant des soupirs :
«Divin rejeton de Laërte, industrieux Ulysse,   60
Un dieu contraire et un excès de vin ont fait ma perte.
Couché sur le toit de Circé, j'avais tout oublié :
J'ai marché devant moi, j'ai chu, je me suis fracassé
Les vertèbres du cou, et mon âme a gagné l'Hadès.   65
Je t'en supplie au nom des tiens qui ne sont pas ici,
De ton épouse, de ton père, appui de ton enfance,
Et de ton Télémaque, laissé seul en ta demeure
(Car je sais qu'en partant d'ici, de la maison d'Hadès,
Tu conduiras ta bonne nef vers l'île d'Aiaia) :   70
Eh bien, je te supplie, ô roi, de ne pas m'oublier.
Avant de repartir, ne m'abandonne pas sans pleurs
Ni sépulture, car les dieux pourraient s'en irriter.
Brûle mon corps avec toutes les armes que j'avais
Et dresse-moi un tertre au bord de la grève écumante,   75
Afin qu'il dise mon malheur aux hommes à venir.
Fais tout cela et plante sur ma tombe l'aviron
Avec lequel, vivant, j'ai ramé au milieu de vous.»
   A ces mots, je pris la parole et je lui répondis :
«Tout cela, pauvre ami, je l'accomplirai de mes mains.»   80
   Ainsi restions-nous là tous deux, conversant tristement ;
Moi, à distance, je tenais le glaive sur le sang,
Et de l'autre côté son ombre me parlait toujours.
   C'est alors que survint l'ombre de ma défunte mère,
Anticléia, fille du magnanime Autolycos,   85
Encor vivante à mon départ pour la sainte Ilion.
Quand je la vis, la pitié me remplit les yeux de larmes ;
Mais malgré mon cuisant chagrin, je devais l'empêcher

191

De s'approcher du sang, avant qu'eût parlé le devin.
90 Alors apparut l'ombre du Thébain Tirésias,
Tenant son sceptre d'or. Il me reconnut et me dit :
«Divin rejeton de Laërte, industrieux Ulysse,
Pourquoi donc, malheureux, fuyant la clarté du soleil,
Viens-tu dans ce lieu sans douceur visiter les défunts ?
95 Ecarte-toi du trou, détourne ton glaive pointu,
Que je boive le sang et te dise la vérité.»
A ces mots, je me détournai et remis au fourreau
Mon glaive aux clous d'argent. Alors il vint boire au sang noir ;
Après quoi le devin parfait me parla en ces termes :
100 «C'est à un doux retour que tu aspires, noble Ulysse.
Mais un dieu va le rendre amer ; car je ne pense pas
Que l'Ebranleur du sol dépose jamais sa rancune :
Il t'en veut trop d'avoir ôté la vue à son enfant.
Pourtant, quels que soient vos malheurs, vous rentrerez chez vous,
105 Si tu sais maîtriser ton cœur et celui de tes gens.
Lorsque, après avoir échappé à la mer violette,
Tu conduiras ta bonne nef vers l'île Thrinacie,
Vous trouverez, paissant, les vaches et les gras moutons
Du dieu Soleil, ce dieu qui voit et entend toutes choses.
110 Si tu n'y touches pas et ne penses qu'à ton retour,
Quels que soient vos malheurs, vous pourrez rentrer dans Ithaque ;
Mais si vous y touchez, je puis te garantir la perte
De ton navire et de tes gens ; et si tu en réchappes,
Tu rentreras vieilli, brisé, tous tes hommes perdus,
115 Sur un vaisseau d'emprunt, pour trouver chez toi d'autres peines,
Des individus arrogants dévorant tes richesses,
Courtisant ton épouse et la comblant de leurs cadeaux.
Sitôt rentré, tu leur feras payer leurs violences.
Mais lorsque tu auras, par la ruse ou à découvert,

192

Tué chez toi les prétendants à la pointe du glaive, 120
Tu devras repartir en emportant ta bonne rame
Et aller jusque chez les gens qui ignorent la mer
Et n'ajoutent jamais de sel aux aliments qu'ils mangent ;
Ils ne connaissent donc ni les nefs aux flancs écarlates
Ni les rames en bois poli, ces ailes des navires. 125
Et voici, pour t'y retrouver, une marque certaine :
Lorsqu'un passant, croisant ta route, te demandera
Pourquoi, sur ta brillante épaule, est cette pelle à grains,
Il te faudra planter ta bonne rame dans la terre
Et offrir un beau sacrifice au seigneur Poséidon, 130
Bélier, taureau, verrat de taille à couvrir une truie.
Puis, de retour chez toi, offrir de saintes hécatombes
A tous les Immortels qui règnent sur le vaste ciel,
Selon l'ordre prescrit ; après quoi la mer t'enverra
La plus douce des morts, qui ne te prendra qu'épuisé 135
Par une vieillesse bénie, ayant autour de toi
Des peuples fortunés. Voilà l'exacte vérité.»
    A ces mots, je pris la parole et je lui répondis :
«Tirésias, tel est le sort que les dieux m'ont filé.
Mais allons ! parle-moi sans feinte et réponds point par point : 140
J'aperçois devant moi l'ombre de ma défunte mère ;
Elle se tient muette près du sang et n'ose pas
Regarder dans les yeux son fils ni même lui parler.
Dis-moi, seigneur, comment je peux me faire reconnaître.»
    Ainsi parlai-je ; et lui tout aussitôt de me répondre : 145
«La chose est facile à te dire et tu vas la comprendre.
Tout défunt couché dans la mort à qui tu permettras
De s'approcher du sang dira l'exacte vérité ;
Ceux que tu en écarteras retourneront là-bas.»
    Sur ce, l'ombre du roi Tirésias redescendit 150

Dans la maison d'Hadès, ayant achevé ses oracles.
Mais moi je restai immobile, attendant que ma mère
Vînt boire le sang noir. Alors elle me reconnut
Et, tout en gémissant, me dit ces paroles ailées :
155   «Mon fils, comment es-tu venu vivant sous ce brouillard
Obscur ? Ces lieux ne s'offrent guère aux regards des vivants.
Entre eux et nous sont de grands fleuves et d'affreux courants,
Et d'abord l'Océan, que rien ne permet de franchir
A pied, mais pour lequel il faut avoir un bon navire.
160   Reviens-tu de Troade après avoir longtemps erré
Sur ton navire avec tes gens, et n'as-tu pas encore
Rejoint Ithaque et retrouvé ta femme en ton palais ?»
    A ces mots, je pris la parole et je lui répondis :
«Ma mère, il m'a fallu descendre jusque chez Hadès
165   Pour interroger l'ombre du Thébain Tirésias.
Non, je suis encor loin de l'Achaïe et n'ai point mis
Le pied sur notre sol. Je traîne sans fin ma misère,
Depuis le jour où j'ai suivi le divin fils d'Atrée
Vers la riche Ilion pour y combattre les Troyens.
170   Mais allons ! parle-moi sans feinte et réponds point par point.
Quel destin t'a soumise aux rigueurs du dernier sommeil ?
Fut-ce une longue maladie ? ou l'Archère Artémis
A-t-elle décoché sur toi sa flèche la plus douce ?
Parle-moi de mon père et de mon fils laissés là-bas.
175   Ont-ils encore le pouvoir en main, ou est-ce un autre
Qui le détient ? A-t-on cessé de croire à mon retour ?
Dis-moi aussi ce que projette et pense mon épouse ;
Est-elle encore avec mon fils ? garde-t-elle mes biens ?
Ou a-t-elle épousé déjà quelque noble Achéen ?»
180   Je dis, et mon auguste mère alors de me répondre :
«Mon enfant, elle est toujours là, le cœur plein de courage,

Dans ton palais, où elle passe ses jours et ses nuits
A se lamenter tristement et à pleurer sans fin.
Nul ne détient encor ton beau pouvoir, et Télémaque
Gère paisiblement tes biens, prenant sa juste part   185
Aux festins coutumiers auxquels un arbitre est tenu.
On l'invite partout. Quant à ton père, il vit aux champs ;
Il ne vient même plus en ville. Il ne veut pour dormir
Ni matelas ni couvertures ni coussins moirés.
L'hiver, c'est au logis qu'il dort, avec les domestiques,   190
Près du feu, dans la cendre, et le corps couvert de haillons ;
Mais sitôt que revient l'été, puis l'automne et ses fruits,
C'est n'importe où, sur le penchant de son coteau de vignes,
Qu'il se couche par terre, au milieu d'un tapis de feuilles.
Il reste là, tout triste, et se consume de chagrin,   195
Espérant ton retour et ployant sous le faix de l'âge.
Ainsi ai-je péri moi-même et suivi mon destin.
Ce n'est point l'Archère infaillible, au sein de mon palais,
Qui m'a tuée en me frappant de sa plus douce flèche,
Ni une longue maladie, un de ces maux terribles   200
Qui enlèvent la vie en vous consumant tous les membres :
C'est le regret, c'est le souci de toi, mon noble Ulysse,
C'est mon amour pour toi qui m'ont ôté la douce vie.»
    Ainsi dit-elle, et aussitôt, d'un cœur bien décidé,
Je voulus embrasser l'ombre de ma défunte mère.   205
Trois fois je m'élançai ; mon cœur me pressait de l'étreindre ;
Mais trois fois, telle une ombre ou un songe, elle s'échappa
De mes mains, ne rendant que plus poignante ma douleur.
Je pris donc la parole et je lui dis ces mots ailés :
    «O mère, pourquoi me fuis-tu, lorsque je veux te prendre,   210
Afin que du moins chez Hadès, nous tenant embrassés,
Nous puissions goûter tous les deux le frisson des sanglots ?

La noble Perséphone n'aurait-elle suscité
Ton ombre que pour augmenter mes larmes et mes plaintes ?»
215   Je dis, et mon auguste mère aussitôt de répondre :
«Hélas ! mon fils, le plus infortuné de tous les êtres !
Tu n'es pas le jouet de la divine Perséphone.
Mais telle est la loi des humains quand la mort les saisit :
Il n'y a plus de nerfs pour tenir la chair et les os ;
220   Tout cède à la puissante ardeur de la flamme brûlante,
Dès l'instant que l'âme a quitté les ossements blanchis
Et que l'ombre s'est envolée et a fui comme un songe.
Va, cours vers la lumière et retiens bien toutes ces choses,
Pour que tu puisses les redire ensuite à ton épouse.»
225   Comme nous conversions ainsi, nous vîmes arriver
Les femmes que faisait sortir l'auguste Perséphone,
Tout un essaim d'épouses et de filles de grands princes.
A l'entour du sang noir elles s'amassaient en grand nombre.
Dès lors, je songeai au moyen d'interroger chacune.
230   Voici le parti qu'en mon cœur je trouvai le meilleur :
Tirant mon glaive aigu au long de ma cuisse musclée,
Je ne les laissai s'abreuver de sang noir qu'une à une.
Approchant donc à tour de rôle, elles me racontèrent
L'histoire de leur race, et je les fis toutes parler.
235   En premier lieu je vis Tyro, fille d'un noble père ;
A l'en croire, elle descendait du brave Salmonée
Et avait épousé Créthée, un des fils d'Aiolos.
Elle s'était éprise d'Enipée, un fleuve-dieu,
Et le plus beau de tous les fleuves coulant sur la terre ;
240   Aussi venait-elle souvent près de ses belles ondes.
Le puissant Ebranleur du sol prit les traits d'Enipée
Et se coucha près d'elle, au bord du fleuve tournoyant ;
Le flot en bouillonnant se dressa comme une montagne

196

Et sa voûte dissimula la mortelle et le dieu,
Qui dénoua sa ceinture de vierge et l'endormit.   245
Puis, quand le dieu eut achevé les travaux de l'amour,
Il la prit par la main et dit en s'adressant à elle :
    «Femme, réjouis-toi ! de cette étreinte, avant un an,
Naîtront de superbes enfants, car la couche des dieux
N'est point stérile ; à toi de les soigner, de les nourrir.   250
Rentre donc au logis, tais-toi et ne dis pas mon nom ;
Mais sache que je suis le puissant Ebranleur du sol !»
    A ces mots, le dieu replongea sous la mer écumante.
Quant à la nymphe, elle engendra Pélias et Nélée,
Qui devinrent tous deux les vaillants serviteurs de Zeus.   255
Tandis que Pélias vivait dans la vaste Iolchos
Riche en moutons, Nélée habitait la Pylos des Sables.
Mais cette reine eut encor d'autres enfants de Créthée :
Eson, Phérès et le fier cavalier Amythaon.
    Ensuite je vis Antiope, fille d'Asopos,   260
Qui se vantait d'avoir dormi entre les bras de Zeus ;
Elle en avait conçu deux fils, Amphion et Zétos,
Les premiers fondateurs de Thèbes, la ville aux sept portes,
Qu'ils munirent de tours, car, malgré leur rare vaillance,
Ils n'auraient pu sans tours habiter cette vaste ville.   265
    Ensuite je vis l'épouse d'Amphitryon, Alcmène,
Qui, pour avoir un jour dormi dans les bras du grand Zeus,
Conçut le vaillant Héraclès à l'âme de lion,
Ainsi que Mégaré, fille du superbe Créon,
Qui épousa le fils de l'invincible Amphitryon.   270
    Puis je vis la mère d'Œdipe, la belle Epicaste.
Elle commit, sans le savoir, un monstrueux forfait :
Elle épousa son fils, qui tua son père et devint
Son mari. Les dieux dévoilèrent aussitôt son crime.

275 Il régna sur les Cadméens, dans la charmante Thèbes,
Mais torturé de maux par le cruel arrêt des dieux,
Tandis qu'elle gagnait l'Hadès puissamment verrouillé ;
De désespoir, elle avait attaché un grand lacet
A une poutre du plafond, réservant à son fils
280 Tous les maux que peut déchaîner une mère outragée.

Je vis la très belle Chloris, que Nélée autrefois
Choisit pour sa beauté moyennant des cadeaux sans nombre,
Fille cadette d'Amphion, ce puissant Iaside,
Qui régna autrefois sur Orchomène et les Minyens.
285 Reine des Pyliens, elle eut de lui de beaux enfants,
Nestor et Chromios et le vaillant Périclymène
Et la noble Péro, cette merveille de la terre,
Que courtisaient tous les voisins. Mais son père voulait
Ne la donner qu'à qui ramènerait de Phylaké
290 Les bœufs cornus au large front du puissant Iphiclès,
Des bœufs rétifs que seul l'illustre devin se targua
De dérober. Il en fut empêché par le destin
D'un dieu cruel, car les bouviers l'ayant ligoté bien fort.
Cependant, quand des jours, des mois se furent écoulés,
295 Que l'année eut pris fin et que le printemps reparut,
Alors le puissant Iphiclès relâcha le devin
Qui avait tout prédit ; ainsi Zeus l'avait-il voulu.

Je vis également Léda, la femme de Tyndare,
Qui avait conçu de ce roi deux fils audacieux,
300 Castor, le fier dompteur, et Pollux, le bon pugiliste.
Ils restent vivants tous les deux sous la terre féconde ;
Cependant, même là en-bas, Zeus les comble d'honneurs :
Un jour sur deux, ils sont tantôt vivants et tantôt morts
Et sont gratifiés des mêmes honneurs que les dieux.
305 Je vis aussi Iphimédée, épouse d'Alôeus,

Qui racontait que Poséidon avait eu son amour ;
Deux fils en étaient nés, qui ne vécurent pas longtemps,
Othos, digne rival des dieux, et l'illustre Ephialte,
Les plus grands êtres qu'ait jamais nourris la terre aux blés
Et de loin les plus beaux, après le célèbre Orion.   310
A l'âge de neuf ans, ils avaient jusqu'à neuf coudées
De large, et en hauteur ils atteignaient bien les neuf brasses.
Aussi avaient-ils menacé tous deux les Immortels
De porter leur sauvage assaut et leurs cris dans l'Olympe ;
Pour monter jusqu'au ciel, ils voulaient entasser sur lui   315
L'Ossa, et sur l'Ossa, le Pélion aux bois tremblants.
Ils auraient réussi, s'ils avaient atteint l'âge d'homme.
Mais le fils né de Zeus et de Léto aux beaux cheveux
Les fit périr tous deux, avant que le poil eût fleuri
Leur tempe et qu'un duvet en fleur eût ombragé leurs joues.   320
      Je vis aussi Phèdre et Procris et la belle Ariane,
La fille du cruel Minos, que Thésée autrefois
Conduisit de la Crète aux coteaux d'Athènes la sainte ;
Mais il n'en jouit pas : Dionysos la dénonça,
Et Artémis la fit périr dans l'île de Dia.   325
      Je vis aussi Maira, Clymène et l'horrible Eriphyle,
Qui vendit son époux en échange d'un bon poids d'or.
De combien de héros je vis les femmes et les filles !
Le temps de toutes les nommer et de les dénombrer,
La nuit divine aurait passé. Il est temps de dormir,   330
Soit que je regagne ma nef ou que je reste ici.
Je remets aux dieux et à vous le soin de mon départ."
      A ces mots, ils restèrent tous silencieux et cois,
Tant le charme opérait sur eux, dans l'ombre de la salle.
Arété aux bras blancs finit par prendre la parole :   335
      "Eh bien, Phéaciens, que dites-vous de ce héros ?

Est-il beau, est-il grand ! a-t-il un esprit pondéré !
Il est mon hôte, à moi, mais l'honneur rejaillit sur tous.
Ne le renvoyez pas trop vite et, vu son dénuement,
340   N'hésitez pas à lui donner quelques présents de plus,
Vous qui, par la faveur des dieux, regorgez de richesses."
   Le vieux héros Echénoos (de tous les Phéaciens
C'était le plus âgé) prit alors la parole et dit :
   "Notre très sage reine, amis, parle selon nos vœux
345   Et selon notre attente ; il nous faut suivre son conseil.
Alkinoos est là ; à lui d'agir et de parler."
   Alors Alkinoos prit la parole pour répondre :
"Il en sera comme la reine a dit, s'il m'est donné
De vivre en gouvernant nos bons rameurs de Phéacie.
350   Mais que notre hôte veuille bien, quelle que soit sa hâte,
Rester ici jusqu'à demain, le temps que je rassemble
Tous les présents ; nos gens s'occuperont de son départ,
Et moi plus que tout autre, étant le maître de ce peuple."
   Alors Ulysse l'avisé prit la parole et dit :
355   "Puissant Alkinoos, gloire et honneur de tout ce peuple,
Quand vous m'inviteriez à rester ici, fût-ce un an,
Pour obtenir de vous un prompt retour et de beaux dons,
Comment pourrais-je refuser ? j'aurais tout avantage
A revenir dans mon pays avec des mains plus pleines ;
360   Je n'en serais que plus aimé et que plus respecté
De tous ceux qui me verraient reparaître dans Ithaque."
   Alors Alkinoos prit la parole et répondit :
"Ulysse, en te voyant, qui donc irait s'imaginer
Que tu es un de ces hâbleurs, de ces fripons sans nombre,
365   Comme la terre noire en nourrit sous chaque climat,
Et qui vous font gober tous les mensonges qu'ils inventent ?
Quel charme en tes discours ! quelle noblesse de pensée !

Tu nous as raconté avec autant d'art qu'un aède
Tes affligeants malheurs et ceux de tous les Achéens.
Mais allons ! parle-moi sans feinte et réponds point par point.   370
As-tu vu de tes divins compagnons qui t'ont suivi
Jusque sous Ilion et y ont trouvé leur destin ?
Nous avons toute la nuit devant nous ; il est trop tôt
Pour dormir au palais ; dis-nous tes merveilleux exploits.
Je resterais à t'écouter jusqu'à l'aube divine,   375
Si tu voulais encore ici nous parler de tes maux."
    Alors Ulysse l'avisé lui fit cette réponse :
"Puissant Alkinoos, gloire et honneur de tout ce peuple,
Il est un temps pour les discours, un temps pour le sommeil.
Mais puisque tu tiens à en savoir plus, je ne saurais   380
Te refuser d'autres récits, encor plus lamentables,
Les malheurs de mes compagnons morts après la victoire,
Qui, réchappés de la mêlée hurlante des Troyens,
Périrent au retour par le vouloir d'une perfide.

    Aussitôt que la chaste Perséphone eut dispersé   385
De toute part les ombres de ces délicates femmes,
Je vis venir l'ombre d'Agamemnon, le fils d'Atrée,
Dolente, au milieu de tous ceux qui, au palais d'Egisthe,
Avaient péri à ses côtés et subi leur destin.
Il me reconnut dès l'instant qu'il eut bu du sang noir.   390
Tout en pleurant bien fort et en versant de chaudes larmes,
Il tendait ses deux bras vers moi et cherchait à m'atteindre.
Mais hélas ! il avait perdu la vigueur et la force
Qui avaient jadis habité dans ses membres alertes.
Alors, pris de pitié, je pleurai de le voir ainsi,   395
Et, m'adressant à lui, je dis ces paroles ailées :
    «Illustre Atride Agamemnon, ô chef de nos guerriers,
Quel destin t'a plié aux rigueurs du dernier sommeil ?

Serait-ce Poséidon qui t'a dompté sur tes vaisseaux,
400 En déchaînant l'âpre fureur de ses vents détestables ?
Ou bien des ennemis t'auraient-ils tué sur la côte,
Quand tu volais leurs bœufs ou leurs beaux troupeaux de brebis,
Ou quand tu te battais pour une ville ou pour des femmes ?»
  Ainsi parlai-je, et lui, tout aussitôt de me répondre :
405 «Divin rejeton de Laërte, industrieux Ulysse,
Ce n'est pas Poséidon qui m'a dompté sur mes vaisseaux,
En déchaînant l'âpre fureur de ses vents détestables ;
Des ennemis ne m'ont pas pris non plus sur un rivage ;
Non, c'est Egisthe qui a combiné un coup fatal,
410 Aidé par ma maudite épouse : il m'a tué chez lui,
En plein festin, comme on abat un bœuf à la mangeoire.
Tel fut mon triste sort. Quant à mes autres compagnons,
Ils furent tués sans merci, tels des porcs aux dents blanches
Qu'un seigneur riche et tout-puissant fait égorger chez lui
415 Pour une noce, un dîner par écot ou un banquet.
Tu as déjà vu massacrer bon nombre de guerriers,
Tués en combat singulier ou dans l'âpre mêlée ;
Mais comme ton cœur eût frémi en voyant ce spectacle !
Tout autour du cratère et des tables pleines de mets,
420 Nous jonchions la grand-salle, et le sol ruisselait de sang ;
Et pour comble d'horreur, j'entendis les cris de Cassandre,
La fille de Priam, que la perfide Clytemnestre
Egorgeait sur mon corps : comme j'allais saisir mon glaive,
Je m'écroulai à terre, et la chienne, tout en fuyant,
425 M'envoya chez Hadès, sans qu'elle daignât seulement
Me fermer les yeux de ses mains et me clore les lèvres.
Est-il rien de plus noir, de plus cynique qu'une femme
Qui rumine au fond de son cœur de semblables forfaits ?
Voilà le crime monstrueux qu'elle avait combiné :

Tuer l'époux de sa jeunesse ! Et moi qui espérais   430
Trouver, en rentrant au logis, l'amour de mes enfants
Et de mes serviteurs ! Mais cette peste sans pareille
S'est couverte de honte et en a couvert pour toujours
Les pauvres femmes à venir, même les plus honnêtes !»
    A ces mots, je pris la parole et je lui répondis :   435
«Ah ! c'est que Zeus, le grand Tonneur, a toujours poursuivi
La race des Atrides de son implacable haine.
Hélène a été cause de la mort de bien des preux,
Et Clytemnestre t'a dressé ce piège en ton absence.»
    Ainsi parlai-je, et lui tout aussitôt de me répondre :   440
«Ne sois donc jamais toi non plus trop doux envers ta femme !
Garde-toi de lui confier tout ce que tu décides.
Il est des choses qu'on peut dire, et d'autres qu'il faut taire.
Mais ce n'est point ta femme, Ulysse, qui t'égorgera :
Elle est trop raisonnable et a un cœur trop vertueux,   445
Cette fille d'Icare, la très sage Pénélope.
Quand nous l'avions quittée, à notre départ pour la guerre,
C'était une jeune épousée ; elle donnait le sein
A son petit, qui doit siéger, pour l'heure, avec les hommes.
Heureux fils ! en rentrant chez lui, son père le verra,   450
Et lui, comme cela se fait, embrassera son père ;
Tandis que mon épouse ne m'a pas laissé jouir
De la présence de mon fils et m'a tué avant.
J'ajouterai ceci, et mets-toi bien la chose en tête :
Aborde en cachette et sans bruit au pays de tes pères.   455
Car il n'est plus possible de se fier à des femmes.
Mais allons ! parle-moi sans feinte et réponds point par point :
Sauriez-vous par hasard si mon fils est encor vivant ?
Est-il encore à Orchomène, à la Pylos des Sables,
Ou bien dans les plaines de Sparte, auprès de Ménélas ?   460

Car il doit vivre encor sur terre, le divin Oreste !»
   A ces mots, je pris la parole et je lui répondis :
«Fils d'Atrée, à quoi bon m'interroger ? je ne sais pas
S'il est mort ou vivant ; il ne faut point parler en l'air.»
465   C'est ainsi que nous échangions tristement, face à face,
De lugubres propos, tout en versant des flots de larmes.
Alors je vis venir l'ombre du Péléide Achille,
Puis celles de Patrocle, d'Antiloque sans défaut
Et d'Ajax, qui, après le fils éminent de Pélée,
470   Fut le plus beau et le plus grand de tous les Danaens.
L'ombre de l'Eacide aux pieds légers me reconnut
Et, tout en gémissant, me dit ces paroles ailées :
   «Divin rejeton de Laërte, industrieux Ulysse,
Tu veux donc, malheureux, mettre le comble à tes exploits ?
475   Comment as-tu osé venir chez Hadès, où séjournent
Les morts privés de sens, les ombres des pauvres humains ?»
   A ces mots, je pris la parole et je lui répondis :
«O Péléide Achille, ô le plus fort des Achéens,
Je suis venu ici interroger Tirésias
480   Pour savoir comment regagner la rocailleuse Ithaque.
Car je suis encor loin de l'Achaïe et n'ai pas mis
Le pied chez moi ; le malheur me poursuit. Mais toi, Achille,
Quel mortel fut ou sera jamais plus heureux que toi ?
Jadis, quand tu vivais, nous t'honorions autant qu'un dieu ;
485   Aujourd'hui, c'est ici, c'est sur les morts que ta puissance
S'affirme avec éclat ; ne regrette donc pas la vie.»
   Ainsi parlai-je, et lui tout aussitôt de me répondre :
«Ne cherche point à m'adoucir la mort, ô noble Ulysse !
J'aimerais mieux, simple valet, être aux gages d'autrui,
490   D'un pauvre laboureur n'ayant pas beaucoup de ressources,
Que de régner sur tout le peuple inconsistant des morts.

Mais allons ! parle-moi plutôt de mon illustre fils ;
Est-il venu prendre ma place au front de la bataille ?
Dis-moi aussi ce que tu sais de l'éminent Pélée :
A-t-il conservé son pouvoir sur tous les Myrmidons ?　　　495
Ou traite-t-on avec mépris, en Hellade et en Phthie,
Un vieux qui ne peut plus bouger ni ses bras ni ses jambes ?
Si pour l'aider j'étais encor, sous les feux du soleil,
Tel qu'on m'a vu au temps passé, dans les plaines de Troie,
Tuer l'élite des guerriers pour sauver nos Argiens,　　　500
Si tel je revenais un seul instant dans son palais,
Comme ils redouteraient ma force et mes bras invincibles,
Tous ceux qui, l'outrageant, le dépossèdent de sa gloire !»
　　A ces mots, je pris la parole et je lui répondis :
«Non, je n'ai rien appris concernant l'éminent Pélée.　　　505
Mais en revanche, au sujet de ton fils Néoptolème,
Je te dirai la vérité, puisque tu me l'ordonnes.
C'est moi qui, le prenant à bord de mon fin vaisseau creux,
L'ai conduit à Skyros auprès des Achéens guêtrés.
Siégeait-il aux Conseils qui se tenaient sous Ilion,　　　510
Il parlait toujours le premier, et tous ses mots portaient ;
Seuls le divin Nestor et moi étions plus forts que lui.
Et quand nous menions le combat sous les murs d'Ilion,
Jamais il ne restait noyé au milieu de la masse,
Mais il fonçait tout droit, avec une ardeur sans pareille.　　　515
Il tua nombre de guerriers dans l'atroce carnage.
Certes, je ne saurais te dire ni t'énumérer
Tous ceux qu'il abattit pour le salut des Achéens.
Mais ce fut sous ses coups que tomba le brave Eurypyle,
Fils de Télèphe, et que les Cétéens qui l'entouraient　　　520
Se firent tuer par milliers pour des cadeaux de femmes.
Je n'ai vu de plus séduisant que le divin Memnon.

Et quand l'élite des Argiens monta dans le cheval
Construit par Epéios et que je fus chargé de tout,
525 D'ouvrir et de fermer la porte épaisse de l'engin,
Je vis les autres chefs et conseillers des Danaens
Essuyer bien des pleurs et frissonner de tous leurs membres ;
Mais lui, pas une seule fois je n'ai vu de mes yeux
Pâlir son magnifique teint ni couler sur ses joues
530 Une larme ; il me suppliait instamment, au contraire,
De sortir du cheval, tâtant la garde de son glaive
Et sa lance d'airain et brûlant de détruire Troie.
Quand nous eûmes pillé la citadelle de Priam,
Il embarqua tout son butin et sa prime d'honneur,
535 Sans avoir été jamais touché par le bronze aigu
Ni atteint dans le corps à corps, comme on le voit souvent
Quand l'aveugle fureur d'Arès pèse sur le combat.»
    Au même instant, l'ombre de l'Eacide aux pieds légers
S'éloigna, traversant à grands pas le pré d'asphodèles,
540 Heureuse d'avoir su par moi la valeur de son fils.
    Les autres ombres des défunts endormis dans la mort
Restaient chacune à me conter tristement ses misères.
Seule l'ombre du grand Ajax, le fils de Télamon,
Demeurait à l'écart ; il m'en voulait de la victoire
545 Que j'avais remportée au tribunal, près des vaisseaux,
Pour les armes d'Achille, offertes par sa noble mère ;
Les fils des Troyens et Pallas avaient rendu l'arrêt.
Si seulement j'étais sorti vaincu de cette épreuve !
La tombe ne garderait pas aujourd'hui cette tête,
550 Cet Ajax, qui de tous les Danaens fut le plus beau
Et le plus valeureux, après le noble Péléide.
J'usai, pour l'aborder, de mes paroles les plus douces :
    «Ajax, ô fils du sage Télamon, quoi ! même mort,

206

Tu vas donc me garder rigueur de ces armes maudites !
C'est pour notre malheur à tous qu'un dieu nous les offrit :   555
Quel rempart ont perdu en toi les guerriers achéens !
Autant que sur la tête du fils de Pélée Achille,
Nous pleurons sans fin sur ta mort. Mais quelle en fut la cause,
Sinon la haine sans merci de Zeus contre l'armée
Des piquiers danaens ? c'est lui qui t'infligea ce sort.   560
Approche donc, seigneur, afin d'entendre mes paroles.
Ecoute-moi, calme le feu de ton âme virile !»
     Ainsi parlai-je ; il ne répondit rien et s'éloigna
Avec les autres âmes vers l'Erèbe des défunts.
Bien que fâché, il m'eût parlé, peut-être, ou écouté ;   565
Mais mon cœur n'avait qu'un désir, au fond de ma poitrine,
C'était d'apercevoir les ombres d'autres trépassés.
     C'est ainsi que je vis Minos, le noble fils de Zeus,
Assis avec son sceptre d'or et rendant la justice
Aux morts ; les plaideurs se tenaient groupés autour du prince,   570
Assis, debout, dans la maison d'Hadès aux larges portes.
     Après lui, parut à mes yeux le géant Orion,
Qui s'en allait chassant, à travers le pré d'asphodèles,
Les fauves qu'il avait frappés dans les monts solitaires ;
Il tenait à la main sa puissante massue en bronze.   575
     Ensuite je vis Tityos, fils de la noble Terre ;
Il était couché sur le sol et couvrait neuf arpents ;
Deux grands vautours, à ses côtés, lui déchiraient le foie
Et fouillaient ses entrailles ; mais ses mains n'y pouvaient rien.
Il avait outragé Léto, la compagne de Zeus,   580
Qui regagnait Pytho par Panopée aux larges places.
     Je vis également Tantale, en proie à ses tourments.
Debout dans un lac, il avait de l'eau jusqu'au menton ;
Il était toujours assoiffé, mais ne pouvait rien boire ;

585 Car chaque fois que le vieillard se penchait pour l'atteindre,
Il voyait l'eau fuir dans un gouffre et paraître à ses pieds
Une terre de noir limon, que desséchait un dieu.
De grands arbres laissaient pendre au-dessus de lui leurs fruits,
Poiriers et grenadiers, pommiers chargés de fruits vermeils,
590 Figuiers délicieux et oliviers luxuriants ;
Mais dès que le vieillard tendait la main pour les saisir,
Le vent venait les emporter jusqu'aux sombres nuées.

　　Je vis également Sisyphe, en proie à ses tourments.
Il soutenait de ses deux bras la pierre gigantesque ;
595 S'appuyant des pieds et des mains, il voulait la pousser
Vers le sommet d'une hauteur ; mais à peine allait-il
Qu'elle retombait lourdement,
Et le bloc sans pitié roulait de nouveau vers la plaine.
Mais lui recommençait, bandant ses muscles ; la sueur
600 Ruisselait sur son corps, et la poussière le nimbait.

　　J'aperçus aussi Héraclès, ou son ombre plutôt,
Car le héros lui-même a son séjour parmi les dieux ;
Il est de leurs festins avec Hébé, sa belle épouse,
La fille du grand Zeus et d'Héra aux sandales d'or.
605 Autour de lui, les morts fuyaient en poussant de grands cris,
Comme font des oiseaux. Pareil à la nuit ténébreuse,
Il tenait son arc nu et une flèche sur la corde,
L'œil menaçant, comme un archer toujours prêt à tirer.
Sur sa poitrine s'étalaient le baudrier terrible
610 Et le ceinturon d'or, brodé de merveilleux ouvrages
Montrant des ours, des sangliers, des lions aux yeux clairs,
Des luttes, des batailles, des massacres, des carnages.
Celui dont le talent exécuta ce baudrier
Ne trouverait plus le moyen d'en refaire un semblable.
615 Héraclès, du premier regard, reconnut qui j'étais,

Et, tout en gémissant, il dit ces paroles ailées :
　«Divin rejeton de Laërte, industrieux Ulysse,
Mon pauvre ami, traînes-tu toi aussi le triste sort
Que je n'ai cessé de porter sous les feux du soleil ?
Zeus le Cronide fut mon père, et pourtant j'ai connu　　620
Des misères sans fin, car j'étais tombé sous la loi
Du pire des mortels, qui m'imposa de durs travaux.
Un jour, il m'envoya ici pour enlever le Chien,
Pensant que ce serait pour moi la pire des épreuves.
Pourtant je pris et emmenai le Chien hors de l'Hadès,　　625
Car Hermès et Athéna aux yeux pers m'accompagnaient.»
　　A ces mots, il partit rejoindre la maison d'Hadès,
Cependant que je restais là, attendant que survînt
Quelqu'un de ces héros qui étaient morts bien avant nous.
Peut-être aurais-je vu ceux que j'eusse aimé voir jadis,　　630
Un Thésée, un Pirithoos, nobles enfants des dieux.
Mais déjà les tribus des morts se rassemblaient en foule
En jetant de grands cris. Je me sentis verdir de peur :
Et si du fin fond de l'Hadès, l'auguste Perséphone
Nous envoyait la tête de Gorgo, ce monstre affreux ?　　635
Je courus au vaisseau et je commandai à mes gens
D'embarquer avec moi et de dénouer les amarres.
Ils sautèrent à bord et vinrent s'asseoir à leurs bancs.
Le courant nous porta ainsi sur le fleuve Océan,
A la rame pour commencer, puis au gré de la brise."　　640

CHANT XII

"Dès que le navire eut quitté le cours de l'Océan,
On retrouva la houle de la mer aux larges voies
Et l'île d'Aiaia, où l'Aube, fille du matin,
Habite avec ses chœurs et où se lève le soleil.
Arrivés en ce lieu, on tira la nef sur le sable ;   5
Après quoi chacun descendit sur la grève de mer,
Et tout le monde s'endormit jusqu'à l'aube divine.

　　Lorsque au petit matin parut l'aurore aux doigts de rose,
J'envoyai de mes gens vers la demeure de Circé,
Afin d'en rapporter le corps du défunt Elpénor.   10
Ayant vite coupé des troncs à la cime du cap,
Nous le brûlâmes tristement, les yeux noyés de pleurs ;
Sitôt que la flamme eut détruit son cadavre et ses armes,
On lui dressa un tertre et on y planta une stèle ;
Après quoi on ficha au haut sa rame bien polie.   15

　　Ainsi procédions-nous. Mais déjà Circé nous savait
Revenus de l'Hadès. Elle accourut en grande hâte,
Toute parée, au milieu de ses femmes qui portaient
Du pain, des viandes à foison, du vin aux sombres feux.
S'arrêtant parmi nous, la toute divine nous dit :   20

　　«Malheureux, vous avez pénétré vivants chez Hadès !
Vous mourrez donc deux fois, quand tous ne meurent qu'une fois !
Mais allons ! mangez de ce pain et buvez de ce vin.
Restez là tout le jour ; demain, dès que poindra l'aurore,
Vous reprendrez la mer. Je vous indiquerai la route   25

Dans ses moindres détails, afin que nul complot perfide,
Sur terre ni sur mer, ne vous cause d'autres malheurs.»
    A ces mots, nos cœurs généreux se laissèrent convaincre.
Tout au long de ce jour, jusques au coucher du soleil,
30 Nous restâmes à savourer bon vin et force viandes.
Le soleil une fois parti et l'ombre descendue,
Mes gens allèrent se coucher à côté des amarres ;
Mais Circé, me prenant la main, me fit asseoir loin d'eux,
S'étendit près de moi et m'interrogea longuement ;
35 Je lui racontai tout par le détail et point par point.
Alors la divine Circé me parla en ces termes :
    «Voilà donc une chose faite. Ecoute maintenant
Ce qui va suivre ; un dieu d'ailleurs te le rappellera.
Tu passeras d'abord près des Sirènes, dont la voix
40 Charme tous les humains qui se présentent devant elles.
Mais bien fou qui s'approche et prête l'oreille à leurs chants !
Il ne reverra jamais plus sa femme et ses enfants
Faire un grand cercle autour de lui et fêter son retour ;
Les Sirènes le charment de leurs voix mélodieuses,
45 Assises dans un pré ; et l'on voit traîner autour d'elles
Les os des corps décomposés, dont les peaux se dessèchent.
Passe sans t'arrêter ; bouche l'oreille de tes gens
Avec de la cire de miel pétrie, afin que nul
D'entre eux n'entende ; écoute, toi, si tu en as envie ;
50 Mais fais-toi lier pieds et mains dans ton vaisseau rapide,
Debout sur l'emplanture, et le corps enchaîné au mât,
Pour goûter le plaisir d'entendre la voix des Sirènes.
Et si tu suppliais tes gens de desserrer les nœuds,
Qu'ils ajoutent d'autres liens pour mieux te ligoter.
55   Puis, lorsque tes rameurs auront dépassé les Sirènes,
Je ne peux dire exactement laquelle des deux routes

Il te faudra choisir ; ce sera à toi seul alors
D'en décider. Je vais te les décrire l'une et l'autre.
D'un côté sont des roches en surplomb, contre lesquelles
Viennent s'écraser les grands flots d'Amphitrite aux yeux sombres ;　60
Chez les dieux bienheureux, on leur donne le nom de Planctes.
La première est hostile à tout oiseau, même aux craintives
Colombes, qui apportent l'ambroisie à Zeus le Père ;
C'est que la roche lisse, à chaque passage, en prend une,
Que Zeus doit remplacer, afin de rétablir le nombre.　65
L'autre a toujours été fatale aux nefs qui l'atteignaient,
Car la vague et les tourbillons du feu dévastateur
Emportent planches du navire et corps des matelots.
Un seul des grands vaisseaux de mer parvint à s'échapper :
La glorieuse Argo, rentrant du pays d'Aiétès ;　70
Le flot l'eût jetée aussitôt contre ces grandes roches,
Si Héra, qui aimait Jason, ne l'eût point fait passer.
　　Restent les Deux Ecueils. L'un dresse jusqu'au vaste ciel
La pointe de sa cime, et des nuages d'un bleu sombre
L'entourent sans jamais se dissiper ; jamais l'azur　75
N'en baigne le sommet, ni en été ni en automne ;
Nul mortel ne saurait monter ni se tenir là-haut,
Quand bien même il posséderait vingt jambes et vingt bras ;
Car la roche en est lisse, à croire qu'on l'a rabotée.
A mi-hauteur du roc se creuse une sombre caverne,　80
Qui regarde l'Erèbe et le couchant, et c'est sur elle
Que vous dirigerez votre navire, noble Ulysse.
L'archer le plus adroit, tirant du creux de son vaisseau,
N'atteindrait pas le fond de cette grotte avec ses flèches.
C'est là que demeure Scylla, l'effrayante aboyeuse.　85
Pour la voix, on dirait un petit chien qui vient de naître ;
Mais c'est un monstre épouvantable, et nul, fût-il un dieu,

Ne serait ravi de la voir ou de la rencontrer.
Ses pieds – elle en a douze en tout – ne sont que des moignons ;
90 Elle a également six cous géants, et sur chacun
Une tête effroyable, avec trois larges rangs de crocs
Multiples et serrés et pleins des ombres de la mort.
Enfoncée à mi-corps dans les profondeurs de la grotte,
Elle darde ses cous hors de cet antre redoutable,
95 Et de là elle pêche, explorant l'écueil tout entier,
Les dauphins et les chiens de mer ou l'un de ces grands monstres,
Comme la hurlante Amphitrite en nourrit par milliers.
Nul marin ne peut se vanter d'avoir fait passer là
Sans encombre un vaisseau : avec chacune de ses têtes
100 Elle arrache une proie au navire à la sombre proue.
    L'autre écueil, tu t'en rendras compte, Ulysse, est bien plus bas,
Mais si près du premier que tu l'atteindrais d'une flèche.
Il porte un grand figuier sauvage à l'ample floraison ;
En bas, la divine Charybde engloutit l'onde noire ;
105 Trois fois par jour elle vomit, trois fois elle engloutit
Avec fureur. N'y passe point au moment qu'elle engouffre,
Car même Poséidon ne te tirerait pas de peine.
Dirige bien plutôt ta nef vers l'écueil de Scylla
Et file sans tarder, car il vaut mieux sur ton navire
110 Pleurer six compagnons que l'équipage tout entier.»
    A ces mots, je pris la parole et je lui répondis :
«Eh bien, déesse, un mot encor ; réponds-moi franchement :
Ne puis-je, tout en évitant la funeste Charybde,
Attaquer l'autre en la voyant se jeter sur mes gens ?»
115   Ainsi parlai-je, et la déesse aussitôt de répondre :
«Malheureux ! tu ne vois partout que guerres et combats !
Même les Immortels ne te feraient pas reculer !
Crois-moi, Scylla ne peut mourir : c'est un mal éternel,

Une calamité horrible, un monstre inattaquable.
La force n'est d'aucun secours ; le plus sûr est de fuir.   120
Si au pied du rocher tu perdais du temps à t'armer,
J'ai bien peur qu'un nouvel élan ne la jette sur vous
Et que chacun de ses longs cous ne te ravisse un homme.
Passe au plus vite et appelle à ton aide Crataïs,
La mère de Scylla, d'où naquit ce fléau du monde ;   125
Elle saura vous éviter une nouvelle attaque.
     Puis tu arriveras à l'île du Trident ; là paissent
Les vaches du Soleil et ses gras moutons en grand nombre :
Sept hardes de belles brebis et sept troupeaux de vaches,
De cinquante chacun, qui vivent sans jamais connaître   130
Ni naissances ni morts. Ils ont pour bergers deux déesses,
Lampétie et Phaétousa, ces deux nymphes bouclées
Que la sainte Néère offrit au céleste Soleil ;
Leur mère vénérable, après les avoir élevées,
Les envoya au loin jusque dans l'île du Trident   135
Garder les brebis de leur père et ses vaches cornues.
Si tu n'y touches pas et ne songes qu'à ton retour,
Quels que soient vos malheurs, vous pourrez rentrer dans Ithaque ;
Mais si vous y touchez, je puis te garantir la mort
De ton navire et de tes gens ; et si tu en réchappes,   140
Tu rentreras vieilli, brisé, tous tes hommes perdus.»
     A ces mots, comme se levait l'Aurore au trône d'or,
La divine Circé regagna le cœur de son île.
Quant à moi, rejoignant ma nef, j'ordonnai à mes gens
De remonter à bord et de détacher les amarres.   145
Ils sautèrent à bord, allèrent s'asseoir à leurs bancs,
Et la rame frappa le flot qui blanchit sous les coups.
A l'arrière de notre nef à la proue azurée,
Circé aux beaux cheveux, fière déesse à voix humaine,

150 Nous envoya un vent ami, qui vint gonfler nos voiles.
Et quand on eut rangé tous les agrès dans le vaisseau,
On se laissa conduire par le vent et le pilote.
Quant à moi, je dis à mes gens, le cœur plein de tristesse :
«Amis, je ne veux pas qu'un ou deux seulement connaissent
155 Les arrêts que m'a révélés la divine Circé.
Je vous dirai donc tout, pour que nous sachions ce qui peut
Nous perdre et ce qui peut nous éviter la mort fatale.
Le premier conseil qu'elle donne est de fuir les Sirènes,
Leur voix ensorcelante et leurs gazons couverts de fleurs ;
160 Moi seul puis écouter leurs chants ; mais il faut me charger
De robustes liens, pour que je reste sans bouger,
Debout sur l'emplanture, et le corps enchaîné au mât ;
Et si jamais je vous pressais de desserrer les nœuds,
Ajoutez-moi d'autres liens pour mieux me ligoter.»
165   Ainsi disais-je, informant point par point mes compagnons.
Très vite, cependant, poussé par un vent favorable,
Notre vaisseau bien fait atteignit l'île des Sirènes.
Peu après, la brise tomba et le calme régna
Dans les airs apaisés ; un dieu assoupissait les vagues.
170 L'équipage, debout, cargua les voiles du bateau,
Les déposa dans le creux du navire et, s'asseyant
Aux bancs, fit écumer le flot sous la rame polie.
Alors, coupant avec mon glaive un gros gâteau de cire,
J'en écrasai et pétris les morceaux à pleines mains.
175 Bientôt la cire s'amollit grâce à mes doigts puissants
Et à l'éclat du roi Soleil, ce fils d'Hypérion.
A chacun de mes compagnons je bouchai les oreilles.
Dans le navire, alors, ils me lièrent bras et jambes,
Debout sur l'emplanture, et le corps enchaîné au mât ;
180 Puis la rame frappa le flot qui blanchit sous les coups.

216

Notre vaisseau rapide n'était plus qu'à la distance
Où peut porter un cri, quand les Sirènes l'aperçurent
Tout près de là. Leur voix suave alors se fit entendre :
    «Approche, Ulysse tant vanté, honneur de l'Achaïe !
Arrête ton vaisseau, afin d'entendre notre voix.   185
Jamais aucun navire noir n'a doublé notre cap
Sans ouïr les douces chansons qui coulent de nos lèvres ;
Ensuite l'on s'en va content et plus riche en savoir.
C'est que nous savons tous les maux que sur le sol de Troie
Les dieux ont fait subir aux Troyens et aux Achéens,   190
Comme aussi tout ce qui advient sur la terre féconde.»
    Voilà ce que disaient leurs belles voix. Ne songeant plus
Qu'à écouter, je demandai, d'un signe des sourcils,
Qu'on vînt me détacher. Mais ils pesèrent sur les rames,
Cependant qu'Euryloque et Périmède se levaient   195
Et m'ajoutaient d'autres liens pour mieux me ligoter.
Dès que nous eûmes dépassé l'endroit et quand enfin
Nous n'entendîmes plus la voix ni le chant des Sirènes,
Mes braves compagnons se hâtèrent d'ôter la cire
Dont j'avais bouché leurs oreilles, puis me détachèrent.   200
    Mais nous avions à peine doublé l'île, que soudain
Je vis des vagues, des vapeurs, et perçus des coups sourds.
Des mains de mes gens effrayés les rames s'envolèrent
Et claquèrent au fil de l'eau ; notre nef s'arrêta
Sur place, n'ayant plus de bras pour tirer sur les rames.   205
J'allai d'un bord à l'autre encourager mes compagnons
Et réconfortai chacun d'eux par ces douces paroles :
    «Mes amis, nous avons déjà couru bien d'autres risques.
Ce danger-ci n'est pas plus grand que lorsque le Cyclope
Nous retenait de vive force au fond de sa caverne.   210
Pourtant, même de là, ma valeur, mes plans, mon esprit

217

Ont su vous délivrer ; vous vous en souviendrez, je pense.
Eh bien, allons ! croyez-m'en tous, faites ce que je dis :
Vite à vos bancs ! frappez la mer en enfonçant vos rames
215 Sous le brisant des flots, et voyons si Zeus nous accorde
D'échapper à ce grand danger et d'esquiver la mort.
Pour toi, pilote, écoute bien ce que j'ai à te dire,
Puisque, à bord de ce vaisseau creux, c'est toi qui tiens la barre.
Tu vois ces vagues, ces vapeurs : passe au large et appuie
220 Vers l'autre écueil, de peur que le navire, en dérivant,
N'échappe à ton contrôle et n'aille causer notre perte.»
  Ainsi parlai-je, et aussitôt ils suivirent mes ordres.
Mais je ne dis rien de Scylla, ce monstre inévitable ;
Mes compagnons auraient pris peur et, cessant de ramer,
225 Seraient tous allés se blottir dans le fond du vaisseau.
Quant à moi, j'avais oublié qu'en ses tristes conseils
Circé m'avait enjoint de ne pas toucher à mes armes.
Je revêtis ma glorieuse armure et pris en main
Deux grandes lances, puis montai sur le gaillard d'avant ;
230 De ce point du vaisseau, j'espérais bien voir apparaître
Cette Scylla de pierre, avant qu'elle nous fût fatale.
Mais je ne pus l'apercevoir, et mes yeux se lassaient
A explorer chaque recoin de la roche embrumée.
  Tout en nous lamentant, nous pénétrâmes dans la passe.
235 D'un côté se trouvait Scylla, et de l'autre Charybde,
Qui engloutissait l'onde amère avec un bruit terrible ;
Quand elle la rendait, elle bouillonnait tout entière,
Grondant comme un chaudron sur un grand feu ; et de l'écume
Jaillissait sur ces deux écueils et en coiffait les crêtes ;
240 Puis, quand elle engloutissait de nouveau l'onde salée,
On la voyait bouillonner tout entière dans son trou ;
Le roc tonnait terriblement, et en bas miroitait

Un fond de sables bleus. La terreur fit verdir mes gens.
Tandis que nous la regardions en tremblant pour nos jours,
Scylla venait nous enlever dans le creux du navire   245
Six compagnons, les meilleurs par la force de leurs bras.
Tournant les yeux vers le vaisseau rapide et vers mes gens,
J'aperçus seulement leurs pieds et leurs mains, que le monstre
Enlevait dans les airs ; ils m'appelaient, criaient mon nom
Pour la dernière fois, le cœur rempli d'affliction.   250
Comme du haut d'un roc on voit, avec sa longue gaule,
Un pêcheur jeter aux petits poissons l'appât trompeur
Et lancer dans la mer la corne d'un bœuf de labour,
En prendre un et le sortir frétillant du sein des flots :
Tels frétillaient mes compagnons hissés contre les pierres,   255
Et Scylla, à la porte de son antre, les mangeait,
Hurlants, tendant les bras vers moi en cette lutte atroce.
Ce que je vis alors fut bien le coup le plus terrible
Que je souffris en explorant les passes de la mer.
    Lorsque nous eûmes échappé aux sinistres écueils   260
De Charybde et Scylla, nous touchâmes l'île admirable
Du céleste Soleil, où l'on voyait en abondance
Paître ses beaux bœufs au grand front et ses grasses brebis.
J'étais encore en haute mer, à bord du noir vaisseau,
Que j'entendais déjà meugler les vaches dans les parcs   265
Et bêler les moutons. Alors me revinrent en tête
Les mots de l'aveugle devin, Tirésias de Thèbes,
Et ceux de Circé d'Aiaia, qui m'avaient conjuré
D'éviter l'île du Soleil, ce charmeur des mortels.
Le cœur tout affligé, je parlai ainsi à mes gens :   270
    «Compagnons, malgré tant de maux soufferts, écoutez-moi !
Que je vous dise ce que m'ont prédit Tirésias
Et Circé d'Aiaia : ils m'ont conjuré tous les deux

D'éviter l'île du Soleil, ce charmeur des mortels,
275 Car nous aurions à y subir le plus grand des malheurs.
Poussez donc notre noire nef au large de cette île.»
    En entendant ces mots, chacun sentit son cœur se rompre.
Euryloque aussitôt me répondit d'un ton haineux :
    «Ulysse, que tu es cruel ! Ta force est sans limites,
280 Et tes membres dispos. Tu dois avoir un corps de fer,
Car nous avons beau tomber de fatigue et de sommeil,
Tu nous éloignes de cette île enceinte par les flots,
Où nous pourrions nous préparer un succulent repas.
Tu veux que, tels que nous voilà, à travers la nuit prompte,
285 Nous dérivions loin de ces bords dans la brume des mers.
C'est la nuit qu'on voit se lever les rafales funestes
Aux vaisseaux ; comment échapper à une mort cruelle,
S'il survenait à l'improviste une de ces bourrasques
De Notos et de violent Zéphyr, qui ont tôt fait
290 De briser une nef, en dépit des dieux souverains ?
Eh bien, pour cette fois, obéissons à la nuit noire ;
Nous prendrons le repas au pied de notre prompt vaisseau ;
A l'aube nous rembarquerons et pousserons au large.»
    Ainsi dit Euryloque, et tous les autres d'applaudir.
295 Quant à moi, connaissant les maux qu'un dieu nous préparait,
Je lui répondis aussitôt ces paroles ailées :
    «Je suis seul, Euryloque, et vous me faites violence.
Du moins, jurez-moi tous, par le plus puissant des serments,
Que si nous trouvons un troupeau de bœufs ou de moutons,
300 Nul d'entre vous n'ira, pris d'une fatale démence,
Tuer ni vache ni mouton ; vous vous contenterez
De manger ce que vous donna l'immortelle Circé.»
    Je dis, et, sur mon ordre, ils s'empressèrent de jurer.
Sitôt qu'ils eurent prononcé et scellé le serment,

Nous ancrâmes notre solide nef au fond du port,   305
Près d'une eau douce ; et une fois que l'on eut débarqué,
Mes hommes préparèrent le repas selon les règles.
Sitôt que l'on eut satisfait la soif et l'appétit,
Chacun donna une pensée et des pleurs aux amis
Que Scylla avait pris dans notre nef pour s'en repaître.   310
Et pendant qu'ils pleuraient ainsi, le doux sommeil survint.
Aux deux tiers de la nuit, comme les astres déclinaient,
Zeus, maître des nuages, déchaîna un vent terrible
Avec d'énormes tourbillons ; il noya sous les nues
Le rivage et la mer ; du haut du ciel tomba la nuit.   315
Lorsque au petit matin parut l'aurore aux doigts de rose,
Nous échouâmes notre nef dans le creux d'une grotte,
Où les Nymphes tenaient leurs beaux chœurs et venaient s'asseoir.
J'appelai tous mes gens à l'assemblée et je leur dis :
    «Amis, notre vaisseau contient de quoi boire et manger ;   320
Laissons donc ces troupeaux en paix : nous en aurions malheur.
Ces bœufs et ces grasses brebis sont à un dieu terrible,
Au Soleil, à celui qui voit tout et qui entend tout.»
    Ainsi parlai-je, et leurs cœurs s'empressèrent d'obéir.
Un mois durant, le Notos souffla sans désemparer ;   325
Jamais nul autre vent, sinon l'Euros et le Notos.
Tant que mes compagnons eurent du pain et du vin rouge,
Ils ne touchèrent pas aux bœufs pour assurer leur vie.
Mais quand ils eurent épuisé tous les vivres du bord,
Force leur fut de s'en aller chasser de-ci, de-là,   330
Prenant poissons, oiseaux, ce qui leur tombait sous la main,
Avec des hameçons crochus ; la faim tordait les ventres.
Je gagnai donc l'intérieur de l'île pour prier,
Dans l'espoir qu'un dieu me dirait le chemin du retour.
Laissant mes gens derrière moi, je m'enfonçai dans l'île ;   335

Je me lavai les mains en un lieu abrité du vent,
Puis allai prier tous les dieux qui vivent sur l'Olympe.
Or, tandis qu'ils répandaient sur mes yeux un doux sommeil,
Euryloque à mes gens donnait ce funeste conseil :
340   «Chers compagnons, quels que soient vos tourments, écoutez-moi !
Toute mort est cruelle aux pauvres humains que nous sommes.
Mais qu'il est dur de finir sa vie en mourant de faim !
Eh bien, chassons les vaches les plus belles du Soleil,
Puis offrons aux dieux immortels une sainte hécatombe.
345   Et si nous rentrons dans Ithaque, au pays de nos pères,
Nous ferons aussitôt bâtir au céleste Soleil
Un temple superbe et rempli des plus riches offrandes.
S'il nous garde rancune pour ses bœufs aux cornes droites
Et songe à briser notre nef avec l'appui des dieux,
350   J'aime encor mieux périr la bouche ouverte dans les flots
Que me consumer peu à peu dans une île déserte !»
        Tel parla Euryloque, et tous les autres d'applaudir.
Lors, pourchassant les vaches les plus belles du Soleil,
(Elles paissaient tout à côté de la proue azurée,
355   Ces belles vaches au grand front, aux cornes recourbées),
Ils les cernèrent, puis s'en furent invoquer les dieux,
Après avoir cueilli les tendres feuilles d'un haut chêne,
Car ils n'avaient plus d'orge blanche à bord de leur navire.
La prière achevée, on égorgea, on dépeça.
360   On trancha les cuisseaux, on les couvrit sur chaque face
De graisse, et l'on mit par-dessus les morceaux de chair crue ;
Et comme on n'avait plus de vin pour les libations,
On y versa de l'eau, puis l'on grilla tous les viscères.
Les cuisseaux une fois brûlés, on mangea la fressure ;
365   Le reste fut coupé menu, enfilé sur les broches.
        C'est alors que le doux sommeil s'envola de mes yeux.

Je regagnai le prompt vaisseau et le bord de la mer.
Mais comme j'approchais de mon navire à double galbe,
Je fus enveloppé d'une suave odeur de graisse.
Je me mis à gémir et criai aux dieux immortels :   370
    «O Zeus Père, et vous autres dieux, éternels Bienheureux,
Vous m'avez plongé dans ce noir sommeil pour mieux me perdre,
Et voilà le forfait que mes gens tramaient loin de moi !»
    Déjà Lampétie au long voile accourait prévenir
Le céleste Soleil que nous avions tué ses vaches ;   375
Et le dieu, rempli de courroux, disait aux Immortels :
    «O Zeus Père, et vous autres dieux, éternels Bienheureux,
Châtiez les hommes d'Ulysse, le fils de Laërte !
Les insolents ! ils ont tué ces bêtes qui faisaient
Tout mon bonheur, quand je montais vers le ciel étoilé,   380
Ou quand, à mon déclin, je quittais le ciel pour la terre.
S'ils ne me donnent pas la juste rançon de ce crime,
Je plonge dans l'Hadès et m'en vais éclairer les morts !»
    A ces mots, Zeus, le maître des nuages, répondit :
«Soleil, continue à briller parmi les Immortels   385
Et pour tous les humains qui vivent sur la terre à blé.
J'aurai bientôt pulvérisé leur rapide vaisseau
De ma foudre brillante, au milieu de la mer vineuse.»
    C'est ce que m'apprit Calypso, la nymphe aux beaux cheveux,
Pour l'avoir elle-même appris du messager Hermès.   390
Quand je fus revenu au prompt vaisseau et à la mer,
J'allai gourmander chacun de mes gens ; mais l'on ne put
Trouver aucun recours : les vaches étaient déjà mortes.
Les dieux tout aussitôt nous envoyèrent des prodiges :
Les dépouilles rampaient, la viande meuglait sur les broches,   395
Crue ou cuite ; on eût dit la voix des bêtes elles-mêmes.
    Six jours durant, mes compagnons fidèles festoyèrent,

223

Car ils avaient pris au Soleil ses vaches les plus belles.
Mais lorsque Zeus nous envoya la septième journée,
400   Le vent qui avait hurlé en tempête s'apaisa ;
On monta vite à bord et l'on poussa vers le grand large,
Ayant dressé le mât et déployé les blanches voiles.

    Mais quand on eut quitté cette île et que toute autre terre
Eut disparu, ne nous laissant que le ciel et les flots,
405   Le fils de Cronos suspendit une sombre nuée
Au-dessus du navire, et la mer en fut obscurcie.
La nef ne courut pas bien loin, car déjà survenait
Un violent zéphyr soufflant en hurlantes rafales ;
La fureur de ce vent rompit les deux étais du mât
410   Et fit dégringoler tous les agrès à fond de cale,
Tandis que le mât, s'abattant sur le gaillard de poupe,
Frappait le pilote à la tête et lui broyait les os ;
La tête tout écrabouillée, il tomba du gaillard,
Tel un plongeur, et la vie aussitôt quitta son corps.
415   Zeus se mit à tonner et foudroya notre vaisseau,
Qui, frappé par l'éclair de Zeus, tournoya sur lui-même
Et se remplit de soufre ; et voilà tous mes gens à l'eau !
Emportés par la vague, ils flottaient, comme des corneilles,
Autour du noir vaisseau ; le dieu les privait du retour.
420   Je parcourais le pont, quand une lame démembra
La quille, qui se détacha et partit dans les flots.
Le mât sur elle se brisa ; mais l'un des contre-étais,
Taillé dans une peau de bœuf, y restait attaché.
Je m'en servis pour ajuster le mât à cette quille ;
425   Puis m'installai dessus, et les vents maudits m'emportèrent.

    Le Zéphyre cessa bientôt de souffler en rafale.
Mais déjà le Notos venait me torturer le cœur,
Car il me ramenait devant la funeste Charybde.

Toute la nuit, je dérivai ; puis, au soleil levant,
J'atteignis l'écueil de Scylla et l'affreuse Charybde.   430
Or Charybde était en train d'engloutir l'onde salée.
Je me levai sur l'eau et bondis jusqu'au grand figuier,
Où, telle une chauve-souris, je restai suspendu,
Sans pouvoir ni poser le pied ni me hisser en l'air,
Car le figuier, très loin de ses racines, déployait   435
Ses longs et vigoureux rameaux pour ombrager Charybde.
Je m'y cramponnai donc, attendant qu'elle revomît
Le mât et la quille ; à ma joie, ils revinrent enfin,
Mais tard, à l'heure où rentre pour souper de l'agora
Celui qui a jugé mainte querelle entre plaideurs ;   440
C'est alors que je vis ces bois surgir hors de Charybde.
Je lâchai les pieds et les mains, et avec un bruit sourd
Je m'abattis en plein courant, près de ces larges poutres ;
Je me remis dessus et ramai avec mes deux mains.
Le Père de tous les vivants ne laissa pas Scylla   445
Me voir ; je n'eusse pas échappé à la sombre mort.

      Neuf jours durant, je dérivai ; à la dixième nuit,
J'abordai, grâce aux dieux, à l'île Ogygie, où demeure
La belle Calypso, fière déesse à voix humaine.
Elle me choya, me soigna… Mais pourquoi ce récit ?   450
Hier, dans ce palais, je vous l'ai déjà fait, à toi
Et à ta noble épouse, et je déteste répéter
Ce que j'ai déjà raconté dans ses moindres détails."

CHANT XIII

A ces mots, ils restèrent tous silencieux et cois,
Subjugués qu'ils étaient dans l'ombre de la grande salle.
Alkinoos enfin prit la parole et répondit :
    "Ulysse, puisque te voilà dans ma haute demeure
Au seuil de bronze, il ne te faudra plus errer longtemps,   5
Je pense, pour rentrer, quels qu'aient pu être tes malheurs.
Vous tous, qui venez chaque jour, en écoutant l'aède,
Boire dans mon palais le vin d'honneur aux sombres feux,
Ecoutez ce que je demande à chacun d'entre vous :
Dans ce coffre poli on a déposé pour notre hôte   10
Des tissus, de l'or ouvragé et tous les autres dons
Que nous ont apportés les conseillers de Phéacie.
Donnons-lui donc par tête un grand trépied et un chaudron ;
Nous nous ferons indemniser en prenant sur le peuple,
Car les frais, pour chacun de nous, seraient trop importants."   15
    Ces mots d'Alkinoos reçurent l'agrément de tous.
Puis, souhaitant dormir, chacun s'en retourna chez soi.
Lorsque au petit matin parut l'aurore aux doigts de rose,
On courut au vaisseau y porter le bronze viril.
Montant lui-même à bord, le tout-puissant Alkinoos   20
Plaça les cadeaux sous les bancs, pour que rien n'entravât
Les gestes des rameurs, s'ils avaient à nager de force.
Puis l'on retourna au palais préparer le repas.
    Le roi Alkinoos sacrifia pour eux un bœuf
A Zeus, le seigneur tout-puissant, le nuageux Cronide.   25

On brûla les cuisseaux, et chacun prit part avec joie
A ce festin, en écoutant chanter Démodocos,
L'aède divin révéré du peuple. Mais Ulysse
Tournait souvent les yeux vers le soleil resplendissant,
30 Dont il souhaitait le déclin pour partir au plus vite.
Tel celui qui rêve au repas du soir, quand tout le jour
Ses bœufs vineux dans la jachère ont traîné le grand soc ;
Il voit avec plaisir s'éteindre l'éclat du soleil,
Et c'est les genoux flageolants qu'il revient au souper :
35 Tel Ulysse eut plaisir à voir se coucher le soleil.
Alors il s'adressa aux bons rameurs phéaciens ;
Mais c'est leur roi surtout qu'il interpella en ces termes :
  "Seigneur Alkinoos, gloire et honneur de tout ce peuple,
Faites l'offrande aux dieux, puis renvoyez-moi sans encombre.
40 Adieu ! Vous avez accompli tous les vœux de mon cœur.
Ce départ, ces présents, puissent les dieux du ciel les rendre
Heureux pour moi, et puissé-je au retour trouver chez moi
Ma femme irréprochable et tous les miens en bon état !
Vous qui restez ici, puissiez-vous rendre heureux vos femmes
45 Et vos enfants, et que les dieux vous comblent de leurs biens,
En faisant que jamais malheur ne frappe votre peuple !"
  A ces mots, chacun d'applaudir et d'émettre le vœu
Qu'on ramenât cet hôte qui avait si bien parlé.
Alors le roi Alkinoos appela son héraut :
50 "Pontonoos, fais le mélange et donne-nous du vin
A tous, dans cette salle, afin qu'ayant prié Zeus Père,
Nous ramenions notre hôte dans sa terre paternelle."
  Il dit. Alors Pontonoos, mélangeant le doux vin,
En présenta à tous, et chacun, sans quitter sa place,
55 En fit l'offrande aux Bienheureux, maîtres du vaste ciel.
Mais le divin Ulysse, alors, se leva de son siège ;

Dans la main d'Arété il mit le vase à double fond,
Et, s'adressant à elle, il dit ces paroles ailées :
    "O reine, que le bonheur t'accompagne jusqu'à l'heure
De la vieillesse et de la mort, qui sont le lot de tous !   60
Je vais partir. Tâche de vivre heureuse en ce palais
Avec le roi Alkinoos, tes enfants et ton peuple !"
    A ces mots, le divin Ulysse repassa le seuil.
Le tout-puissant Alkinoos lui donna un héraut
Pour le conduire au prompt vaisseau, sur le bord de la mer.   65
Arété, avec eux, dépêcha trois de ses servantes :
L'une portait la robe et l'écharpe tout frais lavée ;
La deuxième suivait, tenant le coffre bien fermé ;
La dernière venait avec le pain et le vin rouge.
    Dès qu'ils eurent atteint le navire au bord de la mer,   70
Les nobles convoyeurs, prenant la boisson et les vivres,
Les déposèrent sans tarder dans le fond du vaisseau ;
Ils étendirent pour Ulysse un drap et un linon
Sur le gaillard de poupe, afin qu'il pût dormir tranquille.
Le héros s'embarqua et se coucha sans dire un mot ;   75
Les rameurs vinrent s'asseoir en bon ordre à leurs tolets ;
Alors, de la pierre trouée, on détacha l'amarre,
Et bientôt, reins cambrés, on éclaboussa d'eau les rames.
Sur les yeux du héros se répandit un doux sommeil,
Calme et profond comme peut l'être celui de la mort.   80
De même que devant le char on voit quatre étalons
S'élancer à travers la plaine en pointant tous ensemble
Et dévorer l'espace sous les coups de fouet qui claquent :
Ainsi pointait la proue, et en arrière du sillage
Roulait avec de gros bouillons la mer retentissante.   85
La nef courait sans heurt et sans danger ; l'épervier même,
Le plus rapide des oiseaux, ne l'aurait pas suivie.

Courant donc à toute vitesse, elle fendait les flots,
Emportant ce héros égal aux dieux par la sagesse,
90 Qui avait enduré jadis tant de maux en son cœur
A braver les combats humains et les flots déchaînés.
Il dormait sans un geste, oubliant toutes ses souffrances.

Juste à l'heure où apparaissait l'étoile scintillante
Qui vient annoncer la clarté de l'aube matinale,
95 Le navire de mer arrivait à hauteur de l'île.

Il est, dans le pays d'Ithaque, un port dit de Phorkys,
Le Vieillard de la mer ; les deux falaises qui s'avancent
Et embrassent la rade en s'abaissant jusque vers elle,
La gardent des grands flots qu'y poussent les vents violents ;
100 Au-dedans, les navires bien pontés peuvent rester
Sans amarre, une fois atteint le lieu de leur mouillage.
A la tête du port s'élève un olivier feuillu,
Et à proximité s'ouvre une grotte aimable et sombre,
Dédiée à ces Nymphes que l'on nomme les Naïades.
105 On y voit des cratères, des amphores tout en pierre,
Et c'est de même ici que les abeilles font leur miel ;
Là sont posés de grands métiers de pierre, où les Naïades
Tissent des manteaux merveilleux, teints en pourpre de mer ;
Là sont d'intarissables eaux. La grotte a deux entrées :
110 Par l'une, ouverte au nord, peuvent descendre les humains ;
L'autre, du côté du midi, est réservée aux dieux ;
Nul ne passe par là : c'est le chemin des Immortels.

Ils pénétrèrent dans le port, qu'ils connaissaient déjà.
La nef s'échoua sur la grève jusqu'à mi-longueur,
115 Tant les bras des rameurs lui avaient donné de l'élan.
Sautant du vaisseau bien jointé, les hommes débarquèrent ;
Du creux de leur bateau ils sortirent d'abord Ulysse,
Avec le drap et le linon moiré qui le couvraient,

Et le posèrent sur le sable, encor tout endormi.
Puis ils sortirent les cadeaux que les Phéaciens   120
Lui avaient faits à son départ, grâce aux soins d'Athéna.
Ils les groupèrent tous ensemble au pied de l'olivier,
A l'écart du chemin, de crainte qu'un passant ne vînt
Les dérober avant qu'Ulysse ne se réveillât.
Ensuite ils reprirent la mer. Mais l'Ebranleur du sol,   125
Se souvenant toujours qu'il avait menacé jadis
Ulysse égal aux dieux, était allé consulter Zeus :
     "Zeus Père, les dieux immortels n'auront plus nul égard
Pour moi, si de simples mortels ne me respectent pas,
Tels ces Phéaciens, qui sont pourtant nés de ma race.   130
Certes, je savais bien qu'Ulysse, après tous ces malheurs,
Rentrerait au logis ; je ne m'opposais pas vraiment
A son retour, autrefois promis et juré par toi.
Mais pendant qu'il dormait, leur nef l'a porté sur la mer
Et l'a déposé à Ithaque avec mille présents,   135
Tout un chargement d'or, de bronze et d'étoffes tissées,
Comme jamais Ulysse n'en eût rapporté de Troie,
S'il était resté sain et sauf avec tout son butin."
     A ces mots, Zeus, le maître des nuages, répondit :
"Ah ! puissant Ebranleur du sol, que viens-tu de me dire ?   140
Les dieux ne te méprisent pas. Je voudrais bien les voir
Outrager le plus ancien et le meilleur de tous !
Mais si un homme, écoutant trop son audace et sa force,
Te manque de respect, libre à toi d'en tirer vengeance.
Agis comme tu veux et comme il agrée à ton cœur."   145
     Poséidon, l'Ebranleur du sol, lui répliqua ainsi :
"Je l'aurais fait depuis longtemps, dieu des sombres nuées,
Mais je redoute ta colère et voudrais l'éviter.
Ce vaisseau des Phéaciens, qui rentre de convoi,

150 J'entends le briser sur-le-champ dans la brume des mers,
Pour qu'ils s'abstiennent désormais de convoyer des hommes,
Puis je couvrirai leur cité du grand mont qui l'encercle."
     A ces mots, Zeus, le maître des nuages, répondit :
"Cher ami, voici le parti que choisirait mon cœur :
155 Quand tous les hommes de cette cité verront la nef
S'approcher d'eux, change-la près du bord en un rocher
En forme de bateau, pour étonner tous les humains,
Et couvre ensuite leur cité du grand mont qui l'encercle."
     En entendant ces mots, Poséidon, l'Ebranleur du sol,
160 Se rendit en Schérie, où vivent les Phéaciens,
Et attendit. La nef de mer, filant à toute allure,
Allait presque arriver, quand Poséidon s'en approcha,
La changea en rocher et, pesant du plat de la main,
L'enracina au fond des eaux ; puis il s'en retourna.
165 Les glorieux Phéaciens, marins aux longues rames,
Echangeaient cependant entre eux des paroles ailées,
Et chacun disait, en jetant les yeux sur son voisin :
     "Malheur ! qui a bien pu bloquer dans la mer ce vaisseau
Qui revenait au port ? On le voyait déjà tout près !"
170 Voilà ce qu'ils disaient, loin de savoir la vérité.
Alors Alkinoos prit la parole et s'écria :
     "Hélas ! les voilà bien, les vieux oracles de mon père !
Il m'avait annoncé que Poséidon nous en voudrait
D'être les heureux convoyeurs de tous les étrangers
175 Et que le jour où un de nos vaisseaux de Phéacie
Rentrerait de convoi à travers les brumes de mer,
Il le ferait sombrer et couvrirait le bourg d'un mont.
Tel parlait le vieillard ; et voici que tout s'accomplit.
Allons ! croyez-m'en tous, et faites ce que je vous dis :
180 Ne convoyez plus de mortels, si jamais l'un d'entre eux

Arrive dans notre cité. Offrons à Poséidon
Douze taureaux de choix, afin qu'il ait pitié de nous
Et ne couvre pas notre bourg d'une immense montagne."
    A ces mots, pris de crainte, ils apprêtèrent les taureaux.
Or, tandis que guides et conseillers phéaciens,   185
Debout devant l'autel, priaient leur seigneur Poséidon,
Le divin Ulysse émergeait de son premier sommeil
Sur la terre natale. Après une si longue absence,
Il ne la reconnaissait pas, car Pallas Athéna,
Cette fille de Zeus, l'avait recouvert d'un brouillard,   190
Afin qu'il ne reconnût rien et qu'il apprît tout d'elle,
A l'insu de sa femme, de son peuple et de ses proches,
Tant qu'il n'aurait puni tous les excès des prétendants.
Tout prenait donc, aux yeux du maître, un aspect différent,
Les longs sentiers battus, les ports bien abrités du large,   195
Les épaisses forêts et les rochers inaccessibles.
Il se leva d'un bond, contempla sa terre natale,
Puis poussa un profond soupir et, se frappant les cuisses
Du plat de ses deux mains, s'écria d'une voix dolente :
    "Pauvre de moi ! en quel pays ai-je encore échoué ?   200
Vais-je trouver des brutes, des sauvages sans justice,
Ou des êtres hospitaliers qui respectent les dieux ?
Où donc porter tous ces présents ? Et moi-même, où aller ?
Que ne suis-je resté là-bas, chez les Phéaciens !
J'aurais bien fini par trouver quelque autre roi puissant,   205
Qui m'aurait pris en amitié et reconduit chez moi.
A présent, je ne sais que faire de ces biens. Pourtant
Je ne peux les laisser ici, en proie à tout venant.
Hélas ! ces guides et ces conseillers phéaciens
Etaient donc dépourvus de toute sagesse et droiture,   210
Puisqu'ils m'ont dirigé ailleurs, après m'avoir promis

De me ramener dans l'île d'Ithaque ! Il n'en fut rien !
Que Zeus, le dieu des suppliants, le leur fasse payer,
Lui qui surveille tout le monde et punit chaque faute !
215 Mais allons d'abord dénombrer tous ces trésors ; voyons
Si en partant ils n'ont rien emporté dans leur nef creuse."
　　　A ces mots, il s'en fut compter les splendides trépieds
Et les chaudrons et l'or et les étoffes merveilleuses.
Il ne lui manquait rien. Mais il regrettait sa patrie
220 Et se traînait sur le rivage où bruit la mer sonore,
L'âme toute dolente. Athéna s'approcha de lui,
Sous les traits d'un adolescent, d'un jeune pastoureau,
Délicat comme peuvent l'être des enfants de rois ;
Sur son épaule elle avait mis la double et fine cape,
225 La sandale à ses pieds luisants, à sa main la houlette.
Ulysse eut plaisir à le voir ; il vint à sa rencontre,
Et, s'adressant à lui, il dit ces paroles ailées :
　　　"Ami, puisque c'est toi qu'ici je rencontre en premier,
Salut ! puisses-tu m'aborder sans nulle malveillance !
230 Sauve ces biens et sauve ma personne ! Je t'implore
Comme si tu étais un dieu et tombe à tes genoux.
Dis-moi tout net encor, car j'ai besoin de le savoir :
Quel est ce pays ? quel en est le peuple ? et qui l'habite ?
Est-ce une île au milieu des flots ? ou, penché sur la mer,
235 L'extrême bord d'un continent à la glèbe féconde ?"
　　　Lors Athéna, la déesse aux yeux pers, lui répondit :
"Tu fais l'enfant, ô étranger, ou tu nous viens de loin,
Pour vouloir t'informer sur ce pays, car il n'est point
De ceux que l'on ignore : il est connu de bien des gens,
240 Qu'ils habitent du côté du soleil et de l'aurore,
Ou aux rivages opposés, vers les brumes de l'ombre.
Il ne renferme que rochers peu faits pour les chevaux ;

Mais il n'est pas trop pauvre, et, s'il n'a guère d'étendue,
Il produit du grain et du vin plus qu'on ne saurait dire
Et a de la pluie en tout temps et de fortes rosées.   245
C'est un pays de chèvres et de porcs ; on y rencontre
Des bois de toute essence et des abreuvoirs toujours pleins.
Voilà pourquoi le nom d'Ithaque est allé jusqu'à Troie,
Que l'on nous dit pourtant si loin de la terre achéenne."
    A ces mots, l'endurant Ulysse fut rempli de joie,   250
Car Pallas Athéna, fille de Zeus le Porte-Egide,
Venait de l'émouvoir en lui parlant de sa patrie.
Le héros lui adressa donc ces paroles ailées,
Mais sans dire la vérité, en usant d'artifices,
Car toujours son esprit roulait de subtiles pensées :   255
    "On m'a parlé d'Ithaque jusque dans la vaste Crète,
A l'autre bout des mers. Je viens d'y aborder moi-même
Avec ces biens ; j'en ai laissé autant à mes enfants
Et j'ai fui, pour avoir tué le fils d'Idoménée,
Orsiloque aux pieds vigoureux, qui, dans la vaste Crète,   260
L'emportait sur tous les humains par ses jambes alertes.
Il voulait me priver de tout mon butin de Troade,
Pour lequel j'avais enduré tant de maux en mon cœur
A braver les combats humains et les flots déchaînés.
J'avais mécontenté son père et trahi son service,   265
Pour commander d'autres guerriers au pays des Troyens.
Comme il rentrait des champs, embusqué avec un ami
Près du chemin, je le frappai de ma lance de bronze ;
La nuit la plus obscure enveloppait le ciel ; personne
Ne put nous voir ; en grand secret, je lui ôtai la vie.   270
Aussitôt que je l'eus tué à la pointe du glaive,
Je courus au port implorer de bons Phéaciens
Et leur offris sur mon butin de quoi les satisfaire,

Les priant de me conduire à Pylos ou de me mettre
275   Dans la divine Elide, où dominent les Epéens.
Mais la fureur des vents les fit dévier de leur route,
Bien malgré eux, car ils ne cherchaient pas à me duper.
Ecartés de Pylos, on arriva ici de nuit ;
On rama à grand-peine vers le port, et nul de nous
280   Ne parla de souper ; pourtant nous en brûlions d'envie ;
Mais sitôt débarqués, tous se couchèrent sans manger.
C'est là qu'un doux sommeil me prit : je tombais de fatigue.
Alors, du creux de leur vaisseau, ils ont tiré mes biens,
Les ont déposés près de moi, qui dormais sur le sable,
285   Puis se sont rembarqués pour la grand-ville de Sidon
Et sont partis en me laissant le cœur plein de tristesse."
    A ces mots, Athéna, la déesse aux yeux pers, sourit.
Le flattant de la main et reprenant ses traits de femme,
D'une grande et très belle femme, experte en fins travaux,
290   Elle prononça devant lui ces paroles ailées :
    "Quel être malin et futé, quand ce serait un dieu,
Pourrait te surpasser en artifices de tout genre ?
Pauvre bonimenteur, toujours en quête d'artifices,
Faut-il que même en ton pays tu ne sois que mensonges,
295   Plein de ces mots trompeurs qui charmaient déjà ton enfance ?
Mais cessons de parler ainsi. Nous sommes deux au jeu :
Si de tous les mortels tu es le plus fort en calculs
Et en discours, moi je suis fameuse entre tous les dieux
Pour l'esprit et les tours. Tu n'as su reconnaître en moi
300   La fille de Zeus, Pallas Athéna, qui constamment
T'assiste et te protège à travers toutes tes épreuves
Et qui t'a rendu cher à tous les gens de Phéacie !
Si je viens aujourd'hui, c'est pour comploter avec toi
Et cacher ces trésors que les nobles Phéaciens

T'ont faits à ton départ, sur mon idée et mon conseil.   305
Je te dirai tous les soucis que le sort te réserve
Dans ta grande maison. Supporte-les avec constance,
Sans jamais révéler à qui que ce soit, homme ou femme,
Que tu reviens enfin chez toi après tant d'aventures ;
Souffre sans dire un mot et encaisse les coups des autres !"   310
    Ulysse l'avisé lui fit alors cette réponse :
"Déesse, on a peine à te reconnaître en te voyant,
Quand on serait des plus adroits : tu prends toutes les formes !
Ce que je sais, c'est que tu m'as toujours été propice,
Tant que les fils des Achéens se sont battus sous Troie.   315
Mais lorsqu'on eut pillé la haute cité de Priam
Et qu'une fois montés à bord, un dieu nous dispersa,
Dès cet instant, fille de Zeus, je cessai de te voir
Présente à mes côtés pour me défendre du malheur.
Portant au fond de ma poitrine un cœur tout déchiré,   320
J'errai, jusqu'au jour où les dieux me tirèrent de peine
Et où, dans le riche pays des gens de Phéacie,
Tu vins m'encourager et me conduire vers leur ville.
C'est au nom de ton père qu'à présent je te supplie.
Je ne puis croire être arrivé dans Ithaque la claire ;   325
Je dois fouler un autre sol, et c'est par raillerie,
Pour mieux berner mon cœur, que tu me parles de la sorte.
Aussi, dis-moi, est-il bien vrai que c'est là ma patrie ?"
    Lors Athéna, la déesse aux yeux pers, lui répondit :
"Ton esprit est toujours le même au fond de ta poitrine.   330
Comment pourrais-je bien t'abandonner en ton malheur,
A voir comme tu es sensé, perspicace et prudent ?
Tout autre se fût réjoui, après tant d'aventures,
De retrouver à son foyer sa femme et ses enfants.
Mais toi, tu ne veux rien savoir ni t'informer de rien,   335

Avant d'avoir sondé ta femme ! Elle n'a pas changé
Et reste fidèle au foyer, où ses nuits et ses jours
Se consument dans la tristesse, à pleurer sans répit.
Pour moi, je n'ai jamais douté, sachant bien dans mon cœur
340 Qu'un jour tu rentrerais sans aucun de tes compagnons.
Mais je ne tenais pas à lutter contre Poséidon,
Le frère de mon père, qui, le cœur plein de courroux,
T'en voulait d'avoir crevé l'œil à l'un de ses enfants.
Je m'en vais te convaincre en te montrant le sol d'Ithaque :
345 Voici la rade de Phorkys, le Vieillard de la mer,
Et voici l'olivier feuillu, tout au fond de la rade ;
Voici, non loin de là, l'obscure et charmante caverne
Dédiée à ces Nymphes que l'on nomme les Naïades ;
Voici l'antre voûté, la grande salle où si souvent
350 Tu vins offrir de saintes hécatombes aux Naïades,
Et voici le Nérite, revêtu de ses forêts."
        Pallas alors chassa la nue, et la terre apparut.
Tout à la joie et au bonheur de revoir son pays,
Le divin Ulysse en baisa la glèbe nourricière.
355 Puis, levant les mains vers le ciel, il invoqua les Nymphes :
        "O vous, filles de Zeus, Nymphes, Naïades, que j'ai cru
Ne plus jamais revoir ! Voici que mes douces prières
Montent vers vous. Comme autrefois, vous recevrez nos dons,
Si la fille de Zeus, la Ramasseuse de butin,
360 Veut bien me laisser vivre et faire prospérer mon fils !"
        Et Athéna, la déesse aux yeux pers, lui répondit :
"Rassure-toi, et que ton cœur écarte un tel souci.
Mais pour l'instant, hâtons-nous de déposer ces richesses
Au fond de cet antre divin, de peur qu'on ne les vole ;
365 Puis nous réfléchirons à la meilleure des issues."
        A ces mots, la déesse entra dans l'ombre de la grotte,

Afin d'en visiter chaque recoin, tandis qu'Ulysse
Apportait tous ses biens : le bronze inaltérable, l'or
Et les beaux vêtements, offerts par les Phéaciens.
Puis Pallas Athéna, fille de Zeus, le Porte-Egide,   370
Les rangea comme il faut et mit un grand bloc sur l'entrée.

    Puis, assis tous les deux au pied de l'olivier sacré,
Ils tramèrent la mort des prétendants fiers et hautains.
Athéna aux yeux pers prit d'abord la parole et dit :
    "Divin rejeton de Laërte, industrieux Ulysse,   375
Songe à tourner tes coups sur ces indignes prétendants,
Qu'on voit depuis trois ans faire la loi dans ton palais,
Courtiser ton épouse et la combler de leurs présents.
Elle, tout en se lamentant sans fin sur ton retour,
Entretient leur espoir et, bien qu'ayant l'esprit ailleurs,   380
Envoie à chacun d'eux des messages pleins de promesses."
    Ulysse l'avisé lui fit alors cette réponse :
"Misère ! j'allais donc subir dans mon propre palais
Le même sort affreux qu'Agamemnon, le fils d'Atrée,
Si tu ne m'avais pas, déesse, appris tous ces détails !   385
Allons ! combine un plan, que je puisse me venger d'eux,
Et demeure avec moi, pour m'insuffler la même audace
Que lorsque nous brisions les splendides créneaux de Troie !
Si tu m'assistais, ô déesse, avec la même ardeur,
Fort de ton bienveillant appui, vénérable Athéna,   390
J'affronterais jusqu'à trois cents guerriers à tes côtés !"
    La déesse aux yeux pers lui fit alors cette réponse :
"Je serai toujours près de toi et mes yeux te suivront,
Lorsque nous passerons à l'œuvre, et je les vois déjà
Eclabousser partout le sol de cervelle et de sang,   395
Ces misérables prétendants qui dévorent tes vivres.
Allons ! je te rendrai méconnaissable à tous les gens.

Je riderai ta belle peau sur tes membres flexibles ;
Je ferai choir tes cheveux blonds et te revêtirai
400 De haillons, de quoi dégoûter quiconque te verra ;
J'éraillerai aussi tes yeux, si beaux jusqu'à ce jour,
Pour que tu paraisses bien laid à tous les prétendants,
A ta femme et au fils que tu as laissés au palais.
En premier lieu tu iras voir le chef de tes porchers,
405 Qui veille sur tes porcs ; il te garde toujours son cœur,
Il chérit ton enfant et la très sage Pénélope.
Tu le rencontreras non loin de ses pourceaux ; ils paissent
Près de la roche du Corbeau, sur la source Aréthuse,
Où ils se régalent de glands et boivent l'onde noire,
410 Car c'est là ce qui donne aux porcs leur abondante graisse.
Reste là, près de lui, et interroge-le sur tout ;
Moi, je m'en vais à Sparte, la cité aux belles femmes,
Rappeler, cher Ulysse, Télémaque, ton enfant,
Qui s'est rendu à Sparte pour savoir de Ménélas
415 Si l'on parlait de toi, si tu étais encore en vie."
　　　Ulysse l'avisé lui fit alors cette réponse :
"Pourquoi ne lui as-tu rien dit, toi dont l'esprit sait tout ?
Mais peut-être veux-tu qu'il souffre à son tour en errant
Sur la mer inféconde, et que d'autres mangent ses biens ?"
420 　　　Lors Athéna, la déesse aux yeux pers, lui répondit :
"Que ton cœur ne soit pas trop inquiet à son sujet.
C'est moi qui l'ai guidé, pour qu'il acquière en ce voyage
Un bon renom ; loin de souffrir, il est là bien tranquille
Au palais de l'Atride et ne manque vraiment de rien.
425 Des jeunes gens, c'est vrai, le guettent sur leur noir vaisseau
Pour le tuer avant qu'il ait regagné sa patrie.
Mais je crois bien qu'auparavant la terre en couvrira
Plus d'un parmi les prétendants qui mangent ton avoir !"

A ces mots, Athéna, l'ayant touché de sa baguette,
Rida sa délicate peau sur ses membres flexibles,   430
Fit tomber de son chef ses cheveux blonds et recouvrit
De la peau d'un vieillard chacun des membres de son corps ;
Elle érailla aussi ses yeux, si beaux jusqu'à ce jour,
Le couvrit d'un haillon ainsi que d'une autre tunique,
Chiffons loqueteux et crasseux, tout noircis de fumée ;   435
Puis, jetant sur son dos la grande peau d'un cerf rapide,
Lui donna un bâton et une méchante besace,
Pleine de trous, qui avait une corde pour bretelle.
    Tout bien réglé, on se quitta, et Athéna partit
Pour la divine Sparte, afin d'y chercher Télémaque.   440

CHANT XIV

Du port, par un sentier ardu grimpant à travers bois,
Ulysse marcha vers le lieu où, selon Athéna,
Demeurait le divin porcher qui veillait sur ses biens
Mieux qu'aucun autre serviteur acheté par son maître.
   Il le trouva assis devant l'entrée, où il s'était   5
Bâti en un lieu découvert une cour élevée,
Un large et bel enclos bien rond, que pour loger ses porcs
Il s'était lui-même construit en l'absence d'Ulysse,
Sans consulter ni sa maîtresse ni le vieux Laërte,
Avec des rocs taillés qu'il avait couronnés d'épines.   10
Au-dehors il avait planté, en ligne continue,
Un rang de pieux serrés, équarris dans le cœur du chêne ;
Dans la cour il avait bâti, pour y loger ses porcs,
Une suite de douze tects ; sur le sol de chacun
Couchaient cinquante bêtes qui venaient de mettre bas ;   15
Les mâles, quant à eux, dormaient dehors, et ils étaient
Bien moins nombreux ; les divins prétendants les décimaient
Pour servir à manger, car le porcher leur envoyait
Chaque jour le meilleur de tous ses cochons à l'engrais ;
Aussi ne lui en restait-il plus que trois cent soixante.   20
Auprès d'eux veillaient jour et nuit, semblables à des fauves,
Quatre chiens qu'avait élevés le maître des porchers.
Eumée était tout juste en train d'ajuster les sandales
Qu'il venait de tailler dans le cuir coloré d'un bœuf.
Ses gens étaient partis ; trois d'entre eux suivaient leurs troupeaux ;   25

Le quatrième, il l'avait envoyé jusqu'à la ville,
Car il fallait fournir un porc à ces fiers prétendants,
Afin qu'ils pussent l'immoler et manger tout leur soûl.

    Soudain les chiens hurleurs, voyant Ulysse, lui coururent
30 Dessus avec de grands abois. Mais lui, bien sagement,
S'assit, tandis que le bâton lui échappait des mains.
Là, devant son étable, il eût subi le pire sort,
Mais de son pas rapide le porcher avait bondi
Hors de l'auvent, si bien que le cuir lui tomba des mains.
35 A grands éclats de voix, sous une grêle de cailloux,
Il dispersa les chiens ; après quoi il dit à son maître :

    "Pour un peu, ces chiens-là, vieillard, allaient te déchirer
En un clin d'œil, et tu m'aurais alors couvert de honte.
Les dieux m'ont déjà donné tant de peines et d'angoisses !
40 Pendant que tristement je pleure sur mon divin maître,
Il me faut nourrir pour autrui ses cochons les plus gras ;
Alors que lui, n'ayant peut-être pas de quoi manger,
Erre dans quelque ville ou quelque pays d'autre langue,
Du moins s'il vit, s'il voit encor la clarté du soleil.
45 Mais suis-moi, vieux ; entrons dans ma cabane, et qu'à ton tour,
Après t'être rassasié de bon pain et de vin,
Tu me racontes d'où tu viens, et au prix de quels maux."

    Ce disant, le divin porcher le mena dans sa hutte,
Où il le fit asseoir sur un lit épais de brindilles,
50 Qu'il recouvrit de la toison d'une chèvre sauvage :
C'était là qu'il couchait, au large et sur le doux. Ulysse,
Ravi d'un tel accueil, prit alors la parole et dit :

    "O mon hôte, que Zeus et tous les autres dieux exaucent
Tes désirs les plus chers, puisque tu m'as si bien reçu !"
55 A ces mots, tu lui répondis ainsi, porcher Eumée :
"Etranger, je n'ai pas le droit de mépriser un hôte,

Fût-il plus miséreux que toi ; étrangers, mendiants,
Tous nous viennent de Zeus, et même si nous donnons peu,
Cela leur fait plaisir. Les serviteurs n'ont pas le choix,
Car ils sont toujours à trembler devant de jeunes maîtres.   60
Ah ! vraiment, celui dont les dieux entravent le retour,
Comme il m'aurait gâté ! il m'aurait donné quelque avoir,
Une maison, un champ et une femme de grand prix,
Tout ce qu'un maître généreux donne à son serviteur,
S'il a peiné pour lui et qu'un dieu ait béni son champ,   65
Comme a été béni le champ où je me suis fixé.
Aussi, vieillissant parmi nous, le maître m'eût comblé.
Mais il est mort. Ah ! que n'est morte Hélène, et avec elle
Toute sa race, pour avoir brisé tant de genoux !
Car lui aussi s'en est allé à Troie aux bons chevaux   70
Combattre les Troyens pour venger l'honneur de l'Atride."

    Lors, serrant vite sa ceinture autour de sa tunique,
Il gagna les enclos qui abritaient tous les gorets.
Il en prit deux, qu'il apporta pour les sacrifier,
Les flamba, les coupa menu et les mit sur des broches.   75
Puis, quand tout fut rôti, il vint le servir à Ulysse,
Bien chaud, à bout de broche, et versa la farine blanche ;
Il mélangea dans une jatte un vin doux comme miel,
Se mit en face de son hôte et l'exhorta ainsi :

    "Mange donc, étranger ! C'est un repas de serviteurs :   80
Des porcelets ! Les cochons gras sont pour les prétendants,
Que n'émeuvent ni le courroux du ciel ni la pitié.
Ah ! les dieux bienheureux détestent toute cruauté ;
Ils n'honorent que la justice et les œuvres intègres.
Les brigands les plus criminels, quand ils mettent le pied   85
Sur un sol étranger que Zeus leur permet de piller,
Peuvent bien revenir chez eux avec leur cale pleine ;

245

La peur du châtiment pèse sur eux de tout son poids.
Sans doute ceux-là savent-ils, par quelque avis du ciel,
90 La triste mort du maître ; et au lieu de faire leur cour
Comme il se doit et de rentrer chez eux, ils se contentent
De manger hardiment ses biens sans rien se refuser.
Autant de nuits, autant de jours qui leur viennent de Zeus,
Il leur faut des victimes, pas rien qu'une seule ou deux !
95 Quant au vin, ils l'épuisent tous à force d'en tirer.
Mon maître, sache-le, était mille fois plus à l'aise
Qu'aucun autre héros vivant sur le noir continent
Et dans Ithaque même ; ils se mettraient ensemble à vingt
Sans égaler ses biens. Je vais t'en faire un compte exact.
100 Là-bas, douze troupeaux de bœufs et autant de moutons,
Autant de bandes de cochons et de hardes de chèvres,
Que font paître des étrangers ou ses propres bergers.
Ici même, il y a en tout onze troupeaux de chèvres,
Que des hommes de bien gardent à l'autre bout de l'île.
105 Chacun envoie aux prétendants une bête par jour,
En prenant toujours le meilleur de leurs chevreaux dodus.
Quant à moi, tu me vois garder et défendre ces porcs,
Dont je prends soin de leur fournir chaque jour le plus beau."
    Il dit. En hâte, Ulysse avala sa viande et son vin
110 A grands coups, sans un mot, couvant la mort des prétendants.
Puis, quand il eut mangé et se fut restauré le cœur,
Eumée emplit pour lui sa propre jatte et la tendit
Pleine de vin ; Ulysse l'accepta d'un cœur joyeux,
Et, s'adressant à lui, il dit ces paroles ailées :
115 "Ami, qui donc t'a acheté de ses propres deniers ?
Tu viens de me parler de sa richesse et de sa force ;
Tu me dis qu'il est mort pour venger l'honneur de l'Atride ;
Parle-moi de cet homme ; il se peut que je le connaisse.

Zeus et les autres Immortels savent bien, j'imagine,
Si, l'ayant vu, je puis t'en dire un mot : j'ai tant roulé !"   120
    Alors le maître des porchers lui fit cette réponse :
"Vieillard, aucun rouleur des mers venu leur en parler
Ne saurait plus convaincre ni sa femme ni son fils.
Pour être bien traités, les vagabonds ont vite fait
De nous mentir, et la vérité leur importe peu.   125
Sitôt qu'un vagabond arrive chez nous à Ithaque,
Il court chez ma maîtresse et lui débite quelque fable.
Alors elle l'accueille à bras ouverts et l'interroge ;
Et la voilà tout en sanglots, les yeux noyés de larmes,
Comme il arrive quand on pleure un époux mort au loin.   130
Toi aussi, pauvre vieux, tu forgeras vite une histoire,
Pour qu'on te donne les habits, la robe et le manteau.
Mais lui, voilà longtemps que chiens rapides et vautours
Ont dû lui décharner les os, d'où l'âme s'est enfuie,
A moins que les poissons ne l'aient mangé et que ses os   135
Ne gisent sur la grève, enveloppés d'un sable épais.
Ici ou là, il est bien mort, ne laissant que chagrins
A tous les siens, et à moi en premier ; car où que j'aille,
Je ne retrouverai jamais un maître aussi gentil,
Quand même je retournerais chez mon père et ma mère,   140
Dans la maison où je suis né et où ils m'ont nourri.
Ils me causent moins de chagrin, quel que soit mon désir
De rentrer au pays et de les revoir de mes yeux,
Que le regret d'Ulysse disparu ne me dévore.
Celui-là, étranger, tout absent qu'il est, j'ai scrupule   145
A le nommer, tant il m'aimait et prenait soin de moi.
Bien qu'il soit loin de nous, je lui garde le nom de frère !"
    Alors Ulysse l'endurant lui fit cette réponse :
"Ami, puisque tu n'en crois rien et prétends au contraire

247

150 Qu'il ne reviendra plus, c'est que ton cœur reste incrédule.
    Eh bien, moi je te dis, et je l'affirme avec serment :
    Ulysse reviendra ! Que le prix de l'heureux message
    Ne me soit accordé que s'il revient un jour chez lui ;
    Et qu'on m'habille alors de neuf, la robe et le manteau.
155 Jusque-là, si pressant que soit mon besoin, je refuse.
    Plus que les portes de l'Hadès, je déteste tout homme
    Qui, cédant à la pauvreté, débite des histoires.
    Par Zeus, premier des dieux, par cette table hospitalière
    Et ce foyer du brave Ulysse, où je viens d'arriver,
160 Tu vas voir se réaliser tout ce que je te dis :
    A la nouvelle lune, Ulysse sera de retour ;
    A la fin de ce mois, ou au commencement de l'autre,
    Il rentrera chez lui et se vengera de tous ceux
    Qui outragent ici sa femme et son illustre fils."
165   A ces mots, tu lui répondis ainsi, porcher Eumée :
    "Vieillard, ce n'est pas moi qui te paierai l'heureux message ;
    Ulysse ne reviendra plus chez lui. Mais bois en paix ;
    Oublions tout le reste et ne parlons plus du passé,
    Car je me sens le cœur bien triste au fond de ma poitrine,
170 Chaque fois que j'entends parler de mon maître adoré.
    Laissons là les serments, et puisse Ulysse revenir,
    Comme nous le souhaitons tous, Pénélope et moi-même,
    Et le vieillard Laërte et Télémaque, ce vrai dieu.
    Ah ! voilà qu'il me faut encor pleurer le fils d'Ulysse,
175 Télémaque ! Les dieux l'avaient nourri tel un surgeon,
    Et j'étais sûr qu'au milieu des humains il vaudrait bien
    Son père par la taille, la noblesse et la beauté.
    Mais un dieu, ou un homme, est venu troubler sa raison,
    Si bien que le voilà parti s'enquérir de son père
180 Dans la sainte Pylos, tandis que les fiers prétendants

Le guettent au retour, afin que soient rayés d'Ithaque
Et le nom et la race du divin Arkésios.
Mais cessons de parler de lui, qu'il se soit laissé prendre
Ou qu'il ait échappé, secouru par la main de Zeus.
Allons ! vieillard, raconte-moi les chagrins que tu as ;   185
Parle-moi sans rien me cacher ; j'ai besoin de savoir.
Qui es-tu ? d'où viens-tu ? quels sont tes parents, ta cité ?
Sur quel vaisseau arrives-tu et comment les marins
T'ont-ils amené en ce lieu ? qui prétendent-ils être ?
Car je ne pense pas que tu nous sois venu à pied."   190
    Ulysse l'avisé lui fit alors cette réponse :
"Eh bien, je m'en vais te répondre, et sans rien te cacher.
Même si à cette heure nous avions du temps de reste,
Des vivres, du bon vin, pour festoyer dans ta cabane
Tout à loisir, tandis que d'autres seraient à leur tâche,   195
J'en aurais encor largement pour une année entière
Avant d'avoir fini de te raconter mes épreuves
Et tous les maux que j'ai subis par le vouloir des dieux.
    J'ai l'honneur d'avoir vu le jour dans les plaines de Crète.
Mon père était fort riche ; il avait eu de son épouse   200
Bien d'autres fils, légitimes ceux-là, qu'il élevait
Chez lui ; ma mère, à moi, n'était qu'une esclave achetée.
Il me traitait pourtant comme les enfants de sa femme,
Ce Castor, fils d'Hylax, dont je me flatte de descendre
Et que le peuple, en Crète, honorait à l'égal d'un dieu   205
Pour sa prospérité, ses biens et ses valeureux fils.
Mais vinrent les Déesses de la mort, qui l'emportèrent
Dans la maison d'Hadès ; après quoi ses fils pleins d'orgueil
S'en furent partager ses biens en les tirant au sort.
On m'octroya une maison, et ce fut presque tout.   210
Je pris femme pourtant dans une très riche famille,

249

Grâce à mes qualités, car j'avais de l'intelligence
Et je n'étais point lâche. Ah ! comme tout cela est loin !
Mais je pense qu'à voir le chaume, on reconnaît l'épi :
215 Car des malheurs sans nombre se sont abattus sur moi.
Arès et Athéna m'avaient octroyé de l'audace,
Et des muscles aussi ! Lorsque, songeant à décimer
Les ennemis, je triais les meilleurs pour l'embuscade,
Jamais mon cœur entreprenant ne songeait à la mort ;
220 J'étais le premier à bondir, et ma lance abattait
Tout ennemi qui, devant moi, ne savait pas courir.
Plein de cette ardeur au combat, je n'aimais ni les champs
Ni les travaux d'intérieur, qui font de beaux enfants.
Je n'ai jamais aimé que les vaisseaux garnis de rames,
225 Ainsi que les combats, les flèches, les épieux polis,
Tous ces outils de mort qui donnent le frisson aux autres,
Mais que, pour moi, j'aimais, sans doute inspiré par un dieu ;
Car chaque homme toujours se plaît à ses propres ouvrages.
        Avant que Troie eût vu venir les fils des Achéens,
230 J'avais déjà mené neuf fois mes braves et mes nefs
En pays étranger, et j'avais fait un grand butin :
Je prélevais une prime à mon choix, et je tirais
Le reste au sort. En peu de temps, ma maison s'enrichit,
Et je devins en Crète objet de crainte et de respect.
235 Mais quand le grand Tonneur conçut cet odieux voyage,
Qui allait briser les genoux de guerriers par milliers,
C'est moi qui fus chargé, avec l'illustre Idoménée,
De conduire les nefs vers Ilion ; je ne pouvais
M'y opposer, car je craignais le blâme de mon peuple.
240 Nous autres Achéens y avons lutté neuf années,
Et la dixième, ayant pillé la ville de Priam,
Nous avons rembarqué ; mais un dieu dispersa nos hommes,

Et moi, hélas ! quels maux me réservait le sage Zeus !
A peine avais-je profité un mois de mes enfants,
De ma fidèle épouse et de mes biens, lorsque l'envie   245
Me prit d'équiper des vaisseaux et d'aller en croisière
Dans l'Egyptos, en emmenant mes compagnons divins.
J'équipai neuf vaisseaux, et toute une foule accourut.
Six jours durant, mes compagnons fidèles banquetèrent
Dans mon palais ; je fournissais, sans compter, les victimes,   250
Tant pour offrir aux dieux que pour servir à leurs festins.
Le jour d'après on embarqua, et de la vaste Crète
Un bon Borée au souffle plein nous emmena tout droit,
Comme portés par un courant ; aucun de nos navires
N'était endommagé ; assis, le corps frais et dispos,   255
Nous nous laissions conduire par le vent et les pilotes.
En cinq jours nous étions dans le beau cours de l'Egyptos,
Et c'est là que je fis mouiller mes nefs à double galbe.
    Alors je demandai à mes fidèles compagnons
De rester auprès des vaisseaux pour y garder les nefs,   260
Et chargeai les observateurs de monter sur les guettes.
Mais, cédant à leur fougue et n'écoutant que leur envie,
Ils coururent piller les riches terres du pays,
Emmenant femmes et enfants et massacrant les hommes.
Le cri ne tarda pas à parvenir jusqu'à la ville.   265
Accourus à cette rumeur dès la pointe de l'aube,
Piétons et gens de chars emplirent toute la campagne
De bronze scintillant ; Zeus, le grand manieur de foudre,
Sema la panique en nos rangs, et pas un de nos hommes
N'osa leur faire front, car le danger était partout.   270
Plus d'un des nôtres fut tué à la pointe du glaive ;
Les vivants furent emmenés pour le travail forcé.
Mais Zeus lui-même alors me mit une pensée en tête.

Ah ! j'aurais mieux fait de mourir et d'accomplir mon sort
275 Ici, dans l'Egyptos, car d'autres malheurs m'attendaient.
Je me hâtai de retirer mon casque bien ouvré,
D'ôter mon bouclier et de jeter ma lance au loin ;
Puis je me dirigeai tout droit vers les chevaux du roi
Et je lui baisai les genoux ; sa pitié me sauva.
280 Il me prit sur son char et m'emmena tout éploré.
Certes, beaucoup me menaçaient encore de leurs piques,
Brûlant de me tuer, car leur fureur était extrême.
Mais il me protégeait, redoutant Zeus hospitalier,
Dont le courroux poursuit toujours les actes criminels.
285 Je demeurai là-bas sept ans, amassant de grands biens
Chez ces Egyptiens, car tous m'apportaient des présents.
Mais quand le cours du temps amena la huitième année,
Un Phénicien survint, un homme expert en tromperies,
Un vrai rapace, ayant déjà causé bien des malheurs.
290 Ce fourbe, par sa ruse, obtint de moi que nous passions
En Phénicie, où il avait sa maison et ses biens.
Là, j'habitai chez lui pour tout le reste de l'année.
Cependant, quand des jours, des mois se furent écoulés,
Que l'année eut fini et que le printemps reparut,
295 Il me fit embarquer sur un bateau pour la Libye,
Afin de m'avoir à son bord avec ma cargaison ;
Là-bas, il espérait me vendre et en tirer bon prix.
En montant avec lui, j'eus quelques soupçons ; mais que faire ?
Un bon Borée au souffle plein nous entraînait déjà
300 Loin de la Crète, lorsque Zeus médita notre mort.
Quand nous eûmes quitté cette île et que toute autre terre
Eut disparu, ne nous laissant que le ciel et les flots,
Le fils de Cronos suspendit une sombre nuée
Sur le navire creux, et la mer en fut obscurcie.

Zeus se mit à tonner et foudroya notre vaisseau,   305
Qui, frappé par l'éclair de Zeus, tournoya sur lui-même
Et se remplit de soufre ; et voilà tous mes gens à l'eau !
Emportés par la vague, ils flottaient, comme des corneilles,
Autour du noir vaisseau ; un dieu les privait du retour.
Mais Zeus lui-même, alors, voyant l'angoisse de mon cœur,   310
Me mit entre les mains le mât énorme du navire
Aux flancs d'azur, pour m'arracher à ce nouveau désastre.
Je l'étreignis, laissant les vents funestes m'emporter.
      Je dérivai neuf jours. Le dixième – il faisait nuit noire –
La grande houle me roula vers la côte thesprote.   315
Là, le héros Phidon, roi des Thesprotes, m'accueillit,
Mais sans rançon ; son fils, m'ayant trouvé tout épuisé
De fatigue et de froid, m'avait conduit dans sa demeure ;
M'ayant pris par la main, il avait rejoint le palais,
Où l'on me revêtit d'une tunique et d'un manteau.   320
C'est là que le roi me parla d'Ulysse, m'affirmant
Qu'il l'avait accueilli sur son retour à bras ouverts.
Il me montra les biens qu'Ulysse avait accumulés,
Tant en bronze qu'en or et en fer finement forgé,
De quoi bien vivre à deux pendant dix générations ;   325
Le roi gardait tous ces trésors au fond de son palais.
Il m'assura qu'Ulysse s'était rendu à Dodone,
Afin d'y consulter le grand chêne divin de Zeus,
Pour savoir s'il devait, après une si longue absence,
Rentrer au bon pays d'Ithaque au grand jour ou caché.   330
Sur nos libations d'adieu, le roi me fit serment
Que le navire était à flot, et l'équipage prêt,
Qui devait ramener Ulysse en son pays natal.
Mais je fus renvoyé d'abord : un vaisseau des Thesprotes
Se trouvait partir pour Doulichion riche en froment.   335

Il les chargea de m'emmener chez le roi Acastos,
En prenant soin de moi. Mais ils nourrissaient sur mon compte
Le funeste dessein de me plonger dans le malheur.
Dès que la nef de haute mer eut gagné le grand large,
340 Ils machinèrent contre moi le jour de l'esclavage.
M'arrachant la tunique et le manteau qui me couvraient,
Ils mirent sur mon dos cette tunique loqueteuse,
Ce sordide et vilain haillon que tu as sous les yeux.
Le soir, on arriva aux champs de votre claire Ithaque.
345 Alors, sur leur navire bien ponté, ils me lièrent
Solidement avec un câble ; après quoi, sans tarder,
Ils débarquèrent sur la grève et prirent le repas.
Mais les dieux n'eurent aucun mal à m'ôter ce lien.
Alors, de ce haillon, je me recouvris bien la tête ;
350 Je me laissai glisser le long du gouvernail poli
Et m'enfonçai dans l'eau ; puis, ramant avec mes deux mains,
Je nageai tant, que je fus bientôt hors de leur portée.
Je pris terre et gagnai le plus épais d'un bois en fleurs,
Où j'allai me blottir. Je les entendais qui couraient
355 Et qui hurlaient à pleine voix ; mais, trouvant sans profit
De pousser leurs recherches plus avant, ils regagnèrent
Le creux de leur vaisseau ; les dieux m'avaient caché sans peine.
Ce sont ces mêmes dieux qui m'ont conduit vers les étables
D'un homme droit, car mon destin était de vivre encore !"
360   A ces mots, tu lui répondis ainsi, porcher Eumée :
"Malheureux étranger, combien tu m'as ému le cœur
En retraçant pour moi ta longue et douloureuse errance !
Mais un point me paraît clocher, c'est à propos d'Ulysse.
Jamais je n'y croirai ! Pourquoi forger de vains mensonges,
365 Dans l'état où tu es ? Concernant le retour du maître,
Je sais fort bien ce qu'il en est. Tous les dieux lui vouaient

Une haine implacable, puisqu'il n'est point mort à Troie
Ou, la guerre une fois finie, entre les bras des siens ;
Car les Panachéens lui auraient bâti un tombeau,
Et à son fils il eût légué une gloire éclatante.   370
Non, il est devenu la proie obscure des Harpyes.
Pour moi, auprès de mes cochons, je vis très retiré
Et ne descends au bourg que si la sage Pénélope
Me fait quérir, le jour qu'elle reçoit quelque nouvelle.
Ils viennent tous alors interroger le messager,   375
Soit qu'ils gémissent sur la longue absence de leur maître,
Soit qu'ils prennent plaisir à le gruger impunément.
Pour moi, j'ai renoncé à m'enquérir et m'informer,
Depuis qu'un Etolien m'a dupé par ses racontars.
Après avoir tué son homme et roulé en tout lieu,   380
Il était arrivé chez moi ; je lui fis bon accueil.
Il me dit l'avoir vu en Crète, chez Idoménée,
Radoubant ses vaisseaux, que la tempête avait brisés,
M'assurant qu'à l'été ou à l'automne il rentrerait,
Rapportant maints trésors, avec ses compagnons divins.   385
Aussi bien, pauvre vieux que le ciel a guidé vers moi,
Ne viens pas me flatter et me charmer par des mensonges.
Ce n'est point pour cela que je te ferai bon visage,
Mais par respect pour Zeus et par compassion pour toi."
      Ulysse l'avisé lui fit alors cette réponse :   390
"Faut-il qu'un esprit incrédule habite en ta poitrine !
Même un serment ne peut donc t'ébranler ni te convaincre !
Mais allons ! faisons aujourd'hui un pacte, et que d'en haut
Nous servent de témoins les dieux qui vivent sur l'Olympe.
Le jour où tu verras rentrer ton maître en ce palais,   395
Revêts-moi de la robe et du manteau, et conduis-moi
Jusqu'à Doulichion, où mon cœur a désir d'aller ;

Mais si ton maître ne vient pas, ainsi que je l'affirme,
Dis à tes gens de me jeter du haut du grand rocher,
400 Pour que tout autre mendiant craigne de t'abuser."
     Et le divin porcher lui fit alors cette réponse :
"Le beau moyen, cher hôte, de répandre mon mérite
Parmi les hommes d'aujourd'hui et dans tout l'avenir !
T'avoir conduit dans ma cabane et traité comme un hôte,
405 Pour te tuer ensuite et te ravir la douce vie !
J'aurais bien bonne grâce, alors, à prier le Cronide !
Allons ! c'est l'heure du souper. Si seulement mes gens
Venaient vite apprêter un bon repas dans ma cabane !"
     Pendant qu'ils échangeaient entre eux de semblables propos,
410 Les porchers arrivaient, suivis de leurs troupeaux de bêtes.
On poussa les femelles, pour la nuit, dans leurs étables,
Et sans fin montait la clameur des porcs ainsi parqués.
Lors le divin porcher appela ses gens et leur dit :
     "Amenez le plus beau des porcs, que je l'offre à cet hôte
415 Qui nous vient de si loin ; nous en profiterons aussi,
Nous qui nous donnons tant de mal pour ces porcs aux dents blanches,
Quand d'autres vivent sans remords du fruit de nos travaux !"
     A ces mots, il fendit du bois d'un bronze sans pitié.
Les autres vinrent avec un porc bien gras de cinq ans,
420 Qu'ils mirent aussitôt sur le foyer ; et le porcher
N'oublia pas les Immortels, car il était fort pieux.
Sur la tête du porc aux blanches dents il préleva
Quelques poils qu'il jeta au feu en invoquant les dieux,
Pour que le sage Ulysse enfin revînt en sa maison.
425 D'une bûche de chêne intacte il assomma la bête,
Dont l'âme s'envola. Quand il l'eut saignée et flambée,
Il la dépeça sans retard et recouvrit de graisse
Les petits morceaux crus qu'il détachait de chaque membre ;

256

Il les jeta au feu, saupoudrés de farine d'orge ;
Le reste fut coupé menu, enfilé sur les broches,   430
Et dès que tout fut bien rôti, on l'enleva du feu
Et on le disposa sur les plateaux. Puis le porcher
Se leva pour faire les parts, car il savait s'y prendre.
Il répartit le tout et le divisa en sept lots :
Le premier pour Hermès, fils de Maïa, et pour les Nymphes,   435
Qu'il invoqua bien haut, un autre à chacun des convives ;
Pour honorer Ulysse, il lui offrit la longue échine
Du porc aux blanches dents, ce qui fit bien plaisir au maître.
    Alors Ulysse l'avisé lui parla en ces termes :
"Ah ! puisses-tu, Eumée, être aussi cher à Zeus le Père   440
Que moi, puisque, dans mon état, tu me fais cet honneur !"
    A ces mots, tu lui répondis ainsi, porcher Eumée :
"Mange, hôte infortuné, et régale-toi de ces mets,
Qui sont là devant toi. Que les dieux donnent ou refusent,
Ils n'en font qu'à leur guise, et leur pouvoir est sans limites."   445
    A ces mots, il offrit leur part aux dieux toujours vivants,
Leur versa du vin sombre et tendit la coupe à Ulysse,
Ce fléau des cités, puis il s'assit devant sa part.
Le pain fut servi par Mésaulios, que le porcher
En l'absence du maître, avait acquis à ses dépens,   450
Sans consulter ni sa maîtresse ni le vieux Laërte,
L'ayant acheté sur ses biens à des gens de Taphos.
Alors chacun tendit les mains vers les plats préparés.
Sitôt que l'on eut satisfait la soif et l'appétit,
Mésaulios ôta le pain et chacun s'empressa   455
D'aller dormir, rassasié de viandes et de pain.
La nuit tomba, noire et mauvaise ; il plut jusqu'au matin,
Et un grand zéphyr porteur d'eau ne cessa de souffler.
Ulysse alors parla, pour tâter le porcher et voir

257

460 S'il donnerait sa cape ou si, ne songeant qu'à soi-même,
Il irait en demander une à l'un de ses bergers :
    "Ecoutez-moi bien tous, Eumée, et vous, ses compagnons !
J'aurais un vœu à exprimer. La faute en est au vin,
C'est lui qui trouble la raison, c'est lui qui fait chanter,
465 Danser et rire aimablement l'homme le plus rassis
Et lui arrache de ces mots qu'il vaudrait mieux garder.
Mais puisque j'ai ouvert la bouche, autant tout raconter.
Que ne suis-je encor jeune et fort, comme en cette embuscade
Que nous avions poussée un jour sous les murs d'Ilion !
470 Ulysse et Ménélas l'Atride étaient à notre tête ;
Moi, j'étais le troisième, ainsi qu'ils l'avaient ordonné.
Quand nous eûmes atteint la ville et son rempart abrupt,
Nous nous blottîmes près des murs, sous d'épaisses broussailles,
Parmi les roseaux du marais, à l'abri de nos armes.
475 La nuit survint et fut terrible : un vent du nord glacé
Se déchaîna ; la neige froide, en nous tombant dessus,
Se changea en verglas, couvrant nos écus de glaçons.
Tous les autres guerriers avaient leur robe et leur manteau
Et dormaient sans souci à l'abri de leurs boucliers.
480 Pour moi, j'avais laissé par imprudence mon manteau
Près de mes gens, sans me douter qu'il gèlerait si fort ;
Je n'avais que mon bouclier et ma ceinture en bronze.
Aux deux tiers de la nuit, comme les astres déclinaient,
Je réveille du coude Ulysse, étendu près de moi,
485 Et lui parle ; aussitôt le héros me prête l'oreille :
«Divin rejeton de Laërte, industrieux Ulysse,
Je n'en ai plus pour très longtemps ; cet ouragan me tue !
Je n'ai pas de manteau ; un dieu menteur m'a suggéré
De ne venir qu'en robe, et je ne vois pas comment faire.»
490 A peine avais-je dit, que son cœur conçut une ruse,

En homme habile à conseiller aussi bien qu'à combattre.
Il baissa le ton de sa voix et parla de la sorte :
«Silence, maintenant, de peur qu'un autre ne t'entende !»
Puis, appuyant la tête sur son coude, il ajouta :
«Amis, deux mots ! le divin Songe a troublé mon sommeil.   495
Nous sommes trop loin de nos nefs ; si j'envoyais quelqu'un
Dire à l'Atride Agamemnon, le gardien de son peuple,
De nous dépêcher des vaisseaux un renfort de guerriers ?»
Comme il achevait de parler, Thoas, fils d'Andrémon,
Se leva vivement et, jetant son manteau de pourpre,   500
Courut vers les vaisseaux. Quel bonheur pour moi de dormir
Dans son manteau, jusqu'au lever de l'aube au trône d'or !
Ah ! si j'avais encore ici ma jeunesse et ma force !
Peut-être l'un de ces porchers me donnerait sa cape,
Autant par amitié que par respect envers un brave.   505
Mais on n'a que mépris pour moi, à cause de ces loques !"
    A ces mots, tu lui répondis ainsi, porcher Eumée :
"Vieillard, ce que tu viens de dire est vraiment magnifique !
Pas un mot qui soit déplacé ou qui manque son but !
Pour ce soir, tu ne manqueras ni d'habits ni de rien   510
De ce qu'on offre au pauvre suppliant qui vous aborde.
Mais dès l'aube, demain, tu iras nettoyer tes frusques,
Car nous n'avons pour nous vêtir ni manteaux à foison
Ni robes de rechange : à chacun son habit, sans plus.
Mais sitôt que le fils d'Ulysse sera de retour,   515
Il te donnera comme habits la robe et le manteau,
Puis te fera conduire où ton cœur brûle de se rendre."
    Il dit et, se levant, vint lui dresser auprès du feu
Un lit qu'il recouvrit de peaux de moutons et de chèvres.
Ulysse s'y coucha, et le porcher jeta sur lui   520
L'épais et gros manteau qu'il gardait toujours en réserve

Pour s'y rouler, quand survenait quelque rude tempête.
    C'est là qu'Ulysse s'allongea, et les jeunes porchers
Vinrent s'allonger près de lui. Mais Eumée, en revanche,
525 Ne voulut pas s'étendre là et dormir loin des porcs.
Il s'arma pour sortir, et Ulysse fut tout heureux
De voir le soin qu'en son absence il prenait de ses biens.
D'abord il mit son glaive aigu sur ses fortes épaules,
Puis il passa un manteau très épais, contre le vent,
530 S'empara d'une grande peau de bique bien nourrie
Et de son javelot pointu contre chiens et rôdeurs.
Il partit se coucher près de ses cochons aux dents blanches,
Sous une cavité rocheuse, à l'abri du Borée.

CHANT XV

Athéna donc avait rejoint l'ample Lacédémone
Pour faire songer au retour l'illustre rejeton
Du magnanime Ulysse et le presser de repartir.
Elle vit Télémaque et le brillant fils de Nestor
Etendus sous le porche de l'illustre Ménélas.   5
Le Nestoride était vaincu par un tendre sommeil ;
Mais Télémaque, loin d'en goûter la douceur, veillait,
Ne songeant qu'à son père, à travers la divine nuit.
Athéna aux yeux pers, debout à son chevet, lui dit :
     "Télémaque, il ne convient plus d'errer loin de chez toi,   10
En laissant ton avoir et ta maison à la merci
De pareils insolents ; prends garde qu'ils ne se partagent
Et ne te mangent tout, rendant ton voyage inutile.
Demande au vaillant Ménélas de hâter ton retour,
Si tu veux retrouver chez toi ta mère irréprochable ;   15
Car voici que son père et que ses frères lui enjoignent
D'épouser Eurymaque : il l'emporte par ses cadeaux
Sur tous les prétendants et ne fait qu'augmenter sa dot.
Crains qu'un trésor ne sorte malgré toi de ta maison.
Tu sais quel cœur garde une femme au fond de sa poitrine :   20
Elle fait tout pour enrichir le galant qui l'épouse ;
Mais ses premiers enfants et le mari qu'elle a perdu,
Elle a tout oublié et ne s'y intéresse plus.
Tâche, une fois rentré, de confier tout ton avoir
A celle des servantes que tu crois la plus fidèle,   25

Jusqu'à tant que le ciel t'envoie une digne compagne.
J'ajouterai ceci, et mets-toi bien la chose en tête :
Les chefs des prétendants se sont à dessein embusqués
Dans la passe d'Ithaque et de la rocheuse Samé
30 Pour te tuer avant que tu sois revenu chez toi.
Mais ne crains rien : avant, la terre en recevra plus d'un
De tous ces prétendants qui te dévorent ton avoir !
Maintiens donc à l'écart des îles ta robuste nef
Et navigue toute la nuit ; tu auras vent arrière,
35 Grâce à l'appui du dieu qui te protège et qui te garde.
Puis, dès que tu auras touché le premier cap d'Ithaque,
Tu renverras ta nef et tous tes gens jusqu'à la ville.
Mais toi, pour commencer, tu te rendras chez le porcher
Qui veille sur tes porcs et qui te veut toujours du bien.
40 Passe la nuit là-bas et dis-lui d'aller à la ville
Pour avertir ta mère, la très sage Pénélope,
Que tu es rentré de Pylos sans mal et sans encombre."
      A ces mots, elle regagna les hauteurs de l'Olympe.
L'autre arracha le Nestoride aux douceurs du sommeil,
45 En le poussant du bout du pied, et lui parla ainsi :
      "Debout, fils de Nestor ! amène tes coursiers rapides,
Attelle-les au char, et reprenons la route ensemble."
      Et Pisistrate, le fils de Nestor, lui répondit :
      "Si pressé qu'on soit de partir, on ne peut, Télémaque,
50 Rouler dans cette obscurité ; mais l'aube n'est plus loin.
Attends que Ménélas, l'Atride illustre par sa lance,
Vienne déposer les présents sur le siège du char
Et te donne congé avec des paroles aimables.
Car l'étranger conserve à tout jamais le souvenir
55 De l'hôte qui l'a honoré d'une tendre amitié."
      A peine avait-il dit, que l'aube au trône d'or parut.

Alors, sortant du lit d'Hélène aux superbes cheveux,
Ménélas à la voix sonore s'en vint les rejoindre.
Aussitôt que le fils d'Ulysse eut aperçu le roi,
Il s'empressa de revêtir une robe luisante   60
Et jeta un large manteau sur ses fortes épaules.
Il alla vers la porte et, s'approchant de Ménélas,
Télémaque, le fils du divin Ulysse, lui dit :
    "Atride Ménélas, enfant de Zeus, chef de guerriers,
Laisse-moi rejoindre à présent le pays de mes pères ;   65
Mon cœur n'a plus qu'un vœu, c'est de retourner au logis."
    A ces mots, Ménélas au cri sonore répondit :
"Je ne te retiendrai pas davantage, Télémaque,
Puisque tu veux rentrer chez toi ; je blâme également
Dans l'hôte qui reçoit chez lui, l'excès d'empressement   70
Et l'excès de froideur ; je préfère en tout la mesure
Et trouve aussi mauvais de presser le départ d'un hôte
Qui n'y tient pas, que de le retenir contre son gré.
Choyons l'hôte présent, renvoyons-le s'il veut partir.
Mais attends que je mette sur le char mes beaux présents ;   75
Tes yeux pourront les voir, pendant que j'irai dire aux femmes
D'apprêter dans la salle un repas tiré des réserves.
N'y a-t-il pas tout à la fois renom, gloire et profit
A bien manger avant que d'entreprendre un long voyage ?
Si tu veux traverser l'Hellade et toute l'Argolide,   80
Je t'attellerai mes chevaux et t'accompagnerai ;
Nous passerons de ville en ville, et jamais les mains vides,
Car où que nous allions, on nous offrira quelque objet,
Que ce soit un trépied ou un chaudron en bel airain,
Un vase en or massif ou une paire de mulets."   85
    Le sage Télémaque, alors, lui fit cette réponse :
"Atride Ménélas, enfant de Zeus, chef de guerriers,

Je veux rentrer tout droit dans mon pays, car en partant
Je n'ai laissé personne pour veiller sur mes richesses.
90   En cherchant mon père divin, j'aurais peur de périr
Ou de voir dérober quelque trésor de mon palais."
      En entendant ces mots, Ménélas à la voix sonore
Ordonna aussitôt à son épouse et aux servantes
D'apprêter dans la salle un repas tiré des réserves.
95   Survint alors Etéoneus, le fils de Boéthos,
Qui sortait de son lit, car il logeait non loin de là.
Le brave Ménélas lui dit de rallumer le feu
Et de rôtir les viandes, ce qu'il fit sans plus tarder.
Ménélas descendit alors dans la chambre odorante,
100 Non point seul, mais suivi d'Hélène et de Mégapenthès.
Et quand il eut rejoint l'endroit où étaient ses trésors,
L'Atride, pour sa part, prit une coupe à double fond
Et invita son fils Mégapenthès à emporter
Un cratère d'argent ; Hélène était devant ses coffres
105 Remplis des voiles fins qu'elle avait brodés de ses mains.
Hélène, alors, cette femme divine, en retira
Le voile le plus grand et le plus finement brodé ;
Il était placé tout au fond et brillait comme un astre.
Puis ils revinrent tous les trois à travers le palais
110 Retrouver Télémaque, et le blond Ménélas lui dit :
      "Que Zeus Tonnant, l'époux d'Héra, t'accorde, ô Télémaque,
D'achever ton retour, comme ton âme le souhaite !
De tous les objets d'art que je conserve en ma demeure,
Je m'en vais t'offrir le plus beau et le plus précieux :
115 Je t'offrirai ce cratère ouvragé, tout en argent,
Rehaussé, sur les bords, d'une lisière de vermeil.
C'est l'œuvre d'Héphaestos ; il me vient du roi de Sidon,
Du brave Phaedimos, qui m'abrita dans sa demeure,

Sur le chemin de mon retour ; je veux t'en faire hommage."
    A ces mots, le grand Ménélas remit entre ses mains   120
La coupe à double fond ; le vigoureux Mégapenthès
Déposa devant lui le brillant cratère en argent,
Cependant que, tenant le voile, Hélène aux belles joues
S'arrêtait près de lui et lui parlait de cette sorte :
    "Mon cher enfant, reçois aussi ce souvenir d'Hélène,   125
Ce travail de ses mains ! Puisse au jour béni de tes noces
Ta femme le porter, et que ta mère, jusque-là,
Le garde sous son toit ! Je te souhaite bon retour
Dans ta haute maison et sur le sol de ta patrie !"
    Et de lui tendre ce cadeau, qu'il reçut avec joie.   130
Le héros Pisistrate déposa tous les présents
Dans le panier du char, les admirant l'un après l'autre.
Puis le blond Ménélas les conduisit dans la grand-salle,
Et ils allèrent tous s'asseoir aux bancs et aux fauteuils.
Une servante apporta une belle aiguière en or   135
Et leur versa l'eau pour les mains sur un bassin d'argent ;
Puis elle dressa devant eux une table polie.
Une digne intendante vint leur apporter le pain
Et leur servit force bons mets tirés de ses réserves.
Le fils de Boéthos tranchait et partageait les viandes ;   140
L'échanson, lui, était le fils du noble Ménélas.
Alors chacun tendit les mains vers les plats préparés.
Puis, quand ils eurent satisfait la soif et l'appétit,
Télémaque et le rejeton illustre de Nestor
Lièrent les chevaux et, montant sur le char superbe,   145
Le firent sortir de la cour et du porche sonore.
L'Atride Ménélas aux cheveux blonds les escortait,
Tenant en main, pour faire les libations d'adieu,
Sa coupe d'or pleine d'un vin aussi doux que le miel.

150   Il s'arrêta devant le char et dit en la levant :
     "Chers jeunes gens, salut à vous, et salut à Nestor,
     Ce meneur de guerriers, que j'ai aimé comme un vrai père,
     Tant que nous avons combattu dans le pays de Troie !"
     Le sage Télémaque, alors, lui fit cette réponse :
155   "Sois sûr, enfant de Zeus, qu'une fois arrivés là-bas,
     Nous lui répéterons tous tes propos. Puissé-je aussi,
     De retour au pays, trouver Ulysse en sa demeure,
     Lui dire avec quelle bonté tu m'as reçu chez toi
     Et combien de riches cadeaux je rapporte chez moi !"
160   Comme il parlait ainsi, un oiseau passa sur sa droite,
     Un aigle ayant une oie, une grosse volaille blanche,
     Entre ses serres, cependant que valets et servantes
     Le suivaient en poussant des cris. L'aigle s'approcha d'eux,
     Puis, devant les chevaux, partit à droite. A cette vue,
165   Chacun se réjouit et tous les cœurs s'épanouirent.
     Le Nestoride Pisistrate, alors, prit la parole :
     "Dis-nous, ô Ménélas, enfant de Zeus, grand capitaine,
     Si c'est pour nous ou pour toi seul que le ciel se déclare."
     A ces mots, Ménélas chéri d'Arès se demanda
170   Comment il pourrait bien leur faire une sage réponse.
     Mais, prenant les devants, Hélène au long voile leur dit :
     "Ecoutez-moi ! je vais vous révéler la prophétie
     Qu'un dieu me jette au cœur et qui va se réaliser.
     Comme l'aigle a quitté les monts, son nid et son berceau,
175   Pour nous ravir une volaille élevée au palais :
     De même Ulysse, après mainte misère et mainte errance,
     Reviendra au logis pour se venger ; peut-être est-il
     Déjà rentré, semant la mort chez tous les prétendants."
     Le sage Télémaque, alors, lui fit cette réponse :
180   "Que Zeus le veuille ainsi, l'époux retentissant d'Héra,

Et même de là-bas je t'invoquerai comme un dieu !"
    Sur ce, il fouetta ses chevaux, qui franchirent la ville
Et s'élancèrent vers la plaine en redoublant d'ardeur.
Le joug, sous leurs deux cous, tressauta toute la journée.
Le soleil se couchait et l'ombre envahissait les rues,   185
Comme ils atteignaient Phère et la maison de Dioclès,
Qui était fils d'Orsilochos et petit-fils d'Alphée ;
Il les accueillit sous son toit pour y passer la nuit.

    Lorsque au petit matin parut l'aurore aux doigts de rose,
Ils attelèrent, puis montèrent sur le char brillant,   190
Qu'ils dégagèrent de l'entrée et du porche sonore.
Un coup de fouet fit s'envoler sans peine les coursiers.
Ils eurent vite atteint la haute cité de Pylos,
Et Télémaque, alors, s'adressa au fils de Nestor :

    "Nestoride, me promets-tu de suivre mon conseil ?   195
Nous pouvons nous glorifier d'être à jamais des hôtes,
Puisque nos pères sont amis, et notre âge identique ;
Et ce voyage aura encor resserré notre entente.
Conduis-moi donc au port, enfant de Zeus, mais pas plus loin,
De peur que le vieillard ne m'oblige à rester chez lui   200
Pour fêter ma venue ; il faut que je parte au plus vite."

    Il dit, et le fils de Nestor réfléchit en son âme
Au meilleur moyen d'accomplir la promesse exigée.
Tout bien pesé, voici ce qui lui parut le plus sage :
Il se rabattit vers la nef rapide, au bord des flots,   205
Et déposa sur le gaillard les superbes présents,
Les vêtements et l'or dont Ménélas l'avait comblé.
Puis, pressant Télémaque, il dit ces paroles ailées :

    "A présent, monte vite à bord et embarque tes gens
Avant que je ne sois rendu et ne parle au vieillard.   210
Dans mon esprit et dans mon cœur je ne le sais que trop :

C'est un grand violent ; il ne te laissera pas faire,
Mais viendra te chercher lui-même ici, et je t'assure
Qu'il ne rentrera pas sans toi, car il va s'emporter."

215   Il dit et, lançant vers Pylos ses coursiers aux longs crins,
Il rejoignit rapidement le palais de son père.
Télémaque, pendant ce temps, courait donner ses ordres :
    "Amis, rangez tous les agrès dans notre noir vaisseau
Et embarquons, afin que nous puissions nous mettre en route."

220   En entendant ces mots, ils s'empressèrent d'obéir,
Et, montant vite à bord, ils allèrent s'asseoir aux bancs.
    Pendant qu'il s'affairait ainsi et que, devant la poupe,
Il faisait son offrande à Athéna, un étranger
Survint, fuyant Argos, où il avait tué son homme.

225   C'était un devin de la race de ce Mélampos
Qui habita jadis Pylos, la mère des troupeaux,
Où il vivait, très riche, en un palais des plus superbes.
Il s'expatria donc, fuyant tout à la fois sa terre
Et Nélée au grand cœur, le plus généreux des humains,

230   Qui avait retenu un an bon nombre de ses biens,
Cependant que chez Phylacos, chargé de lourdes chaînes,
Il endurait les maux cruels que lui avaient valus
La fille de Nélée et le fatal égarement
Dont l'avait frappé la terrible déesse Erinys.

235   Mais, éludant la Parque, il mena les bœufs mugissants
De Phylaké jusqu'à Pylos, où il punit Nélée
De son méfait ; puis, quand il eut amené une épouse
Au foyer de son frère, il se rendit à l'étranger
Et s'en fut dans la riche Argos, où le sort lui permit

240   De s'établir et de régner sur de nombreux Argiens.
Il y prit femme, se bâtit une haute maison
Et eut deux fils puissants, Antiphatès et Mantios.

Antiphatès engendra Oïclès au cœur vaillant,
Dont naquit Amphiaraos, l'entraîneur de guerriers,
Que chérissait Zeus Porte-Egide et qu'Apollon aimait   245
Par-dessus tout ; s'il n'atteignit point le seuil des vieux jours,
C'est qu'il périt dans Thèbes par les présents d'une femme.
Il engendra deux fils, Alcméon et Amphilochos.
Mantios, lui, eut deux enfants, Polyphide et Clitos.
Clitos, du fait de sa beauté, fut ravi par l'Aurore   250
Au trône d'or, pour séjourner parmi les Immortels ;
Quant au valeureux Polyphide, Apollon fit de lui
Le meilleur des devins, à la mort d'Amphiaraos.
Fâché contre son père, il partit pour Hypérésie ;
Il s'y fixa, et tous les gens venaient le consulter.   255
    Celui qui arrivait, c'était son fils, Théoclymène.
Il s'approcha de Télémaque et le trouva priant
Et offrant sa libation auprès du noir vaisseau.
Lors, s'adressant à lui, il dit ces paroles ailées :
    "Ami, puisqu'en ce lieu je te vois faire un sacrifice,   260
Je t'en conjure, au nom de ces offrandes, par le ciel,
Comme aussi par ta tête et celle de tes compagnons,
Dis-moi l'exacte vérité et ne me cache rien.
Qui es-tu ? d'où viens-tu ? quels sont tes parents, ta cité ?"
    Le sage Télémaque, alors, lui fit cette réponse :   265
"Je vais donc, étranger, te parler en toute franchise :
Ma famille, à moi, est d'Ithaque, et mon père est Ulysse,
Si je n'ai pas rêvé... Mais il est mort de triste mort.
Aussi ai-je emmené des gens sur ce navire noir
Pour aller m'informer de lui et de sa longue absence."   270
    Alors Théoclymène au visage de dieu lui dit :
"Moi aussi j'ai quitté ma terre, ayant tué un homme
De ma race ; il avait, dans le riche pays d'Argos,

Beaucoup de frères et d'alliés qui régnaient en seigneurs.
275 J'ai fui pour éviter la mort et la funeste Parque :
Mon destin veut que désormais j'erre parmi les hommes.
Laisse monter sur ton vaisseau l'exilé qui t'implore !
Sauve-moi de leurs coups, car je suis sûr qu'ils me poursuivent."
Le sage Télémaque, alors, lui fit cette réponse :
280 "Tu le veux ! Reste donc sur mon navire bien galbé ;
Viens avec nous ; je ferai tout pour t'accueillir là-bas."
Il dit et, lui prenant sa lance à la pointe de bronze,
La déposa sur l'un des deux gaillards de son vaisseau,
Puis monta à son tour sur ce vaisseau de haute mer.
285 Il vint se placer à la poupe et fit ensuite asseoir
Théoclymène à ses côtés. On largua les amarres.
Télémaque, exhortant ses compagnons, leur ordonna
De lier les agrès, ce qui fut fait avec entrain.
On dressa bien haut le sapin du mât, qui fut planté
290 Dans le creux du coursier ; ensuite on raidit les étais,
Et la drisse de cuir tordu hissa les voiles blanches.
Athéna aux yeux pers leur envoya un vent propice,
Qui fondit du haut de l'éther et permit au navire
D'achever au plus tôt sa course à travers l'onde amère.
295 Ils passèrent devant Crounoi, Chalcis aux belles eaux.
Le soleil se couchait et l'ombre envahissait les rues,
Quand la brise de Zeus leur fit doubler le cap de Phées
Et longer la divine Elide, où règne l'Epéen.
Télémaque cingla de là vers les Iles Pointues,
300 Se demandant s'il serait pris ou en réchapperait.
Pendant ce temps, Ulysse et le divin porcher soupaient
Dans la cabane, et avec eux mangeaient aussi les autres.
Sitôt qu'ils eurent satisfait la soif et l'appétit,
Ulysse leur parla, pour tâter le porcher et voir

Si, l'entourant encore de ses soins, il lui dirait   305
De rester sous son toit, ou s'il l'enverrait à la ville :
   "Ecoutez-moi, Eumée et vous autres, ses compagnons !
Demain, dès l'aube, j'aimerais m'en aller à la ville
Y mendier, afin de n'être plus à votre charge.
Aide-moi donc de tes conseils et me donne un bon guide   310
Pour m'y conduire ; une fois arrivé, il faudra bien
Que je quémande un bout de pain ou une tasse d'eau.
Mais si jamais je peux entrer chez le divin Ulysse,
Je mettrai au courant la vertueuse Pénélope
Et je me mêlerai à ces infâmes prétendants,   315
Pour qu'ils me donnent à manger, eux qui n'en ont que trop !
Je suis prêt à faire pour eux tout ce qu'ils me demandent ;
Car je vais te le dire, écoute-moi et comprends bien.
Grâce à une faveur d'Hermès, le messager des dieux,
Qui donne beauté et renom au travail de tout homme,   320
Pour le service, aucun mortel n'arrive à ma hauteur :
Bien disposer un tas de bois, fendre les bûches sèches,
Trancher la viande, la griller, ou faire l'échanson,
Je sais tous les métiers qu'un pauvre exerce chez les riches."
   Outré par ces propos, tu répondis, porcher Eumée :   325
"Ah ! misère ! mon hôte, où ton esprit a-t-il trouvé
Pareil projet ? Tu tiens vraiment à périr ici même,
Puisque tu veux te joindre à la foule des prétendants,
Dont l'insolence et les excès vont jusqu'au ciel de fer !
Ils ont pour les servir des gens d'une tout autre allure :   330
Ce sont des jeunes gens aux beaux manteaux, aux belles robes,
Aux cheveux toujours bien huilés, au visage agréable,
Qui se chargent de les servir, et leurs tables polies
Fléchissent sous le poids du pain, des viandes et du vin.
Reste donc avec nous ; nul n'est gêné par ta présence,   335

271

Ni moi ni aucun autre parmi ceux qui me secondent.
Mais sitôt que le fils d'Ulysse sera de retour,
C'est lui qui mettra sur ton corps la robe et le manteau
Et qui te conduira là où ton cœur te dit d'aller."
340   Ulysse l'endurant lui fit alors cette réponse :
"Que Zeus Père daigne t'aimer comme je t'aime, Eumée,
Pour avoir mis un terme à mon errance et à mes peines !
Rien n'est plus dur pour un mortel que ce vagabondage.
Ah ! ventre de malheur, qui fais tant souffrir les humains
345 Voués à une vie errante et à ses noirs tourments !
Mais puisque tu veux à tout prix que j'attende ton maître,
Si tu me parlais de la mère du divin Ulysse
Et de son père, qu'il laissa au seuil de la vieillesse ?
Sont-ils tous deux encor vivants sous les feux du soleil,
350 Ou sont-ils déjà morts et dans les demeures d'Hadès ?"
      Alors le maître des porchers lui fit cette réponse :
"Cher hôte, je vais te le dire, et sans rien te cacher.
Laërte vit toujours, mais demande sans cesse à Zeus
Que la vie abandonne son vieux corps en sa maison.
355 Il pleure désespérément l'absence de son fils
Et la mort de sa digne épouse, qui lui a causé
Une peine infinie et l'a fait vieillir avant l'âge :
Le deuil de son fils glorieux l'avait anéantie.
Ah ! quelle affreuse mort ! puisse-t-elle épargner tous ceux
360 Qui dans cette île me sont chers et me veulent du bien !
Moi, tant qu'elle était là, en dépit de son noir chagrin,
J'avais plaisir à lui parler et à l'interroger.
Car j'avais grandi aux côtés de sa fille cadette,
De Ctimène, la digne vierge à la robe flottante,
365 Et je reçus ainsi, ou peu s'en faut, des mêmes soins.
Quand nous eûmes atteint tous deux l'aimable adolescence,

272

On la maria dans Samé contre une dot énorme.
Pour moi, la reine me donna de superbes habits,
Une tunique et un manteau, me chaussa de sandales
Et m'envoya aux champs ; elle ne m'en aima pas moins.   370
Et me voilà privé de tout ! Mais les dieux bienheureux
Bénissent le travail auquel je me suis attaché ;
C'est assez pour manger, pour boire et pour faire l'aumône.
Mais de notre maîtresse, aucune douceur à attendre,
Nul mot, nul geste, depuis que ces insolents sévissent   375
Dans le palais. Pourtant les serviteurs ont grand besoin
De lui adresser la parole, de l'interroger,
De manger et de boire un coup, puis d'emporter aux champs
Un de ces riens qui leur dilatent chaque fois le cœur."
    Alors Ulysse l'avisé lui fit cette réponse :   380
"Grands dieux ! tu étais donc encore enfant, porcher Eumée,
Lorsque tu te trouvas loin de ta patrie et des tiens.
Allons ! explique-toi et parle sans rien me cacher.
Fut-ce durant le sac d'une cité aux larges rues,
Là même où habitaient ton père et ton auguste mère ?   385
Ou étais-tu seul à garder tes moutons et tes bœufs,
Quand des pirates t'ont pris sur leur nef et sont venus
Te vendre au seigneur de ces lieux moyennant un bon prix ?"
    Alors le maître des porchers lui fit cette réponse :
"Puisque tu veux savoir, mon hôte, et que tu m'interroges,   390
Ecoute et ne dis rien ; reste assis, prends ton temps et bois.
Ces nuits-ci sont bien longues ; libre à chacun de dormir
Ou d'écouter une plaisante histoire ; il ne faut pas
Se coucher avant l'heure : on se fatigue à trop dormir.
Vous autres, si vous en avez le cœur et le désir,   395
Allez coucher dehors ; demain, à la pointe du jour,
Sitôt le repas pris, partez avec les porcs du maître.

Pour nous, tout en buvant et en mangeant dans cette hutte,
Nous aurons plaisir l'un et l'autre à nous ressouvenir
400 De nos tristes chagrins ; la douleur passée a son charme,
Pour ceux qui ont beaucoup souffert et beaucoup voyagé.
Tu m'as posé des questions : je vais donc te répondre.
    L'île de Syria – peut-être en connais-tu le nom –
Se trouve au-dessus d'Ortygie, au couchant du soleil.
405 Elle renferme peu de gens, mais c'est un bon terroir :
Des vaches, des moutons, du vin, du froment tant et plus.
Jamais on n'y voit de famine, et nul autre fléau
Ne vient jamais s'abattre sur les malheureux mortels.
Mais quand les générations vieillissent dans la ville,
410 Apollon, dieu à l'arc d'argent, escorté d'Artémis,
S'approche d'eux et les abat de ses plus douces flèches.
Entre elles, deux cités s'en partagent toutes les terres
Et sont soumises l'une et l'autre au pouvoir de mon père,
Ctésios, fils d'Orménos, homme semblable aux Immortels.
415   Un jour, survinrent des Phéniciens, de vrais rapaces,
Montés à bord d'un noir vaisseau bourré de pacotille.
Or il y avait chez mon père une Phénicienne,
Une grande et superbe fille experte en fins ouvrages ;
Et les Phéniciens astucieux l'entortillèrent.
420 Un jour qu'elle était au lavoir, près de la creuse nef,
L'un d'eux la séduisit : voilà comment se font piéger
De tendres créatures, si honnêtes qu'elles soient !
Sur ce, comme il lui demandait son nom et sa patrie,
Elle s'empressa d'indiquer le palais de mon père :
425   «Je suis native de Sidon, la cité riche en bronze,
Et je suis fille d'Arybas, chez qui l'or coule à flots ;
Mais comme je rentrais des champs, des marins de Taphos,
Des pirates, m'ont enlevée et sont venus ici

274

Me vendre au seigneur de ce lieu, moyennant un bon prix.»
    Alors celui qui l'avait séduite en secret lui dit :   430
«Voudrais-tu à présent nous suivre et rentrer au pays,
Pour y revoir tes père et mère en leur haute maison ?
Car ils sont toujours là et passent pour être très riches.»
    Alors la femme reprit la parole et répondit :
«Cela pourrait se faire, matelots, si vous vouliez   435
Promettre sous serment de me ramener saine et sauve.»
    A ces mots, ils prêtèrent tous le serment demandé.
Et dès qu'ils eurent prononcé et scellé le serment,
La femme prit de nouveau la parole et répondit :
    «Silence, maintenant, et que personne d'entre vous   440
Ne vienne me parler, s'il me rencontre dans la rue
Ou à la source. Il ne faut pas qu'on aille à la maison
Avertir le vieillard ; s'il l'apprenait, il me lierait
D'une corde solide et méditerait votre perte.
Gardez bien ce conseil en tête et pressez vos achats.   445
Dès que votre navire aura son plein de marchandises,
Vite, envoyez quelqu'un m'en avertir dans ce logis.
J'emporterai tout l'or qui me tombera sous la main ;
Je tâcherai d'y joindre aussi le prix de mon passage,
Car j'élève dans le palais le fils de ce seigneur ;   450
Malin comme pas deux, il court après moi dans la rue ;
Si je l'emmène à bord, on vous en donnera bon prix,
En quelque lieu que vous alliez le vendre à l'étranger.»
    A ces mots, elle s'en revint à la belle demeure.
Les marchands restèrent chez nous pendant toute une année,   455
Remplissant le creux de leur nef de maintes marchandises.
Mais quand la cale fut bondée et qu'il fallut partir,
Ils envoyèrent l'un des leurs en avertir la femme.
Ce fut un fin matois qui se présenta chez mon père ;

460 Il apportait un collier d'or, paré de perles d'ambre.
    Pendant qu'au palais mon auguste mère et les servantes
    Le palpaient de leurs mains et s'en rassasiaient les yeux
    Et marchandaient, lui, sans un mot, fit un signe à la femme
    Et, le signe perçu, regagna son navire creux.
465 Elle, me prenant par la main, m'entraîna au-dehors.
    Dans l'avant-salle elle trouva les coupes et les tables
    Du festin que mon père avait offert aux invités ;
    Ceux-ci étaient partis siéger au parlement du peuple.
    Vite elle prit trois coupes, qu'elle cacha dans son sein,
470 Tandis que moi, je la suivais, pauvre fou que j'étais !
    Le soleil se couchait et l'ombre envahissait les rues.
    Nous descendîmes en courant jusqu'au port bien connu,
    Où les Phéniciens avaient mouillé leur prompt vaisseau.
    L'équipage, embarqué, cingla sur la route des ondes
475 Avec nous deux à bord ; et Zeus nous envoya le vent.
    Six jours durant, on naviga, de jour comme de nuit.
    Zeus, le fils de Cronos, nous ouvrait le septième jour,
    Quand l'Archère Artémis décocha un trait sur la fille ;
    Comme un oiseau de mer, elle s'écrasa dans la cale.
480 Ils la jetèrent dans les flots, où phoques et poissons
    En firent leur pâture, et je restai seul à pleurer.
    Le vent et le courant nous entraînèrent vers Ithaque,
    Et c'est là que Laërte m'acheta de ses deniers.
    Voilà comment mes yeux ont découvert cette contrée."
485   Alors Ulysse, rejeton de Zeus, lui répondit :
    "Tu m'as ému le cœur au plus profond de moi, Eumée,
    En me racontant tous les maux que ton âme a soufferts.
    Pourtant, même dans le malheur, Zeus t'a voulu du bien,
    Puisque après tant d'écueils tu es entré dans la maison
490 De cet homme si doux, qui te donne en ami le boire

Et le manger et que tu vis tranquille, alors que moi,
Pour arriver ici, j'ai dû errer de ville en ville."
    Voilà quels étaient les propos qu'ils échangeaient entre eux.
Mais leur sommeil ne dura pas longtemps ; il fut très court,
Car l'aube au trône d'or pointait. Déjà, sur le rivage,   495
Les gens de Télémaque amenaient promptement les voiles
Et déplantaient le mât ; puis de ramer vers le mouillage,
Où ils jetèrent l'ancre et attachèrent les amarres.
Alors ils débarquèrent tous sur la grève de mer
Pour faire à manger et couper le vin aux sombres feux.   500
Sitôt qu'ils eurent satisfait la soif et l'appétit,
Le sage Télémaque prit la parole et leur dit :
    "Poussez à présent votre nef jusqu'au port de la ville ;
J'irai de mon côté à travers champs chez les bergers ;
Ce soir, quand j'aurai vu mon bien, je rentrerai en ville.   505
Demain matin, vous recevrez, pour prix de mon passage,
Un bon repas de viande, arrosé d'un vin des plus doux."
    Alors Théoclymène au visage de dieu lui dit :
"Et moi, mon cher enfant, où faudra-t-il que je m'en aille ?
Chez quelqu'un de ces rois qui tiennent la rocheuse Ithaque,   510
Ou directement chez ta mère, en ta propre demeure ?"
    Le sage Télémaque, alors, lui fit cette réponse :
"En tout autre moment, je te dirais de t'en aller
Chez nous ; on n'y manque de rien. Mais il vaut mieux pour toi
Ne pas venir, car je vais être absent ; quant à ma mère,   515
Tu ne la verras pas : elle se montre peu aux hommes
Qui sont ici, et s'isole à l'étage pour tisser.
Mais je vais t'indiquer quelqu'un d'autre chez qui aller :
C'est le noble Eurymaque, fils de Polybe le sage,
Que le peuple d'Ithaque honore déjà comme un dieu.   520
C'est de loin le meilleur des prétendants ; son seul désir

Est d'épouser ma mère et d'occuper le rang d'Ulysse.
Mais Zeus, maître du haut Olympe, est le seul à savoir
Si le jour de leur mort ne viendra pas avant leurs noces !"
525   Comme il parlait ainsi, un oiseau passa sur sa droite,
Un faucon, messager rapide d'Apollon ; ses serres
Tenaient une colombe, qu'il plumait, et le duvet
Tombait entre les pieds de Télémaque et le vaisseau.
Théoclymène, l'appelant à l'écart de ses gens,
530   Le flatta de sa main et l'interpella en ces termes :
"Mon enfant, c'est un dieu qui t'a envoyé cet oiseau ;
J'ai bien compris, en le voyant, que c'était un présage.
Il n'est point de famille plus royale que la vôtre
En ce pays d'Ithaque, et vous y régnerez toujours."
535   Le sage Télémaque, alors, lui fit cette réponse :
"Plaise aux dieux, étranger, que tes paroles s'accomplissent !
Tu recevrais bientôt de moi de tels gages d'amour
Que tout le monde, en te voyant, vanterait ton bonheur."
Et se tournant vers Piraeos, son compagnon fidèle :
540   "Piraeos, fils de Clytios, toi qui me sers en tout
Mieux qu'aucun de ceux-là qui m'ont suivi jusqu'à Pylos,
Fais-moi le plaisir d'emmener cet hôte en ta maison ;
Qu'on le fête et l'honore, en attendant que je revienne."
Piraeos, le fameux lancier, lui fit cette réponse :
545   "Cher Télémaque, reste aux champs tout le temps que tu veux ;
Je prendrai soin de lui, et il ne manquera de rien."
Il dit et, remontant à bord, donna l'ordre à ses gens
De monter à leur tour et de détacher les amarres.
Ils embarquèrent donc en hâte et prirent place aux bancs.
550   Télémaque mit à ses pieds de superbes sandales
Et alla prendre sur le pont sa longue javeline
A la pointe de bronze. Ensuite on largua les amarres

Et l'on mit le cap sur la ville, ainsi que Télémaque,
Le fils du noble Ulysse, en avait donné l'ordre aux gens.
Quant à lui, il se dirigea en hâte vers l'étable   555
Où se trouvaient ses grands troupeaux de porcs, parmi lesquels
Dormait le bon porcher tout dévoué à ses deux maîtres.

CHANT XVI

Dans la cabane, Ulysse, aux côtés du divin porcher,
Préparait le repas. Dès l'aube, ils avaient fait du feu
Et lâché leurs troupeaux de porcs, suivis de leurs bergers.
Télémaque approchait ; les chiens hurleurs lui firent fête,
Mais sans un aboiement. Le divin Ulysse les vit   5
Frétiller de la queue et entendit un bruit de pas.
Aussitôt à Eumée il dit ces paroles ailées :
    "Eumée, on vient te voir ; sans doute est-ce quelqu'un des tiens
Ou de tes familiers ; les chiens frétillent de la queue,
Sans pourtant l'aboyer, et je distingue un bruit de pas."   10
    Il n'avait pas encor fini de parler, que son fils
Se dressait à la porte. Eumée, étonné, se leva,
Lâchant les vases dans lesquels il mélangeait le vin
Aux sombres feux. Il s'avança au-devant de son maître
Et alla lui baiser le front, ainsi que ses beaux yeux   15
Et ses deux mains, tout en laissant tomber un flot de larmes.
De la même façon qu'un père accueille à bras ouverts
Son enfant qui revient de l'étranger après dix ans,
Fils unique et chéri, qui lui a coûté bien des peines :
Tel le divin porcher serrait et couvrait de baisers   20
Télémaque pareil aux dieux, qu'il retrouvait vivant ;
Et, tout en sanglotant, il lui disait ces mots ailés :
    "Toi, ici, Télémaque, ô ma douce et tendre lumière !
Je ne t'espérais plus, depuis ton départ pour Pylos.
Mais entre maintenant, mon cher enfant, que je savoure   25

281

Le bonheur de te voir ici, à peine débarqué.
Tu ne viens pas souvent aux champs et près de tes bergers ;
Tu restes dans la ville, à croire que ton seul plaisir
Est d'avoir sous les yeux le vil troupeau des prétendants !"
30   Le sage Télémaque, alors, lui fit cette réponse :
"Bon père, je veux bien ; c'est pour toi que je suis ici,
Pour te voir de mes yeux et pour apprendre par ta bouche
Si ma mère est encore à la maison, ou si déjà
Quelque autre est son nouveau mari et si le lit d'Ulysse
35 N'est plus qu'un cadre vide, envahi par les araignées."
     Alors le maître des porchers lui fit cette réponse :
"Eh bien, oui ! elle est toujours là, le cœur plein de courage,
Dans ton palais ; mais elle y consume ses jours, ses nuits,
A gémir et verser des larmes sans rémission."
40   A ces mots, il lui prit sa lance à la pointe de bronze,
Puis Télémaque entra en franchissant le seuil de pierre ;
Et, comme il avançait, son père lui céda la place.
Mais Télémaque l'arrêta du geste, en lui disant :
     "Reste assis, étranger ; nous trouverons un siège ailleurs
45 Dans notre ferme, et l'homme ici présent y pourvoira."
     A ces mots, l'autre se rassit. Mais déjà le porcher
Etalait des branchages verts et les couvrait de peaux ;
Et c'est là que le fils d'Ulysse vint alors s'asseoir.
Le maître des porchers leur présenta sur des plateaux
50 Les bouts de viande qui restaient du repas de la veille ;
Il entassa rapidement le pain dans les corbeilles
Et mélangea dans une jatte un vin doux comme miel,
Puis vint enfin s'asseoir en face du divin Ulysse.
Alors ils tendirent les mains vers les plats préparés.
55 Sitôt qu'ils eurent satisfait la soif et l'appétit,
Télémaque, s'adressant au divin porcher, lui dit :

"Bon père, d'où te vient cet hôte ? et comment les marins
L'ont-ils amené en ce lieu ? qui prétendent-ils être ?
Car je ne pense pas qu'il soit venu ici à pied."
  A ces mots, tu lui répondis ainsi, porcher Eumée :   60
"Eh bien, mon fils, tu vas savoir l'exacte vérité.
Il prétend avoir vu le jour dans les plaines de Crète
Et avoir roulé à travers d'innombrables cités,
Au gré des aventures que le ciel lui a filées.
Il vient de s'enfuir d'un vaisseau conduit par les Thesprotes   65
Et se trouve à présent ici ; mais je te le remets.
Fais-en ce que tu veux ; il dit être ton suppliant."
  Le sage Télémaque, alors, lui fit cette réponse :
"Ce que tu me racontes là me déchire le cœur.
Comment pourrais-je recevoir cet hôte en ma maison ?   70
Je suis trop jeune encore et mes bras manquent de vigueur
Pour me défendre de quelqu'un qui viendrait m'attaquer.
Quant à ma mère, deux désirs se partagent son cœur :
Restera-t-elle auprès de moi pour garder la maison,
Respectant le lit de l'époux et l'estime du peuple,   75
Ou suivra-t-elle pour finir le meilleur de tous ceux
Qui la courtisent sous son toit et la comblent de biens ?
Du moment que cet étranger est arrivé chez toi,
Je m'en vais lui donner des habits neufs, robe et manteau,
Un glaive à deux tranchants et des sandales pour ses pieds,   80
Puis je le ferai reconduire où son cœur le souhaite.
Prends soin de lui, de grâce, et garde-le dans ta cabane.
Je t'enverrai ici les vêtements et ce qu'il faut
Pour le nourrir, afin qu'il ne soit plus à votre charge.
Mais je lui interdis de se mêler aux prétendants   85
Qui sont là-bas : leur insolence tient de la folie !
Ils pourraient l'insulter, et j'en aurais trop de chagrin.

On a beau être brave, on a du mal à l'emporter,
Quand on a devant soi des gens plus nombreux et plus forts."
90   Alors Ulysse l'endurant lui fit cette réponse :
"Ami, puisque aussi bien il m'est permis de te répondre,
Vous me brisez le cœur, quand je vous entends raconter
Quelles folles impiétés les prétendants commettent
Dans ce palais, contre le gré d'un héros tel que toi.
95   Dis-moi, as-tu choisi ce joug, ou as-tu dans le peuple
Un parti qui te hait, par respect pour la voix d'un dieu ?
Aurais-tu à te plaindre de ces frères sur lesquels
On compte toujours dans la lutte, au plus fort du danger ?
Courageux comme je le suis, que n'ai-je ta jeunesse !
100   Que ne suis-je le fils d'Ulysse, ou Ulysse en personne,
Revenu de l'exil (car tout espoir n'est pas perdu) !
J'accepterais qu'un ennemi me vînt couper la tête,
Si je ne faisais le malheur de tous ces misérables,
En accourant auprès d'Ulysse, le fils de Laërte.
105   Quand bien même je serais seul, écrasé par le nombre,
J'aimerais mieux périr assassiné dans mon logis
Que d'avoir toujours sous les yeux ces ignobles forfaits :
Hôtes traités sans nul égard et femmes de service
Dont on abuse lâchement dans ma belle demeure,
110   Vin que l'on fait couler à flots, vivres que l'on dévore
En pure perte, sans profit et sans le moindre effet."
        Le sage Télémaque, alors, lui fit cette réponse :
"Eh bien, cher hôte, je te parlerai ouvertement.
Ce n'est pas tout mon peuple qui me hait et qui m'outrage ;
115   Je n'ai pas à me plaindre de ces frères sur lesquels
On compte toujours dans la lutte, au plus fort du danger.
Zeus n'a jamais donné qu'un fils aux hommes de ma race :
Ainsi, d'Arkésios est né un seul enfant, Laërte,

284

Qui fut père, à son tour, du seul Ulysse, et cet Ulysse
N'a laissé au palais que moi seul, sans en profiter.   120
Voilà pourquoi tant d'ennemis vivent dans ma maison.
Tous les seigneurs dont le pouvoir s'exerce sur nos îles,
Doulichion, Samé, Zacynthe et ses forêts profondes,
Comme aussi tous les roitelets de la rocheuse Ithaque,
Tous courtisent ma mère et dilapident mes trésors.   125
Elle, sans repousser un hymen dont elle a horreur,
N'ose pas en finir, tandis qu'ils dévorent mes biens
A pleines dents, quitte à me déchirer moi-même après.
Mais c'est aux dieux d'en haut qu'il appartient d'en décider.
Bon père, annonce vite à la très sage Pénélope   130
Que je suis sain et sauf et que j'arrive de Pylos.
Je resterai ici ; parle à ma mère sans témoin
Et reviens sur tes pas ; prends garde qu'aucun Achéen
N'en sache rien, car ils sont beaucoup à tramer ma perte."

    A ces mots, tu lui répondis ainsi, porcher Eumée :   135
"Je comprends, j'ai saisi ; ton ordre, je l'avais prévu.
Mais allons ! parle-moi sans feinte et réponds point par point.
Dois-je du même pas porter la nouvelle à Laërte ?
Le malheureux ! tant qu'il pleura le triste sort d'Ulysse,
Il inspectait ses champs, et au logis, avec ses hommes,   140
Il mangeait et buvait, lorsque son cœur le réclamait.
Mais à présent, depuis que tu es parti pour Pylos,
On dit qu'il ne veut plus manger ni boire comme avant
Ni visiter ses champs ; il reste là à sangloter,
A gémir, à pleurer, n'ayant que la peau sur les os."   145
    Le sage Télémaque, alors, lui fit cette réponse :
"Hélas ! si triste que ce soit, il nous faut le laisser.
Si tout était soumis au libre arbitre des mortels,
Nous choisirions d'abord le jour du retour pour mon père.

150 Va porter ton message et reviens sans aller chercher
    Laërte à travers champs ; ordonne pourtant à ma mère
    De dépêcher secrètement et le plus tôt possible
    Son intendante, afin qu'elle avertisse le vieillard."
         Eumée, à ces mots, se leva et, prenant ses sandales,
155 Les fixa à ses pieds, puis se dirigea vers la ville.
    Mais Athéna le vit, comme il sortait de la cabane ;
    Elle s'approcha de la porte, en ayant pris les traits
    D'une grande et très belle femme, experte en fins travaux.
    Debout, face à l'entrée, elle apparut aux yeux d'Ulysse,
160 Mais Télémaque n'en sut rien et resta sans la voir,
    Car les dieux ne se font pas reconnaître à tous les hommes.
    Les chiens la virent, eux aussi, mais n'aboyèrent pas
    Et se sauvèrent, en grognant, dans un coin de l'étable.
    La déesse lui fit un signe. Ulysse le comprit ;
165 Il sortit de la salle et, longeant le mur de la cour,
    S'arrêta devant Athéna, qui lui parla ainsi :
         "Divin rejeton de Laërte, industrieux Ulysse,
    Le moment est venu de parler sans feinte à ton fils.
    Il vous faut combiner tous deux la mort des prétendants,
170 Puis gagner l'illustre cité ; je ne serai pas longue
    A vous y retrouver, tant il me tarde de combattre !"
         Sur ce, Athéna le toucha de sa baguette d'or ;
    Elle lui mit autour de la poitrine une tunique,
    Un manteau bien lavé, puis le grandit, le rajeunit ;
175 Sa peau redevint brune, il retrouva ses bonnes joues,
    Et une barbe d'un bleu-noir encadra son menton.
    Cela fait, la déesse s'en alla. Ulysse alors
    Rentra dans la cabane. Plein de stupeur et d'effroi,
    Son fils détourna ses regards, craignant de voir un dieu ;
180 Puis, s'adressant à lui, il dit ces paroles ailées :

"Te voilà, étranger, bien différent de tout à l'heure !
Tu as d'autres habits, ta peau n'a plus le même teint ;
Il faut que tu sois l'un des dieux, maîtres du vaste ciel.
Sois-nous propice et reçois en hommage des victimes
Ou de beaux vases d'or ; puisses-tu nous laisser en vie !"   185
      Ulysse l'endurant lui fit alors cette réponse :
"Je ne suis pas un dieu ; pourquoi me comparer à eux ?
Je suis ton père, celui pour lequel tu te désoles
Et souffres tant de maux, en essuyant les coups d'autrui."
      Sur ce, il embrassa son fils et, le long de ses joues,   190
Laissa couler les pleurs, jusqu'alors toujours refoulés.
Télémaque, doutant encor que ce fût là son père,
Lui adressa de nouveau la parole et répondit :
      "Non, tu n'es pas mon père, tu n'es pas Ulysse ! Un dieu
M'abuse, afin de redoubler mes pleurs et mes sanglots.   195
Nul mortel ne pourrait réaliser de tels prodiges
Par sa seule pensée, à moins qu'un dieu en survenant
Ne le change en jeune homme ou en vieillard, selon son gré.
Tu n'étais à l'instant qu'un vieux tout couvert de guenilles ;
Et te voici pareil aux dieux, maîtres du vaste ciel !"   200
      Ulysse l'avisé lui fit alors cette réponse :
"Télémaque, il ne convient pas, quand ton père est ici,
Que tu en sois surpris ou étonné outre mesure ;
Non, il ne viendra pas ici d'autre Ulysse que moi.
C'est bien moi qui, après avoir tant souffert, tant erré,   205
Arrive enfin, vingt ans plus tard, au pays de mes pères,
Et ce grâce à Pallas, la Ramasseuse de butin.
C'est elle qui me rend, tout à loisir, tel qu'il lui plaît,
Tantôt semblable à un vieux pauvre, et tantôt au contraire
A un jeune homme revêtu de ses plus beaux habits ;   210
Car rien n'est plus facile aux dieux, maîtres du vaste ciel,

287

Que de rehausser un mortel ou de le ravaler."
    Sur ce, il se rassit. Lors Télémaque, tout en pleurs,
Etreignit son auguste père et se mit à gémir.
215 Ils sentirent monter en eux un besoin de sanglots.
Ils criaient, en pleurant, plus fort que ne font des oiseaux –
Busards ou vautours bien griffus – auxquels des paysans
Sont venus prendre les petits avant leur premier vol :
C'était même pitié de voir leurs yeux remplis de larmes.
220   Ils auraient sangloté ainsi jusqu'au soleil couchant,
Si Télémaque tout à coup n'avait dit à son père :
    "Mais, père bien-aimé, sur quel navire les marins
T'ont-ils amené à Ithaque, et quel est leur pays ?
Car ce n'est pas à pied, je pense, que tu viens ici !"
225   Ulysse l'endurant lui fit alors cette réponse :
"Eh bien, mon fils, voici exactement ce qu'il en est.
Je suis venu avec de bons marins phéaciens,
De ceux qui font passer quiconque aborde en leur pays.
Pendant que je dormais, leur nef m'a porté sur la mer
230 Et m'a déposé à Ithaque avec de beaux présents,
Tout un chargement d'or, de bronze et d'étoffes tissées,
Qu'avec l'aide des dieux j'ai déposés dans une grotte.
C'est sur le conseil d'Athéna que je me trouve ici,
Pour que nous débattions du meurtre de nos ennemis.
235 Allons ! fais-moi le compte exact de tous les prétendants,
Que je sache le nombre et la nature de ces hommes.
Puis, après avoir réfléchi en mon cœur valeureux,
Je verrai s'il nous est possible de les attaquer
Tout seuls, sans aide aucune, ou s'il nous faut quelque renfort."
240   Le sage Télémaque, alors, lui fit cette réponse :
"Père, j'ai toujours entendu vanter ta grande gloire ;
Je te savais fier au combat et prudent au conseil.

Mais voilà qui est trop ! Un vertige me prend : comment
Deux hommes pourraient-ils se battre contre tant de braves ?
Ah ! si ces prétendants n'étaient qu'une dizaine ou deux…   245
Mais il y en a tant ! Tu vas le savoir sur-le-champ.
De Doulichion il en est arrivé cinquante-deux,
Des jeunes gens d'élite, accompagnés de six valets ;
De Samé on a vu venir vingt-quatre jeunes hommes,
Et de Zacynthe il est venu vingt jeunes Achéens ;   250
D'Ithaque même, une douzaine, parmi les plus braves,
Ainsi que le héraut Médon et le divin aède,
Sans compter deux servants, habiles à trancher la viande.
Si nous les attaquons ensemble au sein de ce palais,
J'ai bien peur que tes coups ne te soient rendus au centuple.   255
Réfléchis plutôt si tu peux trouver quelque autre appui,
Capable de nous secourir d'un cœur bien décidé."
    Ulysse l'endurant lui fit alors cette réponse :
"Je vais donc m'expliquer ; prête l'oreille et comprends-moi.
Demande-toi si, pour nous deux, Zeus Père et Athéna   260
Y suffiront, ou si je dois chercher quelque autre appui."
    Le sage Télémaque, alors, lui fit cette réponse :
"Ah ! oui, ce sont de beaux renforts, ces deux dont tu me parles !
Ils trônent un peu haut dans les nuages ; mais qu'importe ?
Ils ont autorité sur tous, mortels et Immortels."   265
    Ulysse l'endurant lui fit alors cette réponse :
"Ces deux soutiens ne resteront pas longtemps à l'écart
Du violent combat, dès l'instant que dans ma demeure
Le cruel Arès tranchera entre ces gens et nous.
Demain, dès la pointe du jour, tu iras retrouver   270
Dans ma maison ces prétendants remplis de suffisance.
Eumée, un peu plus tard, me conduira jusqu'à la ville,
Sous les traits d'un vieux mendiant tout couvert de guenilles.

S'ils m'outragent dans le palais, il faudra que ton cœur
275 Supporte au fond de toi de me voir ainsi maltraité.
Et même s'ils me traînent par les pieds jusqu'à la porte
Ou qu'ils lancent des traits sur moi, regarde et laisse faire.
Tu leur demanderas de mettre fin à leurs folies,
En usant des mots les plus doux ; mais ils ne voudront pas
280 Les écouter, car déjà le jour fatal les menace.
J'ajouterai ceci, et mets-toi bien la chose en tête :
Lorsque Athéna aux bons conseils inspirera mon cœur,
Je te ferai un signe de la tête ; aussitôt vu,
Ramasse toutes les armes d'Arès qui sont placées
285 Dans la grand-salle et pose-les au fond de la réserve ;
Et si les prétendants s'étonnent de ne plus les voir,
Use de tes mots les plus doux pour leur donner le change :
«Je les ai mises loin du feu, car comment reconnaître
Les armes que laissa Ulysse en s'embarquant pour Troie ?
290 La vapeur du foyer les a complètement ternies.
Mais Zeus m'a aussi fait valoir une raison plus forte :
Je crains que, pris un jour de vin et vous cherchant querelle,
Vous n'alliez vous blesser, souillant à la fois vos festins
Et vos projets d'hymen : le fer attire à lui son homme !»
295 Pour nous seuls tu réserveras deux piques, deux épées,
Ainsi que deux écus en buffle, aisés à manier ;
Nous les prendrons pour frapper dans le tas ; quant aux convives,
Le sage Zeus et Athéna les ensorcelleront.
J'ajouterai ceci, et mets-toi bien la chose en tête :
300 Si tu es vraiment mien et issu de mon propre sang,
Personne n'apprendra ici qu'Ulysse est de retour.
Que Laërte n'en sache rien, non plus que le porcher,
Ni aucun de nos serviteurs, ni même Pénélope.
A nous seuls nous devrons sonder la droiture des femmes

Et tâcher de savoir auprès de chaque serviteur   305
Quel est celui qui nous respecte et nous craint en son âme,
Ou qui, sans nul égard pour toi, fait injure à ton rang."
    Son noble fils prit alors la parole et répondit :
"O père, j'imagine que tu connaîtras bientôt
Mon cœur ; il n'y a plus en moi aucune étourderie.   310
Mais je ne pense pas que nous trouvions notre profit
En agissant ainsi. Je te conseille d'y songer.
Si tu veux sonder tout le monde, il te faudra du temps
Pour parcourir nos champs ; pendant ce temps, les gens d'ici
Dévorent nos biens à l'envi, sans rien se refuser.   315
Pour ce qui est des femmes, tu feras bien de chercher
Celles qui ont fauté et celles qui sont innocentes ;
Mais quant aux hommes, comment irions-nous de ferme en ferme
Pour les interroger ? nous nous en soucierons plus tard,
Au premier signe clair qu'enverra Zeus le Porte-Egide."   320
    Pendant qu'ils échangeaient entre eux de semblables propos,
Voici qu'au port d'Ithaque entrait le solide navire
Qui avait conduit de Pylos Télémaque et ses gens.
Sitôt que devant eux s'ouvrit la rade aux eaux profondes,
On tira le sombre vaisseau sur la grève de mer,   325
Et des serviteurs empressés rangèrent les agrès ;
On emporta chez Clytios les présents magnifiques
Et l'on envoya un héraut dans la maison d'Ulysse,
Afin qu'il fît savoir à la très sage Pénélope
Que Télémaque était aux champs, mais avait renvoyé   330
Le vaisseau à la ville, afin que la crainte et les larmes
Ne vinssent amollir le cœur de la vaillante femme.
    Or le héraut et le divin porcher se rencontrèrent,
Comme ils allaient porter tous deux même avis à la reine.
Sitôt qu'ils furent arrivés chez le divin Ulysse,   335

291

Le héraut s'écria devant les femmes rassemblées :
"O reine, sache-le, ton fils est rentré de Pylos."
Le porcher, quant à lui, s'en alla dire à Pénélope
Tout ce que son seigneur l'avait chargé de rapporter,
340   Et aussitôt qu'il eut fini de remplir son message,
Quittant la grand-salle et la cour, il rejoignit ses porcs.
Les prétendants, surpris et consternés au fond d'eux-mêmes,
Sortirent de la salle et, longeant le mur de la cour,
Allèrent s'installer là-bas, sur le devant des portes.
345   En premier parla Eurymaque, fils de Polybos :
"Mes amis, Télémaque a donc réalisé son coup !
Ah ! l'insolent ! pourtant nous étions contre ce voyage !
Allons ! mettons à l'eau le meilleur de nos noirs navires
Et levons des rameurs de mer ; qu'ils s'en aillent bien vite
350   Avertir nos amis de rentrer au plus tôt chez eux."
Il n'avait pas fini, qu'Amphinomos, tournant la tête,
Vit un vaisseau qui pénétrait jusqu'au fond de la rade
Et qui avançait à la rame, ayant cargué ses voiles.
Alors, riant de tout son cœur, il dit à ses amis :
355   "N'envoyons pas de messager, car les voici au port !
Un dieu a dû les prévenir, ou alors ils ont vu
Passer l'autre vaisseau, mais sans pouvoir en approcher."
A ces mots, se levant, ils descendirent sur la grève ;
Ils se hâtèrent de tirer à sec le noir vaisseau,
360   Et des serviteurs empressés rangèrent les agrès ;
Puis tous gagnèrent l'agora, sans permettre à personne,
Qu'il fût jeune ou âgé, de prendre place à côté d'eux.
Antinoos, fils d'Eupithès, leur parla en ces termes :
"Malheur ! voyez comme les dieux l'ont sauvé du désastre !
365   Chaque jour des guetteurs, postés sur les cimes venteuses,
Allaient se relever ; le soleil une fois couché,

Jamais nous ne passions la nuit sur terre ; c'est au large
Que nous voguions sur notre nef jusqu'à l'aube divine,
Epiant Télémaque pour l'abattre une fois pris.
Et voici qu'un dieu nous l'enlève et le ramène au port !   370
Songeons donc à lui préparer une méchante fin.
Il ne faut pas que Télémaque nous échappe encore ;
Je doute, lui vivant, qu'on puisse jamais en finir.
C'est un homme avisé, plein de conseil et de prudence ;
Et quant au peuple, il nous a retiré tout son appui.   375
A l'œuvre, donc, avant qu'il ne convoque une assemblée
Des Achéens. Il ne va pas en rester là, je pense,
Mais gardant sa colère, il viendra dire devant tous
Que nous voulions sa mort et que nous avons échoué.
Apprenant nos méfaits, le peuple va se récrier ;   380
Il risque de nous en punir et de nous exiler
Bien loin d'ici, nous obligeant à fuir sous d'autres cieux.
Faisons vite ! supprimons-le, à l'écart, dans les champs,
Ou sur la route, et prenons tous ses biens, tout son avoir.
Nous nous servirons dans les règles ; quant à la maison,   385
Nous la laisserons à sa mère et à qui l'aura prise.
Si ce propos ne vous plaît pas et si vous préférez
Qu'il reste en vie et qu'il conserve tout son patrimoine,
Ne venons plus ici lui dévorer sans retenue
Des biens d'une telle valeur ; que chacun, de chez soi,   390
Fasse sa cour et ses cadeaux ; et qu'elle épouse ensuite
L'homme le plus offrant que lui désignera le sort."
    A ces mots, ils restèrent tous silencieux et cois.
Alors Amphinomos prit la parole pour répondre.
Ce noble rejeton du roi Nisos, fils d'Arétos,   395
Etait le chef des prétendants venus de Doulichion,
L'île du froment et des prés ; c'est lui dont les discours

Plaisaient le plus à Pénélope, étant homme de bien.
En sage qu'il était, il prit donc la parole et dit :
400   "Mes chers amis, ce n'est pas moi qui pourrais consentir
A tuer Télémaque : il est terrible d'attenter
A la race des rois ; interrogeons d'abord les dieux.
Si les décrets du puissant Zeus se déclarent pour nous,
Je porterai le premier coup, et vous n'aurez qu'à suivre.
405 Mais si les dieux nous disent non, je suis pour qu'on s'abstienne."
    Ainsi parla Amphinomos, et chacun d'applaudir.
S'étant levés, ils regagnèrent la maison d'Ulysse
Et ils allèrent tous s'asseoir sur les fauteuils polis.
    La sage Pénélope, alors, prit la décision
410 De se montrer aux prétendants insolents et superbes,
Car elle savait par Médon, qui connaissait leur plan,
Qu'ils tramaient la mort de son fils au sein de ce palais.
Elle pénétra dans la salle avec ses chambrières.
Arrivée à hauteur des gens, cette femme divine
415 S'arrêta contre le montant de l'épaisse embrasure
Et ramena ses voiles éclatants sur ses deux joues.
Alors, interpellant Antinoos, elle lui dit :
    "Antinoos, esprit fourbe et méchant, chacun prétend
Qu'en ce pays d'Ithaque tu bats tous ceux de ton âge
420 Par la sagesse et l'éloquence ; on n'en voit point la trace !
Insensé ! pourquoi comploter la mort et le trépas
De Télémaque et faire si peu cas des suppliants
Dont Zeus est le témoin ? Vouloir le mal d'autrui ! quel crime !
Aurais-tu oublié qu'un jour ton père vint ici,
425 Fuyant le peuple et sa colère poussée à l'extrême ?
Comme il avait pris le parti de pirates taphiens
Pour venir attaquer nos alliés de Thesprotie,
Le peuple voulait le tuer, lui arracher le cœur

294

Et dévorer ses biens, dont tout le monde avait envie.
Mais Ulysse intervint et calma la fureur des gens.   430
Et toi tu pilles sa maison, tu courtises sa femme,
Tu veux tuer son fils et tu m'accables de douleurs !
Ah ! je t'adjure de cesser et de calmer les autres."

    Lors Eurymaque, fils de Polybos, lui répondit :
"Que la fille d'Icarios, la sage Pénélope,   435
Se rassure ! pourquoi te mettre ces soucis en tête ?
Il n'existe aucun homme et on n'en trouvera jamais
Qui risque de porter la main sur ton fils Télémaque,
Jamais, tant que, les yeux ouverts, je vivrai sur la terre.
Car je vais te le dire, et c'est ce qui s'accomplira :   440
Aussitôt son sang noir jaillira autour de ma lance !
Plus d'une fois Ulysse, le grand saccageur de villes,
M'a pris sur ses genoux et a déposé dans mes mains
Un morceau de viande rôtie, arrosé de vin rouge.
C'est pourquoi Télémaque est vraiment pour moi le meilleur   445
De mes amis ; ce n'est pas de la main des prétendants
Qu'il doit craindre la mort ; les dieux seuls peuvent l'imposer."

    Tel il la rassurait, tout en tramant la mort du prince.
Pénélope, ayant regagné son étage brillant,
Pleurait encore Ulysse, son époux, quand Athéna   450
S'en vint répandre sur ses yeux la douceur du sommeil.

    Vers le soir, le divin porcher rentra auprès d'Ulysse
Et de son fils, qui s'affairaient tous deux pour le repas ;
Ils avaient immolé un porc d'un an. Lors Athéna
S'approcha et, frappant Ulysse, le fils de Laërte,   455
D'un coup de sa baguette, en fit de nouveau un vieillard
Revêtu de méchants haillons, de peur que le porcher
Ne le reconnût à ses traits et, ne pouvant se taire,
Ne s'en allât en informer la sage Pénélope.

460   Prenant la parole en premier, Télémaque lui dit :
"C'est toi, divin porcher ? quels bruits circulent dans la ville ?
Les fougueux prétendants seraient-ils déjà revenus
De l'embuscade, ou guettent-ils encore mon retour ?"
        A ces mots, tu lui répondis ainsi, porcher Eumée :
465 "Je n'ai pas pris la peine de descendre jusqu'en ville
Et de le demander aux gens ; je n'avais qu'un désir :
Revenir ici au plus tôt, mon message rendu.
J'ai croisé un prompt messager, envoyé par tes gens,
Un héraut, qui fut le premier à informer ta mère.
470 Mais je sais autre chose encore, et cela je l'ai vu :
Quittant la ville, j'avais déjà atteint le sommet
De la butte d'Hermès, quand j'ai vu un vaisseau rapide
Pénétrer dans la rade avec beaucoup de gens à bord ;
Il était plein de boucliers, de piques à deux pointes ;
475 J'ai supposé que c'était eux, mais je n'en suis pas sûr."
        Le vaillant Télémaque, à ces mots, se prit à sourire
Et regarda son père, évitant les yeux du porcher.
Quand tout fut apprêté et que le souper fut servi,
On mangea, et chacun eut part égale à ce repas.
480 Puis, dès que l'on eut satisfait la soif et l'appétit,
On alla dormir et goûter les présents du sommeil.

CHANT XVII

Lorsque au petit matin parut l'aurore aux doigts de rose,
Télémaque, ce fils chéri d'Ulysse égal aux dieux,
S'empressa de fixer aux pieds de superbes sandales ;
Il prit sa forte javeline adaptée à sa main,
Et, prêt à partir pour la ville, il dit à son porcher :   5
    "Bon vieux, je vais en ville ; il faut que ma mère me voie,
Car je n'ai pas l'impression que ses cris lamentables,
Ses pleurs et ses sanglots puissent vraiment trouver de fin
Avant qu'elle ne m'ait revu. Voici quels sont mes ordres :
Conduis notre malheureux hôte en ville, afin qu'il puisse   10
Y mendier sa part ; là-bas lui donnera qui veut,
Un peu d'eau ou de pain ; pour moi, trop de soucis m'accablent,
Pour que je puisse me charger de tout le genre humain.
Si mon hôte se sent formalisé par mes propos,
Tant pis pour lui ! car moi, j'ai toujours dit ce que je pense."   15
    Ulysse l'avisé lui fit alors cette réponse :
"Ami, je ne tiens pas à rester ici plus longtemps.
Pour celui qui quémande, il vaut mieux mendier en ville
Qu'à travers champs ; là-bas me donnera qui voudra bien.
Crois-tu que je sois encor d'âge à rester aux étables   20
Pour obéir à tous les ordres donnés par un maître ?
Va donc ! je suivrai l'homme que tu m'as donné pour guide,
Quand je me serai réchauffé et qu'il fera meilleur.
Je n'ai sur moi que de méchants haillons ; le froid de l'aube
Me saisirait ; la ville, à vous entendre, est loin d'ici."   25

Il dit, mais déjà Télémaque avait quitté l'étable ;
Il marchait d'un pas vif, couvant la mort des prétendants.
Dès qu'il fut arrivé dans la demeure spacieuse,
Il déposa la lance qu'il portait contre un pilier
30 Et entra dans la salle en franchissant le seuil de pierre.
La première à le voir, ce fut la nourrice Euryclée,
Qui recouvrait alors de peaux les sièges ouvragés.
Les yeux en pleurs, elle courut vers lui, en même temps
Que les autres servantes d'Ulysse au grand cœur venaient
35 Et l'accueillaient en lui baisant la tête et les épaules.
De sa chambre sortit alors la sage Pénélope ;
On aurait cru voir Artémis ou l'Aphrodite d'or.
Les yeux remplis de pleurs, elle prit dans ses bras son fils,
Et, tout en le baisant au front et sur ses deux beaux yeux,
40 Elle lui dit ces mots ailés d'une voix gémissante :
"C'est donc toi, Télémaque, ô ma douce et tendre lumière !
Je ne t'espérais plus, depuis qu'en secret, malgré moi,
Tu partis pour Pylos, à la recherche de ton père.
Mais allons ! dis-moi tout, comme tes yeux ont pu le voir."
45 Le sage Télémaque, alors, lui fit cette réponse :
"Mère, n'éveille pas mes pleurs, ne jette pas le trouble
En moi, puisque j'ai échappé à la cruelle mort.
Va prendre un bain et mets sur toi des vêtements sans tache,
Quand tu auras rejoint l'étage avec tes chambrières.
50 Promets d'offrir à tous les dieux de saintes hécatombes,
Si Zeus accomplit quelque jour des œuvres de vengeance.
Pour moi, je vais à l'agora, afin d'y inviter
Un hôte que sur mon retour j'ai ramené ici.
Il m'y a précédé avec mes compagnons divins ;
55 J'ai demandé à Piraeos de l'emmener chez lui
Pour le fêter et l'honorer jusqu'à ce que je rentre."

A ces mots, Pénélope, sans rien ajouter de plus,
Prit son bain, puis, mettant sur elle des habits sans tache,
Promit d'offrir à tous les dieux de saintes hécatombes,
Si Zeus accomplissait un jour des œuvres de vengeance.   60
    Cependant Télémaque était sorti de la grand-salle,
Lance à la main ; deux chiens aux pieds agiles le suivaient.
Athéna l'avait pénétré d'une grâce divine,
Et tous les regards se tournaient vers lui quand il passait.
Les fougueux prétendants venaient lui faire mille grâces,   65
Mais dans le secret de leur cœur ne songeaient qu'à le perdre.
Télémaque évita leur foule épaisse et vint s'asseoir
Là où siégeaient Mentor, Antiphos et Halithersès,
Qui étaient depuis le début des amis de son père.
Il prit place et fut invité à tout leur raconter.   70
Alors on vit venir Piraeos, le fameux lancier,
Qui de la ville avait mené son hôte à l'agora.
Télémaque ne fut pas long à s'approcher de lui ;
Mais déjà Piraeos prenait la parole et disait :
    "Télémaque, dépêche à ma demeure des servantes,   75
Que je te rende les présents que t'a faits Ménélas."
    Le sage Télémaque, alors, lui répondit ainsi :
"Piraeos, nul ne sait comment les choses vont tourner.
Si les fiers prétendants doivent me tuer en cachette
Dans ma demeure et se partager toutes mes richesses,   80
Plutôt que l'un d'entre eux, que ce soit toi qui en jouisses !
Mais si c'est moi qui leur inflige une sanglante mort,
Quel bonheur pour moi de les prendre, et pour toi de les rendre !"
    Sur ce, il emmena chez lui son hôte infortuné.
Sitôt qu'ils eurent pénétré dans la riche demeure,   85
Ils mirent leurs habits sur les sièges et les fauteuils
Et descendirent se baigner dans les cuves polies.

299

Des femmes les lavèrent, les frottèrent d'huile fine,
Et, sitôt vêtus de la robe et du manteau de laine,
90   Ils sortirent du bain et vinrent s'asseoir sur les sièges.
Une servante apporta une belle aiguière en or
Et leur versa l'eau pour les mains sur un bassin d'argent ;
Puis elle dressa devant eux une table polie.
Une digne intendante vint leur apporter le pain
95   Et leur servit force bons plats tirés de ses réserves,
Tandis que Pénélope, assise non loin de la porte,
En face de son fils, tournait sa quenouille légère.
Alors ils tendirent les mains vers les plats préparés ;
Et dès qu'ils eurent satisfait la soif et l'appétit,
100 La sage Pénélope prit la parole et leur dit :
     "O Télémaque, il va falloir que, regagnant l'étage,
J'aille m'étendre sur ce lit qu'emplissent mes sanglots
Et que mes larmes trempent chaque jour, depuis qu'Ulysse
A suivi les Atrides jusqu'à Troie. Oh ! qu'attends-tu,
105 Quand les fiers prétendants sont près de rentrer au palais,
Pour me dire ce que tu sais du retour de ton père ?"
     Le sage Télémaque, alors, lui fit cette réponse :
"Eh bien, ma mère, apprends de moi l'entière vérité.
Parvenu à Pylos, Nestor, le gardien de son peuple,
110 Voulut bien m'accueillir chez lui, dans sa haute demeure,
Et m'entoura de soins, comme un père accueillant son fils
De retour après une longue absence : c'est ainsi
Qu'avec ses nobles fils il m'accueillit à bras ouverts.
Mais au sujet de l'endurant Ulysse, il m'assura
115 N'avoir jamais appris là-bas qu'il fût vivant ou mort.
Il m'envoya donc avec des chevaux et un bon char
Chez Ménélas, le fils d'Atrée, illustre par sa lance.
Je vis chez lui l'Argienne Hélène, à cause de laquelle

300

Les dieux avaient fait tant souffrir Achéens et Troyens.
Aussitôt Ménélas le bon crieur me demanda   120
Quel besoin m'avait amené dans la divine Sparte.
Je lui rapportai point par point toute la vérité ;
Après quoi il me répondit en me disant ces mots :
«Grands dieux ! c'est dans le lit d'un homme à l'âme si vaillante
Que voudraient se coucher ces êtres vils et sans courage !   125
Comme lorsqu'une biche, en l'antre d'un lion puissant,
Dépose ses faons nouveau-nés qui la tètent encore,
Pour courir les vallons boisés et brouter les ravins
Herbus ; mais le lion, alors, revient à sa litière
Et fait subir aux deux petits un sort des plus affreux :   130
De même Ulysse leur infligera un sort affreux.
Zeus Père ! Athéna ! Apollon ! s'il revenait demain
Tel qu'il était jadis, lorsque, sous les murs de Lesbos,
Se levant pour répondre au défi du Philomélide,
Il l'abattit d'un coup de poing, pour le plaisir de tous !   135
Que cet Ulysse-là vienne parler aux prétendants,
Leurs jours, à tous, seront comptés, et leurs noces amères !
Quant aux points sur lesquels tu me demandes de répondre,
Je ne te dirai rien qui puisse t'induire en erreur.
Ce que je tiens de l'infaillible Vieillard de la mer,   140
Je te le donne sans omettre et sans taire un seul mot.
Il dit l'avoir vu dans une île, en train de se morfondre
Près de la nymphe Calypso, qui le retient captif,
L'empêchant de rentrer chez lui, au pays de ses pères,
Car il ne trouve ni vaisseau à rames ni marins   145
Pour le conduire sur le dos immense de la mer.»
Tel parla Ménélas, l'Atride illustre par la lance.
Mon devoir accompli, je rentrai ; les dieux me donnèrent
Un bon vent, qui bientôt me ramena dans ma patrie."

150 A ces mots, il émut son cœur au fond de sa poitrine.
Théoclymène égal aux dieux prit alors la parole :
"O vénérable épouse du fils de Laërte Ulysse,
Cet homme ne savait pas tout ; retiens bien mes paroles.
Je vais te faire une prédiction sûre et certaine.
155 Par Zeus, premier des dieux, par cette table hospitalière
Et ce foyer du brave Ulysse où je viens d'arriver,
Apprends qu'Ulysse est enfin revenu dans sa patrie ;
Il y siège, ou y rôde, et, sachant leurs sales besognes,
Il prépare déjà la mort de tous les prétendants.
160 J'étais à bord du vaisseau bien ponté, quand le présage
M'en fut donné et que je m'en ouvris à Télémaque."
La sage Pénélope, alors, lui fit cette réponse :
"Plaise aux dieux, étranger, que tes paroles s'accomplissent !
Pour lors, tu recevrais de moi de tels gages d'amour
165 Que tout le monde, en te voyant, vanterait ton bonheur."
Tandis qu'ils se livraient à cet échange de propos,
Les prétendants, groupés devant la grand-salle d'Ulysse,
Se divertissaient à lancer disques et javelots
Sur l'esplanade, où d'ordinaire ils promenaient leur morgue.
170 Mais quand vint l'heure du repas et que tous les troupeaux,
Epars à travers champs, furent rentrés avec leurs pâtres,
Alors Médon prit la parole ; c'était le héraut
Qui leur plaisait le plus et mangeait à la même table :
"Jeunes gens, vous vous êtes tous bien divertis aux jeux ;
175 Revenez au palais, que nous apprêtions le repas ;
Je ne vois rien de mal à ce que nous dînions à l'heure."
Il dit, et, se levant, tous partirent docilement.
Sitôt qu'ils eurent pénétré dans la riche demeure,
Ils mirent leurs habits sur les sièges et les fauteuils.
180 Alors on immola de grands béliers, des chèvres grasses,

Des porcs de belle taille et une vache du troupeau,
Et l'on apprêta le repas. Pendant ce temps, Ulysse
Et le divin porcher se hâtaient de gagner la ville.
Alors le maître des porchers prit la parole et dit :
    "Etranger, puisque tu tiens à te rendre aujourd'hui même   185
En ville, ainsi que l'a voulu ton maître (et je t'aurais
Bien volontiers laissé ici pour me garder la ferme ;
Mais je respecte son désir et crains de m'attirer
Des reproches plus tard : bien dur est le blâme d'un maître !),
Mettons-nous en chemin ; car le jour avance à grands pas   190
Et le froid se fera plus vif à l'approche du soir."
    Ulysse l'avisé lui fit alors cette réponse :
"Je comprends, j'ai saisi ; ton ordre, je l'avais prévu.
Eh bien, partons ! à toi de me conduire jusqu'au bout.
Mais si tu as un bâton de coupé, donne-le-moi   195
Pour m'appuyer, puisque vous dites le chemin glissant."
    A ces mots, tandis qu'il prenait sa méchante besace,
Pleine de trous, qui avait une corde pour bretelle,
Le porcher lui donna le bâton qu'il lui demandait.
Ils partirent, laissant la cabane à garder aux chiens   200
Et aux bergers ; et celui qu'il menait était son maître,
Sous les traits d'un vieillard, d'un pitoyable mendiant
Appuyé sur sa canne et couvert de méchants haillons !
    Après qu'ils eurent cheminé à travers les rocailles,
Ils arrivèrent près du bourg, non loin de la fontaine   205
En pierre aux belles eaux, où chacun venait s'abreuver
Et qu'avaient bâtie Ithacos, Nérite et Polyctor.
Un bosquet de peupliers d'eau ceignait cette fontaine
De toute part, et du haut du rocher une onde fraîche
Tombait en ruisselant ; au-dessus se dressait l'autel   210
Des Nymphes, où chaque passant déposait son offrande.

Ils rencontrèrent Mélantheus, le fils de Dolios,
Qui amenait ses chèvres, les plus belles du troupeau,
Pour le repas des prétendants ; deux bergers le suivaient.
215 En les voyant, il les prit à partie et leur lança
Mille horribles jurons, qui firent sursauter Ulysse :
    "C'est bien là qu'on peut dire : un gueux conduit un autre gueux !
Tant il est vrai qu'un dieu fait s'assembler qui se ressemble !
Ah ! porcher de malheur, où peux-tu bien mener ce goinfre,
220 Ce détestable mendiant, fléau de nos festins ?
Un homme allant de porte en porte et s'usant les épaules
A quémander croûtons plutôt que chaudrons et trépieds ?
Si tu me donnais ce gueux-là pour garder mes étables,
Balayer le fumier et porter du vert aux chevreaux,
225 Avec mon petit-lait il se ferait de bonnes cuisses !
Mais comme il n'est instruit qu'au mal, il ne voudra jamais
Se donner à l'ouvrage ; il aime mieux aller gueuser
Et quémander de quoi remplir sa panse insatiable !
Eh bien, je te le dis, et c'est ce qui s'accomplira :
230 Qu'il entre seulement au palais du divin Ulysse,
Et des mains des seigneurs les escabeaux vont lui voler
A la tête et lui raboter les côtes sous les coups !"
    A ces mots, s'approchant de lui, ce fou lui détacha
Un coup de talon dans la hanche ; Ulysse résista,
235 Sans sortir du sentier, se demandant tout à part soi
S'il allait se jeter sur lui et l'assommer d'un coup,
Ou l'enlever de terre et lui briser le crâne au sol.
Mais il se retint sagement, et ce fut le porcher
Qui rendit les affronts ; puis il pria, les mains tendues :
240   "Filles de Zeus, Nymphes de cette source, si jamais
Ulysse a cuit pour vous, bardés de graisse, des cuisseaux
De chevreaux ou d'agneaux, exaucez le vœu que je forme :

Puisse le maître revenir et les dieux nous le rendre !
C'en serait bientôt fait des grands airs que ton insolence
Affiche et promène à travers la ville chaque jour,   245
Tandis que de mauvais bergers déciment tes troupeaux !"

    A ces mots, Mélantheus le chevrier lui répondit :
"Grands dieux ! quels discours me tient là ce roquet de malheur !
Un de ces jours, à bord d'un sombre vaisseau bien ponté,
J'irai le vendre loin d'Ithaque, et j'en aurai bon prix !   250
Et quant à Télémaque, ah ! puisse l'archer Apollon
L'abattre ici sur l'heure ou le livrer aux coups des autres,
Aussi vrai que son père a disparu loin de chez nous !"

    Là-dessus, les laissant tous deux marcher d'un pas plus lent,
Il s'en fut et eut vite atteint la demeure du maître.   255
A peine entré, il vint s'asseoir parmi les prétendants,
En face d'Eurymaque, le plus cher de ses amis.
Ceux qui servaient posèrent devant lui sa part de viande ;
Puis la digne intendante vint lui présenter le pain.
Or, à deux pas de là, Ulysse et le divin porcher   260
Venaient de s'arrêter ; le son d'une cithare creuse
Parvint à eux : l'aède était en train de préluder.
Ulysse prit alors la main du porcher et lui dit :

    "Eumée, oui, j'en suis sûr, c'est ici le palais d'Ulysse !
On le reconnaît aisément, même entre beaucoup d'autres.   265
Que d'étages superposés ! quelle enceinte à la cour !
Quel mur, quelle corniche ! et ce portail à double barre,
Si bien bloqué ! nul homme ne pourrait le défoncer.
Je crois que l'on prépare là-dedans un grand festin :
Sens-tu le fumet et la graisse ? entends-tu résonner   270
La lyre, que les dieux donnent pour compagne au festin ?"

    A ces mots, tu lui répondis ainsi, porcher Eumée :
"Tu l'as bien reconnu, avec ce bon sens qui t'habite.

Mais voyons entre nous comment il va falloir s'y prendre.
275 Ou bien tu entres le premier dans la riche demeure,
Tu te mêles aux prétendants, et moi je reste ici ;
Ou alors tu attends, et c'est moi qui entre d'abord.
Mais ne va pas traîner, de peur que, te voyant dehors,
On ne te frappe ou ne te chasse ; à toi d'y réfléchir."
280   Ulysse l'endurant lui fit alors cette réponse :
"Je comprends, j'ai saisi ; ton ordre, je l'avais prévu.
Marche donc le premier ; c'est moi qui resterai ici.
Pour les traits et les coups, j'ai acquis quelque expérience !
Mon cœur est endurci ; j'ai déjà grandement souffert
285 De la guerre et des flots ; je veux bien de cela encore.
Le moyen d'étouffer les cris d'un ventre qui réclame,
De ce ventre maudit qui nous procure tant de maux ?
C'est à cause de lui qu'on arme ces nefs bien pontées
Qui vont piller les ennemis sur la mer inféconde."
290   Tandis qu'ils se livraient à cet échange de propos,
Un chien affalé là dressa la tête et les oreilles :
C'était Argos, le chien que de ses mains le brave Ulysse
Avait nourri, mais bien en vain, étant parti trop tôt
Pour la sainte Ilion. Les jeunes l'avaient longtemps pris
295 Pour chasser le lièvre, le cerf et les chèvres sauvages.
Mais depuis le départ du maître, il gisait là sans soins,
Sur du fumier de bœuf et de mulet qu'on entassait
En avant du portail, afin que les valets d'Ulysse
Eussent toujours de quoi fumer son immense domaine.
300 C'est là qu'était couché Argos, tout couvert de vermine.
Or, à peine avait-il flairé l'approche de son maître,
Qu'il agita sa queue et replia ses deux oreilles ;
Mais il n'eut pas la force d'aller plus avant ; Ulysse,
En le voyant, se détourna, essuyant une larme,

Vite, à l'insu d'Eumée ; après quoi il lui dit ces mots :   305
   "Porcher, l'étrange chien couché ainsi sur le fumier !
De corps il est vraiment très beau, mais je ne puis savoir
Si sa vitesse à courre était égale à sa beauté,
Ou s'il n'était tout simplement qu'un de ces chiens de table,
Que les maîtres n'entourent de leurs soins que pour la montre."   310
   A ces mots, tu lui répondis ainsi, porcher Eumée :
"Celui-là, c'est le chien d'un homme qui est mort au loin.
S'il était resté tel, pour les prouesses et l'allure,
Qu'Ulysse le laissa au moment de partir pour Troie,
Sa forme et sa vitesse auraient tôt fait de t'étonner.   315
Jamais les bêtes qu'il traquait dans les forêts profondes
Ne lui ont échappé ; il connaissait toutes les pistes.
Mais le voilà fort affaibli ; son maître a disparu
Loin de chez lui ; les femmes le délaissent, le négligent.
Les serviteurs, dès qu'ils n'ont plus de maître à respecter,   320
Refusent d'accomplir le travail auquel ils se doivent.
Zeus tonnant ôte à l'homme la moitié de sa valeur,
Dès l'instant que vient le saisir le jour de l'esclavage."
   A ces mots, il gagna la riche demeure et marcha
Droit vers la salle où se trouvaient les nobles prétendants.   325
Mais Argos n'était plus : la sombre mort l'avait saisi,
Au moment de revoir Ulysse après vingt ans d'absence.
   Le divin Télémaque fut le premier, dans la salle,
A voir s'avancer le porcher ; alors, sans plus attendre,
Il lui fit signe de venir. L'autre, cherchant des yeux,   330
Choisit le siège réservé à l'écuyer tranchant
Qui découpait les parts pour les convives attablés.
Portant ce siège, il alla se placer devant son maître ;
Et dès qu'il fut assis, le héraut prit sa part de viande
Et la lui présenta avec du pain de la corbeille.   335

Bientôt après, Ulysse pénétra dans la grand-salle,
Sous les traits d'un vieillard, d'un pitoyable mendiant
Appuyé sur sa canne et couvert de méchants haillons.
Il s'assit sur le seuil de frêne, en dedans de la porte,
340 Contre le montant de cyprès qu'un artisan, jadis,
Avait habilement poli et dressé au cordeau.
Alors Télémaque appela le porcher et lui dit,
Après avoir pris un gros pain dans la belle corbeille
Et de la viande autant qu'il en tenait dans ses deux mains :
345 "Va donc porter cela à l'étranger, en lui disant
D'aller quêter de table en table, à chaque prétendant ;
La honte n'est pas de saison, quand on manque de tout."
Dès qu'il eut entendu ces mots, le porcher se leva,
Et, s'approchant d'Ulysse, il dit ces paroles ailées :
350 "Télémaque, étranger, te donne ces mets et te prie
D'aller quêter de table en table, à chaque prétendant ;
La honte, dit-il, n'est pas de saison, quand on n'a rien."
Ulysse l'avisé lui fit alors cette réponse :
"Grand Zeus, accorde à Télémaque un bonheur sans nuage
355 Et fais que tous les désirs de son cœur se réalisent !"
Il dit, puis, prenant des deux mains les mets qu'on lui offrait,
Il les posa devant ses pieds, sur l'immonde besace,
Et mangea, tandis que l'aède chantait dans la salle ;
Il finit son repas, comme l'aède s'arrêtait.
360 Les prétendants remplirent la grand-salle de leurs cris.
Athéna vint alors exhorter le fils de Laërte
A mendier des bouts de pain parmi les prétendants,
Pour lui permettre de compter les bons et les méchants.
Mais nul ne devait pour autant échapper à la mort.
365 Ulysse, partant de la gauche, alla vers chacun d'eux,
Tendant partout la main, comme s'il l'avait toujours fait.

Pris de pitié, ils lui donnaient ; mais sa vue intriguait,
Et ils se demandaient qui il était, d'où il venait.
Alors le chevrier Mélanthios leur dit ces mots :
    "Ecoutez-moi, ô prétendants de la plus noble reine !   370
L'étranger que voilà, je l'ai déjà vu ce matin ;
Il se rendait en ville, et le porcher l'accompagnait ;
Mais je ne sais pas trop de quelle race il se réclame."
    Alors Antinoos, prenant le porcher à partie :
"O porcher trop fameux, pourquoi l'avoir conduit en ville ?   375
N'avons-nous pas déjà suffisamment de vagabonds,
De détestables mendiants, fléaux de nos festins ?
Une foule de gens dévore ici les biens du maître,
Et tu n'es pas content ! il t'en fallait encore un autre !"
    A ces mots, tu lui répondis ainsi, porcher Eumée :   380
"Antinoos, ce que tu dis n'est pas digne de toi !
Qui s'aviserait de chercher un hôte à l'étranger,
S'il n'est de ceux qui peuvent rendre service à chacun,
Comme un devin, un médecin, un dresseur de charpentes,
Un aède inspiré des dieux, dont les chants vous ravissent ?   385
Tels sont les gens qu'on va chercher par la terre infinie.
Nul n'irait inviter un mendiant qui le dévore !
Mais toi, plus qu'aucun prétendant, tu n'as jamais cessé
De rudoyer les gens d'Ulysse, et moi tout le premier.
Cela m'est bien égal, tant que la sage Pénélope   390
Reste dans ce palais avec le divin Télémaque."
    Le sage Télémaque, alors, lui fit cette réponse :
"Silence ! ne t'attarde pas ainsi à lui répondre.
Antinoos a toujours su exaspérer les gens
Avec de durs propos et y inciter tout le monde."   395
    Puis, pour Antinoos, il eut ces paroles ailées :
"Antinoos, tu as vraiment pour moi les soins d'un père !

Tu me demandes d'expulser cet hôte de ma salle,
Sans ménager tes mots. Puisse le ciel m'en empêcher !
400　Non ! prends et donne-lui ; je le veux bien ! je t'en conjure !
Tu n'auras rien à craindre de ma mère ou de quiconque
Parmi les serviteurs vivant chez le divin Ulysse.
Mais ton cœur est bien loin d'avoir une telle pensée :
Tu aimes cent fois mieux manger que donner à un autre !"
405　　　Alors Antinoos prit la parole et répondit :
"Ah ! prince fanfaron et coléreux, que dis-tu là ?
Si chaque prétendant donne à cet homme autant que moi,
Le palais pour trois mois sera débarrassé de lui !"
　　　Il dit, et, sous la table, il prit alors le tabouret
410　Où, pendant le festin, il appuyait ses pieds brillants.
Les autres, cependant, donnaient, remplissaient sa besace
De viandes et de pain. Déjà Ulysse revenait
Au seuil et s'en allait goûter aux dons des Achéens,
Quand, s'arrêtant auprès d'Antinoos, il dit ces mots :
415　　　"Donne, ami ! tu ne m'as pas l'air d'un obscur Achéen,
Mais d'un grand prince, à en juger par ta mine de roi !
Tu dois donc me donner du pain, et plus que tous les autres ;
Ainsi pourrai-je te louer aux quatre coins du monde.
Moi aussi j'ai vécu un jour heureux parmi les hommes,
420　Dans un riche palais, et j'ai donné à plus d'un pauvre,
Sans demander son nom, sans consulter que ses besoins.
J'avais une foule de serviteurs et tous ces biens
Qui font la vie heureuse et vous rangent parmi les riches.
Mais Zeus m'a tout ôté ; il le voulait sans doute ainsi.
425　C'est lui qui m'envoya, avec des pirates de mer,
Dans l'Egyptos – un long voyage ! – afin que j'y périsse.
Je fis mouiller dans l'Egyptos mes nefs à double galbe.
Alors je demandai à mes fidèles compagnons

310

De rester auprès des vaisseaux pour y garder les nefs,
Et chargeai les observateurs de monter sur les guettes.   430
Mais cédant à leur fougue et n'écoutant que leur envie,
Ils coururent piller les riches terres du pays,
Emmenant femmes et enfants et massacrant les hommes.
Le cri ne tarda pas à parvenir jusqu'à la ville.
Accourus à cette rumeur dès la pointe de l'aube,   435
Piétons et gens de char emplirent toute la campagne
De bronze scintillant ; Zeus, le grand manieur de foudre,
Sema la panique en nos rangs, et pas un de nos hommes
N'osa leur faire front, car le danger était partout.
Plus d'un des nôtres fut tué à la pointe du glaive ;   440
Les vivants furent emmenés pour le travail forcé.
On m'envoya à Chypre avec un hôte de passage,
Dmétor, fils d'Iasos, le seigneur tout-puissant de Chypre.
De là, je suis venu ici, après bien des souffrances."
    Alors Antinoos prit la parole et répondit :   445
"Quel dieu nous dépêche ici ce fléau, ce trouble-fête ?
Va te mettre au milieu et ôte-toi de cette table,
Ou je te renvoie aux douceurs de l'Egypte et de Chypre,
Espèce d'effronté qui mendigotes sans vergogne !
Tu vas te planter devant chaque table, et tous te donnent   450
Sans compter. Ils ont la main large ; avec le bien d'autrui,
Point n'est besoin de retenue, il suffit de puiser !"
    Alors Ulysse l'avisé se recula et dit :
"Grands dieux ! comme ton cœur est loin de valoir ta beauté !
Chez toi, offrirais-tu un grain de sel au suppliant,   455
Toi qui, assis en ce moment à la table d'autrui,
Me refuses le pain, quand tu n'as qu'à puiser au tas ?"
    Alors Antinoos, laissant éclater sa colère,
Le fixa d'un œil torve et dit ces paroles ailées :

311

460   "Cette fois-ci, crois-moi, tu ne sortiras pas entier
De ce palais ! Eh ! comment donc ! tu oses m'insulter !"
      Et de lui lancer l'escabelle en pleine épaule droite,
Sur le sommet du dos. Ulysse resta sans broncher,
Solide comme un roc, et le coup ne put l'ébranler.
465 Il hocha la tête et se tut, roulant de noirs desseins.
Il revint s'asseoir sur le seuil, et, déposant par terre
Sa besace toute garnie, il dit aux prétendants :
      "Ecoutez-moi, ô prétendants de la plus noble reine !
Voici ce que mon cœur me dicte au fond de ma poitrine.
470 On peut ne ressentir nulle douleur, nulle tristesse
A se voir frappé en luttant pour ses propres richesses,
Que ce soit des troupeaux de bœufs ou de blanches brebis ;
Mais les coups de cet homme-là, je les dois à mon ventre,
Ce ventre triste et odieux qui nous fait tant souffrir !
475 Si pour le pauvre aussi il est des dieux, des Erinyes,
Que la mort frappe Antinoos avant qu'il se marie !"
      Alors Antinoos, fils d'Eupithès, lui répondit :
"Ho ! l'étranger, mange et tais-toi, ou va chercher ailleurs,
De peur que pour tes beaux discours nos jeunes ne te sortent
480 Par les pieds ou les mains et ne t'écorchent sans façon !"
      A ces mots, tous les prétendants furent scandalisés,
Et l'un des jeunes fats l'apostropha en lui disant :
      "Tu n'as pas honte, Antinoos ? frapper un pauvre bougre !
Grand fou ! Et si jamais c'était un dieu venu du ciel ?
485 Les dieux prennent souvent les traits de lointains étrangers
Et vont de ville en ville en empruntant toutes les formes,
Pour s'enquérir des vertus et des crimes des humains."
      Ainsi parlaient les prétendants ; mais il n'en avait cure.
Télémaque était consterné du coup qu'avait reçu
490 Son père ; mais bien loin de verser une seule larme,

Il hocha la tête et se tut, roulant de noirs desseins.

Quand la très sage Pénélope apprit qu'en la grand-salle
On venait de frapper un hôte, elle dit à ses femmes :

"Puisse Apollon, l'illustre Archer, te frapper à son tour !"

Alors son intendante Eurynomé lui répondit :   495
"Ah ! si nos malédictions se trouvaient accomplies,
Aucun d'entre eux ne reverrait l'aurore au trône d'or !"

La sage Pénélope reprit la parole et dit :
"Je les déteste tous, nourrice, à voir comme ils complotent ;
Mais cet Antinoos a vraiment la noirceur des Parques.   500
Sous notre toit, un hôte malheureux vient mendier,
Pressé par le besoin, auprès de chacun des convives.
Tous les autres lui ont donné, ont rempli sa besace ;
Et lui, d'un escabeau, l'a frappé à l'épaule droite !"

Tandis qu'assise dans sa chambre au milieu des servantes,   505
Elle parlait ainsi, Ulysse achevait de manger.
Elle fit donc venir le divin porcher et lui dit :

"Va donc, divin Eumée, et demande à cet étranger
De venir jusqu'ici, que je le voie et l'interroge.
Peut-être lui a-t-on parlé du malheureux Ulysse,   510
Peut-être l'a-t-il vu ? on dirait qu'il revient de loin."

A ces mots, tu lui répondis ainsi, porcher Eumée :
"Reine, si seulement les Achéens voulaient se taire !
Tous les propos qu'il tient ne pourraient que charmer ton cœur.
Je l'ai gardé trois nuits et je l'ai retenu trois jours   515
Chez moi, où il vient d'arriver, en fuyant d'un vaisseau ;
Mais il n'a pas encor fini de me narrer ses peines.
Comme on suit du regard l'aède inspiré par les dieux,
Qui récite ses chants pour émerveiller les mortels ;
On voudrait l'écouter sans fin, aussi longtemps qu'il chante :   520
C'est ainsi que cet homme a su me charmer sous mon toit.

Il prétend être pour Ulysse un hôte de famille ;
Il habitait en Crète, où vit la race de Minos,
Et c'est de là qu'il vint ici, roulé de vague en vague,
525 A travers mille maux. On lui aurait appris qu'Ulysse
Vivait non loin d'ici, dans le gras pays des Thesprotes,
Et qu'il allait rentrer chez lui tout chargé de trésors."
    La sage Pénélope, alors, lui répliqua ainsi :
"Va et fais-le venir, que je lui parle face à face.
530 Les autres prendront leur plaisir, assis devant la porte
Ou ici, dans la salle, puisqu'ils ont le cœur en fête.
Leurs biens, à eux, restent intacts au sein de leurs demeures,
Car leur pain et leur vin ne vont qu'à quelques serviteurs.
Mais eux, c'est dans notre maison qu'ils passent leurs journées
535 A immoler nos bœufs, nos moutons et nos chèvres grasses,
A festoyer et boire notre vin aux sombres feux,
Sans se gêner ; et le meilleur s'en va, car il nous manque
Un homme tel qu'Ulysse pour défendre ce palais.
Ah ! si Ulysse revenait, s'il rentrait au logis,
540 Son fils et lui leur feraient bientôt payer tous ces crimes !"
    A ces mots, Télémaque éternua si fortement
Que le palais en retentit. Pénélope, en riant,
Se tourna vers Eumée et dit ces paroles ailées :
"Va, je te prie, et fais venir cet étranger ici.
545 N'entends-tu pas mon fils éternuer à mes paroles ?
C'est signe que la mort va frapper tous les prétendants
Et que pas un n'échappera aux Kères du trépas.
J'ajouterai ceci, et mets-toi bien la chose en tête :
Si je constate qu'il me dit l'exacte vérité,
550 Je lui donne des habits neufs, la robe et le manteau."
    Dès qu'il eut entendu ces mots, le porcher s'en alla,
Et, s'approchant d'Ulysse, il dit ces paroles ailées :

314

"Brave étranger, la sage Pénélope te demande.
Mère de Télémaque, elle ne vit que dans l'angoisse
Et aimerait bien s'enquérir du sort de son époux. 555
Si elle voit que tu lui dis l'exacte vérité,
Elle te couvrira de la tunique et du manteau
Dont tu as tant besoin ; quêtant ton pain parmi le peuple,
Tu rempliras ta panse, et te donnera qui voudra."
    Ulysse l'endurant lui fit alors cette réponse : 560
"Porcher, je serais prêt à ne rien dire que de vrai
A la fille d'Icarios, la sage Pénélope.
J'en sais beaucoup sur lui ; notre détresse fut la même.
Mais je crains la cohue et l'humeur de ces prétendants,
Dont l'arrogance et les excès vont jusqu'au ciel de fer. 565
Tout à l'heure, en effet, comme je traversais la salle
Sans rien faire de mal, cet homme m'a brutalisé
Sans que ni Télémaque ni personne n'intervînt.
Dis donc à Pénélope qu'elle attende là-dedans
Jusqu'au soleil couché, si forte que soit son envie. 570
Alors elle pourra m'interroger sur son époux.
Mais qu'elle m'approche du feu ; je suis si mal vêtu !
Tu le sais bien, c'est toi que j'ai imploré le premier."
    Dès qu'il eut entendu ces mots, le porcher s'en alla.
Comme il passait le seuil, Pénélope l'interpella : 575
    "Porcher, tu viens sans lui ? Que veut-il donc, ce mendiant ?
De qui peut-il avoir si peur ? ou se gênerait-il
Dans le palais ? Mais pour un gueux, la gêne est déplacée."
    A ces mots, tu lui répondis ainsi, porcher Eumée :
"Il parle sagement, et tout autre eût pensé de même. 580
Il veut éviter les excès de ces grands effrontés.
Il t'engage à attendre jusqu'au coucher du soleil ;
Même pour toi, ce sera beaucoup mieux ainsi, ô reine :

315

Tu seras seule à lui parler et seule à l'écouter."
585   La sage Pénélope, alors, lui fit cette réponse :
"Cet hôte, quel qu'il soit, n'est point dépourvu de bon sens ;
Car je ne crois pas qu'il y ait sur terre des mortels
Assez iniques pour tramer de semblables folies."
        Elle parla ainsi, et, comme le divin porcher
590   N'avait plus rien à dire, il rejoignit les prétendants.
Il alla droit sur Télémaque, et, se penchant vers lui,
Pour n'être entendu d'aucun autre, il dit ces mots ailés :
        "Ami, je pars garder mes porcs et ce qui est là-bas,
Ton avoir et le mien. Toi, ici, prends bien soin de tout ;
595   Songe d'abord à ton salut et fais attention
Qu'il ne t'arrive rien : tant d'Achéens veulent ta mort !
Puisse Zeus les anéantir avant qu'ils ne nous perdent !"
        Le sage Télémaque, alors, lui fit cette réponse :
"Bon père, il en sera ainsi. Va-t'en ! voici le soir.
600   Tu nous ramèneras demain quelques belles victimes ;
Le reste, ce sera aux dieux et à moi d'y veiller."
        Il dit, puis alla se rasseoir sur le siège poli.
Dès qu'il se fut rassasié de boire et de manger,
Il quitta la salle et la cour, pour retrouver ses porcs,
605   Tandis que les convives se livraient tous aux plaisirs
De la danse et du chant, car déjà le soir approchait.

CHANT XVIII

Survint un mendiant, le gueux qu'on voyait quémander
Jour après jour dans la ville d'Ithaque. Il n'était pas
Plus grand goinfre que lui ; mangeant et buvant comme un trou,
Il n'avait force ni vigueur, mais bien belle apparence.
Arnée était le nom que lui avait donné sa mère   5
Quand il naquit ; mais tous les jeunes l'appelaient Iros,
Car c'était lui que l'on chargeait de porter les messages.
A peine entré, il voulut chasser de chez lui Ulysse
Et l'insulta en lui disant ces paroles ailées :
   "Vieillard, quitte le seuil, ou je t'en tire par les pieds !   10
Ne vois-tu pas que tous ces gens me font mille clins d'œil
Pour m'inviter à te tirer dehors ? mais j'aurais honte !
Allons ! vite, debout ! sinon, nous en viendrons aux mains !"
   Le fixant d'un œil torve, Ulysse l'avisé lui dit :
"Malheureux ! contre toi qu'ai-je dit, qu'ai-je fait de mal ?   15
Je n'en veux à personne de te donner tant et plus.
Le seuil est assez large pour nous deux, et tu n'as pas
A m'envier les biens d'autrui, car tu me parais être
Aussi pauvre que moi ; et le bonheur nous vient des dieux.
Mais, bas les mains ! ne me provoque pas, ou je me fâche ;   20
Tout vieillard que je suis, je pourrais bien te mettre en sang
La bouche et la poitrine, et dans ce cas j'aurais la paix
Pour un moment, car je ne pense pas que tu reviennes
Encor dans le palais d'Ulysse, le fils de Laërte !"
   Pris de colère, Iros le vagabond lui répondit :   25

"Grands dieux ! quel discours vient nous débiter ce goinfre-là,
Comme une vieille au coin du feu ! Je vais le démolir
De mes deux mains, et du coup lui faire cracher à terre
Toutes ses dents, comme à un porc qui fonge dans les blés.
30 Allons ! retrousse-toi, que tout le monde soit témoin
De ce combat ! comment vas-tu lutter contre un cadet ?"

     C'est ainsi que tous deux, devant les portes élevées
Et sur le seuil poli, se disputaient avec ardeur.
Dès que le tout-puissant Antinoos les aperçut,
35 Il éclata de rire et, s'adressant aux prétendants :

     "Amis, jamais encor nous n'avons eu pareille aubaine.
Quel divertissement un dieu procure à ce palais !
Iros et l'étranger sont en train de se chamailler
Et ils vont en venir aux mains ; mettons-les vite aux prises !"

40   Comme il disait ces mots, tous se levèrent en riant
Et firent cercle autour des mendiants dépenaillés.
Antinoos, fils d'Eupithès, prit alors la parole :

     "Valeureux prétendants, écoutez ce que j'ai à dire.
Nous avons là sur le foyer, pour le repas du soir,
45 Des estomacs de chèvres farcis de graisse et de sang ;
Celui des deux qui sera le plus fort et qui vaincra
Choisira la part qui lui plaît et la retirera.
Il sera de tous nos festins, et nous ne laisserons
Nul autre mendiant que lui quêter à notre table."

50   A ce discours d'Antinoos, tout le monde applaudit.
Ayant sa ruse en tête, Ulysse l'avisé leur dit :

     "Amis, avez-vous jamais vu s'affronter un jeune homme
Et un vieillard usé par les malheurs ? Non ! c'est mon ventre,
C'est lui, ce maudit, qui me pousse à encaisser les coups !
55 Eh bien, jurez-moi tous, par le plus puissant des serments,
Que pour aider Iros vous ne ferez pas la folie

318

De me frapper d'une main lourde et de me terrasser."
    A ces mots, ils jurèrent tous le serment demandé.
[Sitôt qu'ils eurent prononcé et scellé le serment,]
Le puissant Télémaque, s'adressant à eux, leur dit :   60
    "Etranger, si ton âme et ton cœur valeureux te poussent
A le chasser, ne crains aucun des autres Achéens ;
Car qui te frapperait en aurait plus d'un contre lui.
C'est moi qui te reçois, et deux rois sont de mon avis,
Eurymaque et Antinoos, grands sages l'un et l'autre."   65
    Il dit, et tout le monde d'approuver. Alors Ulysse,
Retroussant ses haillons sur sa virilité, montra
Ses grandes belles cuisses, puis ses épaules carrées,
Sa poitrine et ses bras musclés ; présente à ses côtés,
Athéna retrempait le corps de ce pasteur du peuple.   70
Chez tous les prétendants, c'était une surprise extrême,
Et chacun disait, en jetant les yeux sur son voisin :
    "Bientôt Iros ne sera plus Iros, et c'est sa faute,
A voir la cuisse que le vieux nous sort de ses haillons !"
    Ils disaient, et le cœur d'Iros, alors, se sentit mal.   75
Les gens le troussèrent pourtant de force et l'amenèrent,
Tout apeuré ; de longs frissons lui parcouraient le corps.
Le prenant alors à partie, Antinoos lui dit :
    "Vantard, mieux vaudrait maintenant pour toi n'être pas né,
Si la peur te fait trembler à tel point devant cet homme,   80
Ce pauvre vieux tout usé et meurtri par le malheur !
Eh bien, je te le dis, et c'est ce qui s'accomplira :
Si c'est lui qui l'emporte et qui se montre le plus fort,
Je te mets dans un noir vaisseau et t'envoie à la côte,
Chez le roi Echétos, ce fléau de tous les mortels ;   85
De son glaive il te coupera le nez et les oreilles,
Et ton sexe tranché servira de pâture aux chiens !"

A ces mots, Iros trembla plus encor de tous ses membres.
On le poussa au centre, et les gueux se mirent en garde.
90   Alors Ulysse l'endurant hésita un instant :
Allait-il l'assommer, l'étendre raide d'un seul coup,
Ou le jeter par terre en le poussant avec douceur ?
Tout compte fait, il lui sembla que le plus sage était
De le pousser avec douceur, pour mieux tromper les autres.
95   Jouant des poings, Iros le frappa à l'épaule droite,
Et l'autre sous l'oreille, en plein cou, lui broyant les os ;
De la bouche d'Iros, alors, un flot pourpre jaillit ;
L'homme s'abattit sur le sol, geignant, grinçant des dents,
Tapant la terre des talons ; et les fiers prétendants,
100   Levant les mains en l'air, mouraient de rire. Alors Ulysse
Le traîna par un pied depuis le seuil jusqu'à la cour
Et aux portes d'entrée, où il l'assit en l'appuyant
Contre le mur, et, lui mettant son bâton dans la main,
Il prit la parole et lui dit ces paroles ailées :
105   "Reste ici, maintenant, pour écarter chiens et pourceaux,
Et garde-toi de régenter les hôtes et les pauvres,
Pouilleux comme tu l'es, ou alors je double la dose !"
      Et de lui jeter sur le dos sa méchante besace,
Pleine de trous, qui avait une corde pour bretelle ;
110   Puis il se rassit sur le seuil. Les prétendants rentrèrent,
En riant aux éclats et en disant ces mots flatteurs :
      "Etranger, puissent Zeus et tous les autres Immortels
Réaliser tous les désirs que peut former ton cœur !
Grâce à toi, ce gouffre sans fond n'ira plus mendier
115   A travers le pays : on va l'envoyer à la côte,
Chez le roi Echétos, ce fléau de tous les mortels."
      Le divin Ulysse accueillit leurs vœux avec plaisir.
Antinoos vint lui servir un estomac bien gros,

Tout farci de graisse et de sang, tandis qu'Amphinomos
Lui présentait deux pains qu'il avait pris dans la corbeille   120
Et le saluait de sa coupe d'or en lui disant :
     "Salut, noble étranger ! Que ta fortune puisse un jour
Te revenir ! car pour l'instant, tu souffres bien des maux."
     Ulysse l'avisé lui fit alors cette réponse :
"Amphinomos, tu me parais un homme plein de sens.   125
Tel fut ton père, dont le bruit est venu jusqu'à moi,
Ce Nisos de Doulichion, si bon, si opulent.
On prétend que tu es son fils, et tu as l'air affable ;
Ecoute donc et comprends bien ce que j'ai à te dire.
L'homme est bien ce qu'il y a de plus faible sur la terre,   130
Parmi tout ce qui marche et qui respire sur la terre.
Il s'imagine que jamais le mal ne l'atteindra,
Tant qu'il reçoit des dieux la force de mouvoir ses jambes ;
Mais dès que les dieux bienheureux l'accablent de misères,
Ce n'est qu'à contrecœur qu'il se résigne à les subir.   135
Car tel est l'esprit des humains, semblable aux jours changeants
Que leur apporte le père des hommes et des dieux.
Moi aussi j'aurais dû compter parmi les gens heureux ;
Mais n'écoutant que ma vigueur, j'ai fait mille folies,
Trop certain que mon père et que mes frères m'aideraient.   140
Les hommes devraient donc toujours se garder d'être impies
Et jouir en silence des biens que le ciel leur donne.
A quels méfaits je les vois se livrer, ces prétendants !
Ils consument les biens, ils traitent sans respect l'épouse
D'un héros dont je sais qu'il ne sera plus longtemps loin   145
De sa terre et des siens ; il est tout proche ! Ah ! que le ciel
Te ramène chez toi sans que cet homme te rencontre,
Le jour où il s'en reviendra au pays de ses pères !
Je crois bien qu'il n'y aura que le sang pour décider

150 Entre ces gens et lui, quand il rentrera sous son toit."
    Il dit, fit son offrande et but le vin doux comme miel,
    Puis il rendit la coupe à ce bon rangeur de guerriers.
    Amphinomos retraversa la salle tristement,
    Baissant la tête, car son cœur pressentait un malheur.
155 Mais il ne put échapper à la mort, car Athéna
    Le retint lui aussi sous la lance de Télémaque.
    Il se rassit dans le fauteuil qu'il venait de quitter.
    Alors la déesse aux yeux pers éveilla dans l'esprit
    De la fille d'Icarios, la sage Pénélope,
160 Le désir d'apparaître aux yeux de tous les prétendants,
    Pour aiguiser leur passion et renforcer l'estime
    Que lui vouaient depuis toujours son fils et son mari.
    D'un sourire contraint, elle prit la parole et dit :
    "Eurynomé, mon cœur se sent le désir tout nouveau
165 De me montrer aux prétendants, alors que je les hais.
    J'aimerais dire un mot à mon enfant : il vaudrait mieux
    Qu'il ne se mêle pas sans cesse à ces fiers prétendants,
    Qui, tout en le flattant, préparent sa mort en secret."
    Et l'intendante Eurynomé lui fit cette réponse :
170 "Sur ce point, mon enfant, tu n'as rien dit que de sensé.
    Va donc trouver ton fils et parle-lui à cœur ouvert.
    Mais baigne d'abord ton visage et parfume tes joues ;
    Ne descends pas comme tu es, les traits bouffis de larmes :
    Il n'est pas bon de s'affliger sans mesure et sans fin.
175 Voilà ton fils déjà jeune homme, et que demandais-tu
    Aux Immortels, sinon de voir la barbe lui pousser ?"
    La sage Pénélope, alors, lui fit cette réponse :
    "Eurynomé, ne me demande point, par complaisance,
    De baigner mon visage et de me parfumer les joues.
180 Ma beauté, c'en est fait ! les dieux d'en haut me l'ont ravie,

Depuis le jour qu'Ulysse est parti sur ses creuses nefs.
Mais va dire à Autonoé et à Hippodamie
De venir avec moi quand j'entrerai dans la grand-salle,
Car j'aurais honte d'aller seule au milieu de ces hommes."
    Elle avait dit. La vieille, alors, à travers le palais,   185
Courut dire aux servantes de venir sans plus tarder.
    Alors la déesse aux yeux pers prit un autre parti.
Elle versa un doux sommeil sur la fille d'Icare,
Qui s'endormit sur son fauteuil, la tête renversée
Et les membres tout relâchés, tandis que la déesse   190
L'ornait de dons divins pour charmer les regards des hommes.
Elle épura ses traits avec cette essence divine
Que met sur elle Cythérée à la belle couronne,
Quand elle va se joindre au chœur aimable des Charites ;
Et, la rendant aux yeux plus grande et plus majestueuse,   195
Elle lui donna la blancheur de l'ivoire scié.
Ce travail achevé, la toute divine s'en fut,
Tandis que de la grande salle accouraient en bruissant
Les filles aux bras blancs. Le doux sommeil quitta la reine,
Qui se passa les mains sur le visage et s'écria :   200
    "Dans ma détresse, une douce torpeur m'avait gagnée.
Ah ! puisse la chaste Artémis m'offrir à l'instant même
Une aussi douce mort, afin que, cessant de gémir,
Je ne consume plus ma vie à regretter l'époux
Qui par sa valeur l'emportait sur tous les Achéens !"   205
    A ces mots, elle descendit de l'étage brillant ;
Elle n'était pas seule, deux servantes la suivaient.
En s'approchant des prétendants, cette femme divine
S'arrêta contre le montant de l'épaisse embrasure
Et ramena ses voiles éclatants sur ses deux joues ;   210
A côté d'elle se tenaient ses servantes fidèles.

Sous le choc de l'amour, tous sentent leurs genoux fléchir
Et brûlent du désir de se coucher à côté d'elle.
Mais s'adressant alors à Télémaque, elle lui dit :
215   "Mon fils, qu'as-tu donc fait de ton esprit et de ton cœur ?
Quand tu étais enfant, tu te montrais plus réfléchi.
Te voilà grand, tu viens d'atteindre la maturité ;
A te voir si beau et si fort, il n'est point d'étranger
Qui ne tienne pour fortuné le père d'un tel fils ;
220   Et pourtant tu parais vraiment sans esprit et sans cœur.
Hé quoi ! que vient-il d'arriver ici, dans la grand-salle ?
Tu as laissé traiter notre hôte aussi indignement !
Où allons-nous, si l'hôte recueilli sous notre toit
S'expose à être maltraité avec cette rigueur ?
225   Quelle honte pour toi, et quel opprobre aux yeux des hommes !"
      Le sage Télémaque, alors, lui fit cette réponse :
"Ma mère, je ne puis qu'approuver ton emportement.
Ce n'est pas qu'en mon cœur je ne soupèse et ne discerne
Ce qui est bien, ce qui est mal, car je suis sorti de l'enfance ;
230   Mais comment écouter toujours la voix de la raison ?
Tous ces gens qui viennent ici me causent bien du trouble ;
Ils ne pensent qu'à mal, et je n'ai pas un seul appui.
Ce pugilat entre Iros et le vieux n'a pas tourné
Au gré des prétendants : l'hôte a vaincu, étant plus fort.
235   Zeus Père ! Athéna ! Apollon ! plût au ciel que l'on vît
Aujourd'hui même, au sein de ce logis, les prétendants
Rester ainsi, tête branlante et genoux défaillants,
Assommés les uns dans la cour, les autres dans la salle,
Comme cet Iros qui, assis aux portes de la cour,
240   Dodeline du chef et, tel un homme pris de vin,
N'a plus assez de force pour se dresser sur ses pieds
Et pour rejoindre son logis, car son corps s'y refuse."

Voilà quels étaient les propos qu'ils échangeaient entre eux.
Lors, s'adressant à Pénélope, Eurymaque lui dit :
    "Fille d'Icarios, ô toi la plus sage des femmes,   245
Si tous les gens de l'Argos ionienne te voyaient,
Mille autres prétendants viendraient s'asseoir en ta demeure
Dès l'aube et banqueter, car tu es vraiment sans rivale
Pour la beauté, la taille et la justesse de l'esprit."
    La sage Pénélope, alors, lui fit cette réponse :   250
"Las ! Eurymaque, ma valeur, ma taille, ma beauté,
Les dieux m'ont tout ravi, quand les Argiens s'en sont allés
A Troie, emmenant avec eux Ulysse, mon époux.
Ah ! s'il pouvait me revenir, pour veiller sur ma vie,
Ma gloire n'en serait alors que plus grande et plus belle !   255
Mais je n'ai que chagrins, tant les dieux m'ont déjà frappée.
Le jour où il laissa le sol natal derrière lui,
Il me prit la main droite au poignet et me dit ces mots :
«Femme, je ne crois pas que tous les Achéens guêtrés
Reviennent de Troade sains et saufs et sans encombre,   260
Car on prétend que les Troyens sont de vaillants guerriers,
Tant pour lancer le javelot que pour tirer des flèches
Ou pour monter ces rapides chevaux qui, d'un seul coup,
Savent trancher le grand procès d'une guerre indécise.
J'ignore si les dieux me laisseront partir de Troie   265
Ou si j'y périrai ; prends donc bien soin de tout ici.
Souviens-toi de mon père et de ma mère en ce palais,
Comme aujourd'hui, et même plus encore en mon absence.
Enfin, quand tu verras la barbe pousser à ton fils,
Epouse l'homme qui te plaît et quitte la maison.»   270
Ainsi me parlait-il, et voici que tout s'accomplit.
La nuit est proche, où un hymen maudit va consommer
Ma perte, puisque Zeus m'a pris ce qui fut mon bonheur.

Mais un chagrin cruel hante mon esprit et mon âme.
275 Les prétendants avaient jusqu'à ce jour d'autres manières.
Ceux qui voulaient prendre pour femme une fille honorable
Et de riche maison et se trouvaient plusieurs en lice,
Amenaient bœufs et moutons gras jusque dans sa demeure,
Pour honorer les siens, et lui offraient de beaux présents ;
280 Mais ils ne mangeaient pas impunément le bien d'autrui !"
    Le divin Ulysse, à ces mots, se sentit tout joyeux
De voir qu'elle sollicitait leurs dons et les charmait
Par de mielleux propos, tout en roulant d'autres desseins.
    Alors Antinoos, fils d'Eupithès, lui répondit :
285 "Fille d'Icarios, ô toi la plus sage des femmes,
Laisse-nous apporter ici chacun notre cadeau
Et prends-le, car il ne sied pas de refuser un don.
Nous n'irons, quant à nous, ni sur nos terres ni ailleurs,
Tant que tu n'auras pas choisi pour époux le plus digne."
290   A ce discours d'Antinoos, ils applaudirent tous.
Chacun envoya son héraut apporter un présent.
L'homme d'Antinoos revint avec un très beau voile
Entièrement brodé ; ses douze agrafes tout en or
S'adaptaient à autant d'anneaux artistement courbés.
295 Celui d'Eurymaque revint avec un collier d'or
Très fin, garni de boules d'ambre ; on eût dit un soleil.
Celui d'Eurydamas rapporta deux pendants d'oreilles
A trois chatons brillants, joyau d'une grâce infinie.
De chez Pisandre, fils de Polyctor, un serviteur
300 Rapporta un grand tour de cou, parure incomparable ;
Chacun des Achéens apportait une autre merveille.
    Alors cette femme divine regagna l'étage,
Et les servantes la suivaient avec tous ses bijoux.
En attendant que vînt le soir, les hommes se remirent

Aux plaisirs de la danse et des chansons mélodieuses.   305
Ils s'ébattaient encor, quand le soir sombre les surprit.
Aussitôt l'on dressa dans la grand-salle trois trépieds
Pour voir plus clair ; on les remplit de branches résineuses
Qu'on avait longtemps fait sécher et qu'on venait de fendre ;
On y ajouta des flambeaux, qu'attisaient tour à tour   310
Les servantes d'Ulysse l'endurant. Et c'est alors
Qu'Ulysse l'avisé, ce rejeton de Zeus, leur dit :
          "O servantes d'un maître absent depuis un si long temps,
Regagnez les appartements de votre auguste reine.
Tâchez de l'égayer là-haut en restant auprès d'elle   315
A tourner vos fuseaux ou bien à carder votre laine.
Je me chargerai de fournir de la lumière à tous ;
Quand même ils voudraient voir monter l'aurore au trône d'or,
Ils n'auront pas raison de moi : j'ai bien trop d'endurance !"
          Ainsi dit-il ; elles, de rire et de se regarder.   320
Mais l'une d'elles l'insulta : la belle Mélantho,
Fille de Dolios, que Pénélope avait choyée,
L'élevant comme son enfant, la comblant de cadeaux ;
Mais son cœur n'éprouvait nulle pitié pour Pénélope,
D'autant qu'elle aimait Eurymaque et couchait avec lui.   325
Elle vint donc injurier Ulysse en lui disant :
          "Misérable étranger, tu as donc l'esprit à l'envers ?
Au lieu d'aller dormir dans l'atelier d'un forgeron
Ou dans quelque autre abri public, tu viens hâbler ici
Effrontément devant tous ces héros, sans que ton cœur   330
En soit troublé ! est-ce le vin qui te monte à la tête ?
Est-ce ton style, à toi, que de parler pour ne rien dire ?
Ou serais-tu grisé d'avoir battu ce gueux d'Iros ?
Prends garde ! un autre plus robuste pourrait bien surgir,
Dont les poings vigoureux, venant s'écraser sur ton crâne,   335

Te feraient déloger d'ici, tout barbouillé de sang !"
    La fixant d'un œil torve, Ulysse l'avisé lui dit :
"Ah ! chienne ! je vais de ce pas répéter ces propos
A Télémaque, afin qu'il te dépèce à l'instant même !"
340   A ces mots, ce fut la panique au milieu des servantes ;
Elles s'enfuirent par la salle en tremblant sur leurs jambes,
Car dans sa peur chacune croyait qu'il avait dit vrai.
Ulysse alors resta debout près des trépieds en feu,
Pour les surveiller tous les trois ; son esprit cependant
345   Roulait d'autres projets, qui ne devaient pas rester vains.
    Mais Athéna ne laissa pas les prétendants superbes
Suspendre leurs affronts, voulant que le fils de Laërte,
Ulysse, en eût le cœur encor plus rongé de dépit.
C'est Eurymaque, le fils de Polybe, qui reprit
350   Et insulta Ulysse en provoquant partout le rire :
    "Ecoutez-moi, ô prétendants de la plus noble reine !
Voici ce que mon cœur me dicte au fond de ma poitrine :
Le ciel a dû nous envoyer cet homme chez Ulysse ;
On dirait vraiment que sa tête luit comme un flambeau,
355   Car on n'y trouve pas la moindre trace de cheveux !"
    Puis il interpella Ulysse, le preneur de villes :
"Etranger, ne voudrais-tu pas entrer à mon service,
Tout au bout de mes champs ? tu toucherais un bon salaire
Pour ramasser de la broussaille et planter de grands arbres.
360   Là, je te fournirais du pain pendant toute l'année
Et je te donnerais des vêtements et des chaussures.
Mais n'étant bon à rien, tu ne voudras pas travailler
Et tu préféreras mendier par tout le pays
De quoi rassasier l'énorme gouffre de ton ventre !"
365   Ulysse l'avisé lui fit alors cette réponse :
"Eurymaque, je voudrais bien qu'on nous mette en concours,

Dans un grand pré, à la belle saison, lorsque les jours
Deviennent longs : moi, j'aurais une faux bien recourbée,
Et toi pareillement, et l'on se tiendrait à l'ouvrage
Sans rien manger jusqu'à la nuit et jusqu'au bout du foin.   370
Veux-tu que je pousse des bœufs, et même les plus forts,
Une paire de grands bœufs roux, tous deux saturés d'herbe,
Ayant même âge, même ardeur, même force indomptable ?
Donne-moi quatre arpents où la glèbe s'entrouvre au soc,
Et tu verras si je sais fendre un sillon continu.   375
Enfin, si le Cronide aujourd'hui même suscitait
Un grand conflit, pourvu que j'aie un bouclier, deux piques
Et un casque tout en airain, bien adapté aux tempes,
Tu me verrais lutter en avant des premières lignes,
Et tu ne parlerais plus de ma panse en te moquant.   380
Mais tu fais l'insolent, et ton esprit est sans pitié.
Tu crois sans doute être quelqu'un de grand et de puissant,
Mais c'est que tes rivaux sont peu nombreux et sans courage.
Ah ! si Ulysse revenait au pays de ses pères,
Le portail aurait vite fait, si large qu'il puisse être,   385
De te paraître trop étroit pour fuir de ce palais !"

     A ces mots, Eurymaque, encor plus courroucé qu'avant,
Le fixa d'un œil torve et dit ces paroles ailées :

     "Ah ! misérable, tu vas le payer, toi qui pérores
Effrontément devant tous ces héros, sans que ton cœur   390
En soit troublé ! Est-ce le vin qui te monte à la tête ?
Est-ce ton style, à toi, que de parler pour ne rien dire ?
Ou serais-tu grisé d'avoir battu ce gueux d'Iros ?"

     Il dit et s'empara d'un escabeau ; alors Ulysse
S'assit aux genoux d'Amphinomos de Doulichion,   395
Par crainte d'Eurymaque, et c'est l'échanson qui prit tout,
Au bras droit ; le flacon tinta en tombant sur le sol,

Et l'homme, en gémissant, se renversa dans la poussière.
Les prétendants firent grand bruit dans l'ombre de la salle,
400 Et chacun disait, en jetant les yeux sur son voisin :
"Si seulement cet hôte avait pu périr autre part !
Il ne serait pas venu faire ici tout ce tapage !
Voilà qu'on se chamaille pour des gueux ! Fini le charme
Des savoureux festins, si le mauvais parti l'emporte."
405   Le puissant Télémaque, alors, leur fit cette réponse :
"Malheureux ! vous perdez le sens et montrez un peu trop
Que vous avez fait bonne chère ! Est-ce un dieu qui vous pique ?
Allons ! vous avez bien dîné ; rentrez dormir chez vous,
Dès que le cœur vous en dira ; je ne chasse personne."
410   A ces mots, tous les prétendants se mordirent les lèvres,
Surpris que Télémaque eût osé leur parler si fort.
Alors Amphinomos, l'illustre fils du roi Nisos,
Descendant d'Arétos, prit la parole et répondit :
"Amis, gardez-vous bien, quand on vous dit des choses justes,
415 De vous mettre en colère et de répondre vertement.
Ne rudoyez pas l'hôte ici présent, non plus qu'aucun
Parmi les serviteurs attachés au palais d'Ulysse.
Allons ! que l'échanson nous verse le vin pour l'offrande,
Et que, l'offrande une fois faite, on aille tous dormir ;
420 Laissons l'étranger que voilà dans la maison d'Ulysse,
Aux soins de Télémaque, puisqu'il l'a reçu chez lui."
Ainsi dit-il, et son propos fut agréé par tous.
Le noble Moulios, héraut venu de Doulichion
Avec son maître Amphinomos, prépara le mélange,
425 Qu'il présenta à tous, et chacun, sans quitter sa place,
En fit l'offrande aux dieux, avant de boire ce vin doux.
Lorsque, l'offrande faite, ils eurent bu tout leur content,
Chacun s'en retourna dormir dans sa propre demeure.

CHANT XIX

Seul le divin Ulysse était resté dans la grand-salle,
Méditant avec Athéna la mort des prétendants.
Soudain à Télémaque il dit ces paroles ailées :
    "Télémaque, il faut remiser tous ces engins de guerre ;
Et si les prétendants s'étonnent de ne plus les voir,   5
Use de tes mots les plus doux pour leur donner le change :
«Je les ai mises loin du feu, car comment reconnaître
Les armes que laissa Ulysse en s'embarquant pour Troie ?
Les vapeurs du foyer les ont complètement ternies.
Mais Zeus m'a aussi fait valoir une raison plus forte :   10
Je crains que, pris un jour de vin et vous cherchant querelle,
Vous n'alliez vous blesser, souillant à la fois vos festins
Et vos projets d'hymen : le fer attire à lui son homme.»"
    A ces mots, Télémaque suivit l'ordre de son père.
Il fit venir la nourrice Euryclée et il lui dit :   15
    "Nourrice, allons ! enferme-moi les femmes dans les chambres,
Le temps que je mette au dépôt les armes de mon père,
Ces belles armes qu'on laisse rouiller à la fumée,
Depuis qu'il est parti d'ici ; j'étais encore enfant.
Aujourd'hui je veux les soustraire aux vapeurs du foyer."   20
    La nourrice Euryclée, alors, lui fit cette réponse :
"Si seulement, mon fils, tu pouvais avoir la sagesse
De prendre soin de ta maison et de sauver tes biens !
Va donc ! mais qui t'escortera pour porter la lumière ?
Les filles qui auraient pu t'éclairer, tu n'en veux pas !"   25

Le sage Télémaque, alors, lui fit cette réponse :
"J'ai là cet étranger ; je ne veux pas laisser oisif
Celui qui touche à mon boisseau, d'aussi loin qu'il arrive."
    A ces mots, la nourrice, sans rien ajouter de plus,
30 Alla fermer les portes des riches appartements.
Ulysse et son illustre fils coururent aussitôt
Mettre à l'abri dans le dépôt casques, lances pointues
Et boucliers bombés, tandis que Pallas Athéna,
Tenant un flambeau d'or, faisait tout briller autour d'elle.
35 Et Télémaque, s'adressant à son père aussitôt :
    "Père, quel étonnant prodige à mes yeux se présente ?
Partout dans ce palais, les parois, les riches panneaux,
Les poutres de sapin et les colonnes élancées,
Tout scintille à mes yeux, comme illuminé par la flamme !
40 Ce doit être un des dieux qui habitent le vaste ciel."
    Ulysse l'avisé lui fit alors cette réponse :
"Tais-toi, renferme ta pensée et ne demande rien.
Ce sont là les façons des dieux qui règnent sur l'Olympe.
Va ! tu peux aller te coucher ; je resterai ici,
45 Pour éprouver encore les servantes et ta mère.
Car elle va, dans son chagrin, m'interroger sur tout."
    Il dit, et Télémaque, alors, à la lueur des torches,
Traversa la grand-salle et se dirigea vers la chambre
Où il dormait toujours, quand le doux sommeil le prenait.
50 C'est là qu'il se coucha et attendit l'aube divine.
Seul le divin Ulysse était resté dans la grand-salle,
Méditant avec Athéna la mort des prétendants.
    De sa chambre sortit alors la sage Pénélope ;
Vous auriez cru voir Artémis ou l'Aphrodite d'or.
55 On lui avança près du feu, à la place ordinaire,
Un siège garni d'ivoire et d'argent, qu'Icmalios

Avait fait autrefois, en y adaptant pour les pieds
Un tabouret ; une épaisse toison le recouvrait.
C'est là que vint s'asseoir alors la sage Pénélope.
Les femmes aux bras blancs sortirent de la grande salle   60
En emportant les bouts de pain, les tables et les coupes
Où l'on avait servi à boire aux prétendants superbes ;
D'autres, vidant la braise des trépieds, les rechargeaient
D'un tas de bois nouveau, pour éclairer et pour chauffer.
Pour la seconde fois, Mélantho insulta Ulysse :   65

    "Etranger, tu veux donc nous encombrer même la nuit,
Rôdant à travers la demeure et espionnant les femmes ?
Prends la porte, vieux gueux, et va-t'en digérer plus loin,
Ou je te fais sortir d'ici à grands coups de bâton !"

    La fixant d'un œil torve, Ulysse l'avisé lui dit :   70
"Malheureuse, pourquoi me poursuis-tu de ta fureur ?
Je suis sale, il est vrai, je n'ai que de méchants haillons
Et vais quêtant partout ; mais la nécessité m'y force.
Il n'est point d'autre lot pour les gueux et les vagabonds.
Moi aussi j'ai vécu un jour heureux parmi les hommes,   75
Dans un riche palais, et j'ai donné à plus d'un pauvre,
Sans demander son nom, sans consulter que ses besoins.
J'avais une foule de serviteurs et tous ces biens
Qui font la vie heureuse et vous rangent parmi les riches.
Mais Zeus m'a tout ôté ; il le voulait sans doute ainsi.   80
Crains donc, ô femme, toi aussi, de perdre quelque jour
Tout cet éclat qui fait de toi la reine de ces filles,
Et redoute l'humeur de ta maîtresse courroucée,
Ou le retour d'Ulysse (on peut bien espérer encore) !
Et même s'il est mort et s'il ne doit jamais rentrer,   85
Il reste Télémaque, un fils qui déjà lui ressemble,
Par la volonté d'Athéna. Nulle faute de femme

En ce palais ne lui échappe : il n'est plus un enfant !"
    En l'entendant parler ainsi, la sage Pénélope
90 Gourmanda sa servante et lui déclara sa pensée :
    "Ah ! vraiment, je t'y prends, chienne effrontée et sans pudeur !
Tes crimes pourraient bien finir par te coûter la tête !
Tu le savais pourtant, et je te l'avais assez dit,
Que je voulais dans la grand-salle interroger notre hôte
95 Sur mon époux, tant est cruel le chagrin qui m'accable."
    Puis, se tournant vers l'intendante, elle lui dit ces mots :
"Eurynomé, apporte un siège avec une toison ;
Que l'étranger vienne s'asseoir ici auprès de moi
Pour me parler et m'écouter ; je veux l'interroger."
100 A ces mots, l'intendante alla chercher en toute hâte
Un siège bien poli et le couvrit d'une toison.
C'est là qu'ensuite vint s'asseoir Ulysse l'endurant ;
Et la très sage Pénélope commença ainsi :
    "Etranger, il me faut d'abord te demander ceci :
105 Qui es-tu ? d'où viens-tu ? quels sont tes parents, ta cité ?"
    Ulysse l'avisé lui fit alors cette réponse :
"O femme, il n'est point de mortel, sur la terre infinie,
Qui puisse te blâmer. Ta gloire atteint le vaste ciel
Comme celle d'un roi parfait qui, redoutant les dieux
110 Et régnant sur un peuple aussi nombreux que courageux,
Fait respecter le droit ; la terre noire lui fournit
De l'orge et du froment, les arbres se chargent de fruits,
Son troupeau s'agrandit, la mer lui donne du poisson,
Et sous ses justes lois les peuples coulent de beaux jours.
115 Aussi tu peux m'interroger ici tant que tu veux,
Mais ne viens pas me demander ma race et ma patrie ;
En me les rappelant, tu risques d'aviver ma peine ;
Je suis déjà si malheureux ! Dans la maison d'autrui,

Il ne faut pas toujours gémir, toujours se lamenter ;
Il n'est pas bon de s'affliger sans mesure et sans fin.   120
J'aurais trop peur qu'une servante agacée, ou toi-même,
Vous ne disiez que c'est le vin qui me fait tant pleurer."
    La sage Pénélope, alors, lui répliqua ainsi :
"Hélas ! étranger, ma valeur, ma taille, ma beauté
Les dieux m'ont tout ravi, quand les Argiens s'en sont allés   125
A Troie, emmenant avec eux Ulysse mon époux.
Ah ! s'il pouvait me revenir, pour veiller sur ma vie,
Ma gloire n'en serait alors que plus grande et plus belle.
Mais je n'ai que chagrins, tant les dieux m'ont déjà frappée !
Tous les seigneurs dont le pouvoir s'exerce sur nos îles,   130
Doulichion, Samé, Zacynthe et ses forêts profondes,
Comme aussi tous les roitelets de la rocheuse Ithaque,
Me courtisent contre mon gré et mangent ma maison.
Aussi tout m'est indifférent, les suppliants, les hôtes,
Et même les hérauts, qui sont au service du peuple.   135
Je vis dans le regret d'Ulysse, et mon cœur s'y consume.
Tandis qu'ils pressent cet hymen, moi, j'entasse les ruses.
Voici ce que le ciel m'avait tout d'abord inspiré :
J'avais dressé là-haut un grand métier pour y tisser
Un voile fin et long, et je disais aux soupirants :   140
«Mes jeunes prétendants, le divin Ulysse est bien mort ;
Mais quoique cet hymen vous presse, attendez que j'achève,
Car je ne voudrais pas que tout ce fil ne serve à rien :
Ce sera pour ensevelir notre seigneur Laërte,
Quand la mort viendra le coucher dans son dernier sommeil ;   145
Sinon quelque Achéenne irait m'accuser devant tous
De laisser sans suaire un homme qui avait de quoi.»
Ces mots calmèrent aussitôt la fougue de leur cœur.
Alors, pendant le jour, je tissais cette grande toile

150 Et la défaisais chaque nuit, à la lueur des torches.
Trois ans durant, je pus cacher ma ruse et les duper.
Mais lorsque le temps amena la quatrième année
Et que, les mois passant, les longs jours furent revenus,
Instruits par mes servantes, qui n'en avaient rien à faire,
155 Ils vinrent me surprendre et m'accablèrent de reproches.
Alors il fallut bien finir, mais contrainte et forcée.
Plus moyen de fuir cet hymen, je suis à court d'idées.
Mes parents veulent à tout prix que je prenne un époux,
Et mon fils enrage de voir que l'on mange ses biens ;
160 Il comprend tout, car c'est déjà un homme, fort capable
De tenir sa maison, et Zeus lui accorde la gloire.
Quoi qu'il en soit, dis-moi quelle est ta race et d'où tu viens ;
Tu n'es pas né du chêne de la fable, ou d'un rocher !"
      Ulysse l'avisé lui fit alors cette réponse :
165 "O vénérable épouse du fils de Laërte Ulysse,
Tu tiens donc vraiment à savoir quelle est mon origine ?
Je te le dirai donc ; mais crains d'accroître les tourments
Que j'endure déjà ; n'est-ce pas le sort de tout être
Qui reste aussi longtemps que moi loin du pays natal
170 Et roule sa souffrance à travers les cités des hommes ?
Tu m'as posé des questions ; je vais donc te répondre.
Au centre de la mer vineuse, on voit surgir une île :
C'est la terre de Crète, aussi riante que prodigue,
Ayant des habitants sans nombre et quatre-vingt-dix villes.
175 Tous les parlers s'y font entendre : il est des Achéens,
De vaillants Etéocrétois et des Cydoniens,
Trois tribus de Doriens et des Pélasges magnanimes.
Dans le nombre il y a Cnossos, grande ville, où Minos
Régna par cycles de neuf ans, confident du grand Zeus
180 Et père de mon père, le vaillant Deucalion,

Qui m'a donné le jour, ainsi qu'au roi Idoménée.
Mais celui-ci partit pour Troie et suivit les Atrides
Avec ses vaisseaux recourbés ; moi, qu'on nommait Ethon,
J'étais le moins âgé ; lui, mon aîné et le plus brave.
C'est alors que je vis Ulysse et l'accueillis chez moi ;   185
Car la fureur des vents l'avait rejeté vers la Crète,
Au détour du Malée, alors qu'il se rendait à Troie.
Il vint mouiller à Amnisos, sous l'antre d'Ilithye,
Dans un port difficile, où le vent faillit l'emporter.
Il monta en ville aussitôt pour voir Idoménée,   190
Qu'il disait être son ami, son hôte respecté.
Mais dix ou onze fois déjà l'aurore avait brillé,
Depuis qu'il avait gagné Troie avec ses fines nefs.
Ce fut donc moi qui lui fis les honneurs de la maison
Et le comblai de soins, car j'avais de grandes réserves.   195
Pour lui et pour les compagnons qu'il avait amenés,
Je collectai dans le pays vin flamboyant, farine,
Vaches à immoler, de quoi contenter tous les cœurs.
Les divins Achéens restèrent chez moi douze jours :
Un grand coup de Borée, attisé par un dieu hostile,   200
Couchait tout sur le sol et les retenait au logis.
Mais le treizième jour, le vent tomba, et ils partirent."
     Ulysse inventait tout, mais le faisait passer pour vrai.
Pénélope écoutait, et son visage en pleurs fondait.
De même qu'au sommet des monts l'on voit fondre la neige   205
Qu'a fait descendre le Zéphyre et que chasse l'Euros ;
Et tandis qu'elle fond, le courant des fleuves grossit :
De même sous les larmes fondaient lors ses belles joues,
A pleurer son mari, pourtant assis à côté d'elle !
Les sanglots de sa femme attendrissaient le cœur d'Ulysse ;   210
Mais sans le moindre tremblement des cils, ses yeux semblaient

De la corne ou du fer : pour la ruse, il cachait ses larmes.
    Quand Pénélope eut épuisé les sanglots et les pleurs,
Elle renoua l'entretien en lui parlant ainsi :
215   "Etranger, je veux maintenant une preuve à tes dires,
Afin de savoir si vraiment tu as reçu là-bas,
Dans ta demeure, mon époux et ses chers compagnons.
Dis-moi un peu quels vêtements il avait sur le corps,
Quel il était lui-même et quels compagnons le suivaient."
220   Ulysse l'avisé lui fit alors cette réponse :
"O femme, tout cela est loin, et j'aurais bien du mal
A t'en parler, car cette année est déjà la vingtième,
Depuis qu'il est venu chez nous, puis a quitté notre île.
Je te dirai pourtant quel souvenir j'en ai gardé.
225 Ulysse avait alors un manteau double teint en pourpre
Et tout moelleux, fermé au moyen d'une agrafe d'or
A double trou ; sur le devant était brodé un chien,
Qui surveillait des yeux un faon tigré se débattant
Entre ses pattes de devant : tous étaient en extase ;
230 En or était le chien qui le voyait perdre son souffle ;
En or, le faon qui agitait ses pattes pour s'enfuir.
Je vis également sur lui une robe luisante,
Aussi fine que l'est une pelure d'oignon sec ;
Le tissu était souple et brillait comme le soleil ;
235 Les femmes faisaient cercle autour de lui pour l'admirer.
J'ajouterai ceci, et mets-toi bien la chose en tête :
J'ignore si Ulysse avait ces habits en partant,
S'il les reçut d'un compagnon embarqué avec lui
Ou si quelque hôte lui en fit présent ; car il avait
240 Beaucoup d'amis, et bien peu de personnes l'égalaient.
C'est ainsi qu'il reçut de moi un beau manteau de pourpre,
Une longue tunique et une grande épée en bronze ;

Puis je le conduisis avec respect à son vaisseau.
Un héraut le suivait, à peine plus âgé que lui.
Je peux te le décrire exactement tel qu'il était :   245
Le dos voûté, sombre de peau et la tête frisée ;
Il s'appelait Eurybatès ; Ulysse avait pour lui
Des égards sans pareil, car leurs esprits s'accordaient bien."
　　A ces mots, elle se mit à pleurer encor plus fort,
Reconnaissant les signes sûrs que lui donnait Ulysse.   250
Une fois qu'elle eut épuisé les pleurs et les sanglots,
La reine reprit la parole et lui dit en réponse :
　　"Mon hôte, jusqu'ici je t'avais plaint ; mais de ce jour
Tu trouveras dans ma maison sympathie et respect.
C'est moi qui lui avais donné les habits dont tu parles,   255
Puisés dans la réserve, avec cette agrafe brillante
En guise de joyau. Mais jamais plus cette maison
Ni moi nous ne l'accueillerons rentrant dans son pays ;
Car c'est pour son malheur qu'Ulysse, à bord de sa nef creuse,
Est allé voir cette maudite et exécrable Troie !"   260
　　Alors Ulysse l'avisé lui fit cette réponse :
"O vénérable épouse du fils de Laërte Ulysse,
Ne flétris plus ta belle peau et ne te ronge plus
Le cœur à pleurer ton époux. Je ne peux te blâmer,
Car mainte femme va pleurant l'époux de sa jeunesse,   265
A qui elle a donné des fils nés de leur union ;
Et pourtant il ne valait pas cet Ulysse divin.
Mais cesse de gémir, prête l'oreille à mes propos.
Je te parlerai franchement et sans rien te cacher.
Ulysse va rentrer ; je viens d'en avoir la nouvelle :   270
Il vit non loin d'ici, dans le bon pays des Thesprotes.
Il rapporte avec lui de nombreux et riches trésors
Glanés à travers le pays. Mais son brave équipage

Et son navire creux ont coulé dans la mer vineuse,
275   En quittant l'île du Trident : il endurait la haine
De Zeus et du Soleil, dont ils avaient tué les vaches ;
Aussi tous ont péri dans les vagues tumultueuses.
Lui resta collé à sa quille, et le flot l'entraîna
Au pays des Phéaciens, qui sont parents des dieux.
280   Ceux-ci l'ont accueilli, honoré à l'égal d'un dieu
Et comblé de mille présents ; ils voulaient le conduire
Sans encombre chez lui. Ulysse serait donc ici
Depuis longtemps ; mais il a cru qu'il valait mieux d'abord
Courir de par le monde afin d'amasser des richesses.
285   Car après tout, Ulysse est bien le plus entreprenant
Des hommes d'ici-bas, et nul n'arrive à sa cheville.
Voilà ce que m'a raconté Phidon, roi des Thesprotes.
Sur ses libations d'adieu, le roi me fit serment
Que le navire était à flot et l'équipage prêt
290   A reconduire Ulysse jusqu'en son pays natal.
Mais je fus renvoyé d'abord ; un vaisseau des Thesprotes
Se trouvait partir pour Doulichion riche en froment.
Il me montra les biens qu'Ulysse avait accumulés,
De quoi bien vivre à deux pendant dix générations,
295   Tant le palais du roi renfermait de trésors à lui.
Il m'assura qu'Ulysse s'était rendu à Dodone,
Afin d'y consulter le grand chêne divin de Zeus,
Pour savoir s'il devait, après une si longue absence,
Regagner son pays natal au grand jour ou caché.
300   Tu peux m'en croire : il est sauvé, il revient, il approche ;
Avant qu'il soit longtemps, il aura retrouvé les siens,
Dans son pays ; je suis prêt à t'en faire le serment.
Zeus le premier en soit témoin, lui le plus grand des dieux,
Et ce foyer du brave Ulysse, où je viens d'arriver.

Tu vas voir se réaliser tout ce que je te dis :   305
A la nouvelle lune, Ulysse sera de retour,
A la fin de ce mois, ou au commencement de l'autre."
     La sage Pénélope, alors, lui fit cette réponse :
"Etranger, plaise au ciel que ces propos se vérifient !
Mon amitié pour toi t'aurait vite à ce point comblé   310
Que tout homme, en te rencontrant, vanterait ton bonheur.
Mais moi j'ai dans le fond du cœur comme un pressentiment
Qu'Ulysse ne reviendra plus et que tu ne pourras
Rentrer chez toi, car il n'existe plus dans ce palais
De patrons comme Ulysse, au temps où il vivait ici,   315
Pour accueillir et escorter des hôtes de mérite.
Servantes, lavez-lui les pieds, puis préparez la couche,
Le matelas, les draps éblouissants, les couvertures,
Afin qu'il ait bien chaud jusqu'à l'aurore au trône d'or.
Demain, dès l'aube, il faudra le baigner et le frotter,   320
Afin qu'assis dans la grand-salle, auprès de Télémaque,
Il prenne plaisir au festin ; et malheur au fâcheux
Qui voudrait l'outrager ! il ne le ferait pas deux fois
Dans ce palais, quelque courroux qu'il dût en éprouver !
Car comment saurais-tu, ô étranger, que je surpasse   325
Toutes les autres femmes en raison et en prudence,
Si je te laissais manger sale et tout dépenaillé
Dans ce palais ? Nous n'avons que bien peu de jours à vivre.
Celui qui est cruel et n'agit qu'avec cruauté,
Aussi longtemps qu'il est vivant, les humains le maudissent,   330
Et tous, une fois qu'il est mort, le couvrent de sarcasmes.
Mais celui qui est pur et n'agit qu'avec pureté,
Les étrangers vont colporter au loin chez tous les hommes
La gloire de son nom, et plus d'un vante sa noblesse."
     Ulysse l'avisé lui fit alors cette réponse :   335

341

"O vénérable épouse du fils de Laërte Ulysse,
Te le dirai-je ? couvertures, draps éblouissants
Me sont devenus odieux, du jour où j'ai quitté
Les monts neigeux de Crète sur ma nef aux longues rames.
340 Je coucherai comme jadis, dans mes nuits sans sommeil ;
Car j'ai passé plus d'une nuit sur un lit misérable,
En attendant que reparût l'aurore au trône d'or.
Quant à un bain de pieds, mon cœur n'y tient pas davantage,
Et de toutes les femmes que je vois en ce palais,
345 Je ne permettrai à aucune de toucher mes pieds,
A moins de trouver une vieille, attentive et fidèle,
Dont le cœur ait connu autant de souffrances que moi ;
S'il en est une, je veux bien qu'elle touche mes pieds."
     La sage Pénélope, alors, lui fit cette réponse :
350 "Cher étranger, de tous les voyageurs, même de ceux
Qui nous vinrent de loin, nul ne fut plus sensé que toi ;
Tes discours sont vraiment remplis de justesse et de sens.
J'ai là une vieille servante, à l'esprit toujours sage,
Celle qui a nourri et élevé ce malheureux ;
355 Ses bras l'avaient reçu, quand sa mère le mit au monde.
Si faible qu'elle soit, elle te lavera les pieds.
Allons ! debout, sage Euryclée, et baigne ce vieillard ;
Il a même âge que ton maître, et je crois bien qu'Ulysse
Aurait des mains, des pieds pareils à ceux que je te vois,
360 Car le malheur a vite fait de vous vieillir un homme."
     La vieille, à ces mots, cacha son visage dans ses mains
Et s'écria plaintivement, tout en pleurant bien fort :
     "O mon enfant, je n'ai rien pu pour toi ! plus que quiconque,
Zeus devait te haïr, malgré ta grande piété.
365 Jamais mortel, pour plaire au divin lanceur de la foudre,
N'a brûlé autant de cuisseaux, d'hécatombes choisies,

342

Que tu en as offert, quand tu lui demandais d'atteindre
Une vieillesse heureuse et d'élever ton noble fils ;
Et voici qu'il te prive de tout espoir de retour !
Qui sait si des servantes ne le raillent pas aussi   370
Chez des hôtes lointains, en quelque glorieux palais,
Comme ce fut le cas ici avec toutes ces chiennes !
Et c'est pour fuir leur blâme et leurs affronts que tu refuses
Le secours de leurs mains ; mais moi, j'obéis de grand cœur
A la fille d'Icarios, la sage Pénélope.   375
Je vais donc te laver, autant pour plaire à Pénélope
Que par égard pour toi, car un grand trouble se fait jour
Au fond de moi. Ecoute bien ce que je vais te dire :
J'ai déjà vu venir ici beaucoup de malheureux,
Mais à coup sûr jamais quelqu'un dont les traits, dont la voix,   380
Dont les pieds même ressemblaient autant à ceux d'Ulysse !"

    Ulysse l'avisé lui fit alors cette réponse :
"Tous ceux qui de leurs yeux nous ont vus l'un et l'autre, ô vieille,
Affirment qu'un même air de ressemblance nous rapproche,
Comme tu viens fort à propos d'en faire la remarque."   385

    La vieille femme, alors, prit un chaudron resplendissant
Qui servait pour les bains de pieds, y versa beaucoup d'eau,
Froide d'abord, et chaude par-dessus. Quant à Ulysse,
Il se mit loin du feu et lui tourna vite le dos,
Car il avait soudain pensé qu'en lui touchant le pied,   390
Elle verrait sa cicatrice et que tout se saurait.
Elle s'en vint laver son maître et reconnut soudain
La marque faite un jour par les crocs blancs d'un sanglier,
Quand il chassait sur le Parnasse avec Autolycos,
Le noble père de sa mère, un homme passé maître   395
En vols et en parjures, qui tenait d'Hermès lui-même
Cette faveur, car il brûlait pour lui de bons cuisseaux

343

De chevreaux et d'agneaux, et le dieu guidait tous ses pas.
Autolycos s'en vint un jour au gras pays d'Ithaque,
400   Pour voir le nouveau-né que lui avait donné sa fille.
A la fin du repas, Euryclée avait mis l'enfant
Sur ses genoux ; puis, prenant la parole, elle avait dit :
    "Autolycos, à toi de trouver maintenant un nom
Pour ce fils de ta fille, dont tu avais tant rêvé."
405   En entendant ces mots, Autolycos lui répondit :
"Mon gendre, et toi, ma fille, en voici un que je propose :
Tant de personnes en chemin m'ont *ulcéré* le cœur,
(La terre n'en nourrit que trop, de ces hommes et femmes !),
Que je voudrais que l'on donne à l'enfant le nom d'*Ulysse*.
410   Dès qu'il sera devenu grand, qu'il s'en vienne au Parnasse,
Dans le grand palais de sa mère, où sont tous mes trésors ;
Je lui en donnerai de quoi s'en retourner content."
    Ulysse partit donc chercher ces présents magnifiques.
Autolycos lui-même et les enfants d'Autolycos
415   Allèrent au-devant de lui, avec des mots très doux.
Prenant Ulysse dans ses bras, sa grand-mère Amphitée
Le baisa sur le front ainsi que sur ses deux beaux yeux.
Ensuite Autolycos enjoignit à ses fils illustres
D'apprêter le repas, et l'ordre fut exécuté.
420   On amena sans plus tarder un taureau de cinq ans ;
On l'écorcha, on le para, on dépeça le tout
Et l'on fit des morceaux que l'on enfila sur les broches.
Sitôt que tout fut bien rôti, on divisa les parts ;
Puis tout au long du jour, jusques au coucher du soleil,
425   On mangea, et chacun eut part égale à ce festin.
Le soleil une fois couché et l'ombre descendue,
On s'en alla goûter au lit les présents du sommeil.
    Lorsque au petit matin parut l'aurore aux doigts de rose,

On partit pour la chasse, avec les chiens et les grands fils
D'Autolycos ; et le divin Ulysse les suivait.   430
Sous le couvert des bois, on gravit les flancs escarpés
Du Parnasse et l'on pénétra dans les gorges venteuses.
Sortant des flots paisibles et profonds de l'Océan,
Le soleil commençait à rayonner sur les campagnes.
Les chasseurs atteignirent un vallon ; au-devant d'eux   435
Les chiens couraient, flairant les traces ; derrière eux venaient
Les fils d'Autolycos, ainsi que le divin Ulysse,
Qui brandissait auprès des chiens sa lance à la grande ombre.
Là, au fond d'un hallier, gîtait un sanglier géant ;
Jamais le souffle humide des vents forts n'y pénétrait,   440
Jamais ne le frappaient les brillants rayons du soleil,
Jamais ne passait de pluie au travers, tant il était
Serré ; les feuilles le jonchaient en épaisse litière.
La bête entend un bruit de pas : c'est les chasseurs, les chiens
Qui lui viennent dessus ! Alors, fonçant hors du fourré,   445
Les poils tout hérissés et lançant des regards de feu,
Elle s'arrête non loin d'eux. Ulysse, le premier,
Brandit sa longue lance de sa main robuste et fonce
Pour l'en frapper ; la bête, plus rapide, va cogner
Au-dessus du genou et, filant de côté, arrache   450
Avec ses crocs un bout de chair, mais sans entamer l'os.
Ulysse l'atteint d'un grand coup à son épaule droite ;
La pointe de l'épieu brillant perce de part en part,
Et la bête en grognant roule par terre, inanimée.
Les fils d'Autolycos s'empressèrent autour d'Ulysse ;   455
Ils bandèrent bien fort la jambe du héros divin
Et arrêtèrent le sang noir par le moyen d'un charme ;
Puis l'on rentra en grande hâte au logis paternel.
Et quand Autolycos et les enfants d'Autolycos

460 Le virent bien guéri, ils le comblèrent de présents,
Et, heureux de sa joie, ils l'envoyèrent sans tarder
Au pays d'Ithaque, où son père et son auguste mère,
Heureux de son retour, voulurent tout savoir de lui,
L'accident et la plaie ; il leur expliqua en détail
465 Comment il reçut à la chasse un coup de blanc boutoir
En montant au Parnasse avec les fils d'Autolycos.
  Or, du plat de ses mains, la vieille femme, en le palpant,
Reconnut la blessure et laissa retomber le pied ;
La jambe heurta le chaudron, le bronze retentit ;
470 Le chaudron bascula et l'eau ruissela sur le sol.
Son cœur fut inondé de joie et de douleur ; ses yeux
Se remplirent de larmes, sa voix chaude se brisa.
Enfin, prenant Ulysse au menton, elle s'écria :
  "C'est donc bien toi, Ulysse, ô mon enfant ! Il a fallu
475 Que je palpe ce corps pour reconnaître mon seigneur !"
  A ces mots, la vieille tourna les yeux vers Pénélope
Pour lui crier que son mari était dans la maison ;
Mais la reine ne put ni voir ses yeux ni deviner,
Car Athéna détournait son esprit, tandis qu'Ulysse,
480 Saisissant d'une main sa vieille nourrice à la gorge,
L'attirait de son autre main à lui et s'écriait :
  "Nourrice, tu veux donc me perdre, ô toi qui m'as nourri
Et porté sur ton sein ? Voici qu'après vingt ans d'absence
Et après avoir tant souffert, je reviens au pays !
485 Eh bien, puisqu'en ton cœur les dieux ont mis la vérité,
Tais-toi, et que nul autre ne le sache en ce palais !
Voici ce que je dis, et c'est ce qui s'accomplira :
Si un dieu m'aide à écraser les nobles prétendants,
Toute nourrice que tu es, tu n'y couperas pas,
490 Quand je massacrerai les autres femmes du logis !"

La sage Euryclée, à ces mots, lui fit cette réponse :
"Mon fils, quel mot s'est échappé de l'enclos de tes dents ?
Tu sais bien que mon cœur est ferme et que rien ne l'ébranle.
Je tiendrai bon, comme un caillou très dur, comme du fer.
J'ajouterai ceci, et mets-toi bien la chose en tête :   495
Si un dieu t'aide à écraser les nobles prétendants,
C'est moi qui te désignerai, nom par nom, les servantes
Qui t'ont, au sein de ce palais, trahi ou respecté."
    Ulysse l'avisé lui fit alors cette réponse :
"Nourrice, à quoi bon les nommer ? ce n'est pas nécessaire.   500
Je saurai bien le voir moi-même et connaître chacune.
Garde donc mon secret pour toi, et laisse faire aux dieux."
    La vieille, à ces mots, traversa la salle pour chercher
De l'eau ; car celle d'avant s'était toute répandue.
Aussitôt qu'elle l'eut lavé et frotté d'huile fine,   505
Ulysse tira de nouveau son siège auprès du feu
Pour se chauffer, cachant sa cicatrice sous ses loques.
    La sage Pénélope, alors, renoua l'entretien :
"Mon hôte, laisse-moi encore un peu t'interroger,
Car ce sera bientôt l'heure agréable du coucher,   510
Pour qui peut oublier sa peine en glissant au sommeil.
Mais moi, le ciel ne m'a donné qu'une douleur sans bornes.
Pendant le jour, je me repais de pleurs et de sanglots,
Les yeux sur mes travaux et ceux des femmes de service ;
Mais quand la nuit revient et fait s'endormir tous les autres, 515
Je m'étends sur ma couche, et mille soucis obsédants
Viennent exaspérer mon cœur tout gonflé de sanglots.
Vois la fille de Pandareus, la chanteuse verdière,
Quand elle module un beau chant au retour du printemps ;
Toujours perchée au plus épais des bocages feuillus,   520
Elle répand sur tous les tons ses roulades pressées,

347

Pleurant sur son cher Itylos, ce fils du roi Zéthos,
Qu'un jour avec le bronze elle avait tué par méprise :
C'est ainsi que mon cœur se sent tiraillé en tous sens.
525 Dois-je rester près de mon fils pour tout sauvegarder,
Mon avoir, mes servantes, cette demeure grande et haute,
Ne songeant qu'aux droits d'un époux et au qu'en-dira-t-on ?
Ou dois-je suivre le plus noble et le plus généreux
De tous les Achéens qui me courtisent sous ce toit ?
530 Mon fils, tant qu'il était petit et sans expérience,
M'empêchait de reprendre époux et de partir d'ici ;
Mais maintenant qu'il a grandi et touche à l'âge d'homme,
Il n'a qu'un seul désir, c'est que je quitte ce palais,
Tant il en veut aux Achéens de manger tous ses biens.
535 Mais écoute plutôt ce songe, et sois-en l'interprète.
Je voyais dans ma cour vingt oisons qui mangeaient du grain
Au sortir de l'étang ; je m'attendrissais à les voir,
Lorsque, venant de la montagne, un aigle au bec crochu
Vint leur briser le col et les tua tous ; ils gisaient
540 En tas dans la maison ; l'aigle avait regagné l'azur.
Et moi je pleurais et criais, bien que ce fût en songe ;
J'avais autour de moi des Achéennes bien bouclées,
Et je me désolais qu'un aigle eût tué mes oisons.
L'oiseau revint ; il se posa sur le rebord du toit,
545 Et, prenant une voix humaine, il dit pour me calmer :
        «Rassure-toi, fille du très fameux Icarios !
Ceci, loin d'être un songe, préfigure l'avenir :
Les oisons sont les prétendants ; et moi qui, tout à l'heure,
Etais un aigle, me voici comme étant ton époux,
550 Et je vais infliger aux prétendants un sort infâme !»
A ces mots, le sommeil doux comme miel m'abandonna ;
Jetant les yeux de tous côtés, j'aperçus les oisons

348

Becquetant comme auparavant le grain dans leur mangeoire."
    Ulysse l'avisé lui fit alors cette réponse :
"O femme, il n'y a pas moyen d'interpréter ce songe   555
En lui donnant un autre sens ; car Ulysse lui-même
Te l'a prédit : les prétendants vont tout droit à leur perte,
Et nul d'entre eux n'évitera les Parques de la mort."
    La sage Pénélope, alors, lui fit cette réponse :
"Les songes, étranger, sont difficiles et obscurs,   560
Et ce n'est pas toujours qu'on les voit se réaliser.
Car les songes inconsistants nous viennent par deux portes :
L'une est faite de corne, alors que l'autre est en ivoire.
Les songes qui nous viennent par l'ivoire découpé,
Nul ne peut rien y voir, ce ne sont que propos en l'air ;   565
Quant à ceux que laisse passer la corne bien polie,
Ils vous cornent la vérité dès l'instant qu'on les voit.
Mais ce n'est pas de là qu'a dû venir mon songe étrange ;
Ce serait pour mon fils et moi une trop grande joie.
J'ajouterai ceci, et mets-toi bien la chose en tête :   570
Voici venir le jour maudit qui me verra quitter
La demeure d'Ulysse. Aussi bien je vais proposer
Le jeu des haches. Mon époux jadis en son palais
Les alignait, douze au total, comme des longerons ;
Et debout, d'assez loin, il les traversait de sa flèche.   575
Voilà l'épreuve que j'imposerai aux prétendants.
Si l'un d'eux parvient sans effort à nous tendre cet arc
Et à les traverser toutes les douze d'un seul trait,
J'accepte de le suivre et d'abandonner la maison
De mon premier époux, ce palais si beau et si riche,   580
Que je crois bien ne jamais oublier, fût-ce en mes rêves !"
    Ulysse l'avisé lui fit alors cette réponse :
"O vénérable épouse du fils de Laërte Ulysse,

Ne tarde pas à ouvrir ce concours dans ta demeure,
585　Car tu verras entrer ici Ulysse l'avisé
Avant que tous ces gens, prenant l'arc poli dans leurs mains,
Aient pu tendre la corde et traverser d'un trait le fer !"
　　　La sage Pénélope, alors, lui fit cette réponse :
"Si tu voulais rester encore ici à me charmer,
590　Cher hôte, le sommeil ne s'abattrait pas sur mes yeux.
Mais on ne peut vivre toujours sans prendre de sommeil,
Car les dieux immortels ont assigné une limite
A chacun des humains vivant sur cette terre aux blés.
Eh bien, pour moi il va falloir que, regagnant l'étage,
595　J'aille m'étendre sur ce lit qu'emplissent mes sanglots
Et que mes larmes trempent chaque jour, depuis qu'Ulysse
Est allé voir cette maudite et exécrable Troie !
C'est là que j'irai me coucher ; toi, étends-toi ici ;
Fais-toi par terre un lit, ou alors qu'on te dresse un cadre."
600　　　A ces mots, elle regagna son étage brillant ;
Elle n'était pas seule, deux servantes la suivaient.
Et dès qu'elle eut rejoint l'étage avec ses deux servantes,
Elle y pleura Ulysse, son époux, jusqu'au moment
Où Athéna versa un doux sommeil sur ses paupières.

CHANT XX

Ulysse le divin fit son lit dans le vestibule ;
Sur la peau encor fraîche d'un grand bœuf il entassa
Plusieurs tissus de ces brebis qu'on immolait en nombre ;
Sitôt couché, Eurynomé le couvrit d'une cape.
C'est là qu'Ulysse, méditant la mort des prétendants,   5
Reposa sans dormir ; de la salle il vit s'échapper
Les femmes qui partaient coucher avec les prétendants,
S'excitant mutuellement au plaisir et aux rires.
Le cœur d'Ulysse alors bondit au fond de sa poitrine,
Et il se demanda, perplexe, en son âme et son cœur,   10
S'il allait s'élancer et les tuer l'une après l'autre,
Ou s'il les laisserait coucher une dernière fois
Avec les prétendants hautains. Tout son cœur aboyait.
Comme une chienne, protégeant ses petits encor faibles,
Aboie aux inconnus et brûle de les attaquer :   15
Ainsi son cœur aboyait-il, indigné de ces crimes.
Mais frappant sa poitrine, il le gourmanda de la sorte :
    "Patience, mon cœur ! tu as souffert pire tourment,
Le jour où le Cyclope en sa fureur a dévoré
Tes braves compagnons : tu te retins, tant qu'à la fin   20
Ma ruse me tira de l'antre où je pensais mourir."
    C'est ainsi qu'il tançait son cœur au fond de sa poitrine.
Son âme, comme à l'ancre, résistait obstinément ;
Mais lui ne cessait de se retourner dans tous les sens.
Tel un homme qui, sur un feu ardent, tourne et retourne   25

351

Un ventre d'animal rempli de graisses et de sang,
Car il n'a qu'un désir, c'est de le voir grillé bien vite :
De même Ulysse se tournait, se retournait, songeant
Aux moyens d'attaquer à lui seul tous ces prétendants
30 Ehontés. Mais voici que, descendant du haut du ciel,
Athéna s'approcha de lui, sous les traits d'une femme.
Elle se tint à son chevet et lui dit ces paroles :
     "Pourquoi ne dors-tu point, ô le plus malheureux des hommes ?
N'es-tu pas là chez toi ? n'as-tu pas retrouvé ta femme
35 Et ce fils dont chacun souhaiterait d'être le père ?"
     Ulysse l'avisé lui fit alors cette réponse :
"Tout ce que tu dis là, déesse, est parfaitement vrai.
Mais au fond de mon cœur j'en suis encore à réfléchir
Aux moyens d'attaquer à moi seul tous ces prétendants
40 Ehontés, qui se pressent si nombreux dans mon palais.
Je réfléchis encore à quelque chose de plus grave :
Si jamais je les tue, aidé de Zeus et de toi-même,
Où me réfugier ? je te conseille d'y penser."
     Et Athéna, la déesse aux yeux pers, lui répondit :
45 "Malheureux ! l'homme s'en remet à plus faible que lui,
A de simples mortels dont la prudence est bien bornée.
Je suis déesse, moi, et quelque épreuve qui t'atteigne,
Je veillerai toujours sur toi. Je vais te parler net :
Cinquante bataillons formés de ces pauvres mortels
50 Auraient beau nous cerner et fondre en armes sur nous deux,
Tu leur prendrais encor leurs bœufs et leurs grasses brebis.
Allons ! cède au sommeil ! Il est dur de veiller ainsi
Toute la nuit ; tu vas toucher au terme de tes peines."
     A ces mots, elle lui versa le sommeil sur les yeux ;
55 Après quoi l'auguste déesse regagna l'Olympe.
Tandis qu'il glissait au sommeil qui relâche les membres

Et détend les soucis, sa noble épouse s'éveilla
Et se mit à pleurer, assise sur sa couche tendre.
Une fois que son cœur se fut rassasié de larmes,
Cette toute divine implora d'abord Artémis :   60
    "Fille auguste de Zeus, ô sainte déesse Artémis,
Décoche un trait en ma poitrine et ôte-moi la vie
Sans plus tarder, ou bien alors qu'un tourbillon m'enlève
Et m'emporte au plus vite à travers les routes de l'air,
Pour me jeter aux bords lointains où l'Océan reflue !   65
C'est ce qui arriva aux filles de Pandaréos.
Les dieux ayant fait périr leurs parents, elles restaient
Seules dans leur palais, et Aphrodite leur servait
Le fromage et le miel suave, ainsi que le vin doux.
Plus qu'à toute autre femme, Héra leur donna en présent   70
La grâce et la raison, la chaste Artémis la grandeur,
Et Athéna leur enseigna l'adresse aux beaux ouvrages.
Mais Aphrodite étant montée au sommet de l'Olympe
Demander pour toutes les deux un hymen florissant
A Zeus le grand Tonneur (car il connaît toutes les choses,   75
Le sort heureux ou malheureux réservé aux mortels),
Ces pauvres filles furent les victimes des Harpyes,
Qui les donnèrent à garder aux tristes Erinyes.
Ainsi puissent m'anéantir les maîtres de l'Olympe,
Ou Artémis aux belles boucles me frapper, afin   80
Que je revoie Ulysse en touchant l'infernale rive,
Plutôt que de combler les vœux d'un moins noble héros !
Encore existe-t-il aux maux quelque adoucissement,
Quand, pleurant tout le jour, le cœur brisé par le chagrin,
On a du moins les nuits, où, venant vous fermer les yeux,   85
Le sommeil vous fait oublier le bon et le mauvais.
Alors que moi, le ciel m'accable encor de mauvais songes.

Cette nuit même, il dormait près de moi, avec les traits
Qu'il avait quand il partit pour l'armée : ah ! que mon cœur
90   Etait ravi ! je me disais : c'est lui, et non un rêve !"
          A ces mots, l'on vit se lever l'aurore au trône d'or.
Le divin Ulysse entendit sa femme qui pleurait ;
Alors il se prit à songer et il s'imagina
Que, l'ayant reconnu, elle se tenait près de lui.
95   Rassemblant le manteau et toutes les peaux de sa couche,
Il alla les poser sur l'un des fauteuils de la salle,
Sortit la peau de bœuf et pria Zeus, les mains levées :
          "Zeus Père, si c'est vous qui, sur le sec et sur l'humide,
M'avez conduit jusqu'en ce lieu au prix de tant d'épreuves,
100   Que quelqu'un là-dedans prononce en s'éveillant un mot
Pour moi, et qu'au-dehors un signe de toi m'apparaisse !"
          Il dit, et le très sage Zeus accueillit sa prière.
Du haut du radieux Olympe entouré de ses nues
Il tonna aussitôt, pour le plus grand plaisir d'Ulysse.
105   Le mot lui vint d'une servante qui broyait le grain
Près du logis où le seigneur du lieu avait ses meules.
Douze femmes en tout se démenaient dans son moulin,
Préparant l'orge et le froment, cette moelle de l'homme.
Tandis que les autres dormaient, ayant broyé leur grain,
110   Celle-là seule travaillait encore, étant plus faible.
Elle arrêta sa meule et dit, présage pour son maître :
          "Zeus Père, ô toi qui règnes sur les hommes et les dieux,
Tu viens de tonner un grand coup dans le ciel étoilé ;
Nul nuage pourtant ; c'est un présage pour quelqu'un !
115   Exauce donc aussi le souhait d'une pauvre femme :
Fais que ce jour soit vraiment le dernier pour tous ces gens
Qui viennent festoyer ici, dans la maison d'Ulysse,
Eux qui m'ont brisé les genoux d'une atroce fatigue,

354

A broyer tant de grains ; que ce soit leur dernier repas !"
    Elle dit, et Ulysse fut heureux de ce souhait   120
Et du signe de Zeus, sachant qu'il tenait sa vengeance.
    Les autres femmes cependant affluaient de partout
Dans la grand-salle et ranimaient le feu infatigable.
Télémaque, homme égal aux dieux, se leva de sa couche
Et s'habilla. Il mit son glaive aigu à son épaule ;   125
A ses pieds reluisants il fixa de belles sandales
Et prit enfin sa forte lance à la pointe de bronze.
S'arrêtant sur le seuil, il interpella Euryclée :
    "Nourrice, avez-vous servi à notre hôte en ma demeure
Le pain et le coucher, ou l'avez-vous laissé sans soins ?   130
C'est que, toute sage qu'elle est, ma mère est ainsi faite :
Dans sa faiblesse, elle a parfois pour le dernier des hommes
Des égards qu'elle refuse au meilleur, qu'elle renvoie."
    La sage Euryclée, à ces mots, lui fit cette réponse :
"Aujourd'hui, mon enfant, tu la condamnes sans raison.   135
L'hôte est resté à boire autant de vin qu'il a voulu,
Mais il a refusé le pain qui lui était offert.
Puis, quand le moment est venu du lit et du sommeil,
Elle a dit aux servantes d'aller lui dresser un cadre ;
Mais il est tellement infortuné et misérable   140
Que pour dormir il n'a voulu ni lit ni couvertures,
Rien qu'une fraîche peau de bœuf et des peaux de moutons,
Là, dans l'entrée, et nous l'avons recouvert d'une cape."
    A ces mots, Télémaque sortit de la grande salle
Avec sa lance ; deux agiles chiens suivaient ses pas.   145
Il rejoignit à l'agora les Achéens guêtrés,
Tandis que la divine Eurycléia, la fille d'Ops,
Issu de Pisénor, donnait ses ordres aux servantes :
    "Allons ! vite, au travail ! Vous, arrosez et balayez

150 La maison, puis mettez sur les fauteuils bien ouvragés
Des étoffes de pourpre ; vous, frottez toutes les tables
En y passant l'éponge, et nettoyez bien les cratères
Et, dans leur double fond, les coupes en métal ; vous autres,
Allez chercher de l'eau à la fontaine et rentrez vite.
155 Nos prétendants ne vont pas tarder à venir ici ;
Ils seront là de bon matin, car c'est fête pour tous."
    Ainsi dit-elle, et, à sa voix, les femmes d'obéir.
Pendant que vingt allaient puiser à la source d'eau noire,
Les autres s'affairaient avec ardeur dans le logis.
160   Alors entrèrent les fiers serviteurs ; sans plus tarder,
Ils fendirent soigneusement le bois ; et les servantes
Revinrent de la source. Ensuite arriva le porcher,
Poussant trois porcs bien gras, les plus beaux de tout son troupeau.
Il laissa pâturer les bêtes dans la belle enceinte,
165 Puis il interpella Ulysse et lui dit ces mots doux :
    "Les Achéens ont-ils pour toi plus de respect, mon hôte,
Ou te méprisent-ils autant qu'avant par la demeure ?"
    Ulysse l'avisé lui fit alors cette réponse :
"Porcher, puissent les dieux punir enfin leur insolence
170 Et tous les desseins criminels qu'on les voit ruminer
Dans la maison d'autrui, sans même une ombre de pudeur !"
    Pendant qu'ils échangeaient entre eux de semblables propos,
Voici que survint Mélantheus, le maître chevrier,
Avec les chèvres les plus belles de tous ses troupeaux,
175 Pour le dîner des prétendants ; deux pâtres le suivaient.
Sous le porche sonore il s'en fut attacher ses bêtes ;
Puis, s'approchant d'Ulysse, il lui adressa ces injures :
    "Etranger, tu n'as pas fini de nous casser les pieds
En venant mendier ici ? Quand prendras-tu la porte ?
180 Décidément, je crois que nous ne pourrons être quittes

356

Sans en venir aux mains, car tu dépasses la mesure !
Va mendier ailleurs ! il n'y a pas qu'ici qu'on mange !"
  Ulysse l'avisé, à ces mots, resta sans répondre,
Muet, branlant du chef et tout entier à sa vengeance.
  En troisième survint Philœtios, le bouvier chef, 185
Qui menait aux seigneurs une génisse et quelques chèvres.
Il était arrivé avec le bac qui fait passer
Tous ceux qui ont recours à lui pour gagner l'autre rive.
Sous le porche sonore, il s'en fut attacher ses bêtes,
Puis s'approcha d'Eumée et l'interrogea en ces termes : 190
  "Qui est, porcher, cet étranger fraîchement débarqué
Ici, dans ce palais ? De qui dit-il être le fils ?
Où a-t-il sa famille et quel est son pays natal ?
L'infortuné ! il a tout l'air d'un seigneur et d'un roi.
Mais les dieux accablent de maux ceux qui roulent le monde, 195
Et, même s'ils sont rois, leur filent des calamités."
  Lors, s'approchant d'Ulysse, il le salua de la main ;
Après quoi il lui adressa ces paroles ailées :
  "Salut, noble étranger ! Que la fortune puisse un jour
Te revenir ! car pour l'instant tu souffres bien des maux. 200
Ah ! Zeus Père, il n'est point de dieu plus terrible que toi !
Loin d'avoir pitié des humains, que pourtant tu fais naître,
Tu les plonges dans le malheur et les pires souffrances.
J'ai sué, à ta vue, et mes yeux ont versé des pleurs,
Au souvenir d'Ulysse, car je crains que lui aussi 205
Ne coure par le monde avec de semblables haillons,
S'il est toujours vivant et voit la clarté du soleil.
Mais si la mort l'a déjà fait descendre chez Hadès,
Que je vais regretter ce brave Ulysse, qui me fit,
Encore enfant, garder les bœufs des Céphalléniens ! 210
Pour l'heure, on ne les compte plus, et jamais on n'a vu

357

Proliférer pareillement ses bœufs au large front.
Mais ce sont d'autres qui m'ordonnent de les amener
Pour leurs repas, sans respecter le fils de la maison
215 Ni craindre le courroux des dieux, car ils ne songent plus
Qu'à partager entre eux les biens du maître disparu.
Aussi mon cœur roule souvent, au fond de ma poitrine,
Le projet que voici : son fils vivant, ce serait mal
D'aller dans un autre pays en emmenant mes bœufs
220 Chez un peuple étranger ; mais qu'il est plus dur de rester
A souffrir mille maux tout en gardant les bœufs d'autrui !
Depuis longtemps déjà je me serais réfugié
Chez un autre grand roi, car ici ce n'est plus tenable !
Mais je me dis toujours : si ce malheureux revenait,
225 S'il allait balayer d'ici les seigneurs prétendants ?"
    Ulysse l'avisé lui fit alors cette réponse :
"Bouvier, tu n'as pas l'air d'un sot, non plus que d'un vilain,
Et je vois bien que la sagesse habite au fond de toi.
Ecoute donc et crois-en le grand serment que voici :
230 Par Zeus, premier des dieux, par cette table hospitalière
Et ce foyer du brave Ulysse, où je viens d'arriver,
Ulysse reviendra ici avant que tu ne partes ;
Tu verras de tes propres yeux, si tu en as envie,
La mort des prétendants qui font la loi dans ce palais !"
235   A ces mots, le bouvier prit la parole et répondit :
"Etranger, puisse Zeus réaliser ce que tu dis !
Lors tu verrais quelle est ma force et ce que vaut mon bras."
    De la même façon, Eumée implorait tous les dieux,
Pour le retour du sage Ulysse au sein de sa maison.
240   Pendant qu'ils échangeaient entre eux de semblables propos,
Les prétendants manigançaient la mort de Télémaque.
Mais voici qu'à leur gauche ils aperçurent un oiseau,

Un aigle de haut vol tenant une pauvre colombe.
Alors Amphinomos prit la parole et s'écria :
   "Amis, notre projet visant à tuer Télémaque   245
Ne réussira pas ; songeons plutôt à bien manger !"
   Ainsi parla Amphinomos, et ce discours leur plut.
Aussitôt revenus au palais du divin Ulysse,
Ils mirent leurs habits sur les sièges et les fauteuils.
Alors on immola de grands béliers, des chèvres grasses,   250
Des porcs de belle taille et une vache du troupeau.
On partagea les viscères grillés, on mélangea
Le vin dans le cratère, et le porcher tendit les coupes.
Philœtios, le bouvier chef, distribua le pain
Dans de beaux corbillons, et Mélantheus versa à boire,   255
Cependant qu'ils tendaient les mains vers les plats présentés.
   Télémaque, à dessein, avait fait installer Ulysse
Dans la grand-salle aux murs bien droits, auprès du seuil de pierre,
En lui donnant un pauvre siège et une table basse.
Il lui offrit sa part d'abats et lui versa du vin   260
Dans une coupe d'or, tout en lui adressant ces mots :
   "Assieds-toi maintenant ici pour boire avec ces hommes.
C'est moi qui te protégerai des coups et des insultes
De tous les prétendants, car ce n'est pas ici un lieu
Public, mais la maison d'Ulysse, et j'en suis l'héritier.   265
Quant à vous, prétendants, modérez-vous ; point de menaces
Et point de coups, sinon c'est la querelle et la mêlée !"
   A ces mots, tous les prétendants se mordirent les lèvres,
Surpris que Télémaque eût osé leur parler si fort.
Alors Antinoos, fils d'Eupithès, lui répondit :   270
   "Amis, laissons passer le mot, si pénible qu'il soit.
Vous avez entendu comme ce jeune nous menace.
Zeus s'y oppose, hélas ! sinon nous lui aurions déjà

Cloué le bec, ici, à ce grand crieur d'agora !"
275   Ainsi parla Antinoos, sans que l'autre en fît cas.
Cependant les hérauts menaient une hécatombe sainte
A travers la cité ; les Achéens aux longs cheveux
Se massaient sous le bois ombreux de l'archer Apollon.
     On retira du feu les gros quartiers qui rôtissaient ;
280   On y trancha des parts et l'on fit un festin superbe.
Ceux qui servaient offrirent à Ulysse de la viande,
Une part égale à la leur, ainsi que Télémaque,
Ce fils du généreux Ulysse, en avait décidé.
     Mais Athéna ne laissa point les prétendants superbes
285   Suspendre leurs affronts, voulant que le fils de Laërte,
Ulysse, en eût le cœur encor plus rongé de dépit.
Il y avait parmi les prétendants un homme inique ;
Il portait le nom de Ctésippe et habitait Samé.
Cet homme, qui comptait sur les richesses de son père,
290   Briguait la main de Pénélope, en l'absence d'Ulysse.
Devant les prétendants altiers il leur tint ce langage :
     "Ecoutez-moi, fiers prétendants ! j'ai deux mots à vous dire.
L'étranger a depuis longtemps reçu, comme il convient,
Sa légitime part ; il ne serait ni beau ni juste
295   De manquer d'égards envers ceux que l'on accueille ici.
Mais moi aussi je veux lui faire un don, pour qu'à son tour
Il le remette ou au garçon de bain ou à tel autre
Parmi les serviteurs attachés au palais d'Ulysse."
     Et de sa main puissante il lui lança un pied de bœuf
300   Tiré d'une corbeille ; mais Ulysse l'évita
En inclinant un peu la tête et cacha sa colère
Sous un rire forcé ; le pied heurta le mur solide.
Télémaque aussitôt gourmanda Ctésippe en ces termes :
     "Ctésippe, en vérité, tu peux tenir pour une chance

D'avoir manqué notre hôte, et qu'il ait esquivé le coup !   305
Car je t'aurais mis en plein corps cette pique acérée,
Et au lieu d'un hymen, ton père eût apprêté ici
Tes funérailles ! Je ne veux plus de pareils éclats
Dans mon palais. Je suis d'âge à tout voir et tout comprendre,
Le bien comme le mal ; avant, je n'étais qu'un enfant.   310
Et pourtant quel spectacle il me faut endurer ici :
Mes moutons égorgés, mon pain et mon vin gaspillés,
Sans que je puisse, à moi tout seul, lutter contre le nombre !
Allons ! déposez votre haine et cessez de me nuire ;
Ou bien, si vous rêvez de me tuer d'un coup de glaive,   315
Ce sera tout profit pour moi, car j'aime mieux mourir
Que d'avoir toujours sous les yeux ces ignobles forfaits :
Etrangers qu'on insulte et frappe, femmes de service
Dont on abuse lâchement dans ma belle demeure.''
    A ces mots, ils restèrent tous silencieux et cois.   320
Enfin Agélaos, le fils de Damastor, reprit :
    "Amis, gardez-vous bien, quand on vous dit des choses justes,
De vous mettre en colère et de répondre vertement.
Ne rudoyez pas l'hôte ici présent, non plus qu'aucun
Parmi les serviteurs attachés au palais d'Ulysse.   325
Mais je veux dire à Télémaque et à sa mère un mot
D'apaisement ; peut-être daigneront-ils l'écouter.
Aussi longtemps que votre cœur avait le ferme espoir
Qu'Ulysse l'avisé retournerait dans sa demeure,
Nul ne pouvait vous reprocher d'attendre et de garder   330
Les prétendants sous votre toit ; c'était le bon parti :
Ulysse pouvait revenir, reparaître au logis.
Mais maintenant qu'il est certain qu'il ne reviendra plus,
Va t'asseoir auprès de ta mère et fais-lui bien comprendre
Qu'elle doit épouser le plus noble et le plus offrant.   335

361

Dès lors, mangeant, buvant, tu jouiras paisiblement
De tous tes biens, et elle vivra sous un autre toit."

    Le sage Télémaque, alors, lui fit cette réponse :
"Agélaos, par Zeus et par les souffrances d'un père
340 Qui sans doute fort loin d'ici est mort ou vit errant,
Loin de retarder cet hymen, j'encourage ma mère
A suivre qui lui plaît, quitte à lui faire mille dons.
Mais j'aurais honte à la chasser d'ici contre son gré
Par de rudes propos ; le ciel me garde d'un tel acte !"

345   Il dit. Lors Pallas Athéna, égarant leur esprit,
Souleva chez les prétendants un rire inextinguible.
Ils riaient, mais c'était d'un rire étrange et convulsif ;
Les viandes qu'ils mangeaient se mettaient à saigner ; leurs yeux
Se remplissaient de pleurs, et ils ne pensaient qu'à gémir.
350 Alors Théoclymène au visage de dieu leur dit :

    "Ah ! pauvres gens ! quel mal vous a frappés ! Je vois la nuit
Envelopper vos têtes, vos visages, vos genoux ;
Sous vos sanglots ardents, des larmes tombent de vos joues ;
Le sang ruisselle sur les murs et les riches panneaux ;
355 La cour, le vestibule se remplissent de fantômes
Qui cherchent les ténèbres de l'Erèbe ; le soleil
A disparu du ciel, une ombre affreuse envahit tout !"

    En l'entendant ainsi parler, ils pouffèrent de rire.
Le fils de Polybe, Eurymaque, à la fin répondit :
360   "Cet hôte est insensé, qui nous arrive on ne sait d'où !
Jeunes gens, faites-le sortir d'ici sans plus attendre
Et menez-le à l'agora voir s'il fait nuit ici !"

    Alors Théoclymène égal aux dieux lui répliqua :
"Eurymaque, crois-moi, je n'ai que faire de tes guides ;
365 J'ai toujours mes deux yeux, mes deux oreilles, mes deux pieds ;
Ma tête est bien solide et mon esprit fonctionne bien.

C'est grâce à eux que je m'en vais, car je vois le malheur
Qui s'approche de vous, et nul ne pourra s'y soustraire
Parmi vous autres, prétendants, qui maltraitez les gens
Et venez tramer vos forfaits chez le divin Ulysse !"   370

　　A ces mots, le devin, sortant de la riche demeure,
S'en fut chez Piraeos, qui l'accueillit à bras ouverts.
Pendant ce temps, les prétendants, se regardant l'un l'autre,
Taquinaient Télémaque en riant de ces étrangers.
L'un de ces jeunes fats l'apostropha en lui disant :   375

　　"Télémaque, on n'est pas plus malchanceux que toi en hôtes !
Regarde celui-là : un vagabond, un mendigot
Qui réclame du pain, du vin, mais rechigne au travail
Et manque vraiment de vigueur, un poids mort sur la terre !
Et cet autre, qui s'est levé pour faire le prophète !   380
Si tu m'en crois, tel est de loin le parti le meilleur :
Jetons ces étrangers dans un vaisseau de haute mer,
Et qu'on les envoie en Sicile : on en aura bon prix !"

　　Ainsi parlaient les prétendants ; mais loin d'en faire cas,
Il regardait son père sans rien dire et attendait   385
L'heure où il porterait ses mains sur ces hommes sans honte.

　　Or la fille d'Icarios, la sage Pénélope,
Assise juste en face d'eux sur un siège superbe,
Ecoutait les propos qu'ils tenaient tous dans la grand-salle.
Car ils avaient préparé dans la joie un plantureux   390
Et succulent repas et immolé mainte victime.
Mais pour eux nul souper ne serait aussi peu charmant
Que celui que leur serviraient bientôt une déesse
Et un héros, car tout le mal était venu des autres.

CHANT XXI

Lors Athéna, la déesse aux yeux pers, donna l'idée
A la fille d'Icarios, la sage Pénélope,
De placer pour les prétendants, dans le palais d'Ulysse,
L'arc et le fer luisant, qui allaient leur être fatals.
Elle descendit l'escalier de la haute demeure,   5
Prit dans sa forte main une clef finement courbée,
Belle et tout en airain, dont la poignée était d'ivoire,
Et se rendit avec ses chambrières jusqu'au fond
De la réserve, où se trouvaient les trésors du seigneur,
Objets en or, en bronze, en fer richement travaillé.   10
Là se trouvaient aussi son arc réflexe et son carquois,
Rempli de mille traits qui allaient causer bien des pleurs,
Cadeau reçu d'un étranger croisé en Laconie,
Iphite, le fils d'Eurytos, semblable aux Immortels.
Ils s'étaient rencontrés tous deux jadis en Messénie,   15
Dans la maison du sage Orsilochos : c'est là qu'Ulysse
Vint réclamer la dette que le peuple lui devait ;
Car des hommes de Messénie avaient sorti d'Ithaque,
Sur de vastes vaisseaux, trois cents moutons et leurs bergers.
Son père et les anciens en firent leur ambassadeur,   20
Et c'est tout jeune encor qu'il accomplit ce long voyage.
Or Iphite cherchait ses douze cavales perdues,
Gardant sous elles leurs mulets endurants et dociles.
Mais ces bêtes devaient plus tard le conduire à sa perte,
Le jour qu'il entra chez le fils de Zeus, chez Héraclès,   25

Ce mortel au cœur intrépide, auteur de grands exploits.
C'est alors qu'il le régalait chez lui qu'il le tua,
Sans craindre le courroux des dieux, sans respecter la table
Où il le recevait : c'est là que ce fou l'égorgea,

30 Retenant sous son toit ses juments aux sabots massifs.
En route il rencontra Ulysse, auquel il donna l'arc
Que le grand Eurytos portait jadis et qu'il laissa
A son enfant, quand il mourut dans sa haute demeure.
Ulysse lui fit don d'un glaive à pointe et d'une lance,

35 Gages d'une tendre amitié ; mais ils ne devaient pas
Se recevoir chez eux, le fils de Zeus ayant tué
Iphite, le fils d'Eurytos, semblable aux Immortels,
Qui lui avait donné cet arc. Mais le divin Ulysse
Ne l'emportait jamais quand il se rendait à la guerre

40 Sur ses sombres vaisseaux : en souvenir de son cher hôte,
Il le gardait chez lui et ne s'en servait qu'à Ithaque.
    Quand la divine Pénélope atteignit le trésor
Et arriva au seuil en bois de chêne qu'avec art
Un charpentier avait poli et dressé au cordeau,

45 Y adaptant les deux montants et les portes brillantes,
Elle ôta vite la courroie attachée au corbeau,
Introduisit la clef et, poussant bien droit devant elle,
Leva le verrou de la porte ; alors, tel que mugit
Un taureau paissant dans les prés, les deux battants mugirent

50 Sous le choc de la clef et s'ouvrirent bientôt tout grands.
Elle monta sur une haute estrade, où se trouvaient
Placés les coffres renfermant les habits parfumés.
Tendant la main, elle décrocha l'arc de sa cheville,
Avec l'étui brillant dont il était enveloppé.

55 Alors elle s'assit, et, le posant sur ses genoux,
Elle prit l'arc de son seigneur et poussa de grands cris.

Puis, quand son cœur se fut repu de pleurs et de sanglots,
Elle rejoignit la grand-salle et les fiers prétendants,
Tenant entre ses mains cet arc réflexe et son carquois,
Rempli de mille traits qui allaient causer bien des pleurs.   60
Des femmes la suivaient, portant la caisse où l'on gardait
Tout le bronze et le fer qui servaient aux jeux du seigneur.
En approchant des prétendants, cette femme divine
S'arrêta contre le montant de l'épaisse embrasure
Et ramena ses voiles éclatants sur ses deux joues.   65
A côté d'elle se tenaient deux servantes fidèles.
Alors elle prit la parole et dit aux prétendants :
     "Ecoutez-moi, superbes prétendants, qui ne cessez
De vous ruer ici pour y boire et manger les vivres
D'un homme parti depuis si longtemps ! Puisque aussi bien   70
Vous n'avez pu imaginer d'autre excuse à vos actes
Que le désir de m'épouser et de m'avoir pour femme,
Prenez courage, prétendants, car voici votre épreuve !
Je mets là devant vous le grand arc du divin Ulysse.
Celui qui de ses mains saura le tendre sans effort   75
Et qui traversera les douze haches d'un seul trait,
J'accepte de le suivre et d'abandonner la maison
De mon premier époux, ce palais si beau et si riche,
Que je crois bien ne jamais oublier, fût-ce en mes rêves !"
     A ces mots, Pénélope chargea le divin porcher   80
D'aller remettre aux prétendants l'arc et les fers polis.
Eumée, en pleurant, s'en fut donc les prendre et les offrir ;
Et le bouvier pleura aussi, quand il vit l'arc du maître.
Alors Antinoos prit la parole et s'écria :
     "Stupides campagnards, qui ne songez qu'au jour présent !   85
Ah ! malheureux ! pourquoi pleurer et troubler en son sein
Le cœur de cette femme ? est-elle point assez plongée

Dans les tourments, depuis qu'elle a perdu son cher époux ?
Taisez-vous, tous les deux, si vous voulez de notre table !
90   Sinon, allez pleurer dehors, et laissez-nous cet arc.
L'épreuve n'est pas sans danger, car j'ai l'impression
Qu'il sera malaisé de tendre cet arc bien poli.
Non, ce n'est certes pas ici, parmi tous ces convives,
Qu'Ulysse a son rival ; je l'ai vu de mes propres yeux
95   Et m'en souviens toujours ; pourtant j'étais très jeune encore."
   Tel il parla, espérant bien dans le fond de son cœur
Qu'il pourrait tendre l'arc et traverser les fers d'un coup.
Mais c'est lui qui devait tout le premier goûter des traits
Lancés par Ulysse au grand cœur, qu'il venait d'insulter
100 Dans son palais en excitant les autres contre lui.
   Le noble et puissant Télémaque intervint pour leur dire :
"Eh quoi ? faut-il que Zeus, fils de Cronos, m'ait égaré !
Ma mère, dont je connais la sagesse, me prévient
Qu'elle va suivre un autre époux et quitter ce palais,
105 Et moi je ris et je m'en divertis d'un cœur léger !
Mais allons ! prétendants, l'enjeu se trouve sous vos yeux.
Est-il une femme pareille en toute l'Achaïe,
Dans la sainte Pylos, ou dans Argos, ou dans Mycènes,
Ou même en notre Ithaque et sur le sombre continent ?
110 Mais vous le savez bien ; à quoi bon vous vanter ma mère ?
Allons ! qu'aucun prétexte ne prolonge les délais ;
Tendez-moi cet arc au plus tôt, que nous voyions un peu !
Du reste, moi aussi je veux essayer de le tendre.
Si j'y parviens et si d'un trait je traverse les fers,
115 Ma digne mère ne quittera pas ces lieux en larmes,
Pour suivre un autre époux, et trouvera en moi un homme
De taille à égaler mon père en ses plus beaux concours !"
   Il dit, et, se débarrassant de son manteau de pourpre,

Il se leva d'un bond, puis ôta son glaive pointu.
Il dressa les haches d'abord ; après avoir creusé   120
Un long fossé, il les aligna toutes au cordeau
Et ôta la terre alentour ; chacun fut stupéfait
Qu'il les rangeât si bien, sans jamais avoir vu ce jeu.
Puis, montant sur le seuil, il essaya de tendre l'arc.
Trois fois il l'ébranla, tout au désir de le bander,   125
Trois fois il dut lâcher, et pourtant il espérait bien
Qu'il pourrait tendre l'arc et traverser les fers d'un coup.
Au quatrième effort, peut-être l'aurait-il tendu ;
Mais Ulysse lui fit un signe et contint son désir.

    Alors le noble et puissant Télémaque s'écria :   130
"Hélas ! serai-je donc toujours un lâche et un malingre ?
Ou bien suis-je trop jeune encor pour compter sur mon bras
Et mettre à la raison celui qui voudrait m'outrager ?
Mais allons ! puisque vous avez plus de vigueur que moi,
Faites donc l'essai de cet arc, et poursuivons l'épreuve."   135

    A ces mots, Télémaque alla poser l'arc sur le sol,
En l'appuyant contre les panneaux bien joints et polis,
Coucha le trait rapide sur le bel anneau de l'arc
Et se rassit dans le fauteuil qu'il venait de quitter.

    Alors Antinoos, fils d'Eupithès, prit la parole :   140
"Venez tous à la file, amis, de la gauche à la droite,
En commençant par le côté d'où part un échanson."

    Ainsi parla Antinoos, et chacun d'approuver.
En premier lieu se leva Liodès, le fils d'Œnops.
C'était leur haruspice ; il se tenait toujours au fond,   145
Tout près du beau cratère, étant le seul qui eût horreur
De leurs impiétés et blâmât leur comportement.
Ce fut donc lui qui le premier prit l'arc et le trait prompt.
Il monta sur le seuil et essaya de tendre l'arc,

150 Mais sans y parvenir, car ses mains tendres et novices
Faiblirent sous l'effort, si bien qu'il dit aux prétendants :
        "Amis, je ne le tendrai pas ; qu'un autre s'en empare !
Plus d'un seigneur va perdre ici et son souffle et sa vie
A vouloir essayer cet arc, car il vaut cent fois mieux
155 Mourir que vivre sans jamais pouvoir atteindre au but
Qui sans fin nous ramène ici et nous tient en haleine.
Pour l'heure, il n'en est point qui ne souhaite et qui ne brûle
D'être l'époux de Pénélope, la femme d'Ulysse.
Eh bien, qu'ils tâtent de cet arc, qu'ils le voient seulement,
160 Et c'est à quelque autre Achéenne richement vêtue
Qu'ils feront leur cour et leurs dons ; et quant à Pénélope,
Elle prendra le plus offrant ou l'élu du destin."
        A ces mots, Liodès alla poser l'arc sur le sol,
En l'appuyant contre les panneaux bien joints et polis,
165 Coucha le trait rapide sur le bel anneau de l'arc
Et se rassit dans le fauteuil qu'il venait de quitter.
        Alors Antinoos le prit à partie et lui dit :
"Ah ! Liodès, quel mot a franchi l'enclos de tes dents !
Est-il terrible ! est-il cruel ! j'enrage de l'entendre !
170 Ainsi, plus d'un seigneur va perdre et son souffle et sa vie
A essayer cet arc, car toi, tu n'as pas réussi !
Crois-moi, si ton auguste mère t'a donné le jour,
Ce n'est pas pour tirer de l'arc et pour lancer des flèches !
Mais il est ici d'autres chefs qui le feront sur l'heure."
175 Il dit, et s'adressant au chevrier Mélanthios :
"Vite, Mélanthios, fais-nous du feu dans cette salle ;
Approche un grand siège couvert d'une peau de mouton ;
Puis va chercher dans la réserve un gros morceau de suif,
Que nos jeunes puissent chauffer cet arc et le graisser ;
180 Après quoi nous l'essaierons tous et poursuivrons l'épreuve."

Mélanthios ranima donc le feu infatigable,
Poussa un grand fauteuil couvert d'une peau de mouton,
Puis rapporta de la réserve un gros morceau de suif.
Quand il eut chauffé l'arc, les jeunes vinrent l'essayer,
Mais nul ne put le tendre : il y fallait une autre force !   185
Restaient Antinoos et Eurymaque égal aux dieux,
Les chefs des prétendants, qui étaient de loin les plus forts.

    Alors, de la demeure on vit sortir en même temps
Le bouvier du divin Ulysse et son porcher Eumée,
Tandis que derrière eux arrivait le divin Ulysse.   190
Mais comme ils franchissaient la porte et sortaient dans la cour,
Il les rappela doucement et leur parla ainsi :

    "Bouvier, et toi, porcher, je voudrais bien vous dire un mot.
Pourquoi me taire encor ? mon cœur m'engage à vous parler.
Seriez-vous prêts à lutter pour Ulysse, s'il rentrait   195
A l'improviste et si le ciel le ramenait ici ?
Votre aide irait-elle à Ulysse ou bien aux prétendants ?
Dites-moi ce que vos cœurs et vos âmes vous conseillent."

    Alors le maître des bouviers lui fit cette réponse :
"Zeus tout-puissant, daigne exaucer le vœu que je formule :   200
Puisse le maître revenir et le ciel nous le rendre !
Lors tu verrais quelle est ma force et ce que vaut mon bras."

    De la même façon, Eumée implorait tous les dieux
Pour le retour du sage Ulysse au sein de sa maison.
Alors, quand il fut bien certain de connaître leurs cœurs,   205
Il reprit la parole et dit en s'adressant à eux :

    "Eh bien, il est ici ! c'est moi, qui au bout de vingt ans
Rentre au pays natal après avoir beaucoup souffert.
Je vois que vous êtes les seuls de tous mes serviteurs
A vouloir mon retour, car je n'ai entendu nul autre   210
Prier le ciel que je revienne ici, dans ma patrie.

Apprenez donc ce qui se passera exactement :
Si un dieu m'aide à écraser les nobles prétendants,
Je vous donnerai à chacun une femme et des biens,
215   Ainsi qu'une maison près de la mienne ; et à mes yeux
Vous serez pour moi des amis, des frères de mon fils.
Tenez ! pour que vous puissiez à coup sûr me reconnaître,
Je m'en vais vous donner ici une preuve certaine :
La marque faite un jour par les crocs blancs d'un sanglier,
220   Quand j'emmenai les fils d'Autolycos sur le Parnasse."
    Et de montrer, sous ses haillons, la grande cicatrice.
Dès qu'ils l'eurent bien vue et examinée en détail,
Ils pleurèrent tous deux en étreignant le sage Ulysse
Et lui baisèrent tendrement la tête et les épaules ;
225   Et Ulysse, à son tour, leur baisa la tête et les mains.
Ils seraient restés à pleurer jusqu'au soleil couchant,
Si pour les arrêter Ulysse n'eût parlé ainsi :
    "Laissez larmes et cris, de peur que quelqu'un ne nous voie
En sortant de la salle et ne retourne le leur dire.
230   Allons ! rentrons l'un après l'autre, et non pas tous ensemble,
Moi le premier, et vous après. Et convenons d'un signe ;
Car les fiers prétendants, tous tant qu'ils sont dans ce palais,
Refuseront de me donner mon arc et mon carquois.
Alors, divin Eumée, apporte-moi l'arc par la salle
235   Et pose-le entre mes mains ; puis va dire aux servantes
De fermer les épais vantaux qui donnent sur l'arrière,
Et, si l'on entendait du bruit et des gémissements
Dans notre salle, à nous, de ne pas mettre un pied dehors,
Mais de rester à leur ouvrage et de ne souffler mot.
240   A toi, Philœtios, de bien verrouiller le portail
Qui donne sur la cour et d'y passer vite une corde."
    A ces mots, il regagna sa demeure spacieuse

372

Et se rassit dans le fauteuil qu'il venait de quitter ;
Puis les deux serviteurs du divin Ulysse rentrèrent.

    Eurymaque déjà retournait l'arc entre ses mains,   245
Le chauffait en tous sens à la lueur du feu ; pourtant
Il ne put pas le tendre, et son grand cœur en fut navré.
De courroux, il prit enfin la parole et s'écria :
    "Misère ! quelle affliction pour moi et pour les autres !
Ce n'est pas tant l'hymen qui me cause de tels regrets ;   250
Je sais, dans mon dépit, qu'il est bien d'autres Achéennes
Ici, dans cette île d'Ithaque, ou dans les autres villes.
Mais voir que nous sommes si éloignés d'avoir la force
D'Ulysse égal aux dieux et que pas un de nous ne peut
Tendre son arc, voilà qui nous couvre à jamais de honte !"   255
    Alors Antinoos, fils d'Eupithès, lui répliqua :
"Eurymaque, il n'en sera rien ; tu le sais bien toi-même :
On célèbre aujourd'hui dans le pays la sainte fête
Du grand dieu. Qui donc oserait tirer de l'arc ? Allons !
N'y touchons pas ; mais rien n'empêche de laisser plantées   260
Toutes ces haches ; qui pourrait bien venir nous les prendre,
En entrant sous le toit d'Ulysse, le fils de Laërte ?
Que l'échanson nous verse une première part de vin
Pour les libations ; puis nous déposerons cet arc.
Pour demain, demandez au chevrier Mélanthios   265
De nous amener les plus belles chèvres du troupeau.
Leurs cuisseaux une fois offerts à l'archer Apollon,
Nous reprendrons l'essai et mènerons l'épreuve à terme."
    Ainsi parla Antinoos, et chacun d'approuver.
Les hérauts versèrent de l'eau pour se laver les mains ;   270
Les jeunes gens remplirent les cratères jusqu'au bord,
Versant à chacun d'eux sa part pour les libations.
L'offrande une fois accomplie et la soif étanchée,

Ayant sa ruse en tête, Ulysse l'avisé leur dit :
275   "Ecoutez-moi, ô prétendants de la plus noble reine !
Voici ce que mon cœur me dicte au fond de ma poitrine.
Ecoute, ô Euryloque, et toi aussi, Antinoos
Egal aux dieux, qui viens de dire une sage parole.
Pour l'heure, il vaut mieux laisser l'arc et s'en remettre aux dieux ;
280 Demain, ils donneront la force à celui qui leur plaît.
Mais voyons ! donnez-moi cet arc poli ; je voudrais bien
Tester la vigueur de mes bras et voir si j'ai gardé
La force que j'avais jadis dans mes membres alertes,
Ou si ma vie errante et rude en est venue à bout."
285   En entendant ces mots, tous furent saisis de colère,
Craignant qu'il ne parvînt à tendre l'arc si bien poli.
Alors Antinoos prit la parole et s'écria :
    "Misérable étranger, tu as vraiment perdu la tête !
Ne te suffit-il pas d'être en si noble compagnie ?
290 Tu manges bien, tu as ta part de tout et tu écoutes
Nos propos, nos discours. Quel étranger, quel mendiant
A jamais pu entendre ce que nous nous racontons ?
C'est le vin doux qui t'a grisé ! Il en a soûlé d'autres,
Qui l'avaient engouffré en dépassant toute mesure.
295 C'est lui qui égara jadis le célèbre Centaure
Eurytion, dans le palais du grand Pirithoos,
Au pays des Lapithes. Le vin l'ayant rendu fou,
Il commit forfait sur forfait sous le toit de son hôte.
La fureur saisit ces héros ; on se jeta sur lui,
300 On le traîna dehors, on lui trancha nez et oreilles
D'un bronze sans pitié ; et lui, tout aussi égaré,
S'en fut, ne rêvant que vengeance en son cœur affolé.
C'est de là que naquit la guerre entre hommes et Centaures,
Où cet ivrogne-là fut le premier à succomber.

374

A toi aussi, je te prédis un malheur de ce genre,   305
Si tu bandes cet arc ; tu ne trouveras plus d'appui
Dans ce pays ; nous t'enverrons, au fond d'un noir vaisseau,
Chez le roi Echétos, ce fléau de tous les mortels ;
Et rien ne pourra t'y sauver. Tiens-toi tranquille et bois,
Sans essayer de te frotter à plus jeune que toi !"   310
    La sage Pénélope, alors, lui fit cette réponse :
"Antinoos, il n'est ni beau ni juste d'insulter
Les étrangers que Télémaque invite en sa demeure.
Penses-tu que cet homme-là, s'il tendait l'arc d'Ulysse,
En se fiant à la seule vigueur de ses deux mains,   315
M'emmènerait chez lui et ferait de moi son épouse ?
Mais lui-même en son cœur ne l'a jamais imaginé !
Surtout que pas un d'entre vous ne s'en fasse un chagrin ;
Vous pouvez banqueter, car rien n'est plus invraisemblable."
    Et Eurymaque, fils de Polybos, lui répondit :   320
"Fille d'Icarios, ô vénérable Pénélope,
Nous n'avons jamais cru cela ; c'est bien invraisemblable.
Mais comme nous serions honteux d'entendre hommes et femmes
Et jusqu'au moins vaillant des Achéens nous dire un jour :
«Ces gens ont bien moins de valeur que l'homme irréprochable   325
Dont ils briguent l'épouse ! ils n'ont pas su tendre son arc,
Alors qu'un mendiant, un gueux venu on ne sait d'où,
A tendu l'arc avec aisance et traversé les fers !»
Si l'on parlait ainsi, quel ne serait pas notre opprobre !"
    La sage Pénélope, alors, lui fit cette réponse :   330
"Eurymaque, on ne peut garder son renom dans le peuple,
Quand on dévore indignement les biens d'un grand seigneur.
Pourquoi vous mettre en peine de l'opprobre dont tu parles ?
Cet étranger est de très haute taille et bien bâti,
Et il se flatte d'être issu d'un père de sang noble.   335

375

Donnez-lui donc cet arc poli, et voyons-le à l'œuvre.
Je m'en vais vous le dire, et c'est ce qui s'accomplira :
S'il obtient d'Apollon la gloire de tendre cet arc,
Il recevra de moi des habits neufs, robe et manteau,
340   Un épieu bien ferré contre les chiens et les rôdeurs,
Un glaive à deux tranchants et des sandales pour ses pieds ;
Puis je le ferai reconduire où son cœur le souhaite."
     Le sage Télémaque, alors, lui fit cette réponse :
"Mère, de tous les Achéens, je suis seul à pouvoir
345   Donner ou refuser cet arc à l'homme de mon choix ;
Et aucun des seigneurs régnant sur les rochers d'Ithaque
Ou sur les îles que l'on voit de l'Elide aux chevaux
Ne pourra jamais m'y forcer, quand même il me plairait
De laisser à notre étranger cet arc à emporter.
350   Allons ! reste au logis, occupe-toi de tes travaux,
De ton métier, de ta quenouille, et dis à tes servantes
De se mettre à l'ouvrage. Aux hommes le soin de la guerre,
A commencer par moi, qui suis le maître de ces lieux."
     Surprise, Pénélope, à ces mots, regagna sa chambre,
355   Emportant dans son cœur les mots si sages de son fils.
Et quand elle eut rejoint l'étage avec ses deux servantes,
Elle pleura Ulysse, son époux, jusqu'au moment
Où Athéna lui jeta sur les yeux un doux sommeil.
Cependant le divin porcher apportait l'arc réflexe.
360   Mais tous les prétendants le conspuaient dans la grand-salle,
Et tel de ces jeunes prétentieux allait disant :
     "Où t'en vas-tu porter cet arc, misérable porcher ?
Attends, vieux fou ! près de tes porcs, abandonné de tous,
Les chiens que tu nourris vont te manger, si Apollon,
365   Et avec lui les autres dieux, daignent nous écouter !"
     A ces mots, le porcher alla remettre l'arc en place,

Effrayé par tous ceux qui venaient de le conspuer.
Mais Télémaque, alors, le menaça en lui criant :
     "Bon père, apporte l'arc ; il t'en cuirait de leur céder !
Je pourrais bien t'expédier aux champs à coups de pierre ;   370
Car je suis certes ton cadet, mais non pas le moins fort.
Si j'étais aussi sûr que ma force et mon bras l'emportent
Sur tous les prétendants qui sont ici dans ce palais,
J'aurais bien vite fait de les chasser honteusement
De ce logis, où ils ne cessent de tramer des crimes !"   375
     A ces mots, tous les prétendants rirent à ses dépens,
Et contre Télémaque leur courroux se fit moins âpre.
Le porcher reprit l'arc et, traversant la grande salle,
Vint le remettre entre les mains d'Ulysse l'avisé.
Puis, appelant à soi la nourrice Euryclée, il dit :   380
     "Télémaque t'ordonne, ô sage et prudente Euryclée,
De fermer les épais vantaux qui donnent sur l'arrière,
Et si vous entendiez du bruit et des gémissements
Dans cette salle, à nous, de ne pas mettre un pied dehors,
Mais de rester à votre ouvrage et de ne souffler mot."   385
     Il dit, et la nourrice, sans rien ajouter de plus,
Alla fermer la porte de la salle spacieuse.
     En silence, Philœtios bondit hors de la salle
Et s'en fut verrouiller la porte de la cour bien close.
Il trouva sous la galerie un câble de vaisseau   390
En byblos, dont il attacha les portes, puis rentra
Et se rassit dans le fauteuil qu'il venait de quitter.
Il regardait Ulysse, qui déjà palpait son arc,
Le tournait en tous sens, le tâtait de côté et d'autre,
Craignant qu'à la longue les vers n'eussent rongé la corne ;   395
Et chacun disait en jetant les yeux sur son voisin :
     "Pour sûr, voilà un connaisseur qui sait jouer de l'arc !

377

Ou bien cet homme-là en a un semblable chez lui,
Ou bien il songe à s'en faire un, à voir comme en ses mains
400 Ce misérable vagabond le tourne et le retourne !"
    Tel autre de ces jeunes fats disait de son côté :
"Je souhaite à ce pauvre gueux de réussir en tout,
Aussi vrai qu'il va réussir à nous bander cet arc !"
    Or, tandis qu'ils parlaient ainsi, Ulysse l'avisé
405 Continuait de tâter son grand arc et de tout voir.
Tel un homme connaissant bien la cithare et le chant
Tend aisément la corde autour d'une cheville neuve,
Ayant fixé par les deux bouts le boyau bien tordu :
De même Ulysse tendit le grand arc sans nul effort ;
410 De la main droite, ensuite, il prit et fit vibrer la corde,
Qui rendit un son clair, pareil au cri de l'hirondelle.
Les prétendants, saisis d'effroi, se mirent à blêmir.
Pour marquer sa décision, Zeus tonna un grand coup.
Le cœur rempli de joie, Ulysse l'endurant comprit
415 Que le fils de Cronos le Fourbe envoyait un présage.
Il prit le trait pointu qu'il avait laissé sur la table,
Hors du carquois, au fond duquel étaient restés les autres,
Ceux-là mêmes dont tâteraient bientôt les Achéens.
Le posant sur le manche, il tira la corde et l'encoche,
420 Et, sans même quitter son siège, il visa droit au but.
La flèche à la pointe d'airain, passant de hache en hache,
S'engagea par un trou et ressortit à l'autre bout
Sans en manquer aucune. Alors il dit à Télémaque :
    "Télémaque, tu n'auras pas à rougir de cet hôte
425 Assis dans ton palais ! j'ai visé juste et j'ai tendu
Cet arc sans faire aucun effort ; ma force est toujours là,
Quoi que ces prétendants aient pu me dire d'insultant.
Le moment est venu de leur servir un bon repas

378

Avant qu'il fasse nuit et de les régaler aussi
De musique et de chants, ces ornements de tout festin !"   430
    Et comme, de ses yeux, Ulysse lui faisait un signe,
Télémaque, son fils, se ceignit de son glaive à pointe,
Reprit la lance en main et se dressa non loin de lui,
A côté de son siège, armé de bronze flamboyant.

CHANT XXII

Alors Ulysse l'avisé, rejetant ses haillons,
Bondit sur le grand seuil avec son arc et son carquois
Rempli de traits ailés, et, tout en vidant le carquois
Devant lui, à ses pieds, il s'en vint dire aux prétendants :
    "Le voilà terminé, ce jeu qui n'était pas sans risque.   5
A présent, c'est un autre but, auquel nul n'a visé,
Que j'espère toucher, si Apollon comble mes vœux."
    Il dit et sur Antinoos lança un trait amer.
L'autre était sur le point de soulever par les deux anses
Une très belle coupe en or ; déjà il la prenait   10
Pour s'abreuver de vin ; son cœur était loin de songer
A la mort : qui pouvait penser que parmi ces convives,
Seul entre tant de gens, un homme, si vaillant qu'il fût,
Lui enverrait l'affreux trépas et l'ombre de la Parque ?
Ulysse tira donc et l'atteignit droit dans le cou ;   15
La pointe traversa de part en part la tendre nuque.
L'autre, alors, bascula ; la coupe lui tomba des mains,
Et, sous le choc, un flot épais jaillit de ses narines :
C'était du sang humain ! D'un brusque mouvement du pied,
Il renversa la table et fit tomber les mets par terre ;   20
Pain et rôtis en furent tout souillés. Les prétendants
Menèrent grand bruit dans la salle en voyant tomber l'homme.
Sautant de leurs fauteuils, ils s'élancèrent dans la salle,
Et partout, sur les murs épais, ils cherchèrent des yeux
Où s'emparer d'un bouclier ou d'une forte lance.   25

Alors ils prirent Ulysse à partie et s'écrièrent :
"Etranger, quel forfait ! eh quoi ! tu tires sur des hommes !
Ce sera là ton dernier jeu : la mort est sur ta tête !
Car tu viens de tuer celui qui était le grand chef
30 Des jeunes gens d'Ithaque, et les vautours vont t'y manger !"
Ainsi parlaient-ils tous, croyant qu'Ulysse avait tué
Cet homme par mégarde, insensés qui ne voyaient pas
Que déjà les nœuds de la mort se refermaient sur eux !
Les fixant d'un œil torve, Ulysse l'avisé leur dit :
35 "Ah ! chiens ! vous vous imaginiez que du pays troyen
Je ne reviendrais plus chez moi ! vous vidiez ma maison !
Vous entriez de vive force au lit de mes servantes !
Et, alors que j'étais vivant, vous courtisiez ma femme,
Sans redouter les dieux, qui vivent dans le vaste ciel,
40 Sans penser qu'un vengeur humain pourrait surgir un jour !
Mais vous voici emprisonnés dans les nœuds de la mort !"
Comme il disait ces mots, la terreur les fit tous verdir,
[Et chacun cherchait de ses yeux où fuir la sombre mort.]
Seul Eurymaque prit la parole et lui répliqua :
45 "Si c'est bien toi qui nous reviens, notre Ulysse d'Ithaque,
Tu n'as que trop raison de rappeler aux Achéens
Le mal qu'ils ont commis dans ta demeure et dans tes champs.
Mais le voilà couché, celui qui fut cause de tout ;
Car c'est lui, c'est Antinoos, l'auteur de ces méfaits.
50 Ce n'est pas tant l'hymen qu'il rêvait et qu'il désirait ;
Il avait d'autres plans, que Zeus n'a pas réalisés :
Régner sur ton pays d'Ithaque et sur ta belle ville,
Aussitôt qu'il aurait tué ton fils en embuscade.
Mais puisque le voilà puni, épargne tes sujets !
55 Plus tard, à frais communs, nous saurons te dédommager
De tout ce que nous avons bu et mangé sous ton toit ;

382

Chacun de nous t'apportera l'amende de vingt bœufs,
Ainsi que du bronze et de l'or, pour apaiser ton cœur ;
Jusque-là, nul ne saurait t'en vouloir d'être en colère."
    Le fixant d'un œil torve, Ulysse l'avisé lui dit :   60
"Eurymaque, vous auriez beau m'apporter tous vos biens,
Tous ceux de vos parents, et même m'en ajouter d'autres,
Mes bras ne renonceraient pas pour autant au massacre,
Avant d'avoir puni tous les forfaits des prétendants !
A présent, vous avez le choix : ou lutter face à face,   65
Ou fuir, pour tâcher d'éviter les Parques et la mort.
Mais je doute qu'un seul échappe au funeste trépas !"
    Il dit, et leurs cœurs de trembler, leurs genoux de fléchir.
Eurymaque alors reprit la parole et répondit :
    "Amis, cet homme ne retiendra pas ses mains sauvages.   70
Maintenant qu'il a pris l'arc bien poli et le carquois,
Il va, du haut du seuil luisant, tirer et massacrer
Jusqu'au dernier de nous. Ne songeons plus qu'à la bataille.
Dégainez vos poignards, remparez-vous avec vos tables !
Gare aux traits meurtriers ! Fondons sur lui tous à la fois   75
Et tâchons de le repousser du seuil et de la porte ;
Puis courons vers la ville et appelons vite au secours ;
Ce gueux aura bientôt tiré pour la dernière fois !"
    A ces mots, il sortit son glaive à la pointe de bronze
Et à double tranchant et s'élança sur le héros   80
En poussant de grands cris. Mais déjà le divin Ulysse
Tirait sur lui ; le trait tapa en plein dans sa poitrine
Et lui perça le foie. Alors l'autre laissa son glaive
Lui glisser de la main ; frappant la table de sa tête,
Il s'abattit, courbé en deux, en renversant les plats   85
Et une double coupe ; il heurta de son front la terre,
Et, le cœur déchiré d'angoisse, il culbuta son siège

En ruant des talons, tandis que ses yeux se voilaient.
    De son côté, Amphinomos, tirant son glaive à pointe,
90 Bondit pour attaquer de front le glorieux Ulysse
Et voir s'il pourrait dégager la porte. Mais déjà
Télémaque, de dos, lui plantait entre les épaules
Sa lance au bout de bronze et l'enfonçait dans sa poitrine.
L'homme chut lourdement, heurtant de tout son front le sol.
95 L'autre se recula, sans retirer sa longue lance
Du corps d'Amphinomos, car il craignait qu'un Achéen
Ne l'assaillît avec son glaive ou ne vînt l'assommer,
Quand il se baisserait pour dégager sa longue lance.
Il se mit à courir et eut bientôt rejoint son père ;
100 Lors, s'approchant de lui, il dit ces paroles ailées :
    "Mon père, je vais t'apporter un bouclier, deux lances
Et un casque tout en airain, qui couvre bien les tempes ;
Je m'armerai de mon côté et j'armerai de même
Eumée et le bouvier, car il vaut mieux nous protéger."
105   Ulysse l'avisé lui fit alors cette réponse :
"Cours les chercher, pendant que j'ai des traits pour me défendre.
Me voyant seul, j'ai peur qu'ils ne me chassent de la porte."
    A ces mots, Télémaque suivit l'ordre de son père
Et courut au trésor où se trouvaient les belles armes.
110 Il y prit quatre boucliers, huit longues javelines
Et quatre casques tout en bronze à l'épaisse crinière.
Il vint les rapporter et rejoignit vite son père.
Il se revêtit le premier de ses armes de bronze ;
Puis les deux serviteurs prirent aussi leurs belles armes
115 Et vinrent entourer le sage et inventif Ulysse.
    Aussi longtemps qu'il lui resta des traits pour se défendre,
Il tira dans la salle, et chaque fois il abattit
Quelqu'un des prétendants ; ils tombaient les uns sur les autres.

Mais quand Ulysse, à force de tirer, n'eut plus de flèches,
Il alla déposer son arc contre l'un des montants   120
De la salle trapue, au pied du mur resplendissant.
Il mit à son épaule un écu fait de quatre peaux,
Ajusta sur son noble front un bonnet de métal
Garni de crins, dont le panache flottait, effrayant,
Et prit les deux puissants épieux à la pointe de bronze.   125
     Il y avait dans l'épaisseur du mur une poterne,
Et près du seuil surélevé de la superbe salle
S'ouvrait un corridor fermé de solides vantaux.
Ulysse enjoignit au divin porcher de s'y poster
Et de la surveiller, car c'était là l'unique issue.   130
Alors, s'adressant à la troupe, Agélaos leur dit :
     "Amis, quelqu'un ne pourrait-il monter à la poterne
Pour prévenir le peuple et appeler vite au secours ?
Ce gueux aurait bientôt tiré pour la dernière fois."
     A ces mots, Mélantheus, le chevrier, lui répondit :   135
"Eh ! non, enfant de Zeus ! la grande porte de la cour
Est terriblement près, et le couloir est bien étroit ;
Un brave à lui seul suffirait pour nous arrêter tous.
Mais attendez ; je cours au trésor vous chercher des armes
Pour vous en revêtir, car je suis sûr que c'est là-bas   140
Qu'Ulysse et son illustre fils ont remisé les armes."
     A ces mots, Mélantheus, le maître chevrier, gravit
Les degrés de la salle et courut au trésor d'Ulysse.
Il y prit douze boucliers, autant de javelines
Et autant de casques de bronze à l'épaisse crinière.   145
Puis il revint en hâte et les remit aux prétendants.
Ulysse sentit se briser son cœur et ses genoux,
Quand il les vit s'armer de bronze et brandir dans leurs mains
Ces longs épieux ; la tâche lui parut fort difficile.

150 En hâte, à Télémaque, il dit ces paroles ailées :
   "Télémaque, il faut que ce soit l'une de ces servantes
   Qui nous vaut ce rude combat, ou bien c'est Mélantheus."
      Le sage Télémaque, alors, lui fit cette réponse :
   "Non, mon père, c'est moi ! la faute en incombe à moi seul,
155 Car en ressortant du trésor, je n'ai pas refermé
   L'épaisse porte, et leur guetteur a su en profiter.
   Mais va, divin porcher, ferme la porte du trésor
   Et vois qui nous a fait ce coup : est-ce une de ces femmes ?
   Pour moi, c'est plutôt Mélantheus, le fils de Dolios."
160   Pendant qu'ils se livraient à cet échange de propos,
   Le maître chevrier retournait tout droit au trésor
   Chercher de belles armes. Le divin porcher le vit ;
   Ulysse étant tout près de lui, il lui dit sans tarder :
      "Divin rejeton de Laërte, industrieux Ulysse,
165 C'est bien celui que nous pensions. Oh ! la vile canaille !
   Voilà qu'il retourne au trésor ! Réponds-moi franchement :
   Faudra-t-il le tuer, à supposer que je l'emporte,
   Ou te le ramener ici, afin que tu te venges
   De toutes les indignités commises sous ton toit ?"
170   Ulysse l'avisé lui fit alors cette réponse :
   "Mon fils et moi, nous retiendrons les prétendants superbes
   Entre ces quatre murs, en dépit de tous leurs assauts.
   Vous deux, ramenez-lui les pieds et les mains en arrière,
   Jetez-le dans la chambre et fermez la porte sur vous ;
175 Après l'avoir bien ficelé d'une corde tressée,
   Soulevez-le jusqu'au plafond, le long d'une colonne ;
   Je veux qu'il reste en vie et souffre de cruels tourments !"
      En entendant ces mots, ils s'empressèrent d'obéir.
   Parvenus au trésor sans que l'autre s'en fût douté,
180 Ils l'aperçurent tout au fond, qui cherchait d'autres armes.

Ils se postèrent donc près de la porte et attendirent.
Comme le chevrier Mélanthios passait le seuil,
Tenant dans l'une de ses mains un casque magnifique
Et dans l'autre un vieux bouclier racorni et crasseux,
Que le héros Laërte avait porté dans sa jeunesse,   185
(Il traînait là depuis longtemps, avec ses cuirs défaits),
Ils fondirent sur lui et, le traînant dans la réserve
Par les cheveux, le jetèrent tout effaré au sol.
Alors, ramenant en arrière et ses pieds et ses mains,
Ils le lièrent jusqu'au sang, conformément aux ordres   190
Donnés par le fils de Laërte, Ulysse l'endurant.
Après l'avoir bien ficelé d'une corde tressée,
Ils le hissèrent au plafond, le long d'une colonne.
Et toi, tu te raillais ainsi de lui, porcher Eumée :
        "Tu vas pouvoir veiller toute la nuit, Mélanthios !   195
Le lit moelleux où je t'ai mis te convient à merveille !
Et quand, du fond de l'Océan, la Fille du matin
Montera sur son trône d'or, tu la verras : c'est l'heure
Où tu mènes tes chèvres pour le festin de ces gens !"
        Alors, le laissant là, pendu à ce lien funeste,   200
Ils prirent leur armure et, fermant la porte luisante,
Revinrent chez le sage Ulysse aux subtiles pensées.
Ils se tenaient tous là, debout et pleins d'ardeur, les quatre
Sur le seuil, et le reste – un tas de braves – dans la salle.
Athéna, la fille de Zeus, ayant pris de Mentor   205
La stature et la voix, vint alors se mettre auprès d'eux.
Ulysse, en la voyant, se sentit plein de joie et dit :
        "Mentor, sauve-nous du malheur ! songe à ce compagnon
Qui t'a fait tant de bien ; tu as le même âge que moi."
        Il dit, mais reconnut Pallas, la meneuse d'armées.   210
Les prétendants, de leur côté, menaçaient la déesse ;

Agélaos, le fils de Damastor, dit en premier :
    "Mentor, n'écoute pas Ulysse, quand il te propose
De combattre les prétendants pour te prêter main-forte.
215 Car nous avons un plan, et je crois qu'il s'accomplira :
Quand nous aurons tué le père, et le fils avec lui,
Nous t'abattrons sur eux, pour tout le mal que tu projettes
De faire en ce palais ; oui, tu le paieras de tes jours !
Et lorsque notre bronze vous aura ôté la vie,
220 Tous les biens que tu peux avoir en ville ou dans les champs,
Nous les joindrons à ceux d'Ulysse et ne laisserons pas
Tes fils vivre dans ce palais, et ta fidèle épouse
Ne pourra plus rester avec tes filles dans Ithaque."
    A ces mots, Athéna, le cœur débordant de colère,
225 Interpella Ulysse et lui adressa ces reproches :
    "Ulysse, qu'as-tu fait de ta vaillance et de ta force ?
N'est-ce pas toi qui pour les bras blancs de la noble Hélène
As combattu pendant neuf ans les Troyens sans relâche,
Qui as tué tant de guerriers dans la rude mêlée
230 Et as su ravir à Priam sa ville aux larges rues ?
Faut-il qu'en retrouvant ici ta demeure et tes biens,
Tu trembles de te mesurer avec les prétendants ?
Allons ! mon cher, viens près de moi et regarde-moi faire !
Tu verras mieux comment, confronté à tes ennemis,
235 Mentor, fils d'Alkimos, reconnaît les bienfaits reçus."
    Elle dit, sans pourtant lui mettre la victoire en mains ;
Car elle désirait qu'Ulysse et son fils glorieux
Fissent la preuve encor de leur courage et de leur force.
S'étant changée en hirondelle, elle alla se poser
240 Sur la poutre du toit, toute noircie et enfumée.
    Les prétendants avaient comme meneurs Agélaos,
Eurynomos, Amphimédon et Démoptolémos,

388

Pisandre, fils de Polyctor, et le sage Polybe.
Parmi tous ceux qui survivaient et luttaient pour leur vie,
C'étaient les prétendants de bien loin les plus valeureux ;   245
L'arc et les traits sans nombre avaient déjà couché les autres.
Alors, s'adressant à la troupe, Agélaos leur dit :
    "Amis, cet homme baissera bientôt ses mains terribles.
Mentor s'en est allé, après quelques vaines bravades,
Et il ne reste que ceux-là, en travers de la porte.   250
Ainsi ne jetez point vos longues lances tous ensemble.
A nous six de tirer d'abord ; nous verrons bien si Zeus
Nous donnera d'atteindre Ulysse et d'emporter la gloire.
Quand celui-ci sera tombé, nous nous moquons des autres !"
    A ces mots, ils tirèrent tous, suivant l'ordre reçu.   255
Ils visaient bien, mais Athéna dévia tous leurs traits.
La pique de l'un d'eux frappa dans l'épaisse embrasure ;
Une autre atteignit le panneau de la porte en bois plein ;
Une autre, dans le mur, planta sa lourde pointe en bronze.
Voyant que tous les prétendants avaient manqué leurs coups,   260
Ulysse l'endurant prit la parole et s'écria :
    "Amis, à mon tour maintenant de vous donner mes ordres.
Tirons tous dans le tas ! Ces prétendants n'ont qu'une envie,
C'est de nous massacrer, après le mal qu'ils nous ont fait."
    A ces mots, ils lancèrent tous leurs javelots pointus   265
En visant bien. Ulysse abattit Démoptolémos,
Télémaque Euryadès, le divin porcher Elatos,
Et le maître bouvier renversa pour sa part Pisandre ;
Tous, sur le vaste sol, allèrent mordre la poussière.
Comme les autres prétendants reculaient dans le fond,   270
Nos gens coururent retirer des morts leurs javelines.
    Les prétendants jetèrent de nouveau leurs longues piques.
Ils visaient bien, mais Athéna dévia tous leurs traits.

La pique de l'un d'eux frappa dans l'épaisse embrasure ;
275 Une autre atteignit le panneau de la porte en bois plein ;
Une autre, dans le mur, planta sa lourde pointe en bronze.
Amphimédon, pourtant, toucha Télémaque au poignet ;
Mais le bronze ne fit que lui égratigner la peau.
Ctésippe, de sa lance, effleura l'épaule d'Eumée,
280 Par-dessus son écu ; puis l'arme vola jusqu'à terre.
Alors les gens du sage Ulysse aux subtiles pensées
Tirèrent dans le tas avec leurs javelots pointus.
Ulysse, le grand saccageur, tua Eurydamas,
Et Télémaque Amphimédon, et le porcher Polybe.
285 Quant à Ctésippe, il fut touché en plein dans la poitrine
Par le maître bouvier, qui s'écria tout triomphant :
    "Fils de Polythersès, ô grand railleur ! c'en est fini
De n'écouter que ta sottise et de parler bien haut !
Laisse aux dieux la parole ; aussi bien, ce sont les plus forts.
290 Prends cette lance, en échange du pied que tu offris
L'autre jour à Ulysse, alors qu'il mendiait ici !"
    Tels furent les mots du bouvier. Ulysse alors courut
Au fils de Damastor et le tua à bout de pique.
Télémaque toucha Léiocritès, fils d'Evénor,
295 Au creux de l'estomac, et le transperça d'outre en outre ;
L'autre chut en avant, heurtant de tout son front le sol.
Alors, au plafond de la salle, Athéna déploya
Son égide qui tue, et l'épouvante les saisit.
Ils s'enfuirent, terrifiés, comme un troupeau de vaches,
300 Qu'au retour du printemps, lorsque les jours se font plus longs,
Un taon agile attaque et ne cesse de tourmenter.
Tels des vautours au bec crochu, aux serres recourbées,
Fondent du sommet des grands monts sur de petits oiseaux,
Qui se rabattent dans la plaine en fuyant les nuages ;

Ils se jettent sur eux pour les tuer ; fuite ou bataille,   305
Rien ne peut les sauver, et cette chasse plaît à tous :
C'est ainsi que dans la grand-salle, assaillis de partout,
Tombaient les prétendants ; un bruit horrible s'élevait
Des crânes fracassés, et le sol ruisselait de sang.

    Liodès vint alors se jeter aux genoux d'Ulysse,   310
Et, tout en l'implorant, il dit ces paroles ailées :
    "Je suis à tes genoux, Ulysse ! épargne-moi ! pitié !
Jamais, je te le jure, aucune femme en ce palais
N'a été par moi outragée en acte ou en parole ;
Je mettais même le holà, quand ils allaient trop loin.   315
Mais rien ne les dissuadait de commettre des crimes,
Et c'est à leurs fureurs qu'ils doivent leur indigne mort.
Moi donc, qui fus leur haruspice et n'ai fait aucun mal,
Vais-je périr comme eux, puisqu'il n'est plus de gratitude ?"
    Le fixant d'un œil torve, Ulysse l'avisé lui dit :   320
"Eh bien, si tu prétends avoir été un haruspice,
Sans doute auras-tu prié mainte fois dans ce palais
Pour éloigner de moi le jour béni de mon retour,
Dans l'espoir de prendre ma femme et d'en avoir des fils !
Ne compte donc pas te soustraire à une mort cruelle."   325
    Il dit, et, de sa forte main, ramassant sur le sol
Le glaive qu'à ses pieds Agélaos avait lâché
En succombant, il le lui plongea au milieu du cou.
La voix se tut, et la tête roula dans la poussière.

    L'aède Phémios, qui chanta toujours par contrainte   330
Devant les prétendants, cherchait à fuir la sombre mort.
Ce fils de Terpias, les mains sur sa lyre sonore,
Se tenait près de la poterne, hésitant à part soi
Si, sortant de la salle, il irait s'asseoir à l'autel
Voué au grand Zeus domestique, où tant et tant de fois   335

Laërte, puis Ulysse avaient brûlé de gras cuisseaux,
Ou s'il s'élancerait pour prendre les genoux d'Ulysse.
Tout bien considéré, il lui sembla qu'il valait mieux
Prendre par les genoux Ulysse, le fils de Laërte.
340 Il s'en fut donc poser sa cithare bombée au sol,
Entre un cratère et un fauteuil garni de clous d'argent ;
Puis, courant à Ulysse, il lui saisit les deux genoux
Et, tout en l'implorant, lui dit ces paroles ailées :
"Je suis à tes genoux, Ulysse ! épargne-moi ! pitié !
345 Tu pourrais regretter toi-même un jour d'avoir tué
L'aède qui venait chanter pour les dieux et les hommes.
J'ai été mon seul maître, et c'est un dieu qui m'inspira
Chacun de mes récits ; devant toi, je saurai chanter
Comme devant un dieu ; garde-toi donc de m'égorger !
350 Demande à ton fils Télémaque, il pourra te le dire :
Si pour les prétendants je venais chanter aux festins,
Ce ne fut jamais de bon cœur ni pour mon intérêt ;
Mais ils m'y contraignaient, étant plus nombreux et plus forts."
Le sage et puissant Télémaque, entendant ces paroles,
355 Courut au-devant de son père et lui parla ainsi :
"Arrête ! que ton glaive laisse en paix cet innocent !
Et sauvons aussi le héraut Médon, qui n'a cessé
De veiller ici sur mes jours, lorsque j'étais enfant,
A moins que Philœtios ou le porcher ne l'ait tué,
360 Ou qu'il ne se soit mis lui-même en travers de ta course."
Il dit, et le sage Médon entendit ses paroles,
Car il s'était blotti sous un fauteuil et recouvert
D'une peau toute neuve, afin de fuir la sombre mort.
D'un bond il sortit de son siège et, rejetant la peau,
365 Courut vers Télémaque et vint lui prendre les genoux.
Tout en le suppliant, il lui disait ces mots ailés :

392

"Cher ami, me voici ! épargne-moi ! parle à ton père :
Je crains qu'abusant de sa force, il ne me blesse à mort,
Outré de voir les prétendants lui manger tous ses biens
Et ne montrer aucun respect pour toi, les pauvres fous !"   370
    Alors Ulysse l'avisé lui dit dans un sourire :
"Rassure-toi, puisque mon fils t'a sauvé du danger,
Et reconnais sincèrement, pour le redire à d'autres,
Que les bienfaits sont de loin préférables aux forfaits.
Sortez d'ici, l'illustre aède et toi ; allez tous deux   375
Vous asseoir dehors dans la cour, à l'abri du carnage,
Afin que je termine ici ce qui me reste à faire."
    Alors l'aède et le héraut sortirent de la salle
Et allèrent s'asseoir ensemble à l'autel du grand Zeus ;
Mais leurs yeux effarés ne voyaient partout que la mort.   380
    Ulysse, lui, fouillait des yeux tous les coins de la salle,
Pour dénicher quiconque eût voulu fuir la sombre mort.
Mais il les vit bien tous, allongés les uns sur les autres
Dans la boue et le sang ; tels des poissons que les pêcheurs,
En un creux du rivage, ont tirés des flots écumants ;   385
Ils sont tous là, pris dans les mille mailles du filet,
Et gisent sur le sable en bâillant vers les flots amers,
Tandis que les feux du soleil leur enlèvent le souffle :
Ainsi gisaient les prétendants, ne formant qu'un seul tas.
S'adressant à son fils, Ulysse l'avisé lui dit :   390
    "Télémaque, va m'appeler la nourrice Euryclée ;
Il faut que je lui dise quelque chose à quoi je pense."
    Et Télémaque, obéissant à l'ordre de son père,
Poussa la porte et appela la nourrice Euryclée :
    "Allons ! debout ! viens vite ici, vieille des anciens jours,   395
Toi qui as charge en ce palais de surveiller nos femmes.
Approche ; mon père t'appelle et voudrait te parler."

A ces mots, la nourrice, sans rien ajouter de plus,
Alla rouvrir la porte de la salle spacieuse
400 Et, marchant sur les pas de Télémaque, y pénétra.
Elle trouva Ulysse au milieu d'un tas de cadavres,
Eclaboussé de poussière et de sang. Tel un lion
Qui sort de l'enclos d'où il vient de dévorer un bœuf ;
La gueule et le poitrail entièrement ensanglantés,
405 Il s'éloigne, et ceux qui le voient sont saisis d'épouvante :
Ainsi Ulysse était souillé, des pieds jusques aux bras.
Quand la vieille aperçut ces morts qui baignaient dans leur sang,
Devant un tel exploit, elle voulut crier de joie.
Mais Ulysse l'en empêcha et contint son désir ;
410 Puis, s'adressant à elle, il dit ces paroles ailées :
"Vieille, ton cœur peut jubiler ; mais tais-toi ! pas un cri !
Triompher sur des hommes morts est une impiété.
Ceux-là, c'est le destin des dieux qui les tue, et leurs crimes.
Qu'on fût noble ou vilain, quand on venait les supplier,
415 Ils n'avaient que mépris pour tous les hommes de ce monde,
Et c'est à leurs fureurs qu'ils doivent leur indigne sort.
Mais toi, nomme-moi donc, parmi les femmes du palais,
Celles qui ont fauté et celles qui sont innocentes."
La nourrice Euryclée, alors, lui fit cette réponse :
420 "Eh bien, mon fils, voici exactement ce qu'il en est.
Il y a au palais cinquante femmes de service,
Auxquelles nous avons appris à remplir leurs besognes,
A bien carder la laine et à supporter l'esclavage.
Il en est douze en tout, dont la conduite scandaleuse
425 A été sans respect pour toi, pour Pénélope même.
Télémaque achevait seulement de grandir ; sa mère
Ne lui permettait pas de commander à ses servantes.
Mais allons ! laisse-moi monter à l'étage brillant

Avertir ton épouse ; un dieu doit l'avoir endormie !"
    Ulysse l'avisé lui fit alors cette réponse :   430
"Ne la réveille pas encore ; amène-moi ici
Toutes les filles que tu vis tramer des vilenies."
    La vieille Euryclée, à ces mots, sortant de la grand-salle,
S'en fut dire aux servantes de venir sans plus tarder.
Puis Ulysse, ayant appelé auprès de lui son fils,   435
Ainsi qu'Eumée et le bouvier, leur dit ces mots ailés :
    "Commencez par sortir ces morts ; que les femmes vous aident.
Ensuite il faut que vous preniez l'éponge aux mille trous
Pour laver à grande eau les tables et les beaux fauteuils.
Dès que dans la maison vous aurez tout remis en ordre,   440
De cette salle bien bâtie emmenez les servantes
Dans la cour, entre la rotonde et la solide enceinte ;
Là, frappez-les de vos glaives pointus, afin que toutes
Perdent la vie et jusqu'au souvenir des voluptés
Qu'elles goûtaient dans l'ombre en se donnant aux prétendants !" 445
    Il dit, et déjà arrivait la troupe des servantes,
Poussant des cris affreux et versant des torrents de larmes.
Pour commencer, il leur fallut emporter les cadavres
Et ranger tous ces morts au porche de la cour bien close,
Pour n'en faire qu'un tas. Ulysse leur donnait ses ordres   450
Et pressait la besogne ; elles ne pouvaient qu'obéir.
Ensuite il leur fallut prendre l'éponge aux mille trous
Et laver à grande eau les tables et les beaux fauteuils.
Puis Télémaque, le bouvier, ainsi que le porcher,
Prirent des pelles pour racler le sol de la demeure   455
Aux murs épais ; et les servantes jetaient les ordures.
Dès que dans la maison ils eurent tout remis en ordre,
De la salle trapue ils emmenèrent les servantes
Dans la cour, entre la rotonde et la solide enceinte,

460 Et les bloquèrent dans un coin d'où l'on ne pouvait fuir.
Le sage Télémaque fut le premier à parler :
   "Il ne sera pas dit que j'ai donné une mort pure
A celles qui ont déversé l'outrage sur ma tête
Et sur ma mère et ont dormi avec les prétendants !"
465   Sur ces mots, il fixa à l'une des grandes colonnes
Un câble de bateau, dont il entoura la rotonde,
Le tendant assez haut pour que les pieds ne touchent terre.
Comme des grives de large envergure ou des colombes
Se prennent au panneau qu'on a tendu sur un buisson ;
470 Elles rentraient au nid, et ne trouvent qu'un lit funeste :
C'est ainsi que leurs têtes s'alignaient, un nœud coulant
Autour de chaque cou, pour que leur mort fût misérable.
Leurs pieds eurent un bref sursaut, ce ne fut pas bien long.
   Par l'entrée et la cour, on traîna dehors Mélantheus.
475 D'un bronze sans pitié on lui trancha nez et oreilles ;
Puis son membre arraché fut jeté tout sanglant aux chiens,
Et, pleins de rage, ils lui coupèrent les mains et les pieds.
   Ensuite, après s'être lavé et les pieds et les mains,
Ils retournèrent au palais ; l'œuvre était achevée.
480 Alors Ulysse s'adressa à la vieille Euryclée :
   "Nourrice, apporte-moi du feu, du soufre salutaire,
Que je soufre la salle ; puis va dire à Pénélope
De venir nous trouver avec ses femmes de service
Et d'amener ici toutes les autres chambrières."
485   La nourrice Euryclée, alors, lui fit cette réponse :
"Mon enfant, tu viens de parler comme il fallait le faire.
Mais permets-moi aussi de t'apporter robe et manteau :
Tu ne peux pas rester ici avec ces seuls haillons
Sur tes larges épaules, car ce serait chose indigne."
490   Lors, prenant la parole, Ulysse l'avisé lui dit :

"Eh bien, qu'on me fasse d'abord du feu dans cette salle."
    A ces mots, la nourrice suivit l'ordre de son maître.
Elle alla lui chercher le feu, le soufre. Alors Ulysse
Purifia soigneusement salle, logis et cour.
La vieille traversa les beaux appartements d'Ulysse   495
Pour prier les servantes de venir sans plus tarder.
Elles sortirent de la salle, une torche à la main.
Se jetant au cou du héros, elles lui firent fête,
Lui baisèrent très tendrement la tête et les épaules
Et lui prirent les mains. Un doux désir l'envahissait   500
De pleurs et de sanglots, car il les reconnaissait toutes.

CHANT XXIII

Alors la vieille, riant aux éclats, gagna l'étage
Pour dire à sa maîtresse que son époux était là ;
Ses genoux bondissaient, ses pieds trébuchaient sur les marches.
Elle se mit à son chevet et lui parla ainsi :
    "Allons ! réveille-toi, Pénélope, ma chère enfant,   5
Et viens voir de tes yeux ce que tu n'as cessé d'attendre.
Ulysse est de retour ! il est ici, ce grand absent !
Il a tué les mâles prétendants qui dévoraient
Ses biens, ravageaient sa demeure et maltraitaient son fils."
    La sage Pénélope, alors, lui fit cette réponse :   10
"Les dieux, brave nourrice, ont dû te déranger la tête,
Ces dieux qui peuvent rendre fou l'homme le plus sensé
Et rappeler à la raison l'être le plus débile.
Ils ont égaré ton esprit, naguère si prudent.
Tu sais tous mes chagrins ; que viens-tu te jouer de moi   15
Par de tels racontars et m'arracher à la douceur
De ce sommeil qui m'enchaînait en voilant mes paupières ?
Je n'ai jamais dormi pareillement depuis qu'Ulysse
Est allé voir cette maudite et exécrable Troie.
Mais allons ! redescends, retourne en hâte dans la salle.   20
Car si toute autre femme de service était venue
M'apporter ce message et me tirer de mon sommeil,
J'aurais bien vite fait de la renvoyer sans douceur
Dans ses appartements ; ton âge au moins t'aura servie !"
    La nourrice Euryclée, alors, lui fit cette réponse :   25

"Je ne te raille pas, mon enfant ; c'est la vérité :
Ulysse est de retour ! il est ici, je te l'affirme !
C'est lui, cet étranger que tous outrageaient dans la salle.
Télémaque savait depuis longtemps qu'il était là ;
30   Mais par prudence il a gardé le secret de son père,
Pour lui laisser le temps de châtier ces insolents."
     La reine tressaillit de joie, et, sautant de son lit,
Elle prit la vieille en ses bras ; les yeux remplis de larmes,
Elle lui adressa alors ces paroles ailées :
35   "Chère nourrice, allons ! dis-moi toute la vérité.
S'il est vrai qu'il est revenu, ainsi que tu l'affirmes,
Comment a-t-il pu, à lui seul, abattre cette troupe
Infâme, eux qui étaient toujours si nombreux sous ce toit ?"
     La nourrice Euryclée, alors, lui fit cette réponse :
40   "Je n'ai rien vu, rien su ; j'entendais seulement les plaintes
Des hommes qu'on tuait ; nous nous tenions, terrorisées,
A l'abri de nos murs épais, et toutes portes closes,
Jusqu'au moment où ton fils Télémaque vint me dire,
De la part de son père, de sortir de notre chambre.
45   Lorsque je retrouvai Ulysse, il se tenait debout
Parmi les morts ; autour de lui, jonchant le sol battu,
Les corps gisaient en tas ; tu l'aurais vu avec plaisir,
Eclaboussé de poussière et de sang, tel un lion.
Les voilà entassés devant les portes de la cour.
50   Il vient d'allumer un grand feu et soufre en ce moment
Le splendide palais ; c'est lui qui me dépêche ici.
Eh bien, suis donc mes pas, afin qu'une pareille joie
Unisse vos deux cœurs, car vous avez beaucoup souffert.
Oui, aujourd'hui enfin, ce grand espoir se réalise.
55   Ton époux te revient vivant, et il retrouve ici
Son épouse et son fils ; et quant aux prétendants, fauteurs

De tant de maux, il les a tous tués dans sa maison."

    La sage Pénélope, alors, lui fit cette réponse :

"Chère nourrice, attends un peu pour rire et triompher.

Tu sais comme il serait ici le bienvenu pour tous,   60

Et d'abord pour moi-même et pour cet enfant de ma chair.

Mais le récit que tu me fais ne peut pas être vrai.

Si quelqu'un est venu tuer les prétendants altiers,

C'est un dieu, qu'auront indigné leur outrance et leurs crimes.

Qu'on fût noble ou vilain, quand on venait les supplier,   65

Ils n'avaient que mépris pour tous les hommes de ce monde.

C'est donc pour leurs fureurs qu'ils ont payé. Quant à Ulysse,

Loin de sa terre, il a perdu son retour et sa vie."

    La nourrice Euryclée, alors, lui fit cette réponse :

"Ma fille, quel propos a franchi l'enclos de tes dents !   70

Il est ici, près du foyer, celui dont tu disais

Qu'il ne reviendrait plus ! Ton cœur est vraiment incrédule !

Je vais donc te donner une autre preuve irréfutable :

La marque faite par le boutoir blanc d'un sanglier ;

Je l'ai vue en lavant ses pieds ; je voulais te le dire   75

A toi aussi ; mais, me prenant des deux mains à la gorge,

Il m'a fermé la bouche, en quoi il fut bien inspiré.

Allons ! viens avec moi ; je mets ma propre vie en gage,

Et si je mens, inflige-moi la mort la plus cruelle !"

    La sage Pénélope, alors, lui fit cette réponse :   80

"Tu auras bien du mal, chère nourrice, à pénétrer

Tous les desseins des dieux, si clairvoyante que tu sois.

Mais allons rejoindre mon fils. Je veux voir s'ils sont morts,

Ces nobles prétendants, et celui qui les a tués."

    Elle descendit donc l'étage, émue et ne sachant   85

Si elle allait interroger son cher époux de loin

Ou courir lui prendre les mains, la tête, et les baiser.

Quand elle fut entrée et eut franchi le seuil de pierre,
Elle s'assit au coin du feu, bien en face d'Ulysse,
90   Contre l'autre paroi ; et lui, adossé au pilier,
Etait assis, les yeux baissés, et attendait le mot
Que sa vaillante épouse lui dirait en le voyant.
Elle fut longtemps sans parler ; la stupeur l'avait prise ;
Tantôt elle reconnaissait Ulysse en ce visage,
95   Tantôt elle ne voyait plus que ses méchants haillons.
     Alors son fils, en la tançant, lui adressa ces mots :
"Que ton cœur est cruel, ô ma mère ! ô méchante mère !
Pourquoi te tiens-tu à distance, au lieu d'aller t'asseoir
En face de mon père et de l'interroger sur tout ?
100 Nulle autre femme ne pourrait s'obstiner comme toi
A se tenir loin d'un époux qui, après tant d'épreuves
Et une absence de vingt ans, reviendrait au pays.
Mais ton cœur est resté plus dur que ne l'est un rocher !"
     La sage Pénélope, alors, lui fit cette réponse :
105 "Mon enfant, la surprise est là, qui me saisit le cœur.
Je ne puis prononcer un mot, ni le questionner,
Ni même le regarder dans les yeux. Mais si vraiment
Ulysse est de retour chez lui, nous nous reconnaîtrons
L'un l'autre sans difficulté, car il est entre nous
110 Certains signes cachés, que nous sommes seuls à savoir."
     Ulysse l'endurant, à ces mots, se prit à sourire
Et vite à Télémaque il dit ces paroles ailées :
     "Télémaque, laisse ta mère me mettre à l'épreuve
Dans ce palais ; ses derniers doutes vont bientôt tomber.
115 Du fait que je suis sale et couvert de méchants haillons,
Elle ne peut me respecter ni croire que c'est moi.
Pour nous, examinons quel sera le meilleur parti.
Il suffit qu'un homme ait tué quelqu'un dans son pays,

Même quelqu'un qui n'a pas de grands vengeurs de sa mort,
Pour qu'il quitte les siens et abandonne sa patrie ;   120
Et nous, nous avons renversé le rempart de la ville,
L'élite de nos jeunes gens ; il te faut y penser !"

    Le sage Télémaque, alors, lui fit cette réponse :
"Mon père, c'est à toi d'en décider ; ne dit-on pas
Que ta sagesse est sans égale ici-bas, sur la terre,   125
Et que nul autre humain ne peut t'en disputer le prix ?
[Nous te suivrons résolument, et, crois-moi, la vaillance
Ne nous manquera pas, tant que nos forces dureront."]

    Ulysse l'avisé lui fit alors cette réponse :
"Je vais donc t'exposer ce qui me paraît le meilleur.   130
Pour commencer, allez au bain et mettez d'autres robes ;
Puis faites prendre aux femmes du palais de beaux habits ;
Que le divin chanteur, aidé de sa lyre sonore,
Dirige pour nous tous les pas d'une danse joyeuse,
Afin qu'à nous entendre du dehors, chaque passant,   135
Chaque voisin puisse penser qu'on célèbre une noce.
Gardons que la nouvelle de la mort des prétendants
Ne se propage en ville avant que nous soyons partis
Pour nos riches vergers des champs ; là nous aurons le temps
De voir ce que l'Olympien pourra nous inspirer."   140

    En entendant ces mots, ils s'empressèrent d'obéir.
Ils allèrent d'abord au bain et mirent d'autres robes ;
Puis, quand on eut paré les femmes, le divin chanteur
Prit sa lyre bombée et fit naître en eux le désir
De la douce musique et des danses harmonieuses ;   145
Et bientôt le vaste palais retentit sous les pieds
Des hommes qui dansaient et des femmes bien habillées.
Les gens du voisinage, en entendant ce bruit, disaient :

    "Nul doute : un mari nous la prend, cette reine adulée !

150 La cruelle ! n'avoir pas su garder le grand palais
De son premier époux jusqu'à l'instant de son retour !"
    Voilà ce qu'on disait, sans rien connaître de l'affaire.
Cependant Ulysse au grand cœur était rentré chez lui.
Eurynomé, après l'avoir baigné et frotté d'huile,
155 Le recouvrit d'une tunique et d'une belle écharpe.
Athéna versa sur sa tête une auguste beauté,
Le rendit plus grand et plus fort, déroulant de sa nuque
Des cheveux bouclés comme l'est la fleur de la jacinthe.
De même qu'un artiste habile, instruit par Héphaestos
160 Et Pallas Athéna dans les arts les plus variés,
Verse l'or sur l'argent et fait de gracieux ouvrages :
Ainsi, sur sa tête et son buste, elle versa la grâce.
Quand il sortit du bain, on l'eût pris pour un Immortel.
Il se rassit dans le fauteuil qu'il venait de quitter,
165 En face de sa femme, et lui adressa ces paroles :
    "Malheureuse ! il n'est point de faible femme à qui les dieux
D'en haut aient donné plus qu'à toi un cœur impitoyable !
Nulle autre femme ne pourrait s'obstiner comme toi
A se tenir loin d'un époux qui, après tant d'épreuves
170 Et une absence de vingt ans, revient dans sa patrie !
Allons ! nourrice, donne-moi un lit, j'irai dormir
Tout seul, car c'est un cœur de fer qu'elle a dans la poitrine !"
    La sage Pénélope, alors, lui fit cette réponse :
    "Non ! malheureux ! ce n'est chez moi ni orgueil ni mépris ;
175 Mon cœur est réticent ; je sais trop bien quel tu étais,
Quand tu quittas Ithaque sur ta nef aux longues rames.
Mais allons ! Euryclée, amène de la grande chambre
Le cadre en bois épais qu'il avait construit de ses mains.
Quand vous l'aurez porté dehors, mettez-y le coucher,
180 Les couvertures, les toisons et les draps chatoyants."

Elle parlait ainsi pour l'éprouver. Alors Ulysse
En eut le cœur serré et dit à sa fidèle épouse :
   "Femme, tu viens de prononcer un mot qui me torture.
Qui donc a déplacé mon lit ? L'homme le plus habile
N'aurait pas réussi sans le concours de quelque dieu,   185
Qui, rien qu'à le vouloir, l'eût transporté sans peine ailleurs ;
Mais aucun parmi les mortels, pour vigoureux qu'il fût,
N'eût pu le déplacer. Car il y a un grand secret
Dans son agencement, et c'est moi seul qui l'ai bâti.
Dans la cour s'élevait un rejet d'olivier feuillu ;   190
Il était dru et verdoyant, gros comme une colonne.
Je construisis autour de lui les murs de notre chambre,
En blocs appareillés, et les recouvris d'un bon toit,
Non sans y ménager d'épaisses portes sans fissures.
Ensuite je coupai la frondaison de l'olivier,   195
Et, taillant le tronc jusqu'à la racine avec ma hache,
Je le polis soigneusement, le dressai au cordeau
Et en fis un support que je perçai à la tarière.
Le prenant pour premier montant, je rabotai un lit
Que j'ornai d'incrustations d'or, d'argent et d'ivoire ;   200
Pour finir, je tendis dessus des sangles de cuir rouge.
Voilà le secret dont je te parlais ; mais je ne sais
Si ce lit est encore en place, ô femme, ou si déjà
Un autre, pour le mettre ailleurs, a coupé la racine."
   Alors, reconnaissant les signes sûrs qu'il lui donnait,   205
La reine sentit défaillir ses genoux et son cœur.
Tout en pleurant, elle courut vers lui, jeta ses bras
Au cou d'Ulysse et baisa son visage en s'écriant :
   "Ulysse, ne te fâche pas ! tu as toujours été
L'homme le plus sensé. Nos malheurs nous viennent des dieux,   210
Qui nous ont refusé de vivre ensemble le bel âge

Et de parvenir côte à côte au seuil de la vieillesse.
Aujourd'hui donc ne va pas te fâcher ni me blâmer !
Si du premier abord je ne t'ai pas ouvert mes bras,
215 C'est que mon cœur trembla toujours au fond de ma poitrine
Que quelque homme ne vînt ici m'abuser de ses contes,
Car il y a tant de méchants qui ne pensent qu'à mal !
Ah ! même la fille de Zeus, Hélène l'Argienne,
Ne se serait jamais donnée à l'homme de là-bas,
220 Si elle eût su que les valeureux fils des Achéens
Iraient la ramener chez elle, au pays de ses pères.
Sans doute un dieu a dû lui inspirer cet acte infâme,
Car son cœur, jusque-là, ignorait cet aveuglement
Fatal, qui nous valut, à nous aussi, tant de misères.
225 Maintenant que tu m'as fourni d'irréfutables preuves
En décrivant ce lit qu'aucun autre mortel n'a vu,
Excepté toi et moi et une seule de nos femmes,
Actoris, qu'en venant ici, je reçus de mon père
Et qui gardait les portes de notre solide chambre,
230 Mon cœur se rend à tes raisons, quelque cruel qu'il soit !"
    Alors le désir de pleurer le reprit de plus belle,
Tandis qu'il étreignait sa tendre et fidèle compagne.
De même que la terre apparaît douce aux naufragés,
Quand Poséidon a fait sombrer en mer leur bon navire
235 Livré aux assauts conjugués de la vague et du vent ;
Bien peu émergent de l'écume et nagent vers la terre,
Le corps entièrement couvert d'une couche de sel,
Mais trop heureux de prendre pied et d'avoir fui l'orage :
De même elle eut beaucoup de joie à revoir son époux,
240 Et de son cou ne pouvait plus détacher ses bras blancs.
L'aurore aux doigts de rose les eût trouvés sanglotant,
Si Athéna, la déesse aux yeux pers, n'eût décidé

De reculer le terme de la nuit en retenant
L'aurore au trône d'or dans l'Océan, sans la laisser
Atteler ses coursiers qui portent la lumière aux hommes,   245
Lampas et Phaéton, ces lestes poulains de l'aurore.
Finalement Ulysse l'avisé dit à sa femme :
    "O femme, nous ne sommes pas au bout de nos épreuves,
Car il me reste désormais à mener à son terme
Un travail dur et compliqué, qui prendra bien du temps.   250
C'est ce que m'a prédit l'ombre du vieux Tirésias,
Le jour où je suis descendu dans la maison d'Hadès
Pour m'informer de mon retour et de celui des miens.
Mais viens ! allons nous mettre au lit, ô femme : il est grand temps
Que nous dormions et savourions les douceurs du sommeil."   255
    La sage Pénélope, alors, lui fit cette réponse :
"Ton lit te recevra dès que tu en auras envie,
Puisque les dieux t'ont accordé la grâce de rentrer
Dans ta demeure bien bâtie, au pays de tes pères.
Mais puisqu'un dieu t'a suggéré ce que tu viens de dire,   260
Parle-moi donc de cette épreuve : il faudra bien qu'un jour
Je la connaisse, et j'aime autant le savoir tout de suite."
    Ulysse l'avisé lui fit alors cette réponse :
"Malheureuse ! pourquoi tant insister pour que j'en parle ?
Eh bien, je m'en vais te le dire, et sans rien te cacher ;   265
Ton cœur va en souffrir, autant que j'en souffre moi-même.
Tirésias m'a ordonné d'aller de ville en ville
Et de courir le monde avec une rame polie
Jusque dans le pays des gens qui ignorent la mer
Et mangent leur pitance sans y ajouter de sel.   270
Ils ne connaissent donc ni les nefs aux flancs écarlates
Ni les rames en bois poli, ces ailes des navires.
Il m'a donné une marque certaine ; la voici :

407

Lorsqu'un passant, croisant ma route, me demandera
275 Pourquoi j'ai cette pelle à grains sur ma brillante épaule,
Ce jour-là je devrai planter ma rame dans la terre
Et offrir un beau sacrifice au seigneur Poséidon,
(Bélier, taureau, verrat de taille à couvrir une truie),
Puis, rentrant au logis, offrir de saintes hécatombes
280 A tous les Immortels qui règnent sur le vaste ciel,
Sans en omettre aucun ; après quoi la mer m'enverra
La plus douce des morts, qui ne me prendra qu'épuisé
Par une vieillesse opulente, ayant autour de moi
Des peuples fortunés. Voilà tout ce qu'il m'a prédit."
285 La sage Pénélope, alors, lui fit cette réponse :
"Si les dieux doivent t'accorder une vieillesse heureuse,
L'espoir nous reste d'être un jour déchargés de nos maux."
Pendant qu'ils se livraient à cet échange de propos,
Eurynomé et la nourrice, à la lueur des torches,
290 Etendaient sur leur lit des couvertures bien moelleuses.
Quand le cadre solide eut été garni avec soin,
La vieille s'en alla dormir dans son appartement ;
Eurynomé, la chambrière, une torche à la main,
Guida les deux époux, qui allaient regagner leur lit.
295 Elle les mena dans leur chambre et revint, les laissant
Ravis de retrouver leur couche et ses droits d'autrefois.
Cependant Télémaque, le bouvier et le porcher
Firent cesser la danse et, ayant renvoyé les femmes,
Allèrent se coucher tous trois dans l'ombre de la salle.
300 Les deux époux, après s'être rassasiés d'amour,
Goûtèrent le plaisir des confidences réciproques.
La toute divine disait ce qu'elle avait souffert
A voir dans le palais ce tas de maudits prétendants
Qui, pour elle, égorgeaient tant de bœufs, tant de gras moutons,

Et n'arrêtaient pas de puiser le vin dans les amphores.   305
Le divin Ulysse, à son tour, lui narrait tous les maux
Qu'il avait causés aux humains, puis ses propres traverses
Et ses malheurs. Elle écoutait, ravie, et le sommeil
Ne lui ferma les yeux que lorsqu'il eut tout raconté.

Il lui narra d'abord comment il vainquit les Cicones,   310
Comment il atteignit le gras pays des Lotophages ;
Quels crimes commit le Cyclope, et comment il vengea
Ses braves compagnons qu'il avait mangés sans pitié ;
Comment il parvint chez Eole, qui le régala
Et aida son retour ; mais le sort ne lui permit pas   315
De revenir chez lui, car la tempête le saisit
Et l'emporta tout gémissant sur la mer poissonneuse ;
Comment il atteignit la Télépyle lestrygonne,
Où il perdit ses nefs et tous ses compagnons guêtrés ;
Ulysse fut le seul à fuir avec sa sombre nef ;   320
Il raconta la ruse insidieuse de Circé,
Et comment il gagna le putride séjour d'Hadès,
Pour interroger l'ombre du Thébain Tirésias,
Sur son navire aux bons rameurs, et y vit tous ses gens
Et sa mère qui l'engendra et nourrit son enfance ;   325
Comment il entendit la voix des Sirènes sifflantes
Et atteignit les Roches Planctes, l'horrible Charybde
Et Scylla, dont jamais nul homme ne put réchapper ;
Comment l'équipage tua les vaches du Soleil ;
Comment le grand Tonneur frappa de sa foudre fumante   330
Le rapide vaisseau, faisant périr ses braves gens
Tous à la fois, sauf lui, qui échappa aux sombres Parques ;
Comment il vint à Ogygie, où Calypso la nymphe,
Brûlant de l'avoir pour époux, le retint dans son île
Et ses antres profonds, le nourrissant et se flattant   335

De le rendre immortel et de le garder toujours jeune,
Mais sans parvenir pour autant à convaincre son cœur ;
Comment il échoua enfin chez les Phéaciens,
Qui l'honorèrent dans leur âme à l'instar d'un vrai dieu
340   Et le reconduisirent par vaisseau dans sa patrie,
Après l'avoir comblé de vêtements, de bronze et d'or.
Il finissait, lorsque le doux sommeil libérateur
Fondit sur lui et délivra son cœur de tout souci.
     Alors la déesse aux yeux pers prit un autre parti.
345   Dès que, dans le fond de son âme, elle jugea qu'Ulysse
Avait goûté les charmes de l'amour et du sommeil,
Elle appela de l'Océan la Fille du matin
Au trône d'or, pour qu'elle portât la lumière aux hommes.
Quittant son lit moelleux, Ulysse dit à son épouse :
350   "Femme, nous sommes tous les deux rassasiés d'épreuves.
Pendant que tu te tourmentais dans l'attente angoissée
De mon retour, Zeus et les autres dieux me retenaient
Et m'accablaient de maux, loin de la terre de mes rêves.
Maintenant que nous avons retrouvé ce lit si cher,
355   A toi de veiller sur les biens que j'ai encore ici.
Pour compenser les bêtes que ces insolents m'ont prises,
J'irai en prendre ailleurs, et les Achéens m'offriront
Le reste, jusqu'à tant que mes étables soient bien pleines.
Mais je veux d'abord aller faire un tour dans mon verger,
360   Pour voir mon noble père, qui se ronge de chagrin.
Je te sais raisonnable ; écoute pourtant mon conseil.
Aussitôt le soleil levé, le bruit va se répandre
Que j'ai, au sein de ce palais, tué les prétendants.
Regagne ton étage en emmenant tes chambrières ;
365   N'en bouge plus ; il ne faut pas qu'on te voie ou t'entende."
     Il dit, puis ajusta sa belle armure à ses épaules,

Fit lever Télémaque, le bouvier et le porcher
Et commanda à tous de prendre un attirail de guerre.
Ils s'empressèrent de passer leurs armures de bronze.
On ouvrit la porte, on sortit ; Ulysse allait devant.   370
Déjà le jour se répandait sur terre ; mais Pallas
Les couvrit d'un nuage et les poussa vite dehors.

CHANT XXIV

Hermès, dieu du Cyllène, appelait cependant à lui
Les âmes des fiers prétendants ; il tenait dans sa main
La belle verge d'or dont il charme les yeux des hommes
Ou les arrache à leur sommeil, selon sa volonté.
Il les menait ainsi, et elles suivaient, piaulantes.   5
Comme les chauves-souris, dans le fond d'un antre obscur,
Prennent leur vol en piaulant, pour peu que l'une d'elles
Lâche la grappe de leurs corps suspendue à la voûte :
Ainsi toutes ces âmes s'en allaient en piaulant
Vers le séjour putride où les menait le bon Hermès.   10
Ils passèrent le cours de l'Océan, le Rocher Blanc,
La grande Porte du Soleil et le pays des Songes,
Et furent bientôt arrivés au Pré de l'Asphodèle,
Où habitent les ombres, ces fantômes des défunts.
    Ils trouvèrent là-bas l'âme du Péléide Achille   15
Et celles de Patrocle, et d'Antiloque sans défaut,
Et d'Ajax, le premier, pour la stature et la beauté,
De tous les Danaens, après Achille sans défaut.
Ils étaient tous autour de lui, lorsque, s'approchant d'eux,
Se présenta l'ombre d'Agamemnon, le fils d'Atrée,   20
Dolente, au milieu de tous ceux qui, au palais d'Egisthe,
Avaient péri à ses côtés et subi leur destin.
L'ombre du Péléide fut la première à parler :
    "Atride, nous pensions que, plus qu'aucun autre héros,
Tu serais à jamais cher à Zeus, le lanceur de foudre,   25

413

Car tu régnais sur une masse de vaillants guerriers
Dans le pays de Troie, où les Argiens ont tant souffert.
Pourtant c'est devant toi que devait surgir en premier
Le sort fatal que nul n'évite : il suffit d'être né !
30 Que n'as-tu pu, comblé des honneurs qu'appelait ta charge,
Subir ta destinée et mourir en pays troyen !
Car les Panachéens t'auraient élevé un tombeau,
Et à ton fils tu aurais légué une gloire immense.
Mais ton destin fut de périr d'une mort exécrable !"
35   Et l'ombre de l'Atride, alors, lui fit cette réponse :
"Heureux fils de Pélée, Achille comparable aux dieux,
Tu es mort en Troade, loin d'Argos ; près de ton corps,
Les meilleurs des Troyens et des Achéens ont péri
Pour se l'approprier ; toi, tu gisais dans la poussière,
40 Couché de tout ton long et ne songeant plus à ton char.
Nous avons lutté pendant tout le jour, et la bataille
N'eût pas fini, si Zeus n'y eût mis fin par un orage.
Au sortir du combat, nous t'avons ramené aux nefs
Et couché sur un lit, puis avons lavé ton beau corps
45 D'eau tiède et de parfums ; les Danaens, autour de toi,
S'arrachaient les cheveux, tout en pleurant à chaudes larmes.
Quand ta mère apprit la nouvelle, elle sortit des flots
Avec les déesses marines, tandis qu'un grand cri
S'élevait de la mer, faisant trembler tous les Argiens.
50 Ils allaient se précipiter au creux de leurs vaisseaux,
Quand Nestor les retint, ce héros plein d'expérience,
Dont l'avis avait passé jusqu'ici pour le meilleur.
En sage qu'il était, il prit donc la parole et dit :
    «Arrêtez, gens d'Argos ! ne frappez plus, fils d'Achaïe !
55 C'est sa mère qui vient avec les déesses marines
Du fond des eaux pour pleurer sur le corps de son enfant !»

Il dit, et les preux Achéens s'arrêtèrent de fuir.
En rond autour de toi, les filles du Vieux de la mer,
Poussant des cris plaintifs, te couvrirent d'habits divins ;
Puis, de leurs belles voix, les Muses chantèrent un thrène   60
En couplets alternés, et tu n'eusses pas vu un preux
Qui ne pleurât, tant nous troublait le chant plaintif des Muses.
Là, pendant dix-sept jours et pendant tout autant de nuits,
Nous avons pleuré sur ta mort, hommes et dieux ensemble.
Le dix-huitième, on te mit au bûcher, et sur ton corps   65
On immola maints gras moutons, maintes vaches cornues.
Habillé comme un dieu, tu fus brûlé dans les parfums
Et le miel le plus doux, et tout autour de ton bûcher
Une foule de preux, tant fantassins que cavaliers,
Dansaient, les armes à la main, dans un tumulte immense.   70
Lorsque la flamme d'Héphaestos eut consumé tes chairs,
De bon matin, Achille, on recueillit tes os blanchis
Dans du vin pur et des parfums. Ta mère nous donna
Une grande urne en or ; c'était, nous disait-elle, un don
De Dionysos, une œuvre due à l'illustre Héphaestos.   75
C'est là qu'on enferma tes os blanchis, ô noble Achille,
Mêlés aux restes de Patrocle, fils de Ménœtios.
On mit à part ceux d'Antiloque, ce héros si brave
Que tu estimais entre tous, après Patrocle mort.
Sur ces restes, ensuite, un grand et superbe tombeau   80
Fut élevé par les Argiens et leur puissante armée,
A la pointe d'un cap, au bord de l'immense Hellespont,
Afin que de la mer il fût visible de très loin
Aux hommes d'aujourd'hui et à ceux qui naîtraient plus tard.
Ta mère, ayant reçu des dieux de splendides présents   85
Pour les chefs achéens, les mit au centre de l'arène.
Tu as déjà pu assister à bien des jeux funèbres

415

En l'honneur d'un héros, quand, après le décès d'un roi,
Les jeunes gens se ceignent pour affronter les épreuves.
90   Mais tu aurais été vraiment émerveillé de voir
Les magnifiques prix que vint nous apporter pour toi
Thétis aux pieds d'argent : devais-tu être aimé des dieux !
C'est ainsi que même à ta mort, ton nom a survécu
Et que ta gloire, Achille, restera toujours vivante.
95   Mais moi, qu'ai-je bien pu gagner à terminer la guerre ?
Dès mon retour, Zeus m'a réservé une fin atroce
Entre les mains d'Egisthe et de mon épouse maudite !"
     Voilà quels étaient les propos qu'ils échangeaient entre eux,
Lorsque le Messager, Tueur d'Argus, vint à passer,
100 Guidant les âmes des seigneurs qu'Ulysse avait tués.
En les voyant, les deux héros, surpris, les rejoignirent.
L'ombre du fils d'Atrée Agamemnon sut reconnaître
L'illustre Amphimédon, le propre fils de Mélaneus,
Que jadis, au pays d'Ithaque, il avait eu pour hôte.
105 L'ombre d'Agamemnon fut la première à lui parler :
     "Amphimédon, comment, hommes d'élite et du même âge,
Avez-vous rejoint ces lieux ténébreux ? On n'aurait pu
Faire un choix plus complet en triant l'élite du bourg !
Est-ce Poséidon qui vous a domptés sur vos vaisseaux
110 En vous prenant sous la tempête et les vagues géantes ?
Ou bien des ennemis vous ont-ils tués sur la côte,
Quand vous voliez leurs bœufs et leurs beaux troupeaux de brebis,
Ou quand vous vous battiez pour une ville et pour des femmes ?
Réponds-moi, car je fus ton hôte, et je m'en glorifie !
115 Ne te souviens-tu pas que je suis venu vous trouver
Avec le divin Ménélas pour engager Ulysse
A nous suivre vers Ilion sur nos rapides nefs ?
Il nous fallut un mois pour traverser la vaste mer

Et tenter de convaincre Ulysse, le preneur de villes.”

    L'ombre d'Amphimédon lui fit alors cette réponse :   120
"Illustre Atride Agamemnon, protecteur de ton peuple,
Je me souviens de tout cela, ô nourrisson de Zeus !
Je vais donc te répondre point par point et te conter
Les rudes circonstances qui ont marqué notre fin.
Ulysse ne revenant plus, nous briguions son épouse.   125
Elle, sans refuser ce triste hymen ni le hâter,
Nous prépara pourtant la mort et un sombre destin.
Voici le dernier stratagème qu'elle imagina.
Elle avait fait installer dans la salle un grand métier
Et y tissait un immense linon, en nous disant :   130
«Mes jeunes prétendants, le divin Ulysse est bien mort ;
Mais, quoique cet hymen vous presse, attendez que j'achève,
Car je ne voudrais pas que tout ce fil ne serve à rien :
Ce sera pour ensevelir notre seigneur Laërte,
Quand la mort viendra le coucher dans son dernier sommeil.   135
Sinon quelque Achéenne irait m'accuser devant tous
De laisser sans suaire un homme qui avait de quoi.»
A ces mots, nos cœurs généreux se laissèrent convaincre.
Dès lors, pendant le jour elle tissait sa grande toile,
Mais la défaisait chaque nuit, à la lueur des torches.   140
Pendant trois ans, elle cacha sa ruse et nous trompa.
Mais lorsque le temps amena la quatrième année
Et que, les mois passant, les longs jours furent revenus,
Une femme d'ici, qui savait tout, lâcha le mot.
On la surprit comme elle défaisait sa belle toile,   145
Si bien qu'elle dut la finir, en dépit qu'elle en eût.
Une fois tissé et lavé, elle nous présenta
Ce grand linon, plus brillant que la lune ou le soleil.
C'est alors qu'un mauvais génie amena notre Ulysse

150 A l'extrémité du domaine, où vivait le porcher.
Là se rendit aussi le fils de ce divin héros,
Venu avec sa sombre nef de la Pylos des Sables.
Après qu'ils eurent combiné la mort des prétendants,
Ils prirent tous deux le chemin de l'illustre cité.
155 Télémaque marchait devant, Ulysse le suivait,
Conduit par le porcher ; il était vêtu de haillons ;
On eût dit un vieux mendiant tout couvert de guenilles,
Appuyé sur sa canne et vêtu de méchantes loques.
Personne d'entre nous, même parmi les plus âgés,
160 N'eût pu le reconnaître, en le voyant surgir soudain.
Aussi l'avons-nous accablé d'injures et de coups.
Longtemps il endura, avec beaucoup de patience,
D'être frappé et insulté dans sa propre demeure.
Mais quand l'esprit de Zeus, le Porte-Egide, l'éveilla,
165 Aidé de Télémaque, il enleva les belles armes,
Les déposa dans le trésor et ferma les verrous ;
Puis cet esprit rusé sut persuader à sa femme
De proposer aux prétendants l'arc et les flèches grises,
Pour une joute, hélas ! qui devait nous être fatale.
170 Pas un seul d'entre nous ne parvint à tendre la corde
De l'arc puissant ; nous étions loin d'avoir assez de force.
Mais lorsque le grand arc arriva dans les mains d'Ulysse,
Nous eûmes beau demander tous en chœur et à grands cris
Qu'on le lui refusât, quoi qu'il pût dire en sa faveur,
175 Télémaque, et lui seul, ordonna de le lui remettre.
Alors Ulysse l'endurant le prit dans sa main droite ;
Il tendit aisément la corde et traversa les fers.
Puis, debout sur le seuil, il sortit les flèches rapides
Et, le regard méchant, frappa le roi Antinoos.
180 Ensuite il décocha ses traits mortels contre les autres ;

Il visait devant lui ; et nous, nous tombions côte à côte.
Nul ne pouvait douter que quelque dieu guidait leurs coups.
Car dans la grand-salle aussitôt, n'écoutant que leur rage,
Ils nous tuèrent sans pitié ; un bruit affreux montait
Des crânes fracassés, et le sol ruisselait de sang.   185
Telle fut notre fin, Agamemnon, et nos cadavres
Gisent encore à l'abandon dans le palais d'Ulysse,
Car nos amis dans leurs maisons ne savent toujours rien,
Sinon ils auraient lavé le sang noirci de nos plaies
Et rendraient un ultime hommage à nos corps exposés."   190
     Alors l'ombre d'Agamemnon lui fit cette réponse :
"Heureux fils de Laërte, Ulysse aux subtiles pensées,
Que de vertu dans celle dont tu as fait ton épouse !
Quelle femme de bien, que cette noble Pénélope,
Fille d'Icarios ! Comme elle se souvient d'Ulysse,   195
L'époux de sa jeunesse ! Ainsi le nom de sa vertu
Ne s'éteindra jamais, et les dieux dicteront aux hommes
De beaux chants à la gloire de la sage Pénélope ;
Alors que pour la fille criminelle de Tyndare,
Qui tua le mari de sa jeunesse, un chant de haine   200
Se répandra partout, de sorte qu'un mauvais renom
S'attachera jusques aux femmes les plus vertueuses !"
     Voilà quels étaient les propos qu'ils échangeaient entre eux
Dans la maison d'Hadès, sous les abîmes de la terre.
Les autres, sortis de la ville, atteignirent bien vite   205
Le beau domaine que Laërte s'était préparé
Et qu'il avait acquis jadis au prix de maintes peines.
Là était sa maison ; tout autour couraient des hangars
Où venaient s'asseoir et manger et prendre leur repos
Les gens qu'il avait condamnés au travail de sa terre.   210
Il vivait là avec une très vieille Sicilienne,

Qui soignait ses vieux jours loin de la ville, à la campagne.
Ulysse dit alors aux serviteurs et à son fils :
    "Vous, entrez maintenant dans cette maison bien bâtie ;
215 Tuez vite pour le repas le plus beau des cochons.
Quant à moi, je vais aller voir ce que pense mon père,
S'il me reconnaîtra, si ses yeux me devineront,
Ou bien si ma trop longue absence l'en empêchera."
    Sur ce, il remit à ses gens son attirail de guerre.
220 Ils coururent tout droit à la maison, tandis qu'Ulysse
Gagnait le verger plein de fruits, pour éprouver son père.
Il entra dans l'enclos, mais n'y trouva ni Dolios
Ni ses fils ni les serviteurs, car ils étaient partis
Cueillir l'épine destinée au mur de la clôture,
225 Sous la conduite du vieillard, qui marchait avec eux.
Ulysse, dans le bel enclos, ne trouva que son père,
Bêchant au pied d'un arbre ; habillé d'un méchant haillon
Noirci et ravaudé, il s'était mis autour des jambes
Des bouts de cuir tout rapiécés, pour ne pas s'écorcher,
230 A ses mains des gants contre les piquants, et sur sa tête,
Pour se garer du froid, une casquette en poil de chèvre.
Quand le divin et endurant Ulysse l'aperçut
Accablé par les ans et le cœur brisé de chagrin,
Il s'abrita sous un poirier et se mit à pleurer.
235 Dans le fond de son cœur, il ne savait quel parti prendre,
S'il allait embrasser son père et tout lui raconter,
Dire qu'il était revenu dans sa terre natale,
Ou s'il commencerait par longuement l'interroger.
Tout bien considéré, il lui sembla qu'il valait mieux
240 Essayer d'abord avec lui des paroles railleuses.
Dans cette intention, Ulysse marcha droit à lui,
Qui bêchait tout autour de l'arbre en courbant son échine.

Arrivé près de lui, son noble fils parla ainsi :

    "On ne le voit que trop, vieillard : tu n'es pas un novice

Dans l'art de jardiner ; tout réussit entre tes mains !   245

Il n'est ni plante ni figuier ni olivier ni vigne

Ni poirier ni légume qui paraisse négligé.

Pourtant laisse-moi dire, et ne te mets pas en colère :

Tu ne prends guère soin de toi ! quelle triste vieillesse !

Quelle sale misère ! et quel sordide accoutrement !   250

Tu es loin d'être un paresseux que son maître néglige ;

Il suffit de te regarder : tu n'as rien d'un esclave,

Ni de traits ni de taille ; on dirait plutôt un grand prince,

Un de ces hommes qui, après le bain et le repas,

Dorment douillettement, comme le font tous les vieillards.   255

Mais allons ! parle-moi sans feinte et réponds point par point :

De qui es-tu le serviteur ? à qui est ce verger ?

Dis-moi tout net encor, car j'ai besoin de le savoir,

Si je suis vraiment à Ithaque, ainsi que me l'a dit

Ce pauvre gars que j'ai croisé en arrivant ici.   260

Il ne m'a pas l'air bien d'aplomb, car il s'est refusé

A me répondre et m'écouter, quand j'ai voulu savoir

Si l'hôte que j'avais reçu était encore en vie

Ou déjà mort et descendu dans la maison d'Hadès.

Car je vais te le dire ; écoute-moi et comprends bien.   265

Jadis, en mon pays, un homme était venu me voir ;

Je l'accueillis chez moi ; nul ne me fut jamais plus cher,

De tous les voyageurs lointains venus dans mon palais.

Il me dit qu'il était natif d'Ithaque et ajouta

Qu'il avait pour père Laërte, un fils d'Arkésios.   270

Je l'emmenai chez moi, je le régalai de mon mieux

Et lui donnai mes soins, ayant de quoi dans ma maison.

Je lui fis des présents, comme il sied d'en faire à tout hôte.

Je lui offris sept talents d'or, d'un travail merveilleux,
275 Ainsi qu'un cratère en argent, tout décoré de fleurs,
Plus douze manteaux non doublés, autant de couvertures,
Autant de pièces de lin blanc et autant de tuniques,
Sans compter quatre femmes d'une adresse incomparable
Et de toute beauté, qu'il choisit à sa convenance."
280   Et son père lui répondit, au milieu de ses larmes :
"Etranger, tu es bien dans le pays que tu cherchais ;
Mais il est au pouvoir d'hommes violents et injustes.
C'est en vain que tu as comblé cet hôte de présents ;
Si tu l'avais trouvé vivant dans son pays d'Ithaque,
285 Il t'aurait rendu la pareille au moment de partir,
En te comblant de biens, car un geste en appelle un autre.
Mais allons ! parle-moi sans feinte et réponds point par point :
Combien de temps cela fait-il que tu reçus cet homme,
Cet hôte malheureux, mon fils, si jamais j'en eus un ?
290 Hélas ! les poissons de la mer l'auraient-ils dévoré
Loin de chez lui ? les fauves, les rapaces de la côte
Se seraient-ils repus de lui ? ni sa mère ni moi
N'avons pu pleurer sur son corps ni le voir au linceul.
Et sa riche épouse non plus, la sage Pénélope,
295 N'a pu crier comme il convient autour du lit du mort
Ni lui fermer les yeux, dernier hommage à nos défunts.
Dis-moi tout net encor, car j'ai besoin de le savoir :
Qui es-tu ? d'où viens-tu ? quels sont tes parents et ta ville ?
Où se tient la rapide nef qui t'amena chez nous
300 Avec tes divins compagnons ? viens-tu en passager
Sur un vaisseau d'emprunt, qui sera reparti sans toi ?"
     Ulysse l'avisé lui fit alors cette réponse :
"Eh bien, je m'en vais te répondre, et sans rien te cacher.
Je suis un homme d'Alybas, où j'ai mon beau palais,

Fils du roi Aphidas, dont Polypémon fut le père ;   305
Moi, je m'appelle Epéritos. Je rentrais en Sicile,
Quand un dieu m'a jeté, bien malgré moi, sur vos rivages ;
Mon navire est mouillé à l'écart de la ville, aux champs.
Quant à Ulysse, il y a maintenant cinq ans déjà
Qu'il est venu me voir et qu'il a quitté ma patrie,   310
Le pauvre ! les oiseaux, pourtant, lui étaient favorables,
Quand il partit ; je le raccompagnai, le cœur joyeux,
Et c'est d'un cœur joyeux qu'il me quitta ; nous comptions bien
Nous recevoir encore et nous faire de beaux présents."

    Un noir nuage de douleur enveloppa Laërte,   315
Et, prenant à deux mains une poussière toute sombre,
Il s'en couvrit ses cheveux blancs et sanglota sans fin.
Ulysse fut bouleversé de voir son père ainsi,
Et un âpre picotement irrita ses narines.
Il s'élança pour l'embrasser, le baisa et lui dit :   320
    "Mon père ! le voici, c'est moi, celui que tu attends !
Je reviens au pays natal après vingt ans d'absence.
Mais trêve de sanglots, de pleurs et de gémissements !
Ecoute-moi plutôt, nous n'avons pas une heure à perdre.
J'ai tué tous les prétendants qui étaient au palais,   325
Pour les punir de leurs cruels affronts et de leurs crimes."
    Laërte prit alors la parole et lui répondit :
"Si celui que j'ai devant moi, c'est bien mon fils Ulysse,
Donne-m'en quelque signe assez certain pour me convaincre."
    Alors Ulysse l'avisé lui fit cette réponse :   330
"Pour commencer, regarde de tes yeux cette blessure
Que de son blanc boutoir un sanglier me fit jadis,
Sur le Parnasse ; envoyé par ma digne mère et toi
Chez mon aïeul Autolycos, j'y devais recevoir
Les présents qu'il m'avait promis, lorsqu'il vint dans Ithaque. 335

De plus, en parcourant ce beau verger, je te dirai
Les arbres que tu m'as donnés ; j'étais encore enfant,
Quand je les avais demandés ; je te suivais partout ;
Nous les avons tous faits, et toi, tu me disais leurs noms.
340 Tu m'as donné alors treize poiriers, dix grands pommiers
Et quarante figuiers ; de même tu m'as réservé
Cinquante rangs de ceps, dont chacun mûrit en son temps
Et sur lesquels poussent des grappes de toutes les sortes,
Quand les saisons de Zeus, du haut du ciel, les alourdissent."
345 Laërte, alors, sentit fléchir ses genoux et son cœur ;
Il avait reconnu les signes donnés par son fils.
Il se cramponna à son cou, et l'endurant Ulysse
Soutint tout contre lui le corps défaillant du vieillard.
Ayant enfin repris ses sens et retrouvé son souffle,
350 Pour répondre à son fils, Laërte prononça ces mots :
"Zeus Père, il est encor des dieux au sommet de l'Olympe,
S'il est vrai que les prétendants ont payé leurs folies !
Mais j'ai soudain grand-peur que tous les habitants d'Ithaque
Ne surviennent ici dans un instant et qu'ils n'envoient
355 Des messagers dans tous les bourgs des Céphalléniens."
Ulysse l'avisé lui fit alors cette réponse :
"Rassure-toi, et que ton cœur cesse de s'alarmer.
Allons plutôt à la maison voisine du verger ;
J'y ai envoyé Télémaque, Eumée et le bouvier,
360 En leur demandant d'apprêter le repas au plus vite."
Sur ce, ils gagnèrent tous deux le superbe logis.
A peine étaient-ils parvenus dans la riche demeure,
Qu'ils y trouvèrent Télémaque, Eumée et le bouvier
Tranchant la viande et mélangeant le vin aux sombres feux.
365 Cependant Laërte au grand cœur était rentré chez lui ;
Sa vieille Sicilienne le baigna, le frotta d'huile

424

Et le vêtit d'un beau manteau ; debout à ses côtés,
Athéna rendit sa vigueur à ce pasteur du peuple
Et le fit paraître et plus grand et plus fort que jadis.
Quand il sortit du bain, son fils le regarda, surpris   370
De se retrouver devant lui : on l'eût pris pour un dieu !
S'adressant donc à lui, il dit ces paroles ailées :
    "O père, c'est assurément l'un des dieux éternels
Qui te fait paraître à nos yeux et plus grand et plus fort !"
    Et le sage Laërte, alors, lui répondit ces mots :   375
"Hélas ! Zeus tout-puissant, et vous, Athéna, Apollon !
Hier, dans ma maison, que n'ai-je été tel qu'on me vit
Le jour où, à la tête de mes Céphalléniens,
Je pris la forte Néricos, au bord du continent !
Les armes sur le dos, j'aurais combattu avec toi   380
Contre les prétendants ; j'aurais brisé, dans ce palais,
Bien des genoux, et la joie eût épanoui ton cœur !"
    Voilà quels étaient les propos qu'ils échangeaient entre eux.
Quand tout fut apprêté et que le souper fut servi,
L'un près de l'autre ils prirent place aux bancs et aux fauteuils.   385
A peine avaient-ils commencé de goûter au repas,
Qu'arriva le vieux Dolios, escorté de ses fils ;
Ils rentraient fatigués des champs, où les avait hélés
Leur vieille mère sicilienne qui veillait sur eux
Et qui choyait son maître accablé par le poids de l'âge.   390
Lorsqu'ils virent Ulysse et que leur cœur le reconnut,
Ils restèrent cloués d'étonnement ; alors Ulysse
Les prévint en leur adressant ces paroles bien douces :
    "Vieillard, viens manger avec nous ! quittez cette stupeur !
Il y a fort longtemps que nous désirons commencer   395
Et que nous restons là, dans ce logis, à vous attendre !"
    A ces mots, Dolios courut vers lui, les bras tendus ;

Il prit la main d'Ulysse et le baisa sur le poignet ;
Puis, s'adressant à lui, il dit ces paroles ailées :
400   "Ami, te voilà revenu ! Tous nos vœux t'appelaient,
Mais nous n'espérions plus. Puisque les dieux t'ont ramené,
Salut ! sois heureux à jamais par la grâce du ciel !
Mais dis-moi sans rien me cacher, j'ai besoin de savoir :
La sage Pénélope est-elle déjà informée
405   De ton retour ici, ou devons-nous l'en avertir ?"
        Alors Ulysse l'avisé lui fit cette réponse :
"Vieillard, elle sait déjà tout ; ne t'occupe de rien."
        Dolios alla donc s'asseoir sur l'escabeau luisant.
Ses enfants s'empressaient de même autour du noble Ulysse,
410   Lui souhaitaient la bienvenue et lui serraient les mains.
Ils s'assirent enfin auprès de Dolios, leur père.
        Pendant que dans la salle ils étaient tous à leur repas,
La Renommée allait colporter la nouvelle en ville,
Contant la mort des prétendants et leur affreux destin.
415   Alors les citoyens affluèrent de toutes parts,
Criant et gémissant devant la demeure d'Ulysse.
Chacun vint y prendre ses morts pour les ensevelir.
Ceux des autres cités, déposés sur des nefs rapides,
Furent conduits par des pêcheurs chacun dans son foyer.
420   Puis l'on rejoignit l'agora, le cœur plein de tristesse.
Une fois tous les hommes réunis en assemblée,
Eupithès voulut prendre la parole et se leva ;
Il portait dans son cœur l'inconsolable deuil d'un fils,
Antinoos, qu'Ulysse avait abattu en premier.
425   C'est en pleurant sur lui qu'il prit la parole et leur dit :
        "Mes amis ! quels forfaits cet homme a commis contre nous !
Il a emmené sur nos nefs une foule de braves ;
Il a perdu ses gens, il a perdu ses creux vaisseaux ;

Il nous tue, au retour, les meilleurs de Céphallénie !
Allons ! il ne faut pas qu'il se sauve jusqu'à Pylos   430
Ou la divine Elide, où les Epéens sont les maîtres.
En route ! car nous resterions à jamais décriés !
Oui, on nous blâmerait jusque dans les temps à venir,
Si nous ne punissions tous ceux qui ont tué nos frères
Et nos enfants. Pour moi, quel charme aurait encor ma vie ?   435
Autant mourir et descendre au plus tôt parmi les morts !
En route ! ne leur laissons pas le temps de s'embarquer !"
    Il dit, et ses pleurs excitèrent la pitié de tous.
Alors survint Médon, suivi de l'aède divin ;
Sortant de chez Ulysse, où ils venaient de s'éveiller,   440
Ils s'arrêtèrent au milieu des gens, qui sursautèrent.
En sage qu'il était, Médon prit la parole et dit :
    "Hommes d'Ithaque, écoutez-moi ! ce n'est pas sans l'appui
Des Immortels qu'Ulysse a pu accomplir de tels actes.
J'ai vu, moi que voici, un dieu du ciel qui se tenait   445
Auprès d'Ulysse et ressemblait en tout point à Mentor.
Tantôt cet Immortel apparaissait devant Ulysse
Pour l'exciter ; tantôt, déconcertant les prétendants,
Il fonçait à travers la salle, et ils tombaient en masse."
    En entendant ces mots, le peuple entier verdit de crainte.   450
Alors le vieux héros Halithersès, fils de Mentor,
Vint leur parler ; lui seul connaissait passé et futur.
En sage qu'il était, il prit donc la parole et dit :
    "Hommes d'Ithaque, écoutez-moi ! j'ai deux mots à vous dire.
C'est votre lâcheté, amis, qui est cause de tout.   455
Vous n'avez obéi ni à Mentor ni à moi-même,
Quand nous cherchions à détourner vos fils de leurs folies.
Dans leur fureur mauvaise, ils ont commis un crime horrible,
En dévorant les biens et en déshonorant l'épouse

460 D'un prince qu'ils s'imaginaient ne plus jamais revoir.
En ce moment du moins, obéissez à mes conseils :
Ne partons pas, nous nous attirerions d'autres malheurs !"
    A ces mots, plus de la moitié du peuple se leva
En poussant de grands cris ; les autres restèrent groupés.
465 Ce discours leur avait déplu ; ils se rangèrent donc
Aux côtés d'Eupithès et coururent prendre les armes.
Dès qu'ils se furent recouverts de bronze étincelant,
Ils s'assemblèrent tous sous les murs de la vaste ville.
Eupithès (l'insensé !) prit alors le commandement ;
470 Il espérait venger le meurtre de son fils ; son sort
Pourtant fut d'y rester et d'y finir sa destinée.
Cependant Athéna disait à Zeus, fils de Cronos :
    "Fils de Cronos, maître suprême, ô notre père à tous,
Réponds à ma demande et dis-moi quel dessein tu caches.
475 Vas-tu laisser se prolonger cette guerre funeste
Et ces rudes combats, ou raccommoder les deux camps ?"
    A ces mots, Zeus, le maître des nuages, répondit :
"Pourquoi ces questions, ma fille, et pourquoi ces demandes ?
N'avais-tu pas toi-même décidé comment Ulysse
480 Saurait à son retour tirer vengeance de ces gens ?
Fais comme il te plaira ; mais voici quel est mon avis :
Puisque le noble Ulysse a châtié les prétendants,
Que l'on jure un pacte fidèle et qu'il garde le sceptre ;
Pour nous, offrons l'oubli du meurtre à ceux qui ont perdu
485 Leurs frères et leurs fils ; que l'amitié renaisse entre eux
Et que la paix et l'abondance assurent leur bonheur !"
    A ces mots, Athéna sentit s'accroître son ardeur
Et elle s'élança d'un bond des cimes de l'Olympe.
    Dès qu'on eut fini de goûter aux douceurs du repas,
490 Ulysse l'endurant prit la parole le premier :

"Que quelqu'un aille voir s'ils ne sont pas dans les parages."
Sitôt l'ordre entendu, un fils de Dolios sortit.
A peine arrivé sur le seuil, il vit toute la troupe ;
Alors, se tournant vers Ulysse, il dit ces mots ailés :
    "Les voici ! ils ne sont pas loin ! armons-nous au plus vite !"   495
    Ulysse, les six fils du vieux, ainsi que les trois autres,
Se levèrent alors et revêtirent leur armure ;
Laërte et Dolios prirent également des armes,
Soldats aux cheveux blancs, contraints par la nécessité.
Dès qu'ils se furent recouverts du bronze étincelant,   500
Ils ouvrirent la porte et sortirent derrière Ulysse.
    C'est alors que survint Athéna, la fille de Zeus ;
Elle avait emprunté l'allure et la voix de Mentor.
Ulysse l'endurant eut bien du plaisir à la voir,
Et, se retournant vers son fils, il lui dit aussitôt :   505
    "Télémaque, au moment de te jeter dans la mêlée
Où se distinguent les meilleurs, garde-toi d'entacher
Le renom des aïeux ; car à travers le monde entier
On a vanté jusqu'à ce jour leur force et leur courage."
    Le sage Télémaque, alors, lui fit cette réponse :   510
"Si tu y tiens, mon père, tu verras que ce cœur-là,
Pour reprendre tes mots, ne peut pas entacher ta race !"
    Ravi d'entendre ces propos, Laërte s'écria :
"Dieux bons ! quel beau jour c'est pour moi ! et que je suis heureux !
Voir mon fils et mon petit-fils faire assaut de courage !"   515
    Alors la déesse aux yeux pers s'approcha et lui dit :
"O fils d'Arkésios, ô le plus cher de mes amis,
Invoque d'abord la Vierge aux yeux pers et le grand Zeus,
Puis brandis au plus vite et fais voler ta longue lance."
    Lors Athéna lui insuffla une ardeur peu commune.   520
Ayant invoqué la Vierge aux yeux pers et le grand Zeus,

Il brandit au plus vite et fit voler sa longue lance,
Qui toucha Eupithès à travers le casque de bronze.
Sans repousser le coup, le bronze céda et craqua ;
525 L'homme chut lourdement, dans un grand cliquetis d'armure.
Ulysse et Télémaque, alors, fonçant aux premiers rangs,
Frappèrent de leur glaive et de leur pique à double pointe.
Ils les auraient tous massacrés et privés du retour,
Si Pallas Athéna, fille de Zeus, le Porte-Egide,
530 N'eût poussé un grand cri, qui arrêta le peuple entier :
    "Hommes d'Ithaque, mettez fin à ce cruel combat !
Ne versez plus de sang et séparez-vous au plus vite !"
    A ces mots d'Athéna, une peur verte les saisit.
La terreur fit tomber toutes les armes de leurs mains ;
535 Le sol en fut jonché, au bruit de cette voix divine.
Dans leur désir de vivre, ils se sauvèrent jusqu'au bourg.
Ulysse l'endurant poussa un cri épouvantable,
Se ramassa et bondit comme un aigle des hauteurs.
Mais le fils de Cronos fit tomber sa foudre fumante
540 Devant la déesse aux yeux pers, la fille du Dieu Fort.
Se tournant vers Ulysse, Athéna aux yeux pers lui dit :
    "Divin rejeton de Laërte, industrieux Ulysse,
Arrête ! ne prolonge pas cette lutte indécise.
Gare au courroux de Zeus, le Cronide à la voix puissante !"
545   A ces mots d'Athéna, il obéit, le cœur joyeux,
Et Pallas Athéna, fille de Zeus, le Porte-Egide,
Ayant emprunté de Mentor et l'allure et la voix,
Scella entre les deux partis un durable traité.

REPÈRES

ACHÉENS (ARGIENS, DANAENS, PANACHÉENS). Ces quatre noms désignent, chez Homère, l'ensemble des peuples grecs venus des contrées de Grèce les plus diverses. Etymologiquement, les Achéens sont les habitants de l'Achaïe (au nord du Péloponnèse), les Argiens, les habitants de l'Argolide (au nord-est du Péloponnèse) et les Danaens, les descendants de Danaos, fondateur légendaire d'Argos.

ACHÉRON. Voir HADÈS.

ACHILLE. Fils de Thétis et de Pélée. Il régnait sur les Myrmidons, nom donné aux habitants de la Phthie, partie de la Thessalie. Pendant un séjour à la cour de Lycomède, dans l'île de Skyros, il avait épousé secrètement Déidamie, fille du roi, et en avait eu un fils, Pyrrhus ou Néoptolème.

AGAMEMNON. Fils d'Atrée et frère de Ménélas (d'où l'épithète d'Atride, donnée indifféremment à l'un ou à l'autre). Il était roi d'Argos et de Mycènes. Il avait épousé Clytemnestre, dont il avait eu trois filles et un fils dernier-né, Oreste. Quand il rentra dans sa patrie, il fut guetté par un espion aposté par Egisthe, fils de Thyeste, l'amant de sa femme. Egisthe l'invita à un grand banquet et le tua, ainsi que ses compagnons, avec l'aide de vingt hommes, dissimulés dans la salle du festin.

AIAIA. Voir CIRCÉ.

AIÉTÈS. voir JASON.

AJAX. On en distingue deux :
1. Ajax, fils de Télamon et roi de Salamine. Il disputa à Ulysse les armes d'Achille ; furieux de n'avoir pu l'emporter, il tomba dans un délire violent, pendant lequel il égorgea un troupeau de moutons, croyant immoler les Grecs à sa vengeance. Ayant bientôt reconnu son erreur, il en fut si honteux qu'il se perça de son épée.
2. Ajax, fils d'Oïlée et roi des Locriens, fameux par son impiété. Après le sac de Troie, il fit violence à Cassandre dans le temple même d'Athéna. La déesse irritée fit périr sa flotte par une tempête pendant qu'il retournait en Grèce ; il échappa cependant à la mort et se sauva sur un rocher, les Gyres. De là il insultait encore les dieux, quand Poséidon fendit le roc et l'engloutit dans les flots.

ALKINOOS. Voir PHÉACIENS.

AMNISOS. Voir CRÈTE.

AMPHITRITE. Déesse de la mer, fille de Nérée ou de l'Océan, et de Doris. C'était l'épouse de Poséidon.

ANTICLÉE. Voir ULYSSE.

APHRODITE. Déesse de la beauté et de l'amour. Elle avait un temple magnifique à Cythère (aujourd'hui Cérigo), petite île située au sud du Péloponnèse, d'où son épithète de Cythérée. Elle était toujours accompagnée des trois Grâces (en grec, Charites), que l'on représente ordinairement avec un air riant, leurs mains entrelacées les unes dans les autres.

APOLLON. Fils de Zeus et de Léto. Il naquit dans l'île de Délos. Son temple le plus célèbre était celui de Delphes, anciennement appelé Pytho, en souvenir du serpent Python qu'il avait tué de ses flèches, alors qu'il était à peine sorti de son berceau. Les "douces flèches" dont il frappait les mortels sont une périphrase employée pour signifier la mort subite donnée par ce dieu ou par sa sœur Artémis.

ARÈS. Fils de Zeus et d'Héra, dieu de la guerre.

ARÉTÉ. Voir PHÉACIENS.

ARGIENS. Voir ACHÉENS.

ARGO. Voir JASON.

ARGOLIDE, ARGOS. Argos était une ville du Péloponnèse, capitale de l'Argolide. Avec Tirynthe et Mycènes, c'étaient les trois centres les plus florissants du royaume soumis à l'autorité d'Agamemnon.

ARGUS. Voir HERMÈS.

ARKÉSIOS. Voir ULYSSE.

ARTÉMIS. Fille de Zeus et de Léto et sœur d'Apollon, née comme lui à Délos. Elle était la déesse de la chasse et de la chasteté. On la présente souvent parcourant les forêts du mont Taygète ou du mont Erymanthe (Arcadie). Les "douces flèches" dont elle frappait les mortels sont une périphrase employée pour signifier la mort subite donnée par cette déesse ou par Apollon.

ASTÉRIS. Voir ITHAQUE.

ATHÉNA. Fille de Zeus, de la tête duquel elle sortit tout armée (d'où, peut-être, l'épithète de "Tritogénie"). C'est une déesse guerrière. Elle s'est fait une cuirasse de la peau du géant Pallas, et, selon une autre tradition, de celle de la chèvre Amalthée, appelée de ce fait "égide".

ATLAS. Géant, fils de Japet et de Clyméné. Il est le frère de Ménœtios, Prométhée et Epiméthée, les "hommes violents". Il participa à la lutte des Géants et des dieux, et la punition qui lui fut infligée par Zeus consista à soutenir sur ses épaules la voûte du ciel.

ATRÉE, ATRIDE. Voir AGAMEMNON, MÉNÉLAS.

AUTOLYCOS. Voir ULYSSE.

BORÉE. Vent froid du nord.

CALYPSO. Nymphe, selon les uns fille d'Atlas et de Pleioné, selon les autres, du Soleil et de Perseis (ce qui en ferait la sœur d'Aiétès et de Circé). Elle vivait dans l'île d'Ogygie, que les auteurs placent dans l'Occident méditerranéen, et qui est sans doute identique à la presqu'île de Ceuta, en face de Gibraltar.

CENTAURES. Monstres demi-hommes et demi-chevaux. Ils habitaient en Thessalie. Ayant voulu, aux noces du Lapithe Pirithoos avec Hippodamie, enlever cette princesse, ils furent repoussés et battus par les Lapithes, qui les forcèrent à quitter le pays et à se disperser.

CÉPHALLÉNIENS. Voir ITHAQUE.

CHALCIS. Voir ÉLIDE.

CHARITES. Voir APHRODITE.

CHARYBDE. Célèbre gouffre situé sur la côte nord-est de la Sicile, au sud-ouest de celui de Scylla, qui se trouvait sur la côte méridionale de l'Italie. Tous deux sont dans le détroit de Messine.

CICONES. Tribu de la Thrace, qui figure parmi les alliés de Priam, dans l'*Iliade*. L'une de leurs villes s'appelait Ismaros.

CIMMÉRIENS. En mythologie, le pays des Cimmériens passait pour être le séjour du Sommeil. On plaçait ce pays en Campanie (Italie), autour du lac Averne. Les habitants vivaient dans des cavernes où la lumière ne pénétrait jamais.

CIRCÉ. Célèbre magicienne, fille du Soleil et la nymphe Persa, sœur d'Aiétès. Elle habitait selon les uns Aia en Colchide, à l'embouchure du Phase, et selon d'autres, l'île d'Aiaia, en Italie.

CLYTEMNESTRE. Voir AGAMEMNON, ORESTE.

COCYTE. Voir HADÈS.

CRÈTE. Homère nous la montre habitée par des Etéocrétois, c'est-à-dire de vrais Crétois, des Crétois autochtones, par opposition aux étrangers habitant l'île. Les Cydoniens sont une variété de Crétois autochtones, tandis que Doriens et Pélasges sont des étrangers. Trois villes sont citées par le poète : le port d'Amnisos, Gortyne, située sur le fleuve Jardanos, et Phæstos, au sud-ouest de Cnossos. L'un des rois de la Crète fut Idoménée, petit-fils de Minos II, qui se distingua particulièrement au siège de Troie.

CRONIDE, CRONOS. Voir ZEUS.

CYCLOPES. Les anciens distinguaient trois sortes de Cyclopes : les Cyclopes "ouraniens", fils du Ciel et de la Terre ; les

435

Cyclopes bâtisseurs (*cf.* les murs cyclopéens), et les Cyclopes siciliens, compagnons de Polyphème.

CYDONIENS. Voir CRÈTE.

CYLLÈNE. Voir HERMÈS.

CYTHÈRE, CYTHÉRÉE. Voir APHRODITE.

DANAENS. Voir ACHÉENS.

DÉLOS. Voir APOLLON.

DODONE. Ville d'Epire, au nord-ouest de la Grèce, au milieu de vastes forêts. Il y avait là un célèbre oracle de Zeus. Les prophéties étaient rendues par un chêne.

DOULICHION. Voir ITHAQUE.

ÉCHÉTOS. Roi légendaire. Etymologiquement, c'est le roi "geôlier", celui qui ne lâche pas la victime qu'on lui livre. On a pu voir en lui une sorte de "croquemitaine épique".

ÉGES. Il y avait une ville de ce nom à l'extrémité de la presqu'île de Chalcidique (Macédoine).

ÉGISTHE. Voir AGAMEMNON, ORESTE.

ÉGYPTOS. Nom homérique du Nil. Non loin de l'embouchure s'élevait une petite île appelée Pharos, où Alexandre le Grand devait bâtir plus tard la ville d'Alexandrie.

ÉLIDE. Contrée du Péloponnèse, à l'ouest, sur la mer Ionienne. Ses habitants se faisaient parfois appeler Epéens. Le cap le plus occidental de l'Elide s'appelait Phées. Dans l'Elide méridionale se trouvait la rivière appelée Chalcis.

ÉOLE, ÉOLIE. Eole, fils de Poséidon, est souvent identifié avec Eole, le maître des vents. Il régnait sur une île flottante, qui pourrait être le volcan de Stromboli.

ÉPÉENS. Voir ÉLIDE.

ÉRÈBE. Voir HADÈS.

ÉRECHTHÉE. Roi fabuleux d'Athènes. D'après une légende rapportée par Homère, Athéna l'aurait nourri dans cette ville, avant de l'établir dans le beau temple qui lui avait été consacré.

EREMBES. Selon Aristarque, les Erembes seraient les Arabes ; selon d'autres, les Indiens.

ÉRINYES, ÉRINYS. Divinités infernales, filles de la Nuit et de l'Achéron. Elles étaient chargées de punir les crimes des hommes dans les Enfers et quelquefois même sur terre. On en compte ordinairement trois. Mais primitivement, les Grecs n'en reconnaissaient qu'une, Erinys ("vengeresse").

ÉRYMANTHE. Voir ARTÉMIS.

ÉTHIOPIENS. Mot grec signifiant étymologiquement "visages brûlés", c'est-à-dire les Nègres, parmi lesquels avaient déjà pénétré les caravanes. On les considérait comme des peuples pieux, dont les dieux aimaient les sacrifices.

EUROS. Vent du sud-est.

EURYCLÉE. Voir ULYSSE.

GÉRESTE. Promontoire du sud de l'île d'Eubée.

GORGO. Il y avait plusieurs Gorgones, mais Homère n'en cite qu'une, Gorgo. C'étaient des monstres femelles qui n'avaient qu'un œil en commun et étaient si hideuses à voir qu'elles changeaient en pierres tous ceux qui les regardaient.

GORTYNE. Voir CRÈTE.

GRÂCES. Voir APHRODITE.

GYRES. Voir AJAX.

HADÈS. Frère de Zeus, de Poséidon, d'Héra et de Déméter. Lors du partage de l'empire de l'univers, il se vit attribuer le monde souterrain, et son nom a fini par désigner les Enfers, également appelés Erèbe. On y faisait couler différents fleuves, dont l'Achéron, le Cocyte, le Styx, le Pyriphlégéthon. Hadès règne sur les morts. C'est un maître impitoyable, qui ne permet à aucun de ses sujets de revenir parmi les vivants. Auprès de lui règne Perséphone, non moins cruelle. Il est assisté de trois juges, Minos, Rhadamanthe et Eaque, tous trois fils de Zeus.

HARPYES. Filles de Poséidon et de la Terre, elles personnifiaient la tempête, qui emporte les marins, sans qu'ils laissent de traces.

HÉLÈNE. Voir MÉNÉLAS.

HÉPHÆSTOS. Fils de Zeus et d'Héra, dieu du feu et des volcans. Il avait Aphrodite comme épouse. On lui attribue mille ouvrages merveilleux, fabriqués pour les dieux ou pour de simples mortels.

HÉRA. Voir Zeus.

HÉRACLÈS. Fils de Zeus et d'Alcmène. Obligé par le destin d'obéir à Eurysthée, roi de Mycènes, il entreprit sur les ordres de ce prince les fameux douze travaux d'Héraclès : l'un d'eux l'amena à tirer Thésée des Enfers et à traîner le chien Cerbère à la lumière du jour.

HERMÈS. Fils de Zeus et de Maia, né dans une grotte du mont Cyllène, en Arcadie. Il apparaît dans Homère comme le messager des dieux. Il était de ce fait le compagnon et le guide des héros que le maître des dieux favorisait. L'épithète de "Tueur d'Argus" qui lui est parfois donnée rappelle qu'il fut chargé un jour d'enlever Io à la garde d'Argus, qu'il tua d'un coup de pierre. Il était aussi particulièrement chargé de conduire les âmes des défunts aux Enfers.

HERMIONE. Voir MÉNÉLAS.

HYPÉRIE. Voir PHÉACIENS.

ICARIOS. Voir ULYSSE.

IDOMÉNÉE. Voir CRÈTE.

ISMAROS. Voir CICONES.

ITHAQUE. Dans l'*Odyssée*, le royaume d'Ulysse comprend quatre îles :
    1. Zacynthe (l'actuelle Zante) ;
    2. Samé (l'actuelle Céphalonie, selon certains ; dans le poème homérique, c'est l'île des Céphalléniens) ;
    3. Doulichion (l'actuelle Leucade, peut-être) ;
    4. Ithaque (l'actuelle Thiaki, selon certains ; mais tout cela est très controversé).
    Entre Ithaque et le continent grec, sur les bords duquel s'élevait l'ancienne ville de Néricos, se trouvent les îles Pointues, qui pourraient désigner les actuelles Echinades. Entre Samé et Ithaque se serait situé l'îlot d'Astéris.
    L'île d'Ithaque est surtout connue par deux montagnes boisées, le Neion et le Nérite, et par son port, Rheithron.

JARDANOS. Voir CRÈTE.

JASON. Chef des Argonautes. Il alla en Colchide sur le navire *Argo*, pour y faire la conquête de la Toison d'or. Il fut aidé par la magicienne Médée, fille du roi Aiétès, qui était lui-même frère de Circé.

LAËRTE. Voir ULYSSE.

LAMOS. Voir LESTRYGONS.

LAPITHES. Voir CENTAURES.

LEMNOS. Voir SINTIENS.

LESBOS. Voir ULYSSE.

LESTRYGONS. Peuple formé de géants anthropophages, qui dévoraient les étrangers. Ils habitaient une ville du nom de Télépyle, qui passait pour avoir été fondée par un certain Lamos. On a voulu identifier le pays des Lestrygons avec la région de Formies, au sud du Latium, à la limite de la Campanie.

LÉTO. Voir APOLLON, ARTÉMIS.

LOTOPHAGES. On s'accorde généralement à placer ce peuple légendaire sur la côte de Libye, dans le voisinage de la petite Syrte.

MALÉE. Promontoire du Péloponnèse, au sud, entre les golfes Laconique et Argolique. Passage dangereux.

MÉNÉLAS. Frère d'Agamemnon et, comme lui, fils d'Atrée (d'où l'épithète d'Atride). Il était roi de Sparte. Il avait épousé Hélène, qui lui avait donné une fille unique, Hermione.

MENTOR. Ami d'Ulysse, à qui ce dernier confia le soin de sa maison et l'éducation de son fils pendant qu'il était au siège de Troie. Il était célèbre par sa sagesse.

MIMAS. Mont qui termine au nord la presqu'île érythréenne, en face de Chios.

MYCÈNES. Voir ARGOS.

MYRMIDONS. Voir ACHILLE.

NAUSICAA. Voir PHÉACIENS.

NEION. Voir ITHAQUE.

NÉLÉE. Voir NESTOR.

NÉOPTOLÈME. Voir ACHILLE.

NÉRICOS. Voir ITHAQUE.

NÉRITE. Voir ITHAQUE.

NESTOR. Fils de Nélée, roi de la Pylos des Sables (Péloponnèse), où il vécut jusqu'à un âge très avancé, aux côtés de sa femme Eurydice et de ses six fils. Il avait joué un rôle de premier plan dans les combats qui opposaient ses compatriotes, les Pyliens, et leurs voisins les Epéens. Il avait également participé à la guerre contre Troie, où il se fit surtout apprécier par sa sagesse et son éloquence.

NOTOS. Vent du sud, donc de la pluie.

OGYGIE. Voir CALYPSO.

ORESTE. Fils dernier-né d'Agamemnon et de Clytemnestre. Lors du retour d'Agamemnon, et de son assassinat par Egisthe et Clytemnestre, Oreste échappa au massacre grâce à sa sœur

Electre, qui l'emmena secrètement chez Strophios en Phocide. Quand il eut atteint l'âge d'homme, Oreste reçut d'Apollon l'ordre de venger la mort de son père, en tuant Egisthe et Clytemnestre.

ORION. Chasseur géant, fils de Poséidon. Il était d'une grande beauté et d'une force prodigieuse. L'Aurore devint amoureuse de lui et le transporta à Délos. Mais il y fut tué par Artémis, soit parce qu'il l'avait impudemment défiée à un concours de disque, soit parce qu'il avait tenté de violer l'une des suivantes d'Artémis.

ORTYGIE. Ce nom, qui signifie littéralement "île des cailles", pourrait désigner Délos.

PALLAS. Voir ATHÉNA.

PANACHÉENS. Voir ACHÉENS.

PANDAREUS. Ephésien, père d'Aédon. Cette dernière était femme du roi Zéthos, frère d'Amphion. Comme elle portait envie à la femme d'Amphion de ce qu'elle était mère de six jeunes princes, elle tua pendant la nuit son propre fils Itylos, que l'obscurité empêcha de reconnaître et qu'elle prit pour un de ses neveux. Aédon, ayant vu son erreur, pleura tant la mort de son fils, que les dieux touchés de compassion la changèrent en chardonneret.

PAPHOS. Ville située sur la côte sud-ouest de l'île de Chypre. C'est sur le rivage voisin de cette ville qu'on faisait naître Aphrodite. On y célébrait en son honneur des fêtes qui attiraient les foules. Son temple, célèbre dans toute la Grèce, rendait des oracles.

PARQUES. Divinités des Enfers, chargées de filer la vie des hommes.

PÉLÉE. Voir ACHILLE.

PÉNÉLOPE. Voir ULYSSE.

PERSÉPHONE. Voir HADÈS.

PHÆSTOS. Voir Crète.

PHAROS. Voir ÉGYPTOS.

PHÉACIENS. Peuple légendaire, habitant l'île de Schérie, que les anciens identifiaient avec Corcyre (Corfou). D'après Homère, ce peuple aurait d'abord habité l'Hypérie (= le "Haut-Pays"), contrée fabuleuse supposée au nord de l'île de Schérie. Ils avaient pour roi Alkinoos, qui était l'époux d'Arété et le père de Nausicaa.

PHÉES. Voir ÉLIDE.

PHÈRE. Ville de Messénie (Péloponnèse), aujourd'hui Kalamata.

PHTHIE. Voir ACHILLE.

PIÉRIE. Région située au nord du mont Olympe, en Macédoine.

PIRITHOOS. Voir CENTAURES.

PLANCTES. Rochers errants, où l'on a cru voir les îles volcaniques de Lipari.

POINTUES (ÎLES). Voir ITHAQUE.

POLYPHÈME. Voir CYCLOPES.

PORTE-ÉGIDE. Voir ZEUS.

POSÉIDON. Dieu des mers, fils de Cronos et de Rhéa, frère de Zeus et d'Héra, époux d'Amphitrite. L'un de ses nombreux fils était le Cyclope Polyphème. En vertu de son pouvoir, il pouvait non seulement commander aux flots, mais provoquer des orages, ébranler les rochers (d'où son épithète d'Ebranleur de la terre) et faire jaillir des sources.

PROTÉE. Dieu marin, fils de Poséidon ou de l'Océan et de Téthis, surnommé le Vieillard de la mer. Il avait la garde des troupeaux de son père. Il savait l'avenir, mais ne le révélait que par force et prenait toutes sortes de formes pour échapper à ceux qui le pressaient de questions.

PSYRIA. Nom d'une petite île, à l'ouest de Chios.

PYLOS. Voir NESTOR.

PYRIPHLÉGÉTHON. Voir HADÈS.

PYTHO. Voir APOLLON.

RHADAMANTHE. Voir HADÈS.

RHEITHRON. Voir ITHAQUE.

SAMÉ. Voir ITHAQUE.

SCHÉRIE. Voir PHÉACIENS.

SCYLLA. Voir CHARYBDE.

SICANIE. Nom primitif de la Sicile.

SIDON. Ville et port de Phénicie, un peu au nord de Tyr. Formait un petit Etat, qui fut longtemps riche et puissant par la navigation, le commerce et l'industrie.

SINTIENS. Ils étaient des Pélasges qui, partis de la Thrace, étaient les plus anciens habitants de Lemnos, île de la mer

444

Egée, au sud de celles d'Imbros et de Samothrace. Elle renfermait des volcans, ce qui la fit regarder comme le séjour d'Héphæstos.

SIRÈNES. Déesses marines, filles d'Achéloos et de Calliope et compagnes de Perséphone. Elles furent métamorphosées en monstres marins par Déméter, irritée de ce qu'elles ne s'étaient pas opposées à l'enlèvement de sa fille. Elles avaient le corps d'une femme jusqu'à la ceinture, et, au-dessous, la forme d'un oiseau.

SOLEIL. Dans l'épopée homérique, le Soleil est un simple serviteur des dieux. Il ne peut tirer de lui-même vengeance de l'insulte que lui firent les compagnons d'Ulysse. Il en demande réparation à Zeus et aux autres dieux, menaçant, si on lui refuse le châtiment des coupables, de se retirer sous terre.

SOLYME. Montagne de Lycie (Asie Mineure).

STYX. Voir HADÈS.

TAPHOS. Une des îles Pointues (Echinades), à l'embouchure de l'Achéloos.

TAYGÈTE. Voir ARTÉMIS.

TÉLÉMAQUE. Voir ULYSSE.

TÉLÉPYLE. Voir LESTRYGONS.

TÉNÉDOS. Ile de l'archipel grec, en face de l'ancienne Troade.

THESPROTES. Peuple de l'Epire occidentale, le long de la mer Ionienne, en face de l'île de Corcyre (Corfou).

THÉTIS. Voir ACHILLE.

THRINACIE. Littéralement l'île du Trident, où les anciens voyaient la Sicile ou Trinacrie (l'île aux trois promontoires).

THYESTE. Voir ÉGISTHE.

TIRÉSIAS. Devin de Thèbes, frappé de cécité soit par Athéna, soit par Héra. Il reçut en dédommagement l'esprit prophétique et une vie très longue.

TITYOS. Géant, fils de Zeus et d'Elara. Lorsque Léto eut donné à Zeus Artémis et Apollon, Héra, jalouse de sa rivale, déchaîna contre elle le monstrueux Tityos. Mais celui-ci fut foudroyé par Zeus et plongé dans les Enfers. Il existait en Eubée une grotte où Tityos recevait un culte.

TRITOGÉNIE. Voir ATHÉNA.

ULYSSE. Fils de Laërte et d'Anticlée, petit-fils d'Arkésios (côté paternel) et d'Autolycos (côté maternel). Il avait été élevé, dans son enfance, par la fidèlè Euryclée. Au cours d'une escale de la flotte grecque se rendant à Troie, il tua Philomélide, un roi de Lesbos, qui forçait les voyageurs abordant dans son île à lutter avec lui et tuait ceux qu'il avait vaincus. Il avait épousé Pénélope, fille d'Icarios, dont il eut un fils unique, Télémaque.

VIEILLARD DE LA MER. Voir PROTÉE.

ZACYNTHE. Voir ITHAQUE.

ZÉPHYRE. Vent d'ouest, d'ordinaire violent ou pluvieux.

ZEUS. Fils de Cronos (d'où l'épithète de Cronide) et de Rhéa, frère et époux d'Héra. Il est souvent appelé le Porte-Egide. Le mot grec *aigis* signifiant à la fois tempête et peau de chèvre, Zeus Porte-Egide, c'est donc, originellement, Zeus lançant la foudre. Plus tard, l'égide est devenue un manteau fait avec la peau de la chèvre Amalthée, garnie de franges et bordée de serpents, avec une tête de la Gorgone au milieu ; Zeus répand la terreur en l'agitant au milieu des ténèbres, des éclairs et du bruit du tonnerre.

TABLE

et les prétendants continuent de ne point s'entendre et l'assemblée se termine sans résultat – Athéna, sous la figure de Mentor, console Télémaque et lui promet de l'accompagner à Pylos et à Sparte – Télémaque, à l'insu de sa mère, prépare les provisions nécessaires pour le voyage – Athéna procure à Télémaque un navire et des rameurs, et endort de bonne heure les prétendants ; puis elle fait aussitôt équiper le navire et mettre à la voile dès le soir pour Pylos.

Arrivée de Télémaque à Pylos ; accueil que lui fait Nestor – Questions du jeune homme, et long discours du vieillard – Suite de l'entretien : Nestor réconforte Télémaque, lui donne les plus sages conseils et se charge de le faire conduire à Sparte, où Ménélas, revenu depuis peu, lui donnera peut-être des nouvelles d'Ulysse – Athéna quitte Télémaque, mais en se laissant reconnaître et de son protégé et de Nestor – Télémaque, après avoir passé la nuit dans le palais, se met en route pour Sparte – Incidents du voyage.

Télémaque et Pisistrate sont reçus avec une hospitalité empressée dans le palais de Ménélas – Conversation après le festin – Hélène rend la gaieté aux convives attristés par d'affligeants souvenirs – Le lendemain, Ménélas raconte ses aventures, puis il répète à Télémaque tout ce qu'il a appris en Egypte, par la bouche de Protée, sur le sort des autres héros de la guerre de Troie, et particulièrement sur celui d'Ulysse – Complot des prétendants contre Télémaque, révélé à Pénélope par le héraut Médon – Athéna rassure Pénélope au sujet du danger qui menace Télémaque – Embuscade des prétendants.

Zeus, à la prière d'Athéna, s'intéresse au sort d'Ulysse et
envoie à Calypso l'ordre de rendre au héros sa liberté –
La nymphe reçoit cet ordre avec douleur, mais se résigne
à y obéir – Elle va trouver Ulysse sur le rivage et elle
lui apprend que rien ne s'oppose plus à son départ –
Construction du radeau et départ d'Ulysse – La déesse
Leucothéa sauve la vie du héros – Ulysse prend terre
après de grands efforts et se réfugie dans un bois voisin
du rivage, où il passe la nuit et répare ses forces épuisées.

Athéna apparaît en songe à Nausicaa, fille d'Alkinoos, roi
des Phéaciens, et l'engage à aller laver ses vêtements au
fleuve près duquel dort Ulysse – Nausicaa suit le conseil
de la déesse, et, la besogne achevée, elle joue à la paume
avec ses compagnes – Réveil d'Ulysse ; fuite des jeunes
filles à son aspect ; Nausicaa écoute les prières du suppliant – Elle y répond avec bonté et donne ordre à ses suivantes de le traiter comme un hôte – Ulysse se rend des
bords du fleuve à la ville des Phéaciens ; il s'arrête dans
un petit bois consacré à Athéna, et il implore la déesse qui
a toujours été sa protectrice.

Athéna, sous la figure d'une jeune Phéacienne, conduit
Ulysse au palais d'Alkinoos – Description du palais
– Ulysse demande et reçoit l'hospitalité – Il raconte les
aventures de son dernier voyage – Témoignages de
bienveillance dont le comble Alkinoos – Repos d'Ulysse.

changés en pourceaux – Ulysse échappe aux prodiges de Circé et force la déesse à rendre à ses compagnons leur figure – Séjour dans l'île ; Circé avertit Ulysse d'avoir à se rendre au pays des morts, pour y consulter l'âme de Tirésias – Circonstances du départ.

De l'île de Circé, Ulysse se rend au pays habité par les morts – Accomplissement des cérémonies qu'avait prescrites Circé – Apparition d'Elpénor, d'Anticlée et de Tirésias. Le devin prédit à Ulysse les événements futurs – Anticlée, mère d'Ulysse, apprend à son fils ce qui s'est passé à Ithaque durant sa longue absence – Apparition des anciennes héroïnes – Apparition des héros morts, qui avaient été les compagnons d'Ulysse au siège de Troie ; récit d'Agamemnon – Achille, Patrocle, Antiloque, le grand Ajax – Ulysse voit le juge Minos, le chasseur Orion ; il raconte les supplices divers de Tityos, de Tantale, de Sisyphe, l'apothéose d'Héraclès – Retour d'Ulysse à son vaisseau ; le héros part du pays des morts.

Ulysse revient à l'île d'Aiaia et donne la sépulture à Elpénor – Recommandations adressées à Ulysse par Circé – Ulysse et ses compagnons échappent aux séductions des Sirènes – Le passage entre Charybde et Scylla – Arrivée dans l'île de Thrinacie et attentat sur les troupeaux du Soleil – Colère du Soleil ; ses plaintes à Zeus, qui lui promet satisfaction – Punition des coupables – Ulysse, porté sur un débris de son navire, aborde dans l'île d'Ogygie.

Ulysse est comblé de nouveaux présents par les chefs
phéaciens – Il part de l'île de Schérie et il atteint le
rivage d'Ithaque – Vengeance de Poséidon sur les
Phéaciens – Ulysse, que les Phéaciens ont déposé
endormi sur sa terre natale, se réveille, et, ne reconnaissant point Ithaque, il se croit trahi et se désespère ;
Athéna vient à son aide et calme ses perplexités –
Conseil de la déesse au héros ; métamorphose qui rendra Ulysse méconnaissable à tous les yeux, même à
ceux de ses plus chers amis.

Arrivée d'Ulysse chez Eumée ; hospitalité du vieux
porcher – Conversation d'Ulysse et de son ancien serviteur – Le héros conte à Eumée une histoire imagi-
naire, dans le genre de celle qu'il avait déjà contée à
Athéna, et il lui donne de prétendues nouvelles de son
maître – Eumée refuse de se livrer à aucune espérance –
Retour des porchers et repas du soir – Soins qu'Eumée
prend de son hôte pour la nuit.

Télémaque, pendant qu'il est chez Ménélas, est averti par
un songe d'avoir à retourner dans sa patrie, et Athéna
l'instruit, par ce même songe, du moyen d'échapper au
complot des prétendants – Télémaque prend congé de
Ménélas et d'Hélène, et part avec Pisistrate – Retour des
deux jeunes gens à Pylos ; Télémaque y prend avec lui
l'exilé Théoclymène, et se rend à Ithaque en toute hâte –
Conversation d'Ulysse et d'Eumée – Histoire du porcher – Arrivée de Télémaque.

d'Iros – Ulysse est félicité par Amphinomos, un des prétendants, et lui donne en retour un salutaire conseil – Pénélope au milieu des prétendants ; ses reproches à Télémaque ; excuses de son fils – Entretiens d'Eurymaque et de Pénélope ; les prétendants comblent la reine de riches présents – Ulysse est injurié par Mélantho, sœur de Mélanthios, puis raillé et frappé par Eurymaque – La journée, grâce à l'intervention de Télémaque, se termine paisiblement.

Ulysse, resté seul avec Télémaque, met en lieu sûr toutes les armes qui étaient dans le palais et dont auraient pu se servir les prétendants – Pénélope descend pour entretenir l'étranger ; et Ulysse lui fait un récit du même genre que celui qu'il avait conté à Eumée – Euryclée, sur l'ordre de sa maîtresse, lave les pieds de l'homme que Pénélope veut traiter comme un hôte, et elle reconnaît Ulysse à la cicatrice d'une blessure que lui avait jadis faite à la jambe un coup de boutoir de sanglier – Pénélope raconte à Ulysse un songe qui présage le retour de son époux, et Ulysse la confirme dans cette espérance – Pénélope n'ose pourtant pas s'y fier sans réserve, et elle persiste à mettre le lendemain les prétendants à une épreuve dont elle-même, à supposer qu'il y ait un vainqueur, devra être le prix – Ulysse, qui compte sur leur confusion, approuve ce dessein, et Pénélope remonte à son appartement.

Insomnie d'Ulysse – Athéna le réconforte et lui fait goûter un sommeil paisible ; réveil du héros – Préparatifs d'une fête en l'honneur d'Apollon – Arrivée des victimes, sous la conduite de leurs pâtres ; le chevrier insulte Ulysse ; le porcher et le bouvier le traitent en ami – Dîner des prétendants – Prophétie de Théoclymène ; les prétendants raillent le devin et le chassent du palais – Pénélope est attentive à tout ce qui se passe dans la salle du festin.

Pénélope promet d'épouser celui des prétendants qui sera vainqueur au tir à l'arc en se servant de l'arc d'Ulysse – Douleur d'Eumée et de Philœtios au souvenir de leur maître ; projet de Télémaque – Tentatives infructueuses des prétendants – Ulysse se fait reconnaître à ses deux fidèles serviteurs, le porcher et le pâtre, et leur donne ses ordres – Entreprise d'Eurymaque ; proposition d'Antinoos – Ulysse demande à entrer en lice ; on se moque de lui ; Télémaque lui fait remettre l'arc en main – Ulysse tend l'arc et fait passer la flèche par les douze têtes de haches.

Ulysse perce Antinoos d'une flèche et se fait connaître aux prétendants. Propositions de paix refusées par Ulysse ; mort d'Eurymaque et d'Amphinomos – Télémaque va chercher des armes pour Ulysse, pour les deux serviteurs et pour lui-même ; il oublie de fermer la porte de la chambre ; le chevrier Mélanthios y pénètre et fournit d'armes les prétendants – Il est saisi par Philœtios et Eumée, qui le suspendent au plafond – Intervention d'Athéna dans la mêlée – Tous les prétendants sont tués – Ulysse, à la prière de Télémaque, épargne l'aède Phémios et le héraut Médon – Supplice des servantes infidèles et du traître Mélanthios – Purification du palais – Les servantes fidèles rendent hommage à leur maître.

BABEL

Extrait du catalogue

COÉDITION ACTES SUD – LEMÉAC